보육교사론

황해익 송연숙 정혜영 남미경 정혜영 유수경 공저

‘유아교육은 유아의 행복을 위한 우리 모두의 노력이며, 이는 유아에 대한 깊은 이해에서 시작된다.’ 가슴은 언제나 따뜻하고, 머리는 항상 명쾌하며, 손발은 늘 부지런한 유아교사와 예비 유아교사, 학부모, 그리고 유아를 사랑하는 모든 이들을 위하여 이 책을 바친다.

보육교사론은 보육교사가 되기 위해 입문하는 학생들이나 관심을 가진 사람들이 바람직한 보육교사로서의 기본 내용을 배우는 전공 필수영역 중의 하나이다. 그동안 여러 출판사에서 보육교사론 관련 서적을 출판하고 있지만 강의를 위해 교재를 고르다 보면 각각 장단점들이 있어 보육교사 안내서로서 아쉬운 점이 많았다.

특히, 행복한 보육교사로서의 삶은 자신의 직업에 대한 올바른 이해에서 출발한다는 점에 입각하여 영유아가 심신을 건강하게 하고 전인적인 발달을 이루어 행복한 사회 구성원으로서 민주시민의 기초를 형성할 수 있도록 지원해주는 보육교사의 역할을 이해하고 역량을 키워주기 위한 내용을 다양하고 심층적으로 다루고자 하였다. 이런 점에 입각하여 많은 논의 끝에 저자들은 보육현장에서 보육교사에게 요구되는 기본적이고 필수적인 내용을 좀 더 알고 이해하기 쉬우면서도 간결하게 정리하려고 노력하였다.

본 서는 다음과 같은 특징과 장점을 가지고 있다.

첫째, 좋은 보육교사가 되기 위해 예비 보육교사들이 꼭 습득해야 할 필수적인 탐구요소와 다양한 주제를 일목요연하게 정리할 수 있도록 그 내용을 쉽고 간결하게 정리하였다.

둘째, 각 장의 내용을 구성하는 데 있어 예비 보육교사들이 수업을 통해 다양한 개별 및 팀별 활동을 실제 수행해 볼 수 있도록 각 장에 다양한 형태의 수업활동을 구체적으로 제시하였다. 이를 통해 보육교사론 수업을 진행하는 교수자가 좀 더 쉽게 수업내용에 접근할 수 있도록 구성하였으며, 예비 보육교사 또한 능동적으로 수업에 참여할 수 있도록 하였다.

셋째, 예비 보육교사로서의 행복한 삶은 영유아의 행복한 삶과 직결되기 때문에 보육교사 스스로 행복한 삶을 영위해나가기 위해 조직문화에서 요구되는 다양한 역량을 키워나갈 수 있는 내용을 다루었다. 특히 최근 각 분야에서 활발히 논의되고 있는 긍정심리학에 기반을 둔 영유아 및 보육교사의 행복교육과 강점기반평가 등의 내용을 구체적으로 다루고 있다.

넷째, 각 장의 내용과 관련된 표, 현장사진 또는 참고자료를 제시하고 그 출처를 밝혀 교수자와 학생들이 원자료를 쉽게 찾을 수 있도록 하였다.

다섯째, 최근 보육교사 양성과정기관에서는 국가직무능력표준(NCS)에 따라 보육교사를 양성하기 위해 교육과정을 개편 · 운영하는 등 보육인력 양성체제 개선을 위해 많은 노력하고 있다. 이를 보육교사 양성과정에서 적극 지원하기 위하여 국가직무능력표준(NCS)에 따른 보육교사의 자질을 제시하였다.

마지막으로, 대학에서 본 서로 강의하시는 분들에게 도움을 주고자 하여 강의용 PPT를 함께 제작하였다.

본 서는 4부 12장으로 구성되어 있다.

1부는 보육교사로서의 출발로 2장으로 구성되어 있다. 1장은 보육과 보육교사직의 이해로 보육과 보육교사의 개념, 보육교사의 역할, 보육교사직의 매력과 반매력, 그리고 보육교사의 자질로 구성되어 있다. 2장은 보육교사직과 나로 보육교사가 되고자 하는 동기, 자서전 써 보기, 나의 성향 파악하기로 구성되어 있다.

2부는 보육교사직의 수행으로 6장으로 구성되어 있다. 3장은 보육교사 임용과 복무로 보육교사 자격, 보육교사 임면, 보육교사의 복무와 보수, 보육교사의 윤리로 구성되어 있으며, 4장은 보육교사상과 신학기 업무 이해로 교사상 정립하기, 초임 보육교사의 신학기 업무 이해로 구성되어 있다. 5장은 보육교사의 직무 중 핵심이라고 할 수 있는 보육활동 운영과 영유아 상호작용을 다루고 있으며, 6장은 보육교사의 직무 중 어린이집 환경 구성과 가족 및 지역사회 협력을 다루고 있다. 7장은 보육교사의 직무 중 보육평가를 다루고 있다. 영유아평가, 보육과정평가와 어린이집 평가인증으로 구성되어 있다. 8장은 보육실습 경험하기로 보육실습의 목적과 의의, 보육실습 관련 법적 기준, 보육실습 진행과정, 보육실습생에게 기대하는 태도와 자세, 보육실습내용으로 구성되어 있다.

3부는 보육교사와 행복한 삶으로 2장으로 구성되어 있다. 9장은 보육교사의 행복으로 보육교사의 행복 찾기, 보육교사의 행복 키우기와 보육교사의 행복한 의사소통으로 구성되어 있으며, 10장은 보육교사와 직무만족으로 보육교사의 직무만족, 보육교사의 직무수행과 행복, 어린이집의 긍정적 조직문화로 구성되어 있다.

4부는 보육교사의 긍정적 성장으로 2장으로 구성되어 있다. 11장은 보육교사의 발달과 성장으로 보육교사의 발달단계와 보육교사의 현직교육으로 구성되어 있으며, 12장은 보육교사의 전문성과 자기계발로 보육교사의 전문성, 보육교사의 전문성 함양과 보육교사와 커리어 포트폴리오로 구성되어 있다.

이상과 같은 내용으로 구성된 본 서는 여전히 부족한 부분이 많이 보이지만 이는 전적으로 저자들의 역량 부족 때문이며 솔직히 두려움이 많이 앞선다. 독자들의 따끔한 충고와 질책을 바라며, 이를 통해 이 책이 다시 개정될 수 있는 날을 기대하여 본다.

아울러 이 책을 쓸 수 있도록 참고자료와 문헌을 직 · 간접으로 제공해주신 선후배, 동료 연구자들께도 감사를 드린다. 또 바쁜 일과 속에서도 기꺼이 번거로운 교정을 맡아준 박사과정의 김은정, 탁정화, 강현미 선생님과 석사과정의 이시은, 제희선, 김진아, 정귀임 학생에게 고마움을 전한다. 이들의 헌신적인 노력이 없었더라면 이 책은 제때 출판되지 못했을 것이다. 그리고 이 책의 출간을 맡아주신 정민사 임직원, 그리고 바쁜 일정 속에서 편집을 위해 애쓴 편집부 직원 여러분께도 진심으로 감사드린다.

2015년 3월

금정산 연구실에서

차례

PART 01 보육교사로서의 출발

PART 02 보육교사직의 수행

PART 04 보육교사의 긍정적 성장

PART 01

보육교사로서의 출발

chapter 01

보육과 보육교사직의 이해

가족 구조의 변화, 여성의 사회 참여 증가, 저출산 현상의 심화 등과 같은 사회적 변화는 보육의 필요성을 강조하게 되는 주요한 원인이 되었다. 또한, 영유아기는 신체적 · 언어적 · 사회적 · 인지적 발달이 급속하게 이루어지는 시기로 각 발달단계에서의 적절한 초기 경험은 이후 발달에 지대한 영향을 준다. 따라서 영유아기 보육에 대한 관심 및 중요성은 점차 강조되고 있다.

본 장에서는 많은 관심과 더불어 그 중요성이 강조되고 있는 '보육'의 개념과 영유아 교육현장에서 직접 보육이라는 직무를 실천하고 있는 '보육교사'의 다양한 역할에 대해 살펴보고자 한다.

1. 보육과 보육교사의 개념

'보육'이란 무엇일까? 현장에서 보육을 직접 수행하는 보육교사가 되기에 앞서 우리는 지금까지 배운 보육 관련 교과목의 내용을 토대로 '보육'의 개념을 다시 한 번 생각해 보고 정리해 보는 과정이 필요하다. 이는 보육교사가 자신의 직무인 보육을 보육현장에서 수행하는 데 있어 뚜렷한 목적을 가질 수 있도록 해줄 뿐 아니라 보육교사로서의 역할을 올바르게 인식하는 데 도움을 주기 때문이다. 따라서 예비 보육교사로서 양성과정부터 지금까지의 경험을 토대로 자신이 생각하는 '보육'의 개념을 잡지 그림을 통해 표현해 보자. 그리고 각자 정리한 보육에 대한 정의와 잡지 그림을 통해 표현한 보육의 개념을 팀 구성원들과 함께 이야기 나누어 보자.

▶ '보육' 이라는 개념과 함께 떠오르는 이미지를 잡지 그림을 통해 표현해 보자.

▶ 잡지 그림을 토대로 '보육'에 대한 정의를 내려보자.

'보육'이란 ______________________________ 이다.

보육과 관련하여 나는 여행 가방이 가장 먼저 생각났다. 우리는 여행을 갈 때 생활에 필요한 것들을 하나도 빼놓지 않고 빠짐없이 챙기고, 출발 전에 가져가야 할 물품이 빠진 것은 없는지 점검하고 또 점검한다. 보육이란 아이들을 돌보는 것이다.
보육은 우리가 여행을 가기 전 여행 가방을 점검하듯 반드시 반복적으로 보육교사로서 스스로의 모습을 점검하는 것을 필요로 한다고 생각한다.

보육은 영유아들에게 따뜻하고 편안하고 안락한 것을 제공하는 것이다.
영유아들이 보육교사 앞에서는 편안함과 안락함을 느껴야 하기 때문에 보육교사는 영유아들에게 따뜻한 마음을 가지고 다가가야 한다.

일반적으로 보육이란 영유아가 잘 성장할 수 있도록 보호하고 발달에 맞는 교육과 더불어 정서적 발달의 함양을 위한 경험과 도움을 제공하는 것을 의미한다. 여러분들이 잡지 그림을 통해 제시한 보육의 개념에는 어떠한 내용들을 담고 있는가?

여러분들은 앞서 제공된 활동을 통해 보육이란 개념에 대해 각자 진지하게 고민해 보는 기회를 가졌을 것이다. 그리고 활동을 통해 예비 보육교사들이 보육에 대해 가장 먼저 떠올리는 이미지와 내용들이 조금씩 차이가 있음을 알 수 있다. 이와 같은 차이는 예비 보육교사들이 보육의 다양한 요소 중 어느 것이 가장 중요하고 가치가 있다고 생각하는지에 대한 개인적 신념의 차이에서 비롯된 것이다. 많은 예비 보육교사는 보육의 개념과 관련하여 보육교사, 영유아, 따뜻함, 편안함, 엄마, 집, 만능칼 등의 이미지를 공통적으로 떠올린다. 그렇다면 보육과 관련해서 이와 같은 이미지를 가장 먼저 떠올리게 되는 원인은 무엇일까?

보육(保育)의 사전적 의미는 어린아이들을 돌보아 기르는 것을 의미하며 비슷한 의미의 용어에는 양육 또는 육양 등이 있다. 초기 우리나라에서 사용된 보육의 개념은 유아를 보호하고 양육하는 또는 탁아한다는 의미를 담고 있다. 이것은 사회 구조의 변화에 따라 약화된 가정에서의 부모의 역할과 가족의 기능을 대행하는 일이 우리나라 초기 보육의 개념이었음을 보여준다. 이는 이 시기 보육의 일차적 목표가 저소득층 취업모 자녀를 보호하는 기능에 역점을 두었기 때문이다.

초기 보육의 개념은 현재 우리가 이해하고 있는 보육의 개념과 어떤 점에서 차이가 있을까?

보육의 개념과 관련하여 초기 학자들은 보육 서비스가 다음과 같은 내용들을 수행해야 한다고 강조한다(Zigler & Gordon, 1982).

- 보육은 영유아들이 일상적인 삶을 영위하고 발달을 촉진시킬 수 있도록 고안된 프로그램이어야 한다.
- 보육은 취업 부모들에 대한 보충 서비스로 부모의 원활한 직장생활을 원조하기 위한 방안 또는 고용 촉진을 위한 방안이다.
- 보육은 가족의 경제적 기능과 더불어 영유아 양육의 기능을 원활히 수행하도록 원조하는 가족지지 자원이다.
- 보육은 영유아의 건강 보호, 영양 보충과 부모상담 등의 사회적 서비스를 저소득층 가족에게 좀 더 용이하게 제공하기 위한 서비스 전달 매개체이다.

앞서 제시된 내용을 살펴보면 초기 보육의 개념은 개별 가정에 제공되는 서비스의 개념으로 이해되는 것이 일반적이며 '교육'의 개념보다는 '보호' 또는 '양육'의 개념만 포함하고 있는 일종의 탁아로 이해되었다.

그러나 1991년 1월 제정된 「영유아보육법」은 보육의 개념을 재개념화시키는 계기가 되었으며, 이를 계기로 우리나라에서도 보육이라는 용어가 유아교육이나 사회복지사업과 관련하여 보편적으로 사용되게 되었다. 또한, 초기 보육의 개념과 달리 영유아의 '보호'와 더불어 '교육'도 중시하기 위하여 기존에 사용하던 '탁아'라는 용어 대신 보육이라는 용어를 사용하게 되었다(김종해 외, 2005). 이와 같은 변화는 보육의 개념에 '보호'와 '양육'의 개념만 포함하는 것이 아니라 '교육'의 개념까지 포함시키는 것으로 보육의 개념이 재개념화되었음을 나타낸다.

「영유아보육법」(2014)에서는 영유아를 만 6세 미만의 취학 전 아동으로 정의하고 있으며 보육의 개념을 다음과 같이 제시하고 있다.

> '보육'이란 영유아를 건강하고 안전하게 보호 · 양육하고 영유아의 발달특성에 맞는 교육을 제공하는 어린이집 및 가정양육 지원에 관한 사회복지 서비스를 말한다.
>
> 「영유아보육법」(2014)

그리고 앞서 제시한 개념과 더불어 '보육'이 다음과 같은 기준에 따라 제공되어야 함을 강조한다.

- 영유아의 이익을 최우선으로 고려하여 제공되어야 한다.
- 영유아가 안전하고 쾌적한 환경에서 건강하게 성장할 수 있도록 해야 한다.
- 영유아나 보호자의 성, 연령, 종교, 사회적 신분, 재산, 인종 및 출생 지역 등에 따른 어떠한 종류의 차별도 받지 않고 제공되어야 한다.

유아교육사전(1996)에서도 보육을 교육의 개념을 포함하여 유아를 보호하고 교육하는 것으로 정의하고 있다. 또한, 2013년 전문성을 갖춘 보육인력 양성에 대한 관심이 증대되면서 국가 차원에서 국가직무능력표준(NCS, National Competency Standards)을 제시한 바 있다. 여기에서도 보육은 '교육'의 의미를 포함하여 '보육'을 영유아의 보호와 양육, 보육과정 운영과 교수, 영유아의 평가 및 안내, 상담 및 정서적 지원 등의 일을 하는 직무로 정의하고 있다. 따라서 최근 보육의 개념은 초기 보육의 개념과 달리 영유아의 보호 또는 영유아의 양육과 더불어 영유아교육의 의미를 함께 포함하여 이해하는 것이 일반적이다.

서영숙과 김경혜(2006)는 보육의 개념을 보호와 교육의 측면으로 나누어 제시한다.

- 보호의 측면에서 보육이란 영양 · 건강 · 안전 등을 고려하여 영유아에게 균형 있는 영향을 공급해주며 신체적 · 정신적으로 건강을 유지할 수 있도록 하고, 스스로 자신의 안전을 보호할 수 있는 능력을 갖도록 함으로써 이들이 건강하고 안전하게 성장할 수 있도록 도와주는 것이다.
- 교육의 측면에서 보육이란 신체적 · 정서적 · 지적 · 언어적 발달에 기여할 수 있는 경험을 제공하고 유능하고 존중받는 사람으로서의 자아존중감을 발달시킬 수 있도록 영유아가 지니고 있는 잠재력 계발을 도모하는 것이다.

이 두 가지 측면에서 보육의 개념은 실제 보육현장에서 구체적으로 구분하기 어려우며 보호와 교육이 상호작용하면서 통합적으로 이루어지는 것이 바람직하다고 하였다.

심성경 등(2013)은 보육은 부모와 가정과 국가가 사회적 계층이나 어머니의 취업 유무에 상관없이 모든 영유아가 건전한 사회 구성원으로 성장할 수 있도록 신체적 보호와 영유아의 경험활동을 자극하고 영유아의 발달에 적합한 환경을 제공하는 교육을 제공하는 것뿐 아니라 보호자의 경제적 · 사회적 활동을 원활하게 하여 가정의 복지증진에 기여하는 종합적이고 계획적인 복지 서비스로 정의한다.

앞서 제시한 내용들을 종합하여 생각해 볼 때 보육현장에서의 보육은 양육과 보육의 의미를 모두 포함하여 수행되어야 한다. 이와 같은 관점에 따라 보육이란 영유아가 안전하고 쾌적한 환경에서 건강하게 성장할 수 있도록 보호 · 양육함과 동시에 영유아의 발달특성에 적합한 신체적 · 정서적 · 인지적 · 언어적 발달을 지원할 수 있는 다양한 교육적 경험을 제공해야 하며, 이와 더불어 보호자의 경제적 · 사회적 활동을 원활하게 지원하는 복지 서비스로 정의할 수 있다.

2. 보육교사의 역할

가족 구조의 변화와 맞벌이 부부의 증대는 영유아들이 가정보다 어린이집에서 많은 시간을 보내게 하는 원인이 되었으며 이로 인해 보육교사는 초기 영유아의 성장과 발달에 중요한 영향을 미치는 대상으로 여겨지게 되었다. 최근에는 영유아의 어린이집 입소 연령이 점차 낮아지고 있어 보육교사의 바람직한 역할수행에 대한 관심도 증가하고 있다.

「영유아보육법」(2014)에 제시되어 있는 보육교직원이란 어린이집 영유아의 보육, 건강 관리 및 보호자와의 상담, 그 밖에 어린이집의 관리 · 운영 등의 업무를 담당하는 자로서 어린이집의 원장 및 보육교사와 그 밖의 직원을 말한다. 이 중 보육교사는 원장이나 그 밖의 직원과 달리 영유아의 보육, 건강 관리 및 보호자와의 상담 등의 업무를 직접적으로 담당하게 된다.

영유아기 경험은 이후 아동기의 언어와 사회성을 비롯하여 전인적인 발달에 꾸준한 영향을 미친다. 영유아기는 인생 초기의 매우 짧은 시기이지만 그 영향력은 매우 커서 이후 인생에 지속적으로 영향을 주게 된다. 따라서 보육현장에서 영유아와 직접적으로, 장시간 동안 함께 생활하게 되는 보육교사의 역할은 매우 중요할 뿐 아니라 보육교사로서의 역할수행을 위한 직업 고유의 전문성이 요구된다.

역할이란 어떤 직위에 대해서 일반화된 기대의 내용이다. 사회적인 관계 속에서 직위를 지닌 사람들이 해야 할 것으로 다른 사람들로부터 기대되는 행동의 범주라고 정의할 수 있다. 이러한 맥락에서 볼 때 보육교사의 역할이란 보육교사라는 직위에 대해 다른 사람들로부터 기대되어지는 행동이다. 보육교사의 직위는 보육교사의 개인적인 배경, 상호작용의 대상 또는 어린이집의 운영 구조 및 지역적 상황 등에 따라 다양한 형태로 나타날 수 있다. 그리고 이러한 특징을 고려할 때 보육교사의 역할을 양육자, 수업 진행자, 보육과정계획자, 평가자, 활동계획 및 수행자, 지역사회 연결자, 사례 연구자, 사무자 등으로 나누어 볼 수 있으며 이는 개별 보육교사의 관계 구조에 따라 그 내용과 비중이 달라질 수 있다.

보육교사의 역할에 대해서도 학자들마다 다양하게 정의하고 있으며 이들이 제시하고 있는 다양한 역할은 보육교사로서 보육현장에서 수행해야 할 중요한 내용이다. 이를 올바르게 인지하는 것은 보육교사로서의 바람직한 역할수행을 가능하게 한다. 따라서 보육교사들에게 공통적으로 부여되는 일반적인 역할에 대해 살펴보고자 한다.

보육교사는 어린이집이라는 사회 조직 속에서 영유아의 성장과 발달을 담당하는 교사 또는 보호자로서의 역할을 부여받게 되며 영유아의 부모에게는 대리 양육자로 또는 영유아의 교육을 담당하는 사람으로서 그 역할을 부여받는다. 그리고 어린이집이라는 조직사회에서는 원장으로 하여금 주임교사나 담임교사로서의 역할을 부여받게 되며, 관할 시·군·구청의 행정직원들에게는 지역의 보육을 담당하고 있는 보육교사 또는 보육과정을 실제 구성하여 운영하는 수행자로서의 역할을 부여받게 된다. 이와 같이 중첩으로 부여되는 보육교사의 역할은 제각기 보육교사가 어떤 위치에서 어떤 대상과 관계를 맺는가에 따라 달라지며 기대되는 역할내용도 달라진다. 그리고 각 관계들에서 주어진 역할이 효과적으로 수행되지 않으면 관계된 구성원들과 직접적인 갈등을 겪게 된다. 차원에 따라 보육교사에게 부여되는 다양한 역할은 [그림 1-1]과 같다.

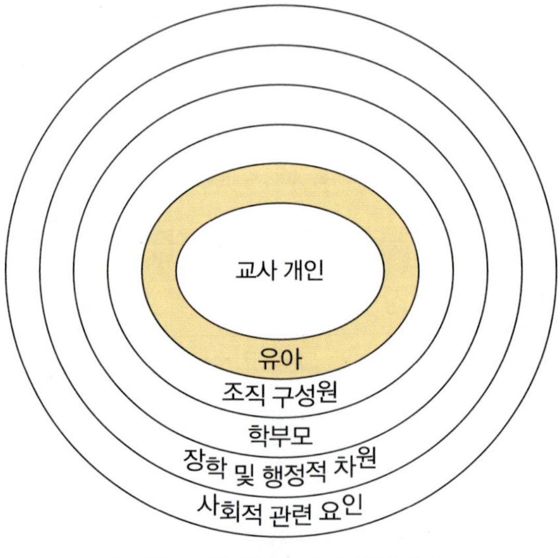

[그림 1-1] 보육교사의 역할관계

보육교사가 맺게 되는 다양한 관계를 중심으로 보육교사의 역할을 구체적으로 살펴보도록 하자.

첫째, 부모로서의 역할이다. 보육교사는 영유아의 기본적인 욕구를 충족시켜 주어야 하며, 건강을 돌보고 안정을 지켜주어야 한다. 특히 영유아를 교육하는 보육교사에게 대리 부모로서의 역할은 매우 중요하다. 그리고 최근 어린이집의 영유아 입소 연령이 지속적으로 낮아지고 있는 사회적 상황을 감안할 때 더욱 강조되는 역할이다.

둘째, 훈육자로서의 역할이다. 보육교사는 형식적이고 직접적인 가르침보다는 일상생활 속에서 집단생활의 질서와 규칙을 지킬 수 있는 일정한 기준을 마련하고 영유아가 내면화할 수 있게 도와주어야 한다. 훈육자로서의 보육교사는 영유아가 자아존중감을 갖고 다른 영유아들과 협력할 수 있도록 하며, 활동을 잘 계획하고 조직함으로써 문제행동 발생을 예방하며, 기대되는 행동에 대한 모델이 되고자 하여야 한다.

셋째, 의사결정자로서의 역할이다. 보육교사는 날마다 현장에서 수많은 의사결정을 해야 한다. 보육활동의 계획과 조직에서의 의사결정뿐만 아니라 집단 구성과 활동시간 배당 등에서 끊임없이 의사결정을 해야 한다. 이때 보육교사는 신중한 판단과 결정으로 영유아에게 도움을 줄 수 있는 결정을 내려야 한다. 보육교사는 항상 영유아들을 관찰해야 하며 이를 프로그램의 계획 및 수정 시에 적극 반영해야 하며, 기본적인 프로그램이 마련되면 언제, 어디서, 어떻게 영유아와 상호작용할 것인지를 결정해야 한다.

넷째, 환경조성자로서의 역할이다. 보육교사는 실내·외 어린이집의 안전하고 위생적인 환경을 조성하기 위해 노력해야 하며, 효율적인 보육활동의 운영을 위해 영유아의 발달 수준과 흥미에 부합하는 다양하고 매력적인 환경을 구성해야 한다.

다섯째, 학습조력자로서의 역할이다. 보육교사는 영유아의 능력을 정확하게 파악하고 그에 맞는 적절한 지식을 제공하는 지식제공자로서의 역할과 함께 영유아와의 상호작용에서 적절한 질문을 하는 상호작용자나 촉진자로서의 역할을 수행해야 한다. 또한, 영유아의 전인적 발달을 효율적으로 도모하기 위하여 여러 방법을 통하여 영유아의 언어 및 인지 발달, 정서 및 사회성 발달, 신체 발달과 행동특성을 평가하는 평가자의 역할도 요구된다.

여섯째, 상호협력자로서의 역할이다. 보육교사는 어린이집에 속해 있는 모든 보육교직원과 상호협력해야 한다. 함께 근무하는 보육교직원과의 밀접한 관계 형성과 적절한 협력은 보육과정의 계획과 수행 그리고 어린이집의 원활한 행 · 재정적 운영과 직결되므로 중요하게 다루어져야 한다.

일곱째, 부모와의 교류자로서의 역할이다. 보육교사는 영유아와 가정의 요구를 파악하기 위하여 부모와 원활한 의사소통을 해야 하며 부모와 어린이집 사이의 신뢰감을 형성하고 부모의 자녀양육을 조력해주기 위해 노력해야 한다.

여덟째, 지역사회와의 교류자로서의 역할이다. 지역사회 어린이집의 보육 프로그램을 소개하고, 자원봉사자의 선정을 도우며 지역공동체로부터 지원을 얻는 역할을 수행해야 한다.

보육교사는 0세부터 만 5세까지의 영유아를 보호하고 양육하는 교사로 만 3~5세 유아의 교육을 담당하는 유치원교사와 달리 보육의 대상 연령층이 매우 넓다. 이로 인해 보육교사가 담당하는 영유아의 연령에 따라 강조되는 보육교사의 역할도 달라진다. 따라서 영유아의 연령을 고려한 보육교사의 역할을 살펴보고자 한다. 보육교사의 역할은 크게 영유아의 양육을 수행하는 양육자로서의 역할과 영유아의 교육을 담당하는 교수자로서의 역할로 나눌 수 있다. 그리고 대상 영유아의 연령에 따라 두 가지 역할수행의 비중에 차이가 있다. [그림 1-2]는 유안진(1998)이 제시한 보육교사의 두 가지 역할과 영유아 연령과의 관계를 나타낸 것이다.

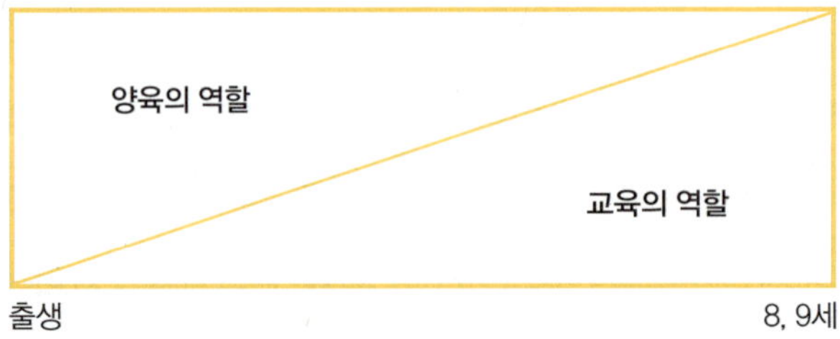

[그림 1-2] 대상 영유아의 연령에 따른 보육교사의 두 가지 역할

[그림 1-2]에 따르면 보육교사의 역할은 영유아의 연령이 증가함에 따라 교육의 역할이 증가하고 양육의 역할이 감소한다. 이에 기초하여 백혜리(2008)는 보육교사의 역할을 영아반 교사의 역할과 유아반 교사의 역할로 나누어 제안하였다.

영아반 교사의 역할은 다음과 같다.

- 영아반 교사는 영아에 대한 양육을 제공하여야 한다. 즉, 영아에게 보살핌과 보호를 제공해야 함을 강조한다.
- 영아반 교사는 양육뿐 아니라 교육의 기회를 제공하여야 한다. 이 시기의 경험을 통하여 영아가 얻게 되는 자극은 영아기의 신체 · 언어 · 인지 · 정서 · 사회성 발달에 직접적인 경험을 주기 때문에 교육적 자극을 충분히 제공함으로써 발달이 지체되거나 결손되지 않도록 해야 한다.

유아반 교사의 역할은 다음과 같다.

- 유아반 교사는 안내자 · 격려자의 역할을 수행해야 한다. 이는 보육을 통해 교사는 유아를 직접 가르치는 교수의 역할보다는 스스로 자신의 발달 잠재력을 충분히 발휘하고 스스로 성장할 수 있도록 끊임없는 지원과 격려를 제공하여야 하기 때문이다.
- 유아반 교사는 환경 구성자, 제공자의 역할을 수행해야 한다. 이는 영유아가 발달에 적합한 활동을 선택하고 활동할 수 있도록 풍부한 환경을 제공하는 것이 필요하기 때문이다.
- 유아반 교사는 유아와 적극적으로 상호작용하는 것이 필요하다. 보육교사는 유아의 전인적인 성장을 돕기 위하여 유아의 질문과 표현을 적극적으로 경청하고 적절한 반응을 해주는 역할을 수행하여야 한다. 이는 유아와 교사의 신뢰감 형성에 기초가 될 뿐 아니라 정서 발달에 직접적으로 영향을 줄 수 있기 때문이다.

영유아를 직접 보육하는 보육교사는 인생의 전 과정에서 변화 가능성이 많은 영유아기의 보호와 교육을 담당하게 되므로 영유아의 성장에 있어 매우 의미 있는 타인으로서 보육교사의 바람직한 역할수행은 무엇보다 중요하다. 따라서 보육교사는 보육 대상자인 영유아의 연령을 충분히 고려한 양육자 또는 교수자로서의 역할을 수행하기 위해 노력해야 하며 보육교사가 맺게 되는 다양한 관계 속에서 요구되는 보육교사로서의 역할을 성공적으로 수행하기 위한 전문성을 갖추기 위해 끊임없이 노력해야 한다.

3. 보육교사직의 매력과 반매력

매력이란 사람을 끌어당기는 힘이다. 보육교사직의 매력은 보육교사직을 수행하고자 목표를 정하고 이를 위해 많은 노력과 시간을 능동적으로 투자하게 하는 힘이 될 수 있다. 반매력이란 이와 상반되는 개념으로 보육교사직을 수행하고자 하는 마음 뒤편에 가끔 생각하게 되는 보육교사직이 지니고 있는 단점들로 보육교사직을 수행하는 데 갈등을 일으키는 원인이 되며 보육교사들의 주된 이직의 원인이 된다.

따라서 보육현장에서 우리가 느끼고 있는 보육교사직의 매력과 반매력을 알아보는 것은 보육교사의 역할을 효과적으로 수행하기 위해 반드시 필요하다.

현재 우리가 생각하는 보육교사직의 매력과 반매력은 무엇이며 반매력을 극복하고 해결할 수 있는 방안에는 어떤 것들이 있을까? 팀별로 의견을 나누고 그 내용을 발표해 보자.

다음의 사례는 예비 보육교사들의 생각을 쉽게 이끌어 내기 위하여 다양한 사진 자료를 이용하여 매력과 반매력에 대해 이야기해 보도록 한 것이다. 자신의 생각을 쉽게 표현하기 위해 사진이나 잡지 그림 또는 손 그림으로 보육교사직의 매력과 반매력을 표현하고 내용에 대해 이야기 나누어 보자.

활동 이미지 사진을 활용한 보육교사의 매력과 반매력 찾기

다양한 사진자료를 활용하여 보육교사직이 지니고 있는 매력과 반매력을 표현해 보고, 그 내용을 구체적으로 이야기해 보자.

보육교사직은 전문적인 다양한 지식과 기술들을 통해 영유아들에게 친근하게 다가가 가르치고 영유아발달을 더 나은 방향으로 이끌 수 있는 매력을 가지고 있음을 첫 번째 사진에서 볼 수 있습니다.

두 번째 사진에서 볼 수 있듯이 보육교사직은 안개가 낀 것처럼 영유아가 앞을 보지 못하고 헤매고 있는 상황이 발생하면 교사는 영유아에게 도움과 격려를 해줄 수 있는 매력을 가지고 있습니다.

세 번째 사진에서 볼 수 있듯이 아름다운 도자기를 위해 섬세한 손길이 필요한 것처럼 교사는 영유아의 올바른 전인적 성장을 위해 많은 도움과 노력이 필요합니다. 보육교사직은 노력 끝에 웃고 있는 아이를 보며 보람을 느낄 수 있습니다.

네 번째 사진에서 볼 수 있듯이 보육교사직은 항상 즐겁고 활기찬 영유아들을 보며 영유아와 함께 매일매일 즐겁고 행복한 시간을 보낼 수 있는 매력을 가지고 있습니다.

보육교사직은 다섯 번째 사진의 농구공처럼 영유아들의 꿈을 하늘 높이 뻗어 나갈 수 있게 이끌어 주고 도움을 줄 수 있는 매력을 가지고 있습니다.

여섯 번째 사진에서 볼 수 있듯이 친구들이나 가족들과 여행을 떠나거나 즐거운 시간을 보내면서 또 하나의 소중한 추억을 만들게 됩니다. 마찬가지로 영유아와 함께하는 시간을 통해 즐겁고 행복한 추억들을 만들어 나갈 수 있는 것이 보육교사직의 마지막 매력이라고 생각합니다.

	반매력	극복법
1	여러 마리 지네의 다리에 모두 신발을 신겨줄 수 없듯이 모든 아이들의 신발을 신겨 줄 수 없습니다. 많은 아이들의 요구를 한 번에 들어줄 수 없기에 정신없는 것이 보육교사의 반 매력이라고 생각합니다.	아이들에게 기본생활 습관을 가르쳐 주며 기다리기, 스스로 해 보기를 연습시킨다면 교사에게도 여유로움이 생겨서 정신없는 업무들을 극복할 수 있을 것입니다.
2	원에서는 각 개개인의 영유아마다 교사에게 바라는 점들이 있습니다. 그러나 교사는 영유아 개개인을 보는 것보다 넓은 시선으로 영유아들을 지도하고 보호해야 하는 반매력을 가지고 있습니다.	보육교사가 영유아들에 대해 끊임없는 노력과 연구를 한다면 조화로운 반 분위기를 형성할 수 있을 것입니다.
3	원에서는 아이들 앞이나 부모님 그리고 원장선생님 앞에서는 항상 웃고 활기찬 모습을 보여주지만 집으로 돌아오면 힘들고 지치게 되는 것이 보육교사의 반 매력이라고 생각합니다.	늘 긍정적인 마인드를 가지려고 노력하고 여가생활을 즐기는 것이 좋다고 생각합니다.

예비 보육교사들은 같은 교육과정 속에서 교사로서의 다양한 경험을 제공받게 된다. 이와 같은 다양한 경험은 예비 보육교사 나름대로 직업에 대해 이해를 하게 되며, 이후 보육교사로서의 역할을 수행하는 데 직접적인 영향을 준다. 그리고 서로 의견을 나누는 과정은 각기 다른 경험을 공유하게 되는 기회를 제공하게 되므로 보육교사직에 대한 올바른 이해를 도울 수 있다.

예비 보육교사의 보육교사직에 대한 매력과 반매력을 알아보는 과정과 더불어 중요한 과정은 '반매력'으로 인식하는 부분을 '매력'으로 바꿀 수 있는 해결방안을 모색해 보는 것이다. 다음은 앞서 제시한 '매력과 반매력 찾기 활동'에 이어 반매력 극복방안에 대한 팀별 토의활동을 효과적으로 수행하기 위해 제시한 양식이다. 다음 양식에 각 팀원의 이름을 적고 각자가 생각한 보육교사직의 반매력을 기록하고 팀원들의 의견에 대한 해결방안을 토론해 보자.

▶ **보육교사직이 지니고 있는 반매력을 극복할 수 있는 방안을 생각해 보자.**

팀원 이름	반매력	극복방안

팀 이름 :

4. 보육교사의 자질

교육현장에서 질 높은 보육이 이루어지기 위해서는 보육교사의 전문성이 요구되고 보육교사의 전문성은 바람직한 보육교사의 자질을 함양할 때 갖추어질 수 있다. 전문성을 갖춘 보육교사가 되기 위해서 갖추어야 하는 자질과 보육교사의 역할을 성공적으로 수행하기 위해 요구되는 자질에는 어떤 것이 있을까? 자질(資質)이란 어떤 분야의 일에 대한 능력이나 실력 정도로 직업에 따라 요구되어지는 자질은 각기 다르다.

최근 국가에서는 보육이라는 직무를 성공적으로 수행하는 보육인력을 양성하는데 효율성과 체계성을 갖추기 위하여 보육이라는 직무를 포함한 국가직무능력표준을 제시하였다. 그리고 최근 보육교사 양성기관에서는 국가직무능력표준에 따라 보육교사를 양성하기 위해 교육과정을 개편 · 운영하는 등 보육인력 양성체제 개선을 위해 많은 노력을 기울이고 있다.

국가직무능력표준이란 산업현장에서 직무를 수행하기 위해 요구되는 지식 · 기술 · 소양 등의 내용을 국가가 산업 부문별, 수준별로 체계화한 것으로 산업현장의 직무를 성공적으로 수행하기 위해 필요한 능력(지식 · 기술 · 태도)을 표준화한 것이다.

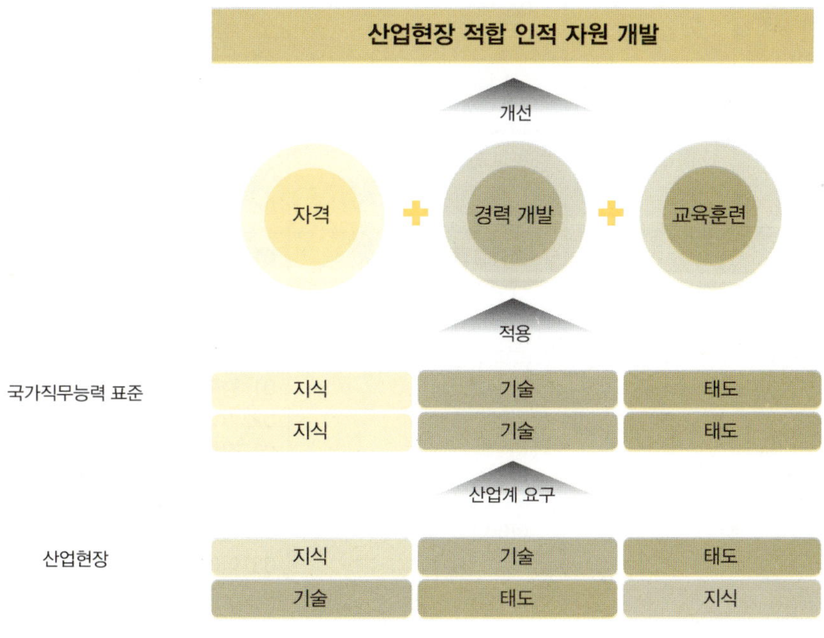

[그림 1-3] 국가직무능력표준 개념도

출처: http://www.ncs.go.kr.

국가직무능력표준은 직업교육과 훈련-자격교육이 산업현장과 연계되지 않은 상태로 이루어짐으로써 산업현장에서 요구하는 직무수행능력과 교육내용이 서로 동떨어져 실시됨에 따라 인적 자원 개발이 비효율적으로 이루어지고 있다는 비판을 해소하기 위해 도입되었다. 이와 같은 도입배경에 따라 산업현장의 직무를 성공적으로 수행하는 직업인을 양성하기 위하여 국가 차원에서 직무를 표준화하였으며 보육도 예외가 아니다.

일터 중심의 체계적인 국가직무능력표준의 개발을 위해 산업현장 전문가의 직종 구조 분석결과를 반영하기 위하여 산업현장 직무를 한국고용직업분류(KECO)에 부합하도록 분류하였다. 분류기준에 따라 직무를 대분류 24개, 중분류 77개, 소분류 227개, 세분류 857개로 나누어 제시하였으며 구체적인 분류체계를 살펴보면 〈표 1-1〉과 같다(2014.6.20. 기준).

〈표 1-1〉 한국고용직업분류(KECO)

대분류(24개)	중분류(77개)	소분류(227개)	세분류(857개)
01. 사업 관리	1. 사업 관리	1. 프로젝트 관리	01. 공적 자원 개발 02. 프로젝트 관리 03. 산학협력 관리
04. 교육·자연·사회과학	1. 학교교육	1. 학교교육	01. 유아교육 02. 초등교육 03. 중등교육 04. 특수교육
	2. 평생교육	1. 평생교육	01. 평생교육
		2. 평생교육 운영	01. 평생 프로그램 기회, 개발, 평가 02. 평생 프로그램 운영, 상담
	3. 직업교육	1. 직업교육	01. 경력지도 02. 기업교육 03. 직무분석
		2. 이러닝	01. 이러닝시스템 개발 02. 이러닝콘텐츠 개발 03. 이러닝과정 운영

대분류(24개)	중분류(77개)	소분류(227개)	세분류(857개)
07. 사회복지 · 종교	1. 사회복지	1. 사회복지 정책	01. 사회복지 개발 02. 공공복지 행정 03. 지역사회 복지
		2. 사회복지 서비스	01. 사회복지 프로그램 개발 02. 사회복지기관 운영 03. 사회복지상담 04. 사례 관리
		3. 직업상담 서비스	01. 직업상담 02. 취업 알선 03. 퇴직 지원
		4. 보육	01. 보육
		5. 청소년지도	01. 청소년활동 02. 청소년상담 복지

〈표 1-1〉 분류표에 따르면 보육은 사업 관리, 경영회계사무, 금융보험 등 24개의 대분류 중 사회복지 · 종교에 속한다. 그리고 이 중에서도 중분류 중 사회복지, 소분류 5개 중 보육, 세분류 중 보육으로 분류되어 있다.

국가직무능력표준에서는 직무 분류와 더불어 보육을 '영유아 보호와 양육, 보육과정 운영과 교수, 영유아의 평가 및 안내, 상담 및 정서적 지원 등의 일을 하는 직무'로 정의하고 있으며 이와 같은 직무를 효과적으로 수행하기 위한 보육인력의 자질로 12개의 능력단위(competency unit description)를 제시하였다. 능력단위란 국가직무능력표준의 기본 구성으로 '보육'이라는 직무를 수행하기 위해 갖추어야 할 보육인력의 자질, 즉 능력을 말한다. 국가직무능력표준에서는 보육인력 양성을 체계화하기 위하여 12개의 능력단위와 더불어 각각의 능력단위 아래 이를 수행하기 위해 필요한 지식 · 기술 · 태도의 내용을 포함하고 있는 능력단위의 요소를 하위 요소로 규정하여 구체적으로 제시하고 있다.

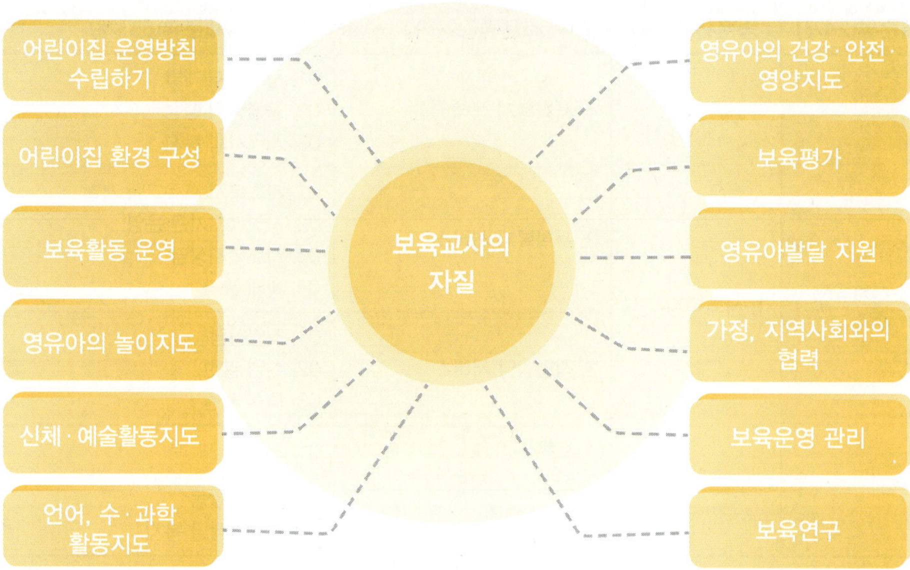

[그림 1-4] 국가직무능력표준에 따른 보육교사의 자질

본 교재에서는 국가직무능력표준에서 제시하고 있는 보육교사의 12개 능력단위를 중심으로 보육교사의 자질을 살펴보고자 한다.

첫째, 어린이집 운영방침 수립이다. 이는 어린이집 운영철학에 입각하여 당해 연도 운영방안과 보육계획을 수립하는 능력으로 연간 운영방안 수립하기, 반 구성하기, 보육계획안 수립하기, 연간 행사계획하기 등이 포함된다.

둘째, 어린이집 환경 구성이다. 이는 영유아의 성장과 발달을 도모하기 위해 영유아의 흥미와 발달적 특성에 적합하도록 물리적 환경을 구성하고 이를 체계적 · 지속적으로 관리하는 능력이다. 보육실 및 실내 · 외 환경 구성하기, 시설 · 설비와 비품 관리하기, 활동자료 관리하기 등의 자질이 포함된다.

셋째, 보육활동 운영이다. 이는 영유아들이 자신의 흥미와 관심에 기초하여 보육활동에 참여할 수 있도록 흥미영역활동, 대소집단활동, 실외활동을 준비하여 운영하고 기본 생활을 지도하는 능력이다. 흥미영역 운영하기, 영유아 생활지도하기, 대소집단활동 운영하기, 실외활동 운영하기 등이 포함된다.

넷째, 영유아의 놀이지도이다. 이는 영유아의 놀이 발달 수준을 높이고 활성화하기 위하여 기능놀이, 상상놀이, 구성놀이, 실외놀이를 준비하고 놀이 참여를 촉진하며 놀이를 다른 활동과 연계 · 통합하는 능력이다.

다섯째, 신체 · 예술활동지도이다. 이는 영유아의 신체능력, 예술 감각 및 심미감을 증진시키기 위하여 신체활동, 음률활동, 미술활동에 필요한 활동자료를 준비하여 영유아의 흥미와 발달 수준에 적합한 다양한 보육활동을 지도하는 능력이다.

여섯째, 언어, 수 · 과학활동지도이다. 이는 영유아의 의사소통능력과 수학적 · 과학적 탐구능력을 증진시키기 위하여 언어활동, 문학활동, 수학활동, 조작활동, 과학활동, 감각탐색활동에 필요한 활동자료를 준비하여 영유아의 흥미와 발달 수준에 적합한 보육활동을 지도하는 능력이다.

일곱째, 영유아의 건강 · 안전 · 영양지도이다. 이는 영유아가 신체적 · 정신적으로 건강하고 안전하게 지내기 위하여 영유아의 발달단계 특성을 토대로 건강하고 안전하게 생활할 수 있도록 지원하는 능력이다.

여덟째, 보육평가이다. 이는 영유아평가, 보육과정평가, 보육운영평가를 통해 어린이집 운영 전반에 걸쳐 운영방침에 따라 적절하게 운영되었는지를 파악하는 능력이다.

아홉째, 영유아발달 지원이다. 이는 발달에 어려움이 있는 영유아와 장애 영유아를 위해 지도 및 상담의 내용과 방법을 계획 · 결정하여 지원하는 능력으로 아동상담하기, 전문가 연계하기, 장애아 발달 지원하기 등의 역할이 포함된다.

열 번째, 가정, 지역사회와의 협력이다. 이는 부모와의 상담, 교육, 참여 지원을 통해 가정과 협력하고 어린이집이 지역사회의 일원으로 기여할 수 있도록 지역사회와의 협력을 확대하는 능력이다. 부모상담하기, 부모교육하기, 부모참여 지원하기, 지역사회 협력하기 등이 포함된다.

열한 번째, 보육운영 관리이다. 이는 어린이집에 의한 직접적인 서비스 제공에 있어 부수적인 활동을 지원하거나 촉진하는 과정으로 보육통합정보시스템 이용, 인사, 회계, 보육실습을 관리하는 능력이다.

열두 번째, 보육연구이다. 보육연구는 교사의 전문성을 신장하기 위하여 보육현장 관련 연구, 보육활동 및 프로그램 개발, 교사교육 참여, 동료교사와의 멘토링 등을 통해 교사의 전문적 능력과 자질을 계발 · 관리하는 능력이다.

국가직무능력표준에 따라 살펴본 12가지 보육교사의 자질, 즉 능력은 보육이라는 직무를 실질적으로 수행하기 위한 직접적인 직무능력과 관련된 내용이다.

직업을 수행하는 데 있어서 앞서 제시한 직접적인 직무능력과 관련된 자질 이외에도 이를 통합적으로 수행하는 것을 가능하게 하는 기초적인 능력이 필요함을 강조하면서 국가직무능력표준에서는 이를 '직업기초능력'이라 정의하였다. 그리고 이를 모든 직업과 관련하여 공통적으로 갖추어야 하는 10가지 기초능력으로 제안하면서 체계적인 교육이 이루어져야 함을 강조하였다.

자신의 직업을 효과적으로 수행하기 위해 직업인들에게 공통적으로 요구되는 10가지 직업기초능력에는 의사소통능력, 수리능력, 문제해결능력, 자기개발능력, 자원관리능력, 대인관계 능력, 정보능력, 기술능력, 조직이해능력, 직업윤리가 있다.

보육교사도 다른 직업과 마찬가지로 보육이라는 직무의 고유한 특성을 반영한 12가지 능력단위 이외에도 직무를 효과적으로 수행하기 위한 10가지 직업기초능력 함양을 강조하고 있으며 최근 보육교사 양성기관에서는 체계적으로 교육내용을 구성 · 운영하기 위해 노력하고 있다.

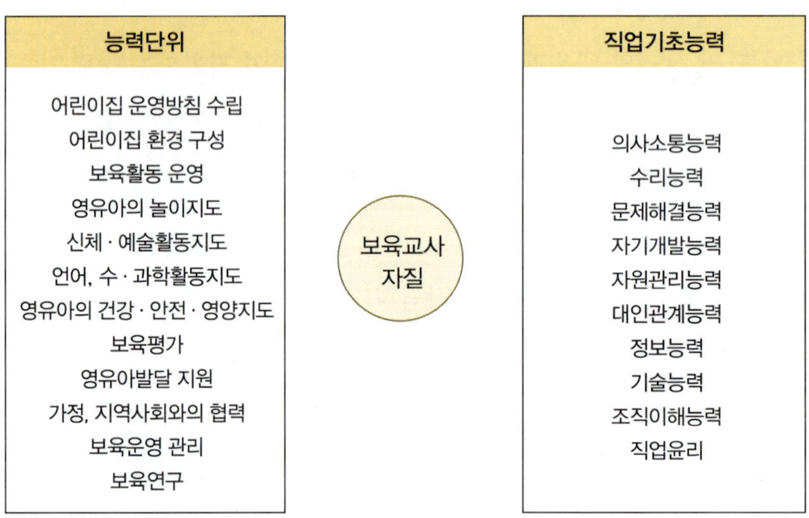

[그림 1-5] 두 가지 영역에서 보육교사의 자질(NCS)

[그림 1-5]는 보육교사의 성공적인 역할수행을 위해 갖추어야 할 자질, 즉 보육 분야의 일을 효과적으로 수행하기 위해 국가 차원에서 국가직무능력표준을 통해 제시하고 있는 두 가지 측면의 자질을 나타낸 것이다.

앞서 제시한 자질 이외에 보육교사는 어떠한 자질을 갖추어야 할까? 그리고 이와 같은 자질을 갖추기 위해 어떠한 노력을 할 수 있을까? 보육교사로서 스스로의 자질을 점검하고 자신이 지닌 강점과 약점을 생각해 보고, 자신의 강점을 발휘할 수 있는 방안과 약점을 보완할 수 있는 방안을 모색해 보자.

▶ '보육'이라는 직무를 수행함에 있어 자신의 강점과 약점은 무엇인가? 앞서 제시한 보육교사의 능력단위를 이용하여 자신의 강점이라고 생각하는 능력단위 3개를 기록해 보자.

내가 지닌 강점은?	
1. 2. 3.	
강점 강화 방안	

내가 지닌 약점은?	
1. 2. 3.	
약점 보완 방안	

chapter 02
보육교사직과 나

'교육의 질은 교사의 질을 넘을 수 없다'라는 말은 교사역할의 중요성을 강조하고 있다. 따라서 훌륭한 교사가 되기 위한 첫 출발은 자신에 대한 이해로부터 시작된다. 내가 누구인지, 내가 어떤 사람인지 객관적이고 분명하게 알아야 앞으로 어떻게 살아갈 것인지, 어떤 삶이 나에게 행복을 가져다 주고 성공의 영역으로 이끌 것인지 찾아갈 수 있다.

따라서 본 장에서는 자기 자신을 돌아보는 여정으로 먼저 보육교사가 되고자 하는 동기를 살펴보고, 나아가 자서전 쓰기, 검사를 통해 자신의 장점이나 선호유형 알아보기, 알아본 것을 중심으로 웹망으로 드러내보기 등을 소개하고, 나아가 예비 보육교사로서 나아가야 할 방향에 대해 살펴보고자 한다.

1. 보육교사가 되고자 하는 동기

좋은 교사가 되는 시작점은 자기 자신을 아는 것에서 출발한다. 내가 왜 보육교사가 되고자 하였는지, 나의 직업으로 왜 보육교사직을 선택하게 되었는지, 보육에 대해서 어떤 이미지를 가지고 있으며 앞으로 펼치고 싶은 보육은 어떤 것인지 등을 살펴보는 것부터 출발할 수 있다. 이제 보육교사로서의 자신을 그려 볼 때 유아교육과 및 보육 관련 학과에 왜 입학하였는지 그 동기부터 살펴보도록 하자.

흔히 사람들은 자신의 운명 때문에 직업이 정해진다고 하는 경우가 있지만 좀 더 깊이 생각해 보면 오히려 직업이 운명을 결정하는 게 아닌가 하는 생각이 든다. 사람이 어떤 환경에 있고 어떤 사람들과 살아가며, 어떤 일에 종사하느냐에 따라 삶의 모습은 달라지기 때문이다. 예를 들어, 필자의 경우 교육자이므로 사람을 키우고 성장해 가는 쪽에 관심이 많다. 만약 금융계에 있다면 매사 정확하고 이리에 밝은 경향을 보일 것이다. 언론인이라면 비판적 사고가 발달하기 쉬울 것이다. 따라서 직업을 생계 유지의 수단으로만 볼 것이 아니라 자기 삶의 경로를 결정짓는 환경으로 이해하여 이에 대해 충분히 숙고하고 탐색과정을 거치는 현명함이 필요하다.

인간은 스스로의 동기에 의해 시작한 일에 훨씬 더 집중하고 만족하는 경향을 보이므로 먼저 유아교육과나 보육 관련 학과를 선택하게 된 동기와 계기를 추적해 보는 것이 현재 우리의 삶을 이해하는 데 도움이 된다. 왜 보육교사가 되고자 하는가? 아이들이 좋아서, 어렸을 때부터의 꿈, 보람 있는 직업이기 때문에, 사회적 인식이 괜찮아서, 부모님이나 선생님의 권유 등 보육교사가 되고자 하는 이유는 다양하다.

〈표 2-1〉 동기유형

유형	내용
환상 그 이미지를 쫓아서	대학 1학년 때부터 고민하기 시작했고 몇 명의 친구들과 함께 보육교사에 대한 환상을 가졌다. TV에서 비춰지는 예쁘기 만한 어린이집교사 모습에 속았다고나 할까?
나의 어린이집 선생님	내가 지금까지 잊지 못하는 한 분이 계신다. 그 분은 나의 어린이집 선생님이다. 지금은 외국에서 선교활동을 하고 계신다. 몇 년에 한 번씩 오셔서 보고회를 하는데...중략...아! 나도 저들을 위해 무엇을 할 수 있을까?라는 생각이 들었다. 그래서 고등학교 때부터 그것을 꿈꾸며 공부했다.
부모님의 영향	어린 시절 나의 질문에서 늘 성실히 답해주시는 부모님을 보며 가르치는 일이 하고 싶었다.

자신이 보육교사가 되고자 했던 동기나 유아교육과 또는 보육 관련 학과에 오게 된 이유를 적어보고, 그 결과에 대해 조별로 토의해 보자.

왜 보육교사가 되고자 했는가? 왜 유아교육과 또는 보육 관련 학과에 오게 되었는가?

직업 선택 시 사람들은 당시 직업의 인기와 조건을 두고 선택하거나 소질과 소망을 따르기도 한다. 어떤 사람은 삶을 살아가는 가치와 역량을 따르기도 한다. 사람마다 혈액형이 다르듯이 자신이 옹호하고 지지하는 가치는 따로 있다. 가치라는 말을 떠올리면 진, 선, 미, 정의, 봉사, 창조, 도전, 명예, 지식, 성실 등의 단어가 연상된다. 또한 직업에는 각 직업마다 요구하는 핵심 가치가 있다. 예를 들면, 예술가라는 직업의 핵심 가치는 아름다움을 추구한다. 가치 중심의 진로를 선택한 사람은 자신의 일에 열정을 심으며 보람을 거두게 되는데 가치는 자신의 인생에 있어 궁극적으로 지향하는 목표이기 때문이다.

그렇다면 보육교사의 핵심 가치는 무엇일까?

보육교사나 유치원교사라는 직업에 대한 핵심 가치는 봉사와 사랑이라고 한다(서재경, 2008). 보육교사가 되고자 하는 동기 중에 가장 많이 언급되는 것은 아이들과 함께하는 것을 좋아하고 그들의 삶에 영향을 주고 싶고 아이들의 성장과 성취를 통해 기쁨을 느낀다는 것이다. 이는 보육교사직을 사회에 대한 소명의식과 가치 있는 사회봉사로 여기며 사회에 지속적으로 기여하는 방법으로 인식한다는 것이다.

이와 같은 관점을 지지하듯 누군가의 인생에 영향을 주고 싶다는 것이 보육교사가 되고자 하는 동기 중에 가장 많은 것으로 나타났으며(염지숙, 이명순, 조형숙, 김현주, 2008) 나아가 이러한 선택동기는 교사의 직무능력과 직무만족도에 긍정적인 영향을 미친다(오수진, 2011). 또한, 이연주(2003)는 유아교사들의 지원동기를 분석한 결과 영유아교사직에 관해 긍정적으로 인식하고 있으며 개인적 자질을 매우 중요하게 생각하고 있음을 밝히고 있다.

〈표 2-2〉는 직업을 선택할 때 중요하게 생각되는 직업가치관이 무엇인지를 보여주는 것이다. 직업가치관이란 자신이 직업을 선택할 때 바람직하다고 생각하는 기준들을 의미하는데 이러한 요소들은 직업을 선택하고 성취감을 느끼고 의사결정을 할 때 중요한 영향을 준다.

〈표 2-2〉 직업가치관의 요인

번호	가치관	가치 설명	선택
1	성취	스스로 달성하기 어려운 목표를 세우고 이를 달성하여 성취감을 맛보는 것을 중시하는 가치	
2	봉사	자신의 이익보다는 사회의 이익을 고려하며 어려운 사람을 돕고, 남을 위해 봉사하는 것을 중시하는 가치	
3	개인지향	여러 사람과 어울려 일하기보다 자신만의 시간과 공간을 가지고 혼자 일하는 것을 중시하는 가치	
4	직업 안정	해고나 조기퇴직의 걱정 없이 오랫동안 안정적으로 일하며 안정적인 수입을 중시하는 가치	
5	변화지향	일이 반복적이거나 정형화되어 있지 않으며 다양하고 새로운 것을 경험할 수 있는지를 중시하는 가치	
6	몸과 마음의 여유	건강을 유지할 수 있으며 스트레스를 적게 받고 몸과 마음의 여유를 가질 수 있는 업무나 직업을 중시하는 가치	
7	영향력 발휘	타인에게 영향력을 행사하고 일을 자신의 뜻대로 진행할 수 있는지를 중시하는 가치	
8	지적 추구	일에서 새로운 지식과 기술을 얻을 수 있고 새로운 지식을 발견할 수 있는지를 중시하는 가치	
9	애국	국가의 장래나 발전에 기여하는 것을 중시하는 가치	

번호	가치관	가치 설명	선택
10	자율성	다른 사람들에게 지시나 통제를 받지 않고 자율적으로 업무를 해나가는 것을 중시하는 가치	
11	경제적 보상	생활하는 데 경제적인 어려움이 없고 돈을 많이 벌 수 있는지를 중시하는 가치	
12	인정	자신의 일이 다른 사람들로부터 인정받고 존경받을 수 있는지를 중시하는 가치	
13	실내활동	주로 사무실에서 일할 수 있으며 신체활동을 적게 요구하는 업무나 직업을 중시하는 가치	

출처: 탁진국(2005). 직업가치관의 요인.

자신에게 있어 위의 가치기준에서 직업을 선택할 때 중요시되는 우선 요인 3가지를 선택하고 왜 중요한지 그 이유에 대해 조별로 토의해 보자. 워크넷(http://www.work.go.kr)에 접속하여 직업가치관검사를 실시해 보는 것도 도움이 된다.

직업가치관검사방법

직업가치관검사는 워크넷의 온라인검사(http://www.work.go.kr)를 통하여 무료로 실시하고 결과해석을 받아 활용할 수 있다.

2. 자서전 써 보기

한 사람이 살아가면서 겪은 일들을 되돌아보면 참으로 소중한 시간들과 뼈아픈 순간들이 많다.

자서전을 쓰는 이유는 학문적 뒷받침을 언급하지 않더라도 자기 자신을 위한 것이기도 하다. 자신의 삶을 돌아보고 미래를 그려보며 가질 수 있는 행복감, 반성의 시간, 미래에 대한 설계라는 행위에 얽힌 일련의 작업이다. 자서전은 일기를 쓰는 것과는 다르다. 하루하루 삶의 기록이 아닌 자신의 인생 전반에 대한 곱씹음과 반추, 그리고 미래의 투영이기 때문이다.

자서전을 써 보는 과정을 통해 일정한 거리를 두고 자신을 바라보게 되며, 현재를 정리하고 자연스럽게 미래를 생각하게 된다.

'어린 시절의 영웅은 누구였는가? 10대 시절 밤하늘을 바라보며 나눈 대화나 품었던 희망이 있었는가? 나이가 들수록 더욱 강해지거나 여전히 중요하게 여겨지는 자신의 가치는 무엇인가?' 이런 질문들에 대해 눈을 감고 생각해 보면 삶의 기억들이 떠오르면서 '이런 것들을 어떻게 잊고 살았지?'라고 반문을 하게 된다. 자서전을 써 보는 것은 자신의 삶을 되돌아보고 그 진실한 의미를 캐내는 과정이라는 점을 깨닫게 된다.

자서전은 어떻게 써야 할까? 자신의 과거를 되돌아보며 기록을 하다 보면 자연스럽게 무엇을 적어야 할지 알 수 있다. 우선 어린 시절부터 지금까지 떠오르는 사건들의 제목만이라도 나열해 보도록 하자. 기억나는 것부터 먼저 기록하다 보면 기억의 작은 파편들도 하나씩 떠오를 것이며 이러한 파편들이 하나둘 가지를 뻗게 될 것이다. 자서전 쓰기를 위한 준비는 자신감, 자세와 끈기이다. '내가 무슨 자서전이야?', '쓸 것이 무엇이 있다고.', '시간이 어디 있어?'와 같은 생각을 버리는 것이 자서전 쓰기의 출발점이다.

자서전을 쓰는 방법은 두 가지로 정리할 수 있다. 첫째, 태어나서 지금까지 연대기 순으로 삶을 정리하여 시간 순에 따라 서술한다. 둘째, 사건별로 정리하는 것으로 '어린 시절 나의 영웅은 누구였는가?', '나의 생애에서 가장 기억하는 사건이나 상황은 무엇인가?' 등 삶을 돌아보게 하는 자기만의 질문을 따로 만들어 정리하면서 이에 대해 써 보는 것도 좋은 방법이다.

최근 교사교육에서도 교사로서의 실천행위에 대한 지각, 신념의 발달에 대한 자신의 경험, 교사가 된다는 것은 무엇을 의미하는지에 대해 생각해 보기 위해 자서전을 쓰게 하는 경우가 늘고 있다(박은혜, 2013). 우리나라 예비 교사 중 다수가 교직과목이나 보육교사 또는 유아교사 양성 관련 과목들을 이수하고도 '왜 교사가 되려고 하는지, 교사란 어떤 사람이라고 생각하는지'에 관해 자기 안에서 답을 찾지 못하고 있다. 따라서 자서전적 방법을 통하여 자신들이 가지고 있는 개인의 교육적 경험이나 신념들을 드러내어 분석해 보는 기회를 제공하려는 이유이다.

자서전적 방법은 개인의 교육적 경험에 대한 시간적이고 반성적인 사고의 과정으로, 개인으로 하여금 과거부터 현재에 이르기까지 자신이 처해 있는 여러 가지 상황과 조건들을 하나하나 끄집어내어 그것을 스스로 대면함으로써 자신을 구속하고 있는 현상이나 거짓된 인식을 걷어내고 자신의 정체성을 회복하게 한다.

즉, 자서전 쓰기는 자신의 정체성의 근원을 찾아보게 함으로써 개인의 신념이나 관점에 대한 이해를 돕고, 나아가 학생으로부터 교사로 변화해가는 과정을 이해하게 되면서 바람직한 교사상을 형성하게 하고 자신의 뿌리를 찾고 이것이 가르치는 일에 어떻게 적용되는지를 알아보게 하는 것이다.

보육교사의 신념체계는 교사의 자서전적 일대기와 어린 시절의 교육적 경험을 통해 이루어진다. 따라서 예비 교사들이 인식하는 자신의 어린 시절 교육적 경험은 중요한 의미를 지닌다. 어린 시절의 보육 또는 교육적 경험에 대한 이미지와 느낌을 표현한 자서전을 통해 자기탐색 및 자기발견을 통한 보육교사로서의 성장과 발전을 모색해 보도록 하자.

다음 내용을 중심으로 자서전을 써 보자.

왜 보육교사가 되려고 합니까? 어떤 보육교사가 되려고 합니까?

- 나의 교육 · 보육적 경험에 대한 연대기 작성하기
- 나의 교육 연대기 중에서 현재 나에게 영향을 주는 사건이나 기억은 무엇인가? 어떤 면에서 영향을 주는가?
- 내가 흥미를 느꼈던 공부(과목)나 나를 위축시켰던 공부(과목)는 어떤 것이었나? 왜 그렇다고 생각하는가?
- 나는 내가 소속된 집단(가족, 학교, 친구 등) 안에서 어떤 사람인가? 나는 주변 사람들에게 어떤 영향을 주며, 나는 주변 사람들에게 어떤 영향을 받는가?
- 나는 어떤 보육교사가 되고자 하는가? 보육교사로서 가장 중요하게 여겨야 할 가치는 무엇인가? 왜 그렇게 생각하는가?
- 보육교사에게 요구되는 도덕성은 어떤 것이라고 생각하는가?
- 앞에 썼던 내용들이 현재 나의 공부나 생각, 태도와 어떻게 관련되고 있는가? 혹시 관련성을 발견할 수 없다면 그 이유는 무엇이라고 생각하는가?
- 내가 희망하는 교사의 모습에 다가가기 위해 공부나 태도 면에서 앞으로 내가 노력해야 할 부분이 있다면 무엇이라 생각하는가?

출처: 최연주(2011).

다음은 자서전 쓰기를 통해 자신의 어린 시절을 회상한 어느 현직교사의 글 일부분이다.

> 아이들을 가르치고 싶다는 내가 정작 나의 어린 시절은 전혀 생각해 보지 않았음을 불현듯 깨달으면서 내가 어린 시절에 느끼고 생각하고 행동한 것은 다 잊은 채 아이들의 입장에서 교육할 수 있을 거라고 여겼던 것이 어쩌면 모순인 것 같다. 타인의 입장에서 누구를 가르쳐야 한다는 생각보다는 내가 가르치는 아이들도 그때의 나와 같은 존재들이라고 생각하면 아이들을 훨씬 더 잘 이해하고 아이들이 중심이 되는 교육을 할 수 있을 것이다.

위의 교사는 자서전을 통해 과거 자신의 어린 시절을 재탐색하면서 어린 시절의 마음으로 회향하는 모습을 보이고 있다. 교사로서 유아들을 가르치고 싶어 했지만 정작 유아들의 관점에서 보육 환경을 조성하는 것에 대해서는 중요시하지 않았음을 깨닫고 있다.

다음은 자서전 쓰기를 통해 자신의 미래에 구체적으로 생각해 보게 되었다는 어느 예비 보육교사의 글 일부이다.

> 막연히 선생님이 되고 싶다는 것에서 어떤 선생님이 되겠다는 교사상을 생각해 보게 된 것 같아요. 솔직히 대학 시절은 그냥 흘러가게 되는데 저처럼 잡생각이 많은 사람은 '아, 이게 나한테 무슨 의미인가? 나는 교사로서 자질이 있나? 내가 정말 좋아서 교사를 하겠다는 건가? 나는 속물인가?' 약간 이런 자괴감도 있었거든요. 그런데 그런 거에 관해서 좀 진지하게 생각하게 되었습니다. 사람의 생각이 한 번에 바뀌지 않는 것처럼 글을 쓰면서 완전히 달라지지는 않았던 것 같아요. 많이 바뀐 것은 없는데 일단 미래에 대해서 '내가 어떤 선생님이 되려고 하는가?' 에 대해서는 생각해 보게 된 것 같고 저는 그 부분이 가장 인상 깊었던 것 같아요.

이처럼 자서전 쓰기는 자기 자신에 대한 깊은 성찰과 삶의 모습을 직면할 수 있는 기회를 제공한다. 이런 점에서 Day와 Leitch(2001)는 자서전 쓰기가 교사의 인생을 되돌아보며 자신의 전문적이고 사회적인 맥락 속에서 자신을 발견할 수 있는 도구로써의 가치를 지닌다고 하였다.

이제 평범하지만 소중한 자신의 이야기를 적어보고, 그룹별로 발표하거나 토의해 보자.

나의 자서전
'평범하지만 소중한 나의 이야기'

3. 나의 성향 파악하기

1) 나 자신! 얼마나 알까?

사람들은 살아가면서 수많은 사람을 만나고 그 상황에 맞게 자신을 소개하는 일을 반복하면서 살아간다. 격식 있는 자리에서 자신을 소개하기도 하고 업무상 처음 만나는 사람에게 자신을 소개하거나 밤을 지새우면서 그동안 살아온 이야기를 나누면서 자신을 알리기도 한다. 이와 같이 수없이 자신을 소개하면서도 자신의 성격, 성장과정, 학창 시절 등을 글로 표현해 보는 것은 왜 어렵게 느껴지는 것일까?

나는 누구인가?
나의 장점은 무엇인가?
내 안에 숨겨진 나의 잠재능력은 무엇인가?
나는 앞으로 무엇을 하고 싶은가?
⋮
자신에 대해 얼마나 알고 있는가?

위와 같은 질문들을 받는다면 어떻게 대답할 것인가? 대체로 우리는 자신에 대해 잘 알고 있다고 생각하지만 구체적으로 말하라고 하면 자신에 대해 아는 것이 많지 않다는 것을 깨닫게 된다. 실제로 학생들에게 자신에 대한 장점이나 자랑거리를 이야기해 보라고 하면 한 두 가지 추상적인 장점을 말한 후 더 이상 말을 하지 못하는 경우가 많다. 그만큼 자신의 자랑거리가 무엇인지 또는 앞으로 고쳐야 할 단점이 무엇인지 생각해 보지 않았음을 의미한다.

객관적으로 자기 자신에 대해 정확하게 알고 있는 것은 매우 중요하다. 특히 자신의 적성과 진로를 설정하기에 앞서 자신의 성격과 특성을 알아가는 것은 자신의 미래설계에 도움이 된다. 자신과의 지속적인 대화를 통해 자신의 정체성을 확인하여 올바른 가치관과 삶의 중심 철학이 되는 인생관을 정립해가야 한다.

사람들은 누구나 자신만의 장점을 가지고 있지만 많은 사람은 자신의 장점을 발견하지 못하는 경향이 있다. 장점과 능력을 구분하는 것이 어려울 수 있다. 사람들은 흔히 능력을 타고나는 것이라고 생각하며 그 결과 타고난 능력을 발견하려고 한다. 그러나 능력은 경험과 연습의 결과로 만들어지고 계속 개발되는 경우가 많지만 장점은 대부분 자신의 자율적 의지에 의해 형성된다. 어려운 이웃을 도와주는 것, 서로 배려하고 협조하는 것 등은 모두 자율의지에 의해 생긴다.

누구나 자기만의 장점을 가지고 있음에도 불구하고 아무런 장점이 없는 것처럼 말하는 사람들을 우리 주변에서 많이 볼 수 있다. 과거에는 겸손이 미덕이라고 했지만 지금은 자신의 장점을 알려 사회로부터 인정받고 정정당당하게 승부할 줄 알아야 한다. 스스로 장점이 없고 아무 가치가 없는 사람이라고 자신을 부정하거나 평가절하한다면 다른 사람들도 그렇게 생각하게 된다. 따라서 자신도 깨닫지 못하거나 모르고 지내는 장점을 꾸준히 찾아 활용하려는 노력이 필요하다.

다음은 직장생활 및 일상생활에서 중요하게 미칠 수 있는 장점들에 대한 항목이다. 제시된 단어를 읽고 자신을 잘 표현하고 있는 항목에 체크(V)해 보자.

열성적인		이성적인		목표지향적인	
활동적인		신사적인		동료애가 있는	
자립심이 강한		근면한		조직적인	
융통성 있는		유머가 있는		독립적인	
합리적/논리적인		경쟁적인		친절한	
대담한, 모험심		낙천적인		꼼꼼하고 철저한	
예술적인		리더십이 있는		배려하는	
관대한		강인한		믿음직한	
소신 있는		감정적인		봉사하는	
협조적인		재치 있는		양심이 있는	
사교적인		의사결정이 빠른		지지적인	
성실한		능동적인		꾸밈없는	
꿈이 많은		독창적인		정확한	
책임감이 강한		예의 바른		안정적인	
인내심이 있는		개성이 강한		상냥한	
사교적인		기타(　　)		기타(　　)	

〈나의 장점으로 좋은 성과를 얻게 된 사례〉

• 좋은 성과를 얻게 된 나의 장점에는 어떤 것이 있으며 그 사례에 대해 이야기해 보자.

• 옆에 있는 친구의 장점을 찾아 서로 이야기해 보자.

2) 나의 성격유형 알아보기

Q. 양손으로 깍지를 끼워 보세요! 손의 깍지가 어떻게 끼워졌나요? 이제 양손을 풀었다가 다시 깍지 끼워 보세요. 어떤 차이점이 있나요? 이제는 다른 쪽 엄지손가락이 위에 오게 다시 깍지 끼워 보세요.

어느 쪽 손의 엄지손가락이 위에 올라오나? 두 번째 시도했을 때 어떤 변화가 있는가? 이제 다시 방향을 바꾸어 깍지를 껴보자. 어떤가? 어느 방식이 다른 방식보다 훨씬 편안하게 느껴지는가?

비슷한 예로 다리 꼬기, 전화 받기, 팔짱 끼기 등은 사람의 개인적 선호경향, 즉 성격이라고 할 수 있다. 선호도(preference)라는 것은 자신이 지속적으로 일관되게 활용하는 것, 선택적으로 자주 쓰는 것, 선택적으로 더 좋아하는 것, 상대적으로 편안하고 더 쉽게 끌리는 경향을 의미한다. 개인적 선호경향, 즉 성격에 대해 어떤 것이 '좋다, 나쁘다', '옳다, 그르다'라고 판단할 수 있을까? 성격의 차이는 대체로 사람들의 성격이나 행동으로 드러나게 되는데 이를 설명해주는 스위스 심리학자 Jung의 이론에 대해서 먼저 살펴보자.

Jung의 심리유형론

어떤 문제나 새로운 상황에 직면했을 때 어떤 사람은 논리적으로 일을 처리하는 경향이 있고, 다른 사람은 논리적이라기보다 창의적이거나 감정적으로 대처하는 경향이 있다. 어떤 사람은 이런 상황에서 오히려 차분해지는 반면 어떤 사람은 허둥대며 어찌할 바를 몰라 발을 동동 구르는 경우도 있다.

인간의 성격특성을 설명해주는 가장 대표적인 모형 중의 하나인 MBTI(Myers-Briggs Type Indicator)는 Jung의 심리유형론을 근거하여 Myers와 Briggs가 고안한 자기보고식 성격유형검사이다. 현재 12개 국어로 번역되어 세계 30여 나라에서 널리 사용되고 있다.

MBTI 성격유형검사의 이론적 토대가 되는 Jung의 심리학은 인간관계에서 나타나는 개인들의 행동 차이가 개인마다 선천적으로 타고 나는 선호유형 때문이라고 가정하고, 개인을 심리유형으로 구분해 봄으로써 사람들이 사회적 관계 속에서 보이는 다양한 행동의 차이를 이해하려고 하였다.

Jung은 사람의 선호경향을 다음 4가지 요인으로 설명하고 있다.

외향성-내향성(E-I : Extraversion-Introversion) : 주의집중과 에너지의 방향

외향형과 내향형은 쉽게 이해될 것이다. 여러분은 외향형인가? 내향형인가? 주변의 친구들을 살펴보자. 어떤 친구들이 외향형인가? 물론 사람들은 이 두 가지의 경향성을 모두 가지고 있으나 어느 한쪽의 경향을 더 많이 활용하는지는 자신이 가장 잘 알 것이다.

외향형의 사람은 쉽게 파악되는 경향이 있다. 활발하고 적극적이라는 말을 자주 들으며 슬프거나 기쁜 일이 생기면 사람들에게 표현한다. 주위에서 일어나는 일들에 대해 관심을 보이고 조용히 혼자 있는 시간보다 친구들과 어울리는 시간이 많고 처음 보는 사람이라도 쉽게 이야기를 건네고 친해지는 편이다. 자신의 기분을 잘 드러내고 반응을 즉시 보이며 친구들과 함께하는 것을 좋아하며 보고 듣는 것을 말로 많이 표현하는 경향이 있다.

반면 내향적인 사람은 자신의 내부세계에 더 초점을 두는 경향이 있다. 조용하고 침착하다는 말을 자주 들으며 소수의 친구들과 친하게 지내는 편이다. 혼자 있거나 책 읽는 시간이 많으며 활동적이기보다는 생각하는 것에 대해 더 많은 흥미와 편안함을 느낀다. 직접 경험하고 체험하기에 앞서 먼저 머릿속에서 이해하려고 하며 에너지를 활동으로 소비하기보다는 혼자만의 시간을 통해 에너지를 얻고자 하는 경향이 있다.

예 U대학교 인형극 동아리와 P대학교 농구 동아리 간 미팅을 주선하는 U대학교 여학생 외향이는 평소 도서관에서 책 읽기와 사색을 즐기는 내향이를 데리고 미팅을 나갔다. 사교적이고 말하기 좋아하는 외향이는 먼저 남자에게 농구 실력은 어떤지, 키는 얼마인지 등 궁금한 점을 적극적으로 물어보았지만 내향이는 아무 말없이 차만 마시며 이야기를 듣고 미소만 지었다.

감각 - 직관(S-N : Sensing-Intuition) : 정보를 받아들여 지각하는 방법

사람이 정보를 지각하고 받아들일 때는 감각을 이용하는 방법과 직관으로 인식하는 두 가지 기본적인 방법이 있다.

감각적으로 인식하는 사람들은 머릿속에 저장하기 위해 눈으로 보고, 냄새 맡고, 듣고, 맛보고, 느껴야 한다. 감각형의 사람들은 상황의 실체를 이해하는 데 특히 유용하며 현실적이고 실용적인 특징을 지닌다. 이런 사람들은 대체로 현실을 있는 그대로 즐기고 순서에 입각해서 차근차근 업무를 수행해나가며 근면성실하다. 또한, 이들은 꼼꼼하다는 말을 들으며 사람들의 외모나 주위 환경의 세부적인 특징들을 잘 기억하는 편이지만 때로는 전체를 보는 데 어려움이 있다.

직관적으로 인식하는 사람들은 감각보다는 자신의 통찰이나 직관, 즉 육감이나 영감에 의존하며 구체적인 사실이나 사건보다는 그 이면에 감추어져 있는 의미, 관계 가능성 또는 비전을 보고자 한다. 직관형의 사람은 새로운 가능성을 추구해나가며, 심오한 의미와 전체적인 관계를 생각하며, 현재에 머무르기보다 미래의 성취와 변화, 다양성을 즐기는 편이나 전체를 보기 위해 세밀한 사항을 간과하는 특성을 보이기도 한다. 상상력이 풍부하다는 말을 자주 들으며 전에 하던 것과는 다른 방법으로 새로운 일, 복잡한 일에 겁 없이 뛰어드는 경향이 있다. 여러분은 감각형인가? 직관형인가?

예 감각이와 직관이가 블로그 추천 맛집을 다녀왔다. 옆에 있는 대동이가 블로그 추천 맛집이 괜찮았는지 물어보았다. 감각이는 "그 맛집은 테이블이 10개 정도 있고 셀프바가 있어서 반찬은 우리가 가지고 와야 해. 메뉴는 돼지고기, 양고기처럼 고기류와 쥐포, 떡구이 같은 간식류가 있었어."라고 했다. 그러나 직관이는 "분위기가 좋아서 캠핑장에 다녀온 것 같았어."라고 했다.

사고 – 감정(T–F : Thinking–Feeling) : 정보를 처리하는 방법

사람들이 정보를 처리하는 방법으로는 사고(thinking)에 의한 것과 느낌(feeling)에 의한 것이 있다.

사고에 의해 정보를 처리하는 사람은 논리적인 원인과 '만약 ~이라면'과 같은 논리적인 법칙을 이용하는 것을 선호한다. 따라서 '왜?'라는 질문을 자주하고 궁금한 것이 있으면 꼭 물어보는 편이다. 한 번 마음먹은 일은 끝까지 주장하며 논리적인 설명으로 다른 사람들을 잘 설득하는 편이다. 쉽게 눈물을 보이지 않으며 그러한 상황에서도 자기입장을 잘 설명하는 편이다.

느낌으로 정보를 처리하는 사람은 이러한 것에 의존하지 않고 자신과 다른 사람에게 무엇이 중요한지에 더 초점을 두므로, 인간 중심의 가치에 기초를 둔 결정을 내린다. 예를 들어 새 옷을 구입할 때 사고형 사람은 옷의 모든 특징, 소재, 가격, 브랜드, 트렌드 등을 평가하지만 감정형 사람은 옷의 전체적인 인상과 모양 또는 자신만의 느낌으로 결정한다. 감정형 사람은 다른 사람들의 관심에 민감하고 칭찬이나 인정받는 것을 좋아한다. 감정이 풍부하여 무엇을 설명할 때 간단하게 하기보다 길게 하는 편이며 경쟁게임을 할 때도 양보를 잘하는 편이다. 눈물을 쉽게 보이며 감정에 북받쳐 자기상황을 제대로 설명하는 것이 어렵다. 여러분은 사고형인가? 감정형인가?

예 송월이는 횡단보도를 건너다 교통사고를 당했다. 병원에 입원한 송월이에게 친구 사고 군과 감정 군이 찾아왔다. 다리가 부러진 송월이에게 사고 군은 어떤 경로로 사건이 발생했고 교통사고의 책임이 누구인지를 물었다. 그러나 감정 군은 "얼마나 놀랬니? 몸은 괜찮니? 부모님께서 많이 놀라셨지?"라고 위로를 해주었다.

판단 - 인식(J-P : Judging-Perception) : 생활양식

사람들의 생황양식을 들여다보면 어떤 이는 체계적이고 계획 세우기 좋아하고 이에 맞추어 수행하는 것을 좋아한다.

판단형 사람은 구조화 · 조직화되는 것을 선호하여 계획에 따라 일을 추진하고 미리 준비하며, 정해진 기간 내에 일을 마무리 짓는 편이다. 책임감이 강하고 예정에 없던 일이 생겨 갑자기 계획을 바꾸면 불편해한다.

어떤 이들은 상황에 맞추어 적응하며, 자율적으로 살아가기를 원한다. 인식형 사람은 유연성과 자유로움, 다양한 기회를 좋아하며 조직화되지 않은 애매한 상황에도 잘 적응한다. 계획을 세우기는 하지만 중간에 변경되는 일이 많이 발생하며 업무처리를 미루어 두었다가 한꺼번에 하는 경향이 있다. 정한 시간에 일을 마무리 짓지 못할 때도 있으나 그때그때 자발성을 가지고 상황에 대처해나가는 편이다. 여러분은 판단형인가? 인식형인가?

예 친한 친구 사이인 인식이와 판단이는 방학을 맞이하여 유럽으로 배낭여행을 떠나기로 했다. 여행계획을 세우기 위하여 만난 자리에서 인식이는 평소와 다름없이 준비 없이 나왔다. 그러나 판단이는 유럽여행 관련 책, 지도, 인터넷자료를 검색해왔다. 여행 준비를 위해 어떻게 해야 할지 이야기를 나누는 과정에서 인식이는 "프랑스로 가는 비행기표와 호텔만 예약하고 가서 생각하자."라고 했지만 판단이는 "여행 국가, 머무르는 날짜, 비행기표와 호텔예약, 먹을 음식, 간식거리, 이동수단을 꼼꼼하게 계획을 세우자."라고 하였다. 이 말을 들은 인식이는 판단이에게 "그럼, 네가 세워."라고 하였다.

이상에서 언급된 선호경향 중 자신과 가깝다고 생각되는 선호경향을 추측하여 써 보도록 하자.

예측한 성격유형	E-I	S-N	T-F	J-P

Q. 예측된 당신의 성격유형은 무엇으로 나타났나? 그렇게 생각하게 된 근거들은 무엇인가?

대화하는 방식이나 일을 처리하는 방식을 좀 더 주시하여 살펴보면 그 사람의 성격유형의 특성이 드러나는 것을 알 수 있다. 성격유형은 사람이 생각하는 방식, 업무 처리방식, 대화방식 등 다양한 행동유형으로 나타나기 때문이다. 예를 들면, 어떤 이는 조용히 소수의 사람들과 이야기하는 것을 좋아하는 반면, 어떤 이는 처음 본 사람과도 쉽게 친해지고 오히려 가슴에 묻어두기보다는 나누기를 더 좋아한다. 재학 시절 조별 과제를 많이 접하게 되는데 공동 작업으로 친구들의 성향이나 과제 수행방식이 자신과 유사한 친구들도 있는 반면 상당히 상이한 친구들이 있음을 경험해 보았을 것이다.

〈표 2-3〉과 〈표 2-4〉를 읽고 자신과 유사하다고 생각되거나 자신에게 가장 편한 항목들을 체크해 보자. 많이 나타난 쪽의 성격유형을 다음의 빈칸에 적어보도록 하자.

실제 성격유형	E-I	S-N	T-F	J-P

예측된 성격유형과 실제 측정하여 나타난 성격유형이 동일하다면 자신에 대해 잘 이해하고 있는 것이다. 이렇게 자신의 성격유형을 제대로 알면 다음과 같은 이점이 있다. 타인과 자신이 어떻게 다른가를 이해하는 데 도움을 준다. 자신의 장점을 명확히 파악하고 자신이 어떤 방식의 업무를 선호하는지, 어떤 업무상황들이 자신

에게 만족감을 주는지, 다른 사람들과의 관계에서 어떤 방식으로 대화하는지 의사소통방식을 이해하는 데 도움을 준다. 나아가 자신이 선호하는 학습방법이나 자신에게 적합한 진로를 선택하는 데도 자신의 성격유형을 활용할 수 있다.

물론 개인의 성격유형을 아는 것이 우리 삶의 모든 부분에 도움을 주고 치유해 주는 것은 아니다. 또한, MBTI는 능력검사나 지능검사가 아닌 자기탐색을 돕는 하나의 도구로써 성격에 대해 결론을 내리는 잣대, 즉 성격의 좋고 나쁨을 의미하는 것이 아님을 명심해야 한다. 그러나 성격유형을 이해하는 것은 자신의 장점뿐만 아니라 단점으로 인식되어 왔던 부분에 대해서도 올바른 이해를 통해 자신을 사랑할 수 있게 하고, 자신의 부족한 부분에 대해 객관적인 노력을 할 수 있게 도움을 준다는 점에서 실제 생활에 유용하게 사용될 수 있다.

MBTI 검사방법

- MBTI 검사는 온라인검사, 지역상담실, 교수학습지원센터 및 대학생활연구소 등을 통한 검사 등의 방법으로 실시할 수 있다.
- 온라인검사는 ㈜어세스타 온라인심리검사센터(http://www.career4u.net/)에 접속하여 실시할 수 있다.

〈표 2-3〉 자신의 의사소통 방식에 체크(V)해 보고, 체크한 것을 토대로 자신이 어느 쪽 성향을 더 많이 활용하고 있는지 분석해 보자.

E	I
( ) 정열적이고 열성적으로 대화한다. ( ) 생각할 시간을 갖지 않고 신속히 대응한다. ( ) 대화의 초점은 외부의 사람이나 사물에 있다. ( ) 표현을 완화할 필요가 있다. ( ) 여러 모임에서 대화하는 것을 좋아한다. ( ) 서면으로 의사소통하기보다 직접 만나서 이야기하는 것을 좋아한다. ( ) 결론에 도달하기 전에 큰소리로 이야기한다.	( ) 정열과 열성을 내면에 간직한다. ( ) 대응하기 전에 생각하기를 좋아한다. ( ) 대화의 초점은 내면적 아이디어와 생각에 있다. ( ) 입을 열 필요가 있다. ( ) 일대일로 대화하는 것을 좋아한다. ( ) 직접 대면하기보다는 서면을 통해 의사소통하는 것을 좋아한다. ( ) 심사숙고한 끝에 결론을 내린 뒤 말을 꺼낸다.
S	**N**
( ) 구체적인 예를 들어가면서 이야기하기를 좋아한다. ( ) 실제적 · 현실적으로 적용 가능한 것에 대해 이야기하기를 좋아한다. ( ) 이야기거리를 준비하는 데 있어 자신의 직접적인 경험에 의존한다. ( ) 표현에 직접적이고 단계적 접근을 사용한다. ( ) 직선적이고 실현성 있는 이야기를 좋아한다. ( ) 대화 시 주제에 따르려고 한다.	( ) 문제에 관한 보편적인 체계를 먼저 제시하는 것을 좋아한다. ( ) 미래 도전의 모든 가능성을 토의하기를 좋아한다. ( ) 토의를 촉진하는 데 있어서 통찰력과 상상력에 의존한다. ( ) 표현에 우회적이고 간접적인 접근을 사용한다. ( ) 색다르고 가능성 있는 이야기를 좋아한다. ( ) 대화 시 주제를 뛰어넘으려고 한다.
T	**F**
( ) 간단명료하게 이야기하는 것을 좋아한다. ( ) 해결방안의 장단점이 열거되기를 원한다. ( ) 지적 · 비판적 · 객관적인 상황을 좋아한다. ( ) 냉철하고 인간적인 요소(예 인정)를 배제한 추론에 의해 확신을 얻는다. ( ) 먼저 최종 목표와 중간 목표를 제시한다. ( ) 모임 시 해야 할 일과의 관련성을 먼저 찾는다.	( ) 사교적이고 우호적인 것을 좋아한다. ( ) 해결방안이 어떤 가치를 가지고 있으며 그것이 사람들에게 어떤 영향을 미치는가를 알고자 한다. ( ) 인간 상호관계적인 상황을 좋아한다. ( ) 열성적으로 수집된 개인정보에 의해 납득된다. ( ) 먼저 토의의 요점을 제시한다. ( ) 모임 시 사람과의 관계를 먼저 고려한다.
J	**P**
( ) 최종 일정이 정해져 있는 시간계획과 일정표를 가지고 이야기하기를 원한다. ( ) 갑작스런 일을 싫어하며 사전 통보를 원한다. ( ) 남이 따라 줄 것을 기대한다. ( ) 자신의 견해와 결정을 명확하게 이야기한다. ( ) 결과와 성과를 통보한다. ( ) 목적과 방향에 관해 이야기한다.	( ) 시간계획에 대해 이야기하지만 일정을 지키는 것에 대해서는 마음이 편하지 않다. ( ) 갑작스런 일을 좋아하며 마지막 순간에 변경되어도 그 변화에 적응하는 것을 좋아한다. ( ) 상황적 요구에 다른 사람들이 적응하기를 기대한다. ( ) 자신의 견해는 임시적이며 변경 가능하다고 한다. ( ) 여러 가지 해결방안과 그 가능성을 이야기한다. ( ) 자유재량과 융통성을 좋아한다.

출처: 한국 MBTI 연구소(2002).

〈표 2-4〉 **자신의 업무 처리 방식에 체크(V)해 보고, 체크한 것을 토대로 자신이 어느 쪽 성향을 더 많이 활용하고 있는지 분석해 보자.**

E	I
( ) 다양하고 활동적인 일을 선호한다. ( ) 사람들에게 쉽게 인사를 한다. ( ) 장시간을 요하는 일을 힘들어 할 때가 있다. ( ) 전화 통화를 즐긴다. ( ) 일할 때 주위에 사람들이 좀 있어도 괜찮다. ( ) 때론 미리 생각하지 않고 행동으로 먼저 옮긴다. ( ) 말로써 의사 표현하는 것을 편하게 생각한다. ( ) 사람들과의 대화를 통해 새로운 일을 배우는 것을 좋아한다.	( ) 조용한 분위기에서 집중하는 일을 선호한다. ( ) 얼굴과 이름을 기억하기 힘들어한다. ( ) 한 가지 일을 오랫동안 계속할 수 있다. ( ) 전화가 업무 방해라고 탐탁하지 않게 여긴다. ( ) 혼자 일하기를 좋아한다. ( ) 행동하기 전에 생각을 먼저하며 때로는 생각만 하고 그친다. ( ) 글로써 표현하는 것을 편하게 생각한다. ( ) 이야기나 경험보다는 독서를 통해서 새로운 것을 배우는 것을 좋아한다.
S	**N**
( ) 일을 할 때 현재 돌아가는 상황에 초점을 둔다. ( ) 일보다 그 상황의 특성을 잘 포착한다. ( ) 정교한 일, 반복적인 일을 잘 처리하는 편이다. ( ) 관례에 따라 무난히 일 처리하는 것을 좋아한다. ( ) 이미 알고 있는 것을 적용하기 좋아하며 차근차근 순서에 따라 일을 처리한다. ( ) 단계적으로 일의 결론에 도달한다. ( ) 사실(fact)을 조심스럽게 다루고 일의 정확성을 중히 여긴다. ( ) 지나치게 일을 단순화시키는 경향이 있다. ( ) 현재의 일 상태 그대로를 용납하는 편이다.	( ) 새로운 가능성에 초점을 둔다. ( ) 일 처리방법을 먼저 잘 인지한다. ( ) 반복적인 방식의 일 처리를 선호하지 않는다. ( ) 새로운 것을 배우고 시도하는 것을 더 좋아한다. ( ) 그때그때 상황에 따라 솟아오르는 열성과 에너지로 일을 처리한다. ( ) 신속하게 일의 결론에 이르는 편이다. ( ) 육감, 영감, 통찰을 따른다. ( ) 지나치게 일을 복잡하게 만드는 경향이 있다. ( ) 왜 지금 이렇게 되어가고 있는지 질문하는 편이다.
T	**F**
( ) 일 처리를 논리적으로 해 나간다. ( ) 사람들의 기분보다는 그들의 생각에 더 관심이 있다. ( ) 공정하게 대우받기를 원한다. ( ) 필요에 따라 사람들을 훈육하고 해고할 수 있다. ( ) 문제나 상황을 분석하는 재능이 많다. ( ) 의식하지 못하고 다른 사람의 기분을 상하게 하는 경우가 있다. ( ) 논리적이고 분석적인 토의가 필요한 일을 즐겨 찾는 편이다.	( ) 일이 조화롭게 어우러지도록 처리해나간다. ( ) 사람들의 아이디어보다는 그들이 무엇에 가치를 두는가에 더 관심을 가진다. ( ) 때로 칭찬이 필요하다. ( ) 사람들이 싫어하는 것에 대해 이야기하는 것이 힘들다. ( ) 일이나 문제 뒤에 있는 사람들의 상태에 대해 관심을 가지는 경향이 있다. ( ) 남의 기분을 맞추어 주는 것을 즐긴다. ( ) 토의나 토론보다 감정이나 느낌의 나눔을 더 좋아하는 편이다.

J	P
( ) 일을 완결시키고 끝내고자 한다.	( ) 상황에 따라 일이 변경되더라도 잘 적응한다.
( ) 일을 급히 처리하는 경향이 있다.	( ) 한꺼번에 일을 시작해서 끝내기 어려울 때가 있다.
( ) 사람이나 일에 대하여 결론을 얻었을 때 만족해 한다.	( ) 정보 부족이라 느껴져 의사결정을 요하는 일 처리가 느릴 수 있다.
( ) 한 번 시작한 일은 어지간한 이유가 아니면 중단되는 것을 싫어한다.	( ) 내키지 않는 일은 뒤로 미루는 경향이 있다.
	( ) 새로운 일에 대해 이것저것 알고 싶어 한다.
( ) 일을 할 때 필요한 조건만 가지고 시작할 수 있다.	( ) 마지막에 한꺼번에 많은 일을 처리해낸다.
( ) 일을 계획해서 단계적으로 처리해간다.	( ) 목록 작성은 단지 언젠가 그 일을 한다는 것을 잊어 버리지 않기 위한 표시이다.
( ) 목록 작성이 곧 일에 착수하는 신호이다.	

출처: 한국 MBTI 연구소(2002).

3) 나의 강점 찾기

성공하는 아이 만들려면 '성격 강점'을 키워라

아이가 성공적인 삶을 살아가게 만드는 황금열쇠는 성적이나 부모의 재력이 아닌 이른바 '성격 강점'이다. 「뉴욕타임즈 매거진」 편집장을 역임한 언론인 폴 터프는 학교교육, 빈곤퇴치, 영유아 양육 분야를 10년 동안 취재한 뒤 「아이는 어떻게 성공하는가?」를 펴냈다.

저소득층 아이들에게는 삶의 무기, 성격 강점

저소득층 아이들이 실패한 인생을 살아간다면 그것은 가난보다는 가난으로 인한 스트레스 때문이며 집안이 가난해도 스트레스를 조절하고 성격 강점이 높은 아이들은 성공적인 삶을 살아간다는 사실을 밝혔다. 폴 터프는 24개 성격 강점 가운데 삶의 만족도와 고도의 성과를 예측할 수 있는 7가지 강점을 특별히 소개했다. 뚝심(grit), 자제력, 열정, 사회 지능, 감사하는 마음, 낙관적 성격, 호기심이 바로 그것이다.

이 7가지 강점은 '아이들의 성공을 위한 핵심 성격 강점'으로 작용한다.

출처: △△신문(2013. 12. 3).

강점은 인간이 지니고 있는 긍정적인 특질로 개인이 지속적으로 지니고 있는 긍정적인 성품, 행동양식, 성격 강점, 탁월한 재능을 의미한다. 강점의 특성을 밝힌 Rath(2007)는 강점을 최대한 활용함으로써 탁월해질 수 있으며 강점을 일상생활 속에서 발휘하는 경우 즐거운 삶, 몰입하는 삶, 의미 있는 삶을 살 수 있다고 한다.

그러나 대부분의 사람들은 강점보다도 약점에 관심을 가지고 부족한 부분을 채우려고 한다. 이는 약점과 강점을 서로 반대적인 개념으로 생각하여 약점을 보완하면 강점이 길러진다고 생각하거나 약점을 교정 · 수정하는 것이 더 유익하며, 강점은 기를 필요가 없다는 잘못된 판단에서 기인하는 것이다.

오히려 자신의 약점보다는 강점에 집중하여 약점을 관리함과 동시에 강점을 이해하고 개발하는 것이 더 중요하다. 권석만(2011)에 의하면 강점은 후천적으로 길러질 수 있는 특성이다. 강점과 재능의 서로 다른 개념은 〈표 2-5〉와 같다.

〈표 2-5〉 강점과 재능(talent)의 차이

강점	재능
• 후천적으로 길러질 수 있는 것 • 환경과 의도적인 교육으로 길러질 수 있음 • 그 자체로 긍정적 가치를 지님 • 이타성, 정직성, 도덕성을 가짐	• 선천적으로 타고 나는 것 • 환경에 의한 변화가 이루어지지 않음 • 구체적인 성과를 통하여 가치를 지님 • 사회적 해악으로 작용하기도 함

이처럼 후천적으로 길러질 수 있는 강점을 개발하는 것은 삶의 전반에 긍정적인 영향을 미치며 성취, 정서, 대인관계, 성공 경험 등에 있어 의미를 발견하는 데 도움을 준다.

특히 생활 속에서 삶의 질을 높이기 위해서는 개인이 가지고 있는 강점에 대한 인식을 바탕으로 활용하는 능력을 기를 필요가 있다. 대부분의 사람은 약점을 개선하는 데 집중하지만 약점을 개선하는 것은 최고 수준까지 성장하기 어려우므로 강점을 활용하고자 노력하는 것이 주관적 안녕감과 심리적 안녕감을 높이고 긍정적인 정서를 고취하고 최적의 수행력을 높이는 데 기여할 수 있다(Peterson & Seligman, 2004).

Diener와 Diener(1995), Seligman(2011)은 자신의 강점을 활용하는 경우 나타나는

특성을 다음과 같이 제안하고 있다.

- 진짜 나다운 것이라는 자신감을 유발한다.
- 강점을 발휘하는 순간 흥분된다.
- 강점은 처음 습득한 이후부터 급속하게 발달한다.
- 강점은 새로운 방법을 계속 익히고 싶은 동기를 부여한다.
- 강점을 활용하기 위한 방안을 지속적으로 모색한다.
- 강점을 활용할 때 자신을 제어하기 어렵다.
- 강점을 발휘하는 동안 피곤하기보다는 의욕이 솟아난다.
- 강점을 활용할 때 황홀경에 빠진다.

이상의 내용을 종합해 보면 자신이 가지고 있는 강점을 인식하고 나아가 타인의 강점을 발견하는 과정은 자신의 독특한 내적 자질을 깨닫고 성공 경험을 위한 방안을 찾아 이를 생활 속에서 실천함으로써 즐거운 삶, 몰입하는 삶, 의미 있는 삶을 경험하는 데 도움이 될 것이다.

〈표 2-6〉 강점검사 설문지

강점	문항	내용	전혀 그렇지 않다 (1점)	그렇지 않다 (2점)	보통이다 (3점)	그렇다 (4점)	매우 그렇다 (5점)	계
창의성	1	누가 나에게 어떤 일을 하는 방법을 알려주면 자동적으로 나는 그 일을 할 수 있는 다른 방법들을 생각해낸다.						
	2	친구들은 나에 대해서 새롭고 이색적인 생각을 많이 한다고 한다.						
호기심	3	나는 세상이 매우 흥미 있는 곳이라고 생각한다.						
	4	나는 결코 지루해하지 않는다.						
개방성	5	나는 중요한 결정을 내릴 때 충분한 근거를 찾으려고 한다.						
	6	나는 항상 어떤 문제의 양면을 살펴본다.						
학구열	7	나는 새로운 것을 배우는 것을 좋아한다.						
	8	나는 매우 다양한 책을 읽는다.						

강점	문항	내용	전혀 그렇지 않다 (1점)	그렇지 않다 (2점)	보통이다 (3점)	그렇다 (4점)	매우 그렇다 (5점)	계
예견력	9	나는 현재 진행되고 있는 것에 대한 전체적인 조망을 가지고 있다.						
	10	사람들은 내게 조언을 구하기 위하여 찾아온다.						
사랑	11	내 친구와 가족들이 어떤 일을 하더라도 난 그들을 사랑한다.						
	12	내 감정과 행복에 대해 자신의 감정과 행복인 듯 생각해주는 사람이 있다.						
친절성	13	나는 다른 사람에게 친절을 베푸는 것을 좋아한다.						
	14	나는 지난 한 달 이내에 자발적으로 이웃을 도운 적이 있다.						
사회성	15	나는 여러 가지 사회 상황에서 처신하는 방법을 알고 있다.						
	16	나는 다른 사람들의 감정을 잘 알아챈다.						
용감성	17	나는 환영받지 못한 의견을 다른 사람 앞에 내놓는 것을 주저하지 않는다.						
	18	나는 강한 반대에 부딪혀도 지지 않고 대항한다.						
끈기	19	나는 열심히 일하는 사람이다.						
	20	나는 시작한 것을 반드시 끝내고 만다.						
진실성	21	나는 상처가 되더라도 진실을 이야기한다.						
	22	친구들은 항상 나를 보고 솔직하다고 평한다.						
활력	23	나는 어떤 일을 할 때 온 힘을 다 기울인다.						
	24	사람들은 나를 보고 활기가 가득한 사람이라고 한다.						
용서	25	용서하고 잊는 것이 최선이라고 믿는다.						
	26	다른 사람이 나에게 함부로 대하더라도 난 그 사람을 이해하려고 노력한다.						
겸손	27	난 내가 특별한 사람인 것처럼 행동하지 않는다.						
	28	나는 내가 이룬 것에 대해서 자랑하지 않는다.						
신중성	29	난 매우 조심스러운 사람이다.						
	30	나는 행동하기 전에 항상 결과를 생각한다.						
자기 통제력	31	나는 내게 주어진 일을 예외 없이 예정된 시간까지 마친다.						
	32	나는 내 감정을 잘 조절한다.						
시민 정신	33	나는 내가 속한 집단의 이익을 위해서 내 개인의 이익을 기꺼이 희생한다.						
	34	집단의 일원으로 일할 때 나는 최선을 다한다.						
공정성	35	나는 그 사람이 어떤 사람이든 모든 사람을 동등하게 대우한다.						
	36	나는 내가 하지 않는 일에 대해서 공로를 인정받는 것을 거부한다.						

강점	문항	내용	전혀 그렇지 않다 (1점)	그렇지 않다 (2점)	보통이다 (3점)	그렇다 (4점)	매우 그렇다 (5점)	계
리더십	37	나는 집단활동을 계획하는 데 능숙하다.						
	38	나의 장점 중 하나는 서로 다른 여러 사람이 협력해서 일을 하도록 도움을 줄 수 있다는 점이다.						
감상력	39	나는 일반인이 모르고 지나치는 것에서 아름다움을 발견한다.						
	40	나는 대부분의 예술 장르를 좋아한다.						
감사	41	내 삶을 돌이켜 볼 때 감사해야 할 일이 많다.						
	42	나는 나에게 호의적인 사람들에게 극진히 감사함을 표현한다.						
낙관성	43	어려움에도 불구하고 난 미래에 대해서 희망적이다.						
	44	다른 사람들이 부정적이라고 생각하는 것에서 나는 항상 긍정적인 면을 찾는다.						
유머	45	나는 내가 무슨 일을 하든지 유머를 곁들이려고 노력한다.						
	46	대부분의 사람들은 나와 함께 있으면 즐겁다고 한다.						
영성	47	나는 종교에 전념하고 있다.						
	48	나는 지난 24시간 이내에 기도나 명상을 하는 데 30분 이상을 보냈다.						

출처: 권석만(2009).

- 점수산출

  1. 강점으로 제시된 2문항의 합을 구한다.
  2. 가장 높은 점수와 가장 낮은 점수를 받은 강점이 무엇인지 살펴본다.
  3. 강점결과해석을 바탕으로 자신의 강점이 무엇인지 살펴본다.

- 결과해석

각 요인별 총점이 8점 이상이면 그 덕목이 자신의 강점이며, 4점 이하이면 약점으로 해석한다.

점수	내용
가장 높은 점수(8점 이상)	나의 강점은 ______________________ 입니다.
가장 낮은 점수(4점 이하)	나의 약점은 ______________________ 입니다.

출처: 대동대학교 교수학습지원센터(2014). 강점인식내용의 재구성.

4) 내 꿈의 변천사

가슴 뛰는 일을 준비하라

"내가 가지고 있는 기술과 재능을 돈 버는 데만 쓰는 건 너무 아깝잖아요. 그러나 무엇보다도 이 일이 내 가슴을 몹시 뛰게 하기 때문이에요." 서슴없이 가슴 뛰는 일을 하고 있다고 말하는 그 의사가 부러웠는데 내가 지금 이 말을 하고 있다.

"재미있는 세계여행이나 계속하지 왜 힘든 긴급구호를 하세요?"

"이 일이 내 가슴을 뛰게 하고, 내 피를 끓게 만들기 때문이죠."

출처: 한비야(2005).

여러분에게는 미래의 인생이 무한한 가능성으로 기다리고 있다. 인생에서의 행복과 성공은 우연적 요인에 의해 영향받기도 하지만 미리 준비하고 노력한 자에게 주어지는 것이다. 특히 대학 시절은 '무엇을 위해 어떻게 살 것인가?'라는 물음에 대해 깊이 고민하며 탐색해 보아야 하는 시기이다.

행복하고 성공적인 삶을 위해서는 인생의 설계가 필요하다. 인간의 삶은 그가 20대에 무엇을 했는가에 달려 있다는 말이 있듯이 사회적 진출을 앞두고 있는 여러분에게는 미래의 삶에 대한 계획과 준비가 더욱 절실한 과제라고 할 수 있다.

'나는 ○○가 되고 싶었어'라고 생각했던 꿈을 시기별로 적어보고 이유에 대해 생각해 보자. 그리고 현재 나의 꿈은 무엇인지, 미래의 나의 꿈은 무엇인지 적어보고 조별로 토의해 보자.

꿈의 변천사			
시기	나는 ○○가 될 거야	왜 그랬을까	내 꿈에 영향을 미친 사람
현재			
미래			

출처: 한국고용정보원(2007).

꿈의 변천사 활동은 우리로 하여금 직업적 꿈과 관련된 자신의 희망사항들에 대해 과거를 돌아보는 성찰의 과정을 거치게 함으로써 자신의 경력과 관련된 가치관 등을 탐색하고 궁극적으로는 자신의 경력설계를 위한 의지를 강화하는 등 동기 수준을 제고하는 데 도움을 줄 것이다.

5) 웹망을 활용하여 나에 대해 드러내보기

자신을 어떻게 바라보고 어떤 느낌이 드는지 자신에게 질문해 보자. 이러한 질문은 자기이해의 정체성을 확립하며 의문을 갖게 하는 데 효과적인 방법이며 자신의 이미지(image making)를 확립하는 데 도움을 준다.

이미지란 개인이 어떤 사물이나 사람에 대해 가지고 있는 기억 · 호감 · 평가 · 태도 · 감정 · 생각 등이 머릿속에 존재하는 심상의 종합이다. 과거 경험에 의해서 형성되고 계속해서 수정되는데 다른 사람들과의 자연스러운 사회생활과 협력을 통해 재구성되고 재의미화(reinterpretations)된다. 이미지는 개인의 삶 속에 의미를 갖고 영향을 주는 사람이나 장소, 사물, 사건들이 개인의 삶 속에 연결되어 상호작용을 하면서 형성된다(조운주, 2007). 이런 관점에서 볼 때 우리는 이미지를 창조하기도 하지만 주위의 다양한 환경에 의해 우리의 이미지도 영향을 받고 형성된다.

이미지를 개념도로 표현한다는 것은 자신에 대해 개인이 느끼고 이해하고 있는 바를 표현하기 위해 자신에게 의미 있는 형태로 개념들을 조직하여 시각적인 형식으로 제시하는 것이다(송연숙, 2004). 이러한 자아이미지는 사고를 형성하고 교육학적 지식을 평가할 수 있으며 행위를 안내하고 실천을 좌우하는 등 교사의 전문적 발달을 설명하는 중요한 요소이다. 개인이 자신을 명확하게 인식하고 있을 때 자신의 경험을 재해석할 수 있으며, 반성적 사고가 가능해야만 현실상황에서 직면하는 다양한 문제에 대한 의사결정이 가능하기 때문이다.

자신의 이름을 중앙에 적고 떠오르는 수많은 개념과 이미지를 종합 · 분석하는 이 과정은 자신의 성격과 특성에 대해 총체적으로 파악하게 함으로써 자신을 잘 이해하게 하고 나아가 자신의 특성들을 수용하면서 자신에게 맞는 삶과 행동방식을 선택하게 하는 데 도움이 된다.

이제 총체적으로 자신에 대해 돌아보고 알게 된 것들을 웹망으로 드러내보자!

앞서 '나 돌아보기'와 관련되어 수행한 작업결과들을 종합 · 분석하여 자신의 이미지를 개념도로 정리해 보자. 앞서 파악된 내용 외에도 자신을 나타내는 이미지라고 생각되는 부분도 첨가하여 작성해 보자.

- 보육교사 및 유치원교사가 되고자 했던 동기
- 나의 장점
- 나의 성격 선호도
- 나의 강점
- 자서전 이야기
- 나의 꿈 변천사, 미래의 꿈과 비전, 목표, 하고 싶은 일(희망 직업)
- 직업가치관
- 대학생활계획

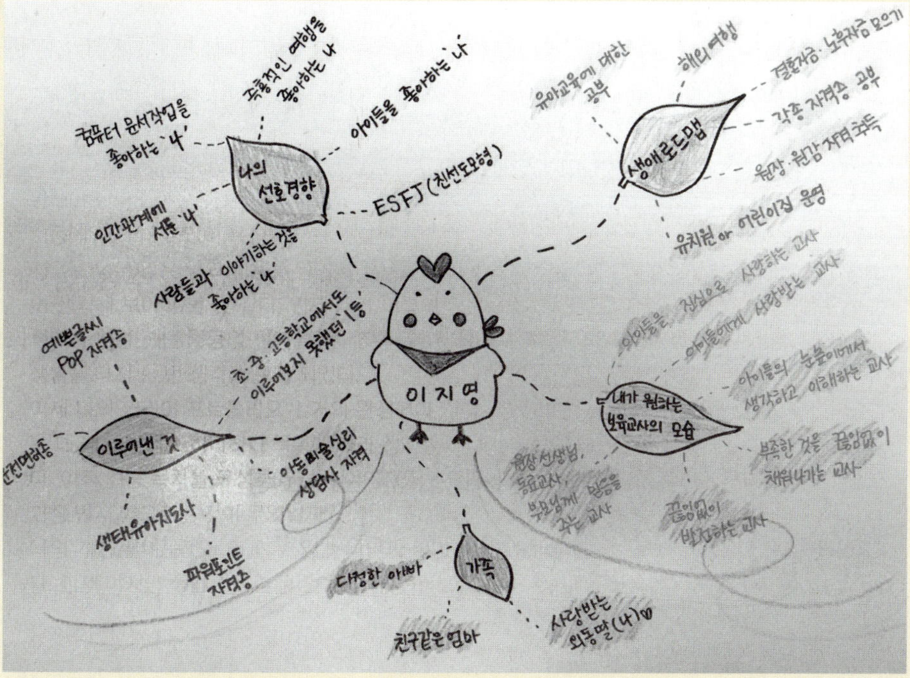
이지영
나의 선호경향
컴퓨터 문서작업을 좋아하는 '나'
즉흥적인 여행을 좋아하는 나
아이들을 좋아하는 '나'
ESFJ (친선도모형)
인간관계에 서툰 '나'
사람들과 이야기하는 것을 좋아하는 '나'
생애로드맵
유아교육에 대한 공부
해외여행
결혼자금·노후자금 모으기
각종 자격증 공부
원장·원감 자격 취득
유치원 or 어린이집 운영
이루어낸 것
초·중·고등학교에서도 이루어보지 못했던 1등
예쁜글씨 POP 자격증
운전면허증
아동미술심리 상담사 자격
생태유아지도사
파워포인트 자격증
가족
다정한 아빠
친구같은 엄마
사랑받는 외동딸(나)♡
내가 원하는 보육교사의 모습
아이들을 진심으로 사랑하는 교사
아이들에게 사랑받는 교사
아이들의 눈높이에서 생각하고 이해하는 교사
부족한 것을 끊임없이 채워나가는 교사
원장 선생님, 동료교사, 부모님께 믿음을 주는 교사
끊임없이 발전하는 교사

나 '○○○'의 이미지 웹망

PART 02

보육교사직의 수행

chapter 03

보육교사 임용과 복무

보육교사는 정해진 기준에 따라 양성교육을 받고 국가로부터 자격을 인정받아야 어린이집에서 근무할 수 있다. 보육교사의 채용은 어린이집에 따라 다양하게 이루어지지만 공개채용을 원칙으로 하고 있으며 관련 법령에 의해 임면보고와 경력 관리가 이루어진다.

본 장에서는 보육교사의 자격기준 및 보육교사가 되기 위한 절차와 준비해야 할 관련 서류, 복무규정 및 보육교사의 윤리 등에 대해 알아봄으로써 보육교사가 되는 데 필요한 기본 사항을 익히도록 한다.

1. 보육교사 자격

1) 보육교사의 자격기준

보육교사는 국가에서 자격을 관리하고 있으며 다음 내용 중 하나에 해당하는 자로서 보건복지부장관이 검정 · 수여하는 자격증을 받은 자이어야 한다.

- 「고등교육법」 제2조에 따른 학교에서 보건복지부령으로 정하는 보육 관련 교과목과 학점을 이수하고 전문학사학위 이상을 취득한 사람
- 「고등교육법」 제2조에 따른 학교를 졸업한 사람과 같은 수준 이상의 학력이 있다고 인정된 사람으로서 보건복지부령으로 정하는 보육 관련 교과목과 학점을 이수하고 전문학사학위 이상을 취득한 사람
- 고등학교 또는 이와 같은 수준 이상의 학교를 졸업한 자로서 시 · 도지사가 지정한 교육훈련시설에서 소정의 교육과정을 이수한 사람

보육교사의 자격 등급 구분과 기준은 〈표 3-1〉과 같다.

〈표 3-1〉 우리나라의 보육교사 자격기준

구분	자격기준
보육교사 1급	가. 보육교사 2급 자격을 취득한 후 3년 이상의 보육업무 경력이 있는 사람으로서 보건복지부장관이 정하는 승급교육을 받은 사람 나. 보육교사 2급 자격을 취득한 후 보육 관련 대학원에서 석사학위를 취득하고 1년 이상의 보육업무 경력이 있는 사람으로서 보건복지부장관이 정하는 승급교육을 받은 사람
보육교사 2급	가. 전문대학 또는 이와 같은 수준 이상의 학교에서 보건복지부령으로 정하는 보육 관련 교과목 및 학점을 이수하고 졸업한 사람 나. 보육교사 3급 자격을 취득한 후 2년 이상의 보육업무 경력이 있는 사람으로서 보건복지부장관이 정하는 승급교육을 받은 사람
보육교사 3급	고등학교 또는 이와 같은 수준 이상의 학교를 졸업한 사람으로서 보건복지부령으로 정하는 교육훈련시설에서 정해진 교육과정을 수료한 사람

출처: 영유아보육법 시행령(대통령령 제25929호, 2014. 12. 30).

이때 '보육업무 경력'이란 첫째, 어린이집에서 어린이집의 원장, 보육교사, 특수교사 또는 치료사로 근무하거나 육아종합지원센터에서 육아종합지원센터의 장, 보육전문요원 또는 특수교사로 근무한 경력, 둘째, 「유아교육법」에 따른 교육과정과

방과 후 과정을 운영하는 유치원에서 원장, 원감, 수석교사 또는 교사로 근무한 경력을 의미한다.

보육교사 2급 자격증 취득을 위해 이수해야 하는 교과목 및 학점은 〈표 3-2〉와 같다.

〈표 3-2〉 대학교에서 이수하여야 할 교과목 및 학점

2016년 8월 1일 이후 입학자			
영역	교과목		이수과목(학점)
교사인성	필수	보육교사(인성)론, 아동권리와 복지	2과목(6학점)
보육지식과 기술	필수	보육학개론, 보육과정, 영유아발달, 영유아교수방법론, 놀이지도, 언어지도, 아동음악(또는 아동동작, 아동미술), 아동수학지도(또는 아동과학지도)	필수 9과목(27학점), 선택4과목(12학점) 이상
	선택	아동건강교육, 영유아사회정서지도, 아동문학교육, 아동상담론, 장애아 지도, 특수아동 이해, 어린이집 운영 관리, 영유아 보육프로그램 개발과 평가, 보육정책론, 정신건강론, 인간행동과 사회환경, 아동간호학, 아동영양학, 부모교육론, 가족복지론, 가족관계론, 지역사회복지론	
보육실무	필수	아동관찰 및 행동연구, 보육실습	2과목(6학점)

활동 보육교사 자격 취득을 위해 각자 지금까지 이수한 교과목과 앞으로 이수해야 할 교과목 및 개설 학기를 확인해 보자.

교과목영역	내가 이수한 교과목	수강해야 할 교과목	개설 학년(학기)
보육필수			
발달 및 지도			
영유아교육			
건강 · 영양 및 안전			
가족 및 지역사회 협력 등			
보육실습			
전체	_______________과목 (학점) 이상		

2) 자격증 신청

보육교사가 되기 위해서는 국가로부터 자격을 인정받아야 한다. 자격증 발급은 자격기준을 충족한 후 시험 없이 서류심사로 진행되며, 보육인력 국가 자격증 홈페이지(http://chrd.childcare.go.kr)에서 자격증을 신청하여 교부받아야 한다. 인터넷 신청을 하지 않는 경우 자격 검정 및 자격증 교부과정이 진행되지 않는다. 자격증 신청 이후 진행현황은 (재)한국보육진흥원의 보육인력 국가 자격증 홈페이지 로그인 후 '마이페이지' 화면에서 조회 가능하다.

출처: (재)한국보육진흥원 보육인력 국가 자격증 홈페이지(http://chrd.childcare.go.kr).

단계	내용	비고
1단계	인터넷 회원 가입 후 로그인	(재) 한국보육진흥원 보육인력 국가 자격증 홈페이지 http://chrd.childcare.go.kr
2단계	어린이집 원장 및 보육교사 자격증 발급신청서 작성	▶ 신청하고자 하는 자격 종류 및 급수 선택 ▶ 학력 및 세부사항 입력
3단계	신청자 사진 등록	▶ 신청자 본인 사진 등록 • 사진 크기 : 3 x 4cm • 파일 형태 : jpg, Gif • 등록된 사진이 자격증 발급 시 사용됨
4단계	수수료 결제 완료	▶ 신용카드, 실시간 계좌이체, 가상계좌 중 선택하여 납부 ※ 무통장입금 및 현금결제 불가
5단계	서류 제출	▶ 자격증 발급신청서 및 개인별 서류를 등기우편으로 제출

[그림 3-1] 국가 자격증 인터넷 신청방법

전문대학 또는 이와 같은 수준 이상의 학교에서 보건복지부령으로 정하는 보육 관련 교과목 및 학점을 이수하고 졸업한 사람이 보육교사 2급 자격증을 발급받기 위해서 제출해야 하는 서류는 다음과 같다.

- 최종 학교 졸업증명서 원본
- 최종 학교 성적증명서 원본
- 보육실습확인서 원본
- 사진 파일(인터넷 신청 시 사진 등록)
- 자격증 발급신청서(인터넷 신청 후 출력)

또한, 대학(교)이나 보육교사교육원 졸업(예정)자의 신속한 자격증 교부업무 처리를 위해 단체신청을 할 수 있도록 하고 있으며 단체신청 시기는 매년 7월과 12~1월이다.

3) 자격 정지 및 취소

「영유아보육법」 제47조와 제48조에서 정하는 각 호의 어느 하나에 해당하면 보육교사는 그 자격이 정지되거나 취소될 수 있다. 자격이 취소된 사람에게는 취소된 날부터 2년 이내에는 자격을 재교부하지 못하고 특히 「아동복지법」 제17조의 금지행위를 하여 같은 법 제71조 제1항에 따른 처벌을 받은 경우, 10년 이내에는 자격을 재교부받을 수 없다.

2. 보육교사 임면

1) 보육교사 임면규정 및 원칙

임면(任免)이란 임용과 해임을 아울러 이르는 말로서 흔히 채용과 퇴직으로 이해될 수 있다. 어린이집의 임면권자는 다음과 같은 어린이집 보육교사 배치기준에 따라 보육교사를 채용 · 임용하여야 한다.

■ 보육교사 배치기준

- 만 1세 미만의 영아 3명당 1명을 원칙으로 한다.
- 만 1세 이상 만 2세 미만의 영아 5명당 1명을 원칙으로 한다.
- 만 2세 이상 만 3세 미만의 영아 7명당 1명을 원칙으로 한다.
- 만 3세 이상 만 4세 미만의 유아 15명당 1명을 원칙으로 한다.
- 만 4세 이상 미취학유아 20명당 1명을 원칙으로 하며, 이 경우 유아 40명당 1명은 보육교사 1급을 가진 자이어야 한다.
- 취학아동 20명당 1명을 원칙으로 한다.
- 장애아 보육은 장애아 3명당 1명을 원칙으로 하되, 장애아 9명당 1명은 특수교사 자격 소지자로 한다.

보육교사의 임용과 면직에 대한 사항은 다음과 같이 관련 법령에 명시되어 있다.

영유아보육법 제19조(보육교직원의 임면 등)

① 특별자치도지사 · 시장 · 군수 · 구청장은 보육교직원의 권익 보장과 근로여건 개선을 위하여 보육교직원의 임면(任免)과 경력 등에 관한 사항을 관리하여야 한다.

② 어린이집의 원장은 보건복지부령으로 정하는 바에 따라 보육교직원의 임면에 관한 사항을 특별자치도지사 · 시장 · 군수 · 구청장에게 보고하여야 한다.

영유아보육법 시행규칙 제11조(보육교직원의 임면)

① 어린이집의 원장은 법 제19조 제2항에 따라 보육교직원의 임면사항을 14일 이내에 특별자치도지사 · 시장 · 군수 · 구청장에게 별지 제7호서식의 인사기록카드 사본을 첨부하여 보고하여야 한다.

② 제1항에 따라 보육교직원 임면사항을 보고받은 특별자치도지사 · 시장 · 군수 · 구청장은 신원조회 등을 통하여 보육교직원이 법 제20조 각 호의 결격사유에 해당되는지를 확인하여야 한다.

「영유아보육법 시행규칙」 제11조 제1항 및 제2항에 규정된 사항 외에 임면권자가 보육교직원을 임면할 때의 원칙은 다음과 같다.

- 국가 또는 지방자치단체로부터 보육교직원의 인건비를 보조받는 어린이집의 경우 보육교직원의 채용은 공개경쟁을 원칙으로 한다.
- 임면권자는 보육교직원 채용 시 임금, 근로시간 및 그 밖의 근로조건을 명시한 근로계약을 체결하여야 한다. 이 경우 근로계약과 관련하여 부당한 내용이 포함되어서는 아니 되며, 관할 행정기관은 이를 적극 지도 · 감독하여야 한다.
- 보육교직원 채용 시 보육교사는 인사기록카드, 주민등록등본, 채용신체검사서, 성범죄 경력조회결과서 및 보육교사 자격증 사본을 제출하여야 한다.
- 임면권자는 보육교직원 결원 시 1개월 이내에 보육교직원을 채용하여야 한다.
- 임면권자는 보육 등 아동복지와 관련된 과의 학생 또는 육아경험이 있는 여성들을 자원봉사자로 활용할 수 있다. 이 경우 어린이집의 사정에 따라 수당을 지급할 수 있다.

2) 보육교사 임면 절차와 방법

(1) 임용(채용)

보육교사 채용은 공개경쟁을 원칙으로 하고 있으므로 보육교사 채용공고를 통해 본인이 원하는 어린이집에 이력서 등을 제출하고 면접을 본 후 채용 여부가 결정된다.

우리나라 어린이집은 다양한 운영주체와 운영형태가 있기 때문에 보육교사가 되고자 하는 자는 먼저 본인이 채용되고자 하는 어린이집의 설립유형이나 운영형태 등에 대해 알 필요가 있다. 현재 우리나라 어린이집은 설립(운영)주체에 따라서는 국 · 공립 어린이집, 사회복지법인 어린이집, 법인 · 단체 등 어린이집, 직장 어린이집, 부모협동 어린이집, 가정 어린이집, 민간 어린이집으로 구분된다.

〈표 3-3〉 설립주체에 따른 어린이집 구분

구분	설명
국 · 공립 어린이집	• 국가나 지방자치단체가 설치 · 운영(위탁운영 포함)하는 어린이집(직장 어린이집 제외) • 상시 영유아 11인 이상을 보육
사회복지법인 어린이집	• 「사회복지사업법」에 따른 사회복지법인이 설치 · 운영하는 어린이집 • 상시 영유아 21인 이상을 보육
법인 · 단체 등 어린이집	• 각종 법인(사회복지법인을 제외한 비영리법인)이나 단체 등이 설치 · 운영하는 어린이집으로서 대통령령으로 정하는 어린이집 • 상시 영유아 21인 이상을 보육
직장 어린이집	• 사업주가 사업장의 근로자를 위하여 설치 · 운영하는 어린이집(국가나 지방자치단체의 장이 소속 공무원을 위하여 설치 · 운영하는 어린이집을 포함) • 상시 영유아 5인 이상을 보육
부모협동 어린이집	• 보호자들이 조합을 결성하여 설치 · 운영하는 어린이집 • 보육 영유아를 둔 보호자 11명 이상의 출자 및 상시 영유아 11인 이상을 보육
가정 어린이집	• 개인이 가정 또는 그에 준하는 곳에 설치 · 운영하는 어린이집 • 상시 영유아 5인 이상 20인 이하를 보육
민간 어린이집	• 위의 여섯 가지에 해당하지 아니하는 어린이집 • 상시 영유아 21인 이상을 보육

위에서 제시한 어린이집 외에도 운영형태에 따라 영아전담 어린이집, 장애아전문 어린이집, 장애아통합 어린이집, 공공형 어린이집 등이 있으며 이처럼 다양한 종류

의 어린이집은 정부로부터 보육교직원 인건비와 운영비 등을 지원받는 지원 어린이집과 지원 없이 운영되는 미지원 어린이집으로 구분된다. 국 · 공립 어린이집, 사회복지법인 어린이집, 법인 · 단체 등 어린이집, 영아전담 어린이집, 장애아전문 어린이집, 공공형 어린이집 등은 정부 지원이 이루어지지만 대부분의 민간 어린이집이나 가정 어린이집은 정부 지원 없이 운영되고 있는 실정이므로 이런 점들을 사전에 충분히 숙지할 필요가 있다.

본인이 지원하고자 하는 어린이집에 대한 자세한 정보는 어린이집 · 유치원 통합정보공시 사이트(http://www.childinfo.go.kr)를 이용하여 해당 어린이집의 일반적인 현황뿐만 아니라 구체적인 보육현황이나 보육과정, 평가인증 등에 대해서도 알 수 있다.

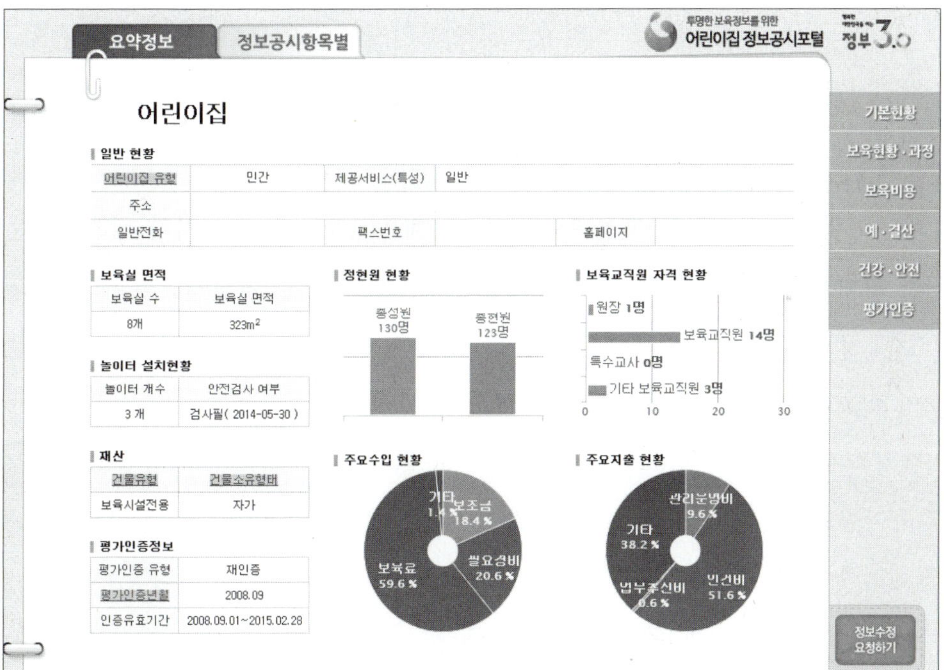

출처: 어린이집정보공시포털(http://info.childcare.go.kr).

활동 각자 관심 있는 어린이집에 대해 어린이집 정보공시 사이트를 활용하여 조사해 보자.

지역(위치)	
어린이집의 유형	
규모 (면적, 정원 등)	
보육교직원의 현황	
평가인증 여부	
운영시간	
기타 사항	

보육교사의 채용은 일반적으로 채용공고-이력서 및 자기소개서 등 관련 서류 제출-면접-채용 결정-임용 보고의 순으로 이루어지며 간혹 면접 전후로 필기시험과 인성검사를 실시하는 경우도 있다.

- **채용공고 확인**

어린이집은 보육교사를 채용하고자 할 때 채용공고를 하고 교사가 되고자 하는 자는 채용공고를 확인하고 이력서를 제출한다. 그러나 여러 어린이집의 채용공고를 일일이 확인할 수는 없으므로 관련 정보를 종합적으로 제공하는 사이트를 활용하는 것이 효율적이다.

중앙육아종합지원센터(http://central.childcare.go.kr)의 나눔정보-인력뱅크나 각 지역 육아종합지원센터 등에서 다음과 같이 본인이 원하는 지역이나 어린이집유형 등을 선택하여 채용정보를 검색해 볼 수 있다. 직장 어린이집의 경우 직장보육지원센터(http://www.escac.or.kr)에서 별도로 인력정보를 제공하고 있으며 직장 어린이집 목록 등을 확인할 수 있다. 또한, 여러 직장 어린이집을 위탁운영하는 기관들(푸르니보육지원재단: http://www.puruni.com, 모아맘보육경영원: http:// www.moamom.co.kr)이나 법인(삼성재단운영어린이집: http://www.samsung foundation.org) 등에서는 별도로 채용공고를 하기도 한다.

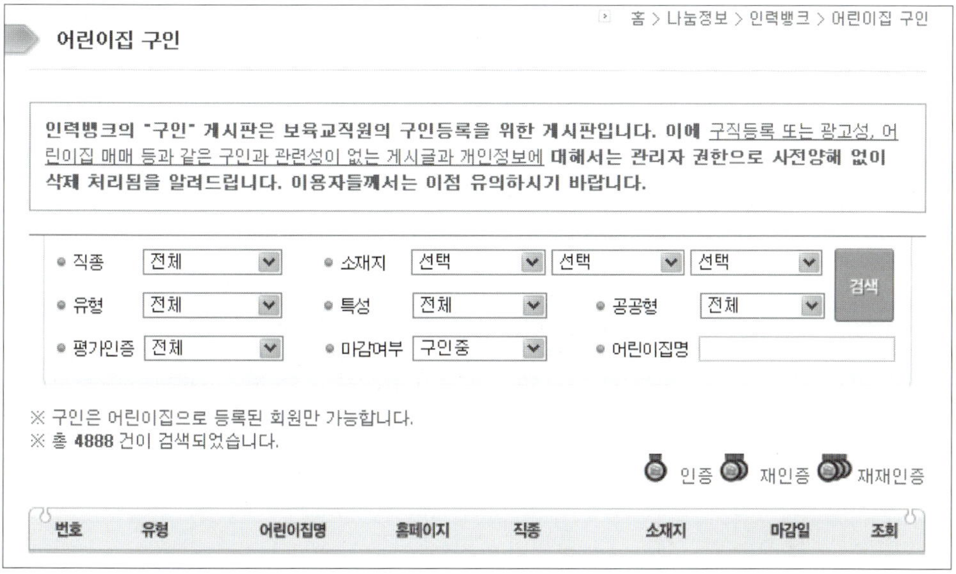

출처: 중앙육아종합지원센터(http://central.childcare.go.kr).

• **이력서 및 자기소개서 작성**

지원하고자 하는 어린이집이 결정되면 채용공고에 따라 서류를 준비하여 면접을 보게 되는데 먼저 이력서와 자기소개서를 제출하여 서류전형을 통과한 후 면접 대상자를 결정 · 통보한다.

〈이력서〉

이력서는 지원자에 대한 가장 기초적인 정보를 한눈에 볼 수 있도록 하는 자료이므로 기본적인 인적사항과 가족사항, 학력, 경력 및 자격증 등을 중심으로 정확하게 기록하여야 한다. 전화번호나 이메일 주소 등 연락처도 반드시 기입한다.

온라인으로 이력서를 입력하는 경우에는 해당 기관에서 제시하는 양식에 따라 작성하면 되지만 일반적으로는 이력서를 작성하여 제출하게 될 경우 인터넷이나 학교의 취업 관련 기관에서 제공되는 양식을 활용하게 된다. 그러나 예비 보육교사의 경우 일반적인 이력서 양식을 그대로 사용할 경우 경력사항 등을 비워 두게 되는 경우가 있으므로 각자 적합하게 수정하여 사용한다.

다음 양식을 참고하여 각자의 이력서를 작성해 보자. 만약 현재의 이력서에 기록할 사항이 많지 않다면 졸업할 때 작성할 수 있는 '미래 이력서'를 작성해 보고 앞으로 이력서에 넣을 사항을 준비해나가는 것도 좋은 방법이다.

이 력 서

(사진)	성 명		생년월일	년 월 일
	주 소			
	연 락 처		휴 대 폰	
	E - MAIL			
	지 원 분 야	보육교사	구 분	신입

가족관계	관계	성명	생년월일	직업	비고

학력	기간	출신학교	학과(전공)	소재지	
		고등학교	–		졸업
		대학교	학과		졸업 예정

봉사활동	기간	내용	국가(지역) 및 기관

실습활동	기간	내용	국가(지역) 및 기관

자격사항	종류 및 등급	취득일	발령처

년 월 일

위 내용은 사실과 다름이 없음을 확인합니다.

작성자: (서명)

〈자기소개서〉

자기소개서는 면접과 더불어 취업의 당락을 결정하는 매우 중요한 요소일 뿐만 아니라 자신을 효과적으로 부각시킬 수 있는 방법이므로 논리적이고 진솔하게 작성해야 한다. 자기소개서는 자신에 대한 성찰과 내면탐색이 필수적으로 선행되어야 하며, 비슷한 경험이나 체험을 하였더라도 개인마다 자신에게 의미 있는 부분은 다르게 다가올 수 있기 때문에 개인적인 경험의 순간들을 자신만이 표현할 수 있는 차별화된 자기소개서의 소중한 논거거리로 활용할 수 있어야 한다(최선희, 2013).

통(通)하는 자기소개서 작성방법 *Tip*

자기소개서에 꼭 들어가야 할 내용으로는 성장과정, 학교생활 및 사회 경험, 성격의 장단점, 지원동기, 입사 후 포부 등이 포함되는데 구체적인 작성방법을 살펴보면 다음과 같다(김동현, 황의현, 2011; 유임상, 2010).

자기소개서에 나타난 성장과정을 통해서는 그 사람이 어떤 환경 속에서 성장해왔는지, 그 사람의 가치관 및 신념은 무엇인지를 파악할 수 있다. 성장과정은 출생부터 현재까지 기술한다. 이때 '저는 1986년 울산에서 1남 1녀 중 장녀로 태어났습니다.'라고 시간 순서 그대로 나열하는 천편일률적인 내용의 자기소개서는 좋은 평가를 받지 못한다. 따라서 유년기의 관심사나 흥미, 가족관계에 얽힌 재미있는 일화들을 중심으로 재구성하여 글을 전개해나간다면 개성 있게 자신을 표현하는 인상 깊은 자기소개서가 될 수 있다.

학창 시절 및 사회 경험에서 학창 시절은 최종 학력에 맞추어 전개해나간다. 이때 입사 지원 분야와 긴밀하게 연결시켜 쓰도록 한다. 특히 자신의 전공 분야, 관련 자격증, 아르바이트 경험담 등을 지원 분야와 연관시켜 기술한다면 기업의 입장에서 그 사람의 관련 분야에서의 업무능력과 적합성을 판단하는 데 중요한 참고자료가 될 수 있다.

성격을 표현할 때는 '저는 활발합니다', '저는 솔직합니다' 등의 단정적인 표현보다는 구체적인 일화를 통해 자신의 성격을 표현하는 것이 중요하다. 뿐만 아니라 자신이 가지고 있는 단점을 쓸 때에는 그 단점을 극복하기 위해 어떠한 노력을 했고 어떻게 극복하게 되었다는 것을 서술한다면 인사 담당자의 관심을 끌 수 있다.

입사 지원동기 및 포부를 적을 때는 특히 지원 회사의 구체적인 환경이나 추구하는 가치에 대한 사전 지식을 바탕으로 언급한다면 차별화된 자기소개서를 작성할 수 있다. 지원한 회사에 대한 지원자의 관심, 애정, 열정은 스펙 못지않게 중요하다는 것을 인식해야 하며, 뚜렷한 지원동기 및 포부는 개인의 미래 성장 가능성의 유무를 판단할 수 있는 기준이 된다. 따라서 지원동기 및 포부를 표현할 때는 입사 후 어떠한 자세로 임할 것인지, 앞으로 회사에 어떻게 기여할 수 있는지 등을 구체적으로 기술해야 한다.
특히 자기소개서는 단 2분 내외로 검토되기 때문에 주목을 끌 수 있도록 작성되어야 한다. 지나친 자신감은 자만심으로 보일 수 있으므로 선은 넘지 않되 자신만의 특별한 사례와 경험을 부각시켜 좋은 인상을 주도록 작성하고, 자신이 쓴 자기소개서를 수시로 매끄럽게 다듬는 것도 좋은 방법이다.

출처: ○○○신문(2014. 1. 22).

다음은 어느 예비 보육교사가 작성한 자기소개서의 예시이다. 이를 참고로 각자의 특성을 잘 드러낼 수 있는 자기소개서를 작성해 보자.

성장과정	'다름에서 알아가는 나' 장애전문 어린이집과 일반 어린이집을 방문하는 기회가 종종 있었습니다. 그래서 장애아동과 비장애아동을 같은 시기에 함께 접할 수 있었습니다. 장애아동에 대한 편견이 있었습니다. 그러던 중 장애전문 어린이집에서 실시한 캠프에 참여하면서 '장애아동은 느리고, 도움이 필요한 아동'이라는 편견을 깰 수 있었습니다. 캠프 프로그램 중 장애아동과 함께 등산을 하면서 장애아동에게 사소한 것까지 도움을 주었습니다. 그때 장애전문 어린이집 선생님께서 "보기에는 혼자 할 수 없을 것 같고 느려서 답답할 수도 있지만, 조금만 기다려주면 느리지만 혼자서 할 수 있어요."라며 조언을 해주셨습니다. 조금 뒤에서 장애아동을 바라보았더니 선생님의 말처럼 시간이 조금 더 걸리기는 했지만 장애아동 혼자서 도움 없이 등산을 하는 모습을 보았습니다. 나보다 느리고 도움이 필요해 보이더라도 자신만의 속도가 있고 기다릴 줄 알아야 한다는 것을 깨달았습니다. 장애전문 어린이집 캠프 후 장애아동에 대한 편견뿐만 아니라 비장애아동에 대해서도 '나이가 어려서 나보다는 서툴지 모르지만 천천히 자신의 속도에 맞춰서 할 수 있다.'라고 생각을 바꿀 수 있었고, 더 나아가 다른 사람들과 생활하면서 사람을 바라보는 시각에도 많은 변화를 주었습니다.

성격의 장단점

'모두 다 같이 즐겁게'

한 강의에서 학기 초 첫인상과 한 학기를 지난 후 느낀 것을 비교해 볼 수 있는 기회가 있었습니다. 첫인상은 대부분 '잘 웃어요.','밝아 보여요.' 등이었고, 한 학기를 지난 후에는 '너무 꼼꼼해요.', '밝지만 힘들게 살아요.' 등이었습니다. 이처럼 그룹 과제를 할 경우, 계획하고 역할 분담을 나누고 주어진 일을 최선을 다하는 등 책임감이 강하고 꼼꼼하며, 언제나 웃고 밝은 모습을 하고 있다는 말을 주변사람들에게 들었습니다. 과제를 체계적으로 하기 위해 노력하고, 주어진 일은 확실하게 해야 하며,

다른 사람에게 피해를 주지 않아야 된다고 생각합니다. 그래서 주어진 일을 계획대로 끝까지 하려고 노력하는 등 주도적이며 책임감을 가지고 있습니다. 계획은 하지만 계획대로 진행되지 않을 경우 당황하여 주춤거리기도 하고, 조별 과제의 경우 계획대로 진행되지 않는 경우 저에게 주어진 일 이외에 조원의 일까지 하면서 과제가 끝나기 전에 지쳐버리는 경우도 있습니다. 계획대로 진행하려고 노력하지만 계획대로 진행되지 않을 경우 다시 계획을 세우기도 합니다. 항상 밝은 모습으로 지내면서 주변 사람들과 잘 지내려고 노력하지만 낯을 가려서 다른 사람이 먼저 다가오기를 기다리는 경우가 많이 있습니다. 그러나 주변 사람에게 먼저 다가가 인사하는 등 다른 사람이 다가오기를 기다리지 않고 먼저 다가가려고 노력하고 있습니다.

특기/직무경력

'따로따로가 모여서 하나로'

관찰실습 시 경험한 만 3 · 4 · 5세 통합반의 경우, 다양한 연령의 유아들이 함께 있었지만, 어린이집이 위치한 지역이 외국인 노동자들이 많이 거주하는 지역이어서 다문화 아동들도 많이 있었습니다. 그래서 다양한 연령이 함께 있는 통합반을 운영하는 보육교사의 이야기를 많이 들을 수 있었습니다. 보육교사 선생님께서 말씀해 주신 많은 이야기 중 관찰실습을 하면서 가장 많이 공감할 수 있었던 점은 같은 주제지만 다른 수준으로 활동을 해야 한다는 점이었습니다.

보육실습 시에는 만 3세반과 만 4세반을 경험할 수 있었습니다. 만 3세반과 만 4세반을 이어서 경험하면서 연령별 차이를 눈으로 볼 수 있는 기회가 되었습니다. 그리고 직접적으로 유아들과 함께 놀이를 하고, 수업을 하면서 생긴 어려운 점들에 대해서 보육교사 선생님들에게 물어보고, 함께 이야기를 하면서 보육교사로서 실무적인 내용에 대해 들으면서 배우고 간접적으로 경험할 수 있는 기회가 있었습니다. 이처럼 통합반의 경험, 만 3세반과 만 4세반을 함께 실습했던 점과 아르바이트 등 다양한 경험을 특기로 발전시켜서 보육교사가 되었을 때 보육교사의 직무와 연계해서 좋은 역할을 수행할 수 있는 보육교사가 될 수 있다고 생각합니다.

지원동기

'혼자가 아니고 함께'

놀이의 중요성에 대해 이야기를 들었을 때 영유아들이 '단순히 놀이하는 것 같은데 왜 저렇게 중요하다고 하는 걸까?'라는 생각을 가졌습니다. 그러나 과제 · 관찰 · 실습 등을 통해서 영유아들이 놀이하는 모습을 직접 보고 영유아들과 함께 생활하면서 '지금 저 아이는 무엇을 하고 있는 거지?'라고 생각을 할 수 있는 작은 놀이활동도 영유아들에게 신체적 · 지식적 · 정서적 등 어느 한 측면에서 중요한 역할을 하고, 영유아에게 큰 영향을 미친다는 것을 깨달았습니다. 그 뒤 놀이의 중요성을 크게 느끼며 놀이 중심의 프로그램과 여러 기관에 관심을 가지게 되었고, 놀이를 중요시하는 ○○어린이집에 대한 꿈을 키웠습니다.

현대사회는 영유아 스스로 뿐만 아니라 부모 및 가정, 어린이집과 교사 등 주변 환경의 영향을 많이 받습니다. 그래서 영유아의 놀이는 어린이집이나 집에서 하는 놀이처럼 단순하게 공간적 의미만을 가지기보다는 사회 전반적으로 확대되어 복합적인 의미를 가져야 하고, 이에 따라서 보육교사는 영유아와 가정, 사회의 연결고리가 되어야 한다고 생각합니다. ○○어린이집은 현재 영유아의 권익을 보호하고, 질 높은 보육을 통해 부모와 가정을 지원하며, 조금 더 좋은 보육을 실시하기 위해 보육교사에 대한 교육과 지원을 하고, 기업의 참여와 다양한 사회적 지원의 가교역할을 효율적으로 수행하면서 영유아들과 가정, 사회 전체의 행복한 삶을 위해 노력하고 있다고 생각합니다. 그래서 보육교사로서 영유아들의 행복한 삶뿐만 아니라 가정, 사회 전체가 행복한 삶을 살아갈 수 있도록 중요한 다리의 역할이 될 수 있는 보육교사로 성장하고 싶습니다.

한편, 보육교사가 되기 위해서는 이력서와 자기소개서 외에도 자신을 알리기 위해 포트폴리오를 만들어 제출할 수도 있다. 포트폴리오(Portfolio)는 '운반하다(carry)'의 의미를 갖는 'port'와 '종이(paper)'를 뜻하는 'folio'에서 파생된 것으로 작업의 결과나 작품 또는 어떤 수행의 결과를 모아 놓은 자료집이나 서류철을 의미한다. 포트폴리오에 대한 자신의 의견이 포함된다면 좀 더 의미 있는 구성물이 될 수 있다(황해익, 송연숙, 최혜진, 정혜영, 손원경, 2009). 처음 보육교사가 되고자 하는 예비 교사는 자신이 그동안 배우거나 경험한 것들을 중심으로 포트폴리오를 제작해 봄으로써 자신의 장점이나 강점, 직업에 대한 흥미, 발전 가능성, 타인과의 관계 등을 스스로 인식할 수 있는 계기가 될 뿐만 아니라 앞으로 자신의 발전 방향에 대해 생각해 볼 수 있는 반성의 기회가 될 수도 있다.

• 포트폴리오 표지 및 목차

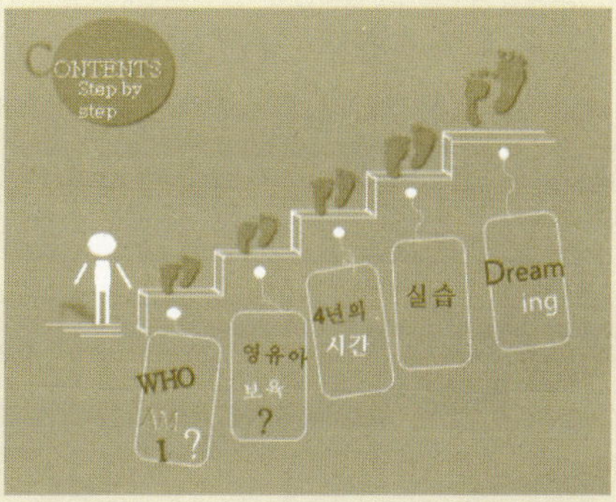

• 포트폴리오 구성 및 내용

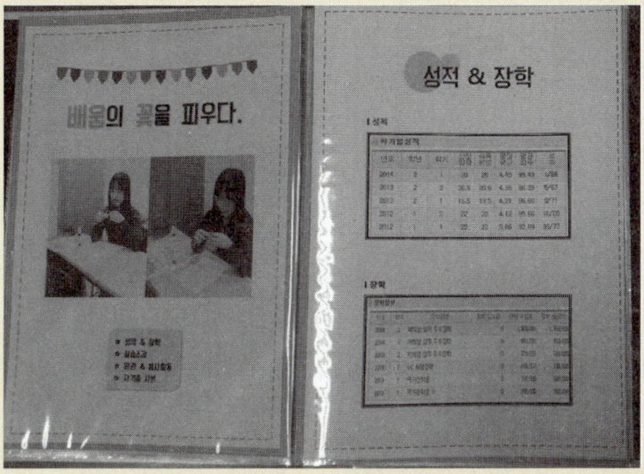

• 면접

서류전형을 통과하고 면접에 임하게 되면 자신에게 맞는 최고의 이미지로 자신의 가치를 올리는 것이 필요하다. 면접은 면접관이 면접자를 직접 만나 여러 가지 질문을 던지고 그에 대한 응답을 통해 면접자의 자질을 판단하는 과정이다.

면접에서는 지원동기나 직무수행능력, 상식과 같은 일반적인 평가요소와 함께 용모, 태도, 성격, 표현력, 건강과 같은 개인적 요소에 대한 평가가 이루어진다. 면접은 필기시험처럼 객관적인 정답이 있는 것이 아니기 때문에 유리한 점도 있지만 어떤 질문이 주어지다라도 긴장하지 않고 자신을 잘 표현할 수 있도록 많은 연습이 필요하다. 또한, 첫인상이 면접의 승패를 좌우하는 경우가 많으므로 이에 대해 평소에 관심을 가지고 매력적인 첫인상을 위해 노력하는 것이 필요하다.

매력적인 첫인상을 위한 방법 *Tip*

면접을 볼 때 첫인상이 좋은 사람은 가산점을 더 받고, 첫인상이 나쁘면 감점을 받을 가능성이 높다. 일상생활에서 좋은 첫인상을 가지기 위해 노력하면 다른 사람들과 원만한 관계를 맺을 수 있고 인기 있는 사람이 될 수 있다. 매력적인 첫인상으로 기억되기 위해서는 시각 · 청각 · 언어적 요소를 고려하는 것이 중요하다.

시각적 요소

매력적인 첫인상이 되기 위하여 개선해야 하는 시각적 요소에는 얼굴, 몸매, 의상, 태도가 있다. 태어날 때부터 잘 생기고 예쁜 사람은 호감의 대상이 되지만, 그렇지 못한 경우 미소 짓는 얼굴만으로도 시각적 요소를 높이는 데 도움이 된다. 이외에도 균형 잡힌 몸매, 센스 있는 패션 스타일로 자신을 연출하는 것도 매력적인 첫인상을 높이는 데 도움을 준다.

청각적 요소

목소리와 목소리 톤은 자신에 대한 다양한 정보를 제공해주지만 타고난 목소리를 바꾸는 것은 성격을 고치는 것만큼 힘들다. 꾸준한 발성연습으로 목소리를 바꿀 수 있으나 쉽지 않으므로 또박또박 발음하고, 목소리의 속도를 적절하게 조절하는 것도 청각적 요소를 높이기 위한 방안이다. 남자는 중저음, 여자는 높은 톤의 목소리를 선호하므로 자신의 목소리 톤을 점검해 볼 필요가 있다.

언어적 요소

첫인상은 상대방이 사용하는 언어유형과 사용하는 언어습관을 살펴보는 과정에서 형성되기도 한다. "짱나네", "헐", "재수없어", "쩐다" 등 격이 낮고 속된 말을 사용하는 경우, 좋은 인상을 남기기는 어렵다. 그렇다고 상스러운 말만 하지 않으면 좋은 인상을 형성할 수 있는 것은 아니다. 따라서 자신의 언어습관을 확인하고 문제점을 개선하기 위한 지속적인 노력이 이루어질 필요가 있다.

출처: 대동대학교 교수학습센터(2014). p.33.

면접은 면접자와 면접관이 일대일 또는 일대다수로 진행하는 개별면접과 다수의 면접자(보통 3인 내외)와 다수의 면접위원이 진행하는 집단면접으로 이루어진다. 개별면접은 집중적으로 질문을 받게 되어 정신적인 압박감과 긴장감이 높고, 집단면접은 다른 면접자와 동시에 비교평가가 이루어지므로 자신의 의견을 조리 있게 발표할 수 있는 능력을 갖추는 것이 필요하다.

면접 역할극을 해 보아요

- 4~6명이 조를 짜서 면접자와 면접관의 역할을 정한다.
- 면접자는 대기에서부터 면접을 마치고 퇴실할 때까지의 준비사항과 유의점을 적어본다.
- 면접관(역할)은 면접 질문 목록을 작성한다.
- 개별면접, 집단면접 등 다양한 유형의 면접을 진행해 본다.
- 면접자와 면접관이 아닌 나머지 학생들은 점수판을 준비하여 자신이 면접관이라면 몇 점을 줄지 결정하여 점수를 매겨본다.
- 역할극이 끝난 후 각자의 소감을 말해 보고 효과적인 면접을 위한 방법에 대해 토의한다.

- **채용 결정 및 임용**

공개채용과정을 거쳐 선발한 보육교사를 임용하고자 하는 임면권자는 반드시 구비서류를 제출받아 자격의 적격 여부를 판단하고, 관련 서류를 보관하도록 하므로 다음 서류를 준비해야 한다.

- 인사기록카드
- 주민등록등본
- 채용신체검사서
- 보육교사 국가 자격증 사본

이때 보육교사 자격증 발급을 신청하고 자격검정이 완료되어 자격증 발급이 예정된 자(자격번호가 부여된 자)는 자격증을 발급받은 것으로 본다. 국가 자격증 발급 여부는 보육통합정보시스템에서 보육교직원 등록 시 조회 가능하다.

어린이집 원장은 보육교사를 포함하여 보육교직원 임면 시 다음과 같은 보고서를 관할 시 · 군 · 구청에 보고하므로 참고하도록 한다.

어린이집 보육교직원 임면사항 보고서 양식

○○○ 어린이집

문서번호 :
수 신 : ○○시 · 군 · 구청장
제 목 : 보육교직원 임면사항 보고

1. 영유아보육법 시행규칙 제11조 제1항의 규정에 따라 보육교직원 임면사항을 아래와 같이 보고합니다.
2. 인적사항 등

연번	직종별	성명(한자)	생년월일	주소	등록 기준지[1]	발령 일자	발령 사항	기록자 (날인)	비고

주) ① 직종별란에는 원장, 보육교사 1,2,3급, 기타 교직원의 직위를 기재함
② 주소란과 등록기준지란은 주소 및 구 본적지를 정확하게 기재하여야 함(예시 : ○○도 ○○군 ○○면 ○○리 ○○번지)
③ 발령일자란에는 채용일을 기재
④ 발령사항란에는 임용, 전출, 퇴직, 출산휴가, 육아휴직 등 신분변동사항을 기재함

○○○ 어린이집원장(직인)

출처: 보건복지부(2014c). p.219.

한편 보육교사 임면권자는 「아동 · 청소년의 성 보호에 관한 법률」 제56조에 따라 교직원으로 채용하고자 하는 자의 성범죄 경력조회를 관할 경찰서에 요청해야 하고 성범죄 경력조회결과 어린이집 취업이 제한되는 자는 채용에서 배제하여야 하며 근무 중인 자에 대해서는 해임해야 한다. 또한, 교직원 임면보고를 받은 시장 · 군수 · 구청장은 어린이집에 채용된 자가 어린이집에 근무할 수 없는 결격사유에 해당하는지의 여부를 범죄 경력조회 및 결격사유조회(구, 신원조회) 등을 통하여 확인해야 한다.

보육교사를 포함한 보육교직원의 채용 및 임면보고 절차를 요약하면 다음과 같다.

어린이집 보육교직원 채용 및 임면보고 절차

보육교직원 채용 (원장, 보육교사, 특수교사, 취사부 등)	• **채용주체** : 어린이집 설치자 • **채용조건** : 자격기준을 갖춘 자 *어린이집 원장 및 보육교사는 국가 자격증을 발급받은 자를 채용하여야 함
교직원 임면보고	• **임면보고 절차** : 어린이집→시·군·구청장(채용 후 14일 이내) • **임면보고 시 구비서류** : 인사기록카드, 채용신체검사서, 자격증 사본, 성범죄 경력조회결과서 *자격증 사본은 일정 자격이 필요한 자(간호사, 영양사 등)에 한하며, 원장 및 보육교사는 보육통합정보시스템으로 확인 가능한 경우 제외
교직원 자격의 적격성 확인	• **확인주체** : 시·군·구청장 • **채용대상** : 어린이집 원장, 보육교사, 특수교사, 치료사, 영양사, 간호사 • **확인방법** : 각 자격별 자격증명 서류 및 보육통합정보시스템
교직원 결격사유조회 및 범죄경력조회	• **결격사유조회 및 범죄경력조회 주체** : 시·군·구청장 • **내용** : 교직원 결격사유(법 제20조)
경력관리시스템 입력 관리	• 교직원 임면 사항을 경력관리시스템에 입력 관리

출처: 보건복지부(2014b). 보육사업안내. p.187.

(2) 면직

보육교사가 퇴직하고자 할 경우에는 사직서를 제출해야 하고 어린이집 보육교직원 임면권자는 사직서를 제출받아 퇴직 처리하고 퇴직 사실을 관할 시 · 군 · 구청에 보고해야 한다. 이때 퇴직에 대하여 임면권자와 상호합의가 되었음에도 불구하고 퇴직 처리하지 않아 본인의 의사와 무관하게 어린이집 원장 또는 보육교사 자격증을 대여한 경우가 발생하지 않도록 주의해야 한다.

3. 보육교사 복무와 보수

1) 보육교사 복무

「영유아보육법」 제18조에는 '보육교사는 영유아를 보육하고 어린이집의 원장이 불가피한 사유로 직무를 수행할 수 없을 때에는 그 직무를 대행한다'라고 보육교사의 직무를 명시하고 있다. 그러나 영유아를 보육하는 일은 매우 포괄적이고 복합적인 업무로서 실제 어린이집에서 보육교사가 하는 역할은 매우 다양하다.

또한, 어린이집은 설립주체에 따라 국·공립 어린이집, 사회복지법인 어린이집, 법인·단체 등 어린이집, 직장 어린이집, 가정 어린이집, 부모협동 어린이집, 민간 어린이집 등으로 이루어져 각 기관에 따라 운영특성이 다르다. 어린이집은 주 6일 이상, 하루에 12시간 이상 운영을 원칙(영유아보육법 시행규칙 제23조)으로 하고 있으나 직장 어린이집의 경우는 근로자의 출·퇴근시간 및 근무여건에 따라 어린이집의 운영도 보호자와 조정하여 이루어지고 있다. 연령이나 대상에 따라 구분되는 영아전담 어린이집, 장애전문 어린이집, 장애통합 어린이집 등의 운영특성도 서로 다르고 시간연장형 어린이집(24시간 어린이집, 휴일 어린이집, 시간연장 어린이집), 일시 보육 등의 특성에 따라 보육교사의 근무시간이 달라질 수밖에 없는 보육교사의 직무와 복무에 대해서는 일률적으로 설명하기는 어렵다.

단, 「영유아보육법 시행규칙」 제10조에 따르면 보육교사의 근무시간은 평일 8시간을 원칙으로 하고, 그 밖에 전후로 연장되는 시간은 어린이집의 원장과 보육교사가 교대근무하며, 초과 근무수당을 지급해야 한다. 그리고 보육교직원의 휴가는 순번제로 실시하되 공백이 생기게 될 경우 대체인력을 배치하도록 하고 있다.

보육교직원(원장, 보육교사 등)은 전임이어야 하므로, 다른 업무를 겸임할 수 없다. 다만, 어린이집 원장이 간호사나 영양사 자격이 있을 때에는 간호사 또는 영양사를 겸임할 수 있고, 정원 20인 이하 어린이집의 원장은 보육교사를 겸임할 수 있다. 이 경우에도 원장이 간호사와 영양사를 모두 겸임할 수는 없다. 도서·벽지·농어촌 지역의 21~39인 이하 어린이집은 시장 · 군수 · 구청장의 승인이 있는 경우 원장이 보육교사를 겸임할 수 있다.

이외에도 보육사업안내(보건복지부, 2014b)에 제시된 보육교직원의 휴가 등 기타 복무 관리와 관련된 일반적인 사항은 다음과 같다.

첫째, 보육교직원의 휴가는 보육 공백을 최소화할 수 있도록 순번제로 실시하고, 보수교육, 출산휴가 등으로 어린이집의 원장, 보육교사 또는 그 밖의 보육교직원의 공백이 생기는 경우에는 이를 대체할 수 있는 대체원장, 대체교사 또는 그 밖의 인력을 각각 배치하여야 한다.

둘째, 교직원의 휴가, 휴일, 휴식 등 근로시간과 관련이 있는 사항은 「근로기준법」 등 노동 관련 법령에 따른다.

셋째, 고용, 산전 후 휴가, 육아휴직 등과 관련이 있는 사항에 대하여서는 「남녀고용평등과 일 · 가정 양립 지원에 관한 법률」의 규정을 준용한다,

넷째, 보육교직원의 최저임금 보장 등과 관련이 있는 사항에 대하여서는 「최저임금법」의 규정을 준용한다.

다섯째, 기타 교직원의 복무, 근로 등과 관련해서는 각 개별법을 준용한다.

그러나 위에서 제시한 사항들은 보육교사의 복무와 관련한 원칙적인 사항들로서 반드시 지켜야 할 법적인 사항과 현실적인 여건에는 차이가 있다. 특히 민간 어린이집이나 가정 어린이집과 같이 국가로부터 인건비를 지원 받지 않는 어린이집이 전체 어린이집의 대다수를 차지하고 있는 현실을 고려할 때 조속히 보육교사의 복무 여건을 개선할 수 있는 국가 지원의 확대가 이루어져야 할 것이다.

2) 보육교사 보수

보수란 조직 구성원이 조직의 목적 달성을 위해 제공하는 육체적 · 정신적 노력과 봉사에 대하여 반대급부로 지급하는 금전적 보상이다(황해익, 송연숙, 정혜영, 유수경, 2014). 보육교직원의 보수 관련 일반적인 사항은 「근로관계법령」(근로기준법, 근

로자퇴직급여보장법 등)을 기본으로 하고 있으며 보건복지부에서는 매년 보육교직원의 보수기준을 제시하고 있다.

현행 보육교직원의 보수는 사회복지시설 종사자의 봉급표를 기준으로 호봉별 기본급을 결정하고 있다. 호봉이란 근무경력의 기간에 따라 1년 단위로 인건비 책정을 달리하는 기준을 말한다. 보육교사의 초임호봉은 1호봉으로 하되 호봉승급에 필요한 기간은 1년으로 하고 초임호봉의 획정에 반영되지 않는 1년 미만의 잔여기간이 있는 때에는 그 기간을 다음 호봉승급기간에 산입하여 호봉을 산정한다. 호봉승급이란 일정한 재직기간의 경과에 의해 현재의 호봉보다 높은 호봉을 부여하는 것이다.

호봉 획정시 인정되는 호봉 인정 근무경력은 다음 경력에 한하되 보육교직원 호봉 인정기준에 따라 시기별로 적용한다.

- 「영유아보육법」 제정 전 새마을 유아원, 탁아시설에 근무한 경력
- 어린이집 보육교직원으로 근무한 경력
- 육아종합지원센터에서 근무한 경력(대체교사 경력 포함)
- 2005년 1월 30일 이후 보육교사 자격을 가지고 방과 후 과정을 운영하는 유치원에 근무한 경력
- 「병역법」 제18조에 따른 해당 현역병 의무 복무기간

그러나 현재와 같은 보육교사의 호봉 적용은 학력이나 자격급수에 상관없이 동일하게 1호봉으로 시작하고 있다. 반면, 유치원교사의 경우 기산호봉을 적용하여 초임호봉이 학력과 자격에 따라 6~9호봉으로 책정되고 있다.

보건복지부의 보육교직원 보수기준은 국고보조 어린이집(정부 인건비 지원 어린이집, 직장 어린이집)에 근무하는 보육교사에게는 적용되지만 그 외의 어린이집에 근무하는 경우에는 다른 법령에서 특별히 규정한 경우를 제외하고는 시설의 재정 형편에 따라 원장과 교직원이 협의(근로계약서 체결)하여 보수기준을 다르게 정할 수 있다. 따라서 국고보조 어린이집과 인건비 차이가 발생하고 낮은 임금으로 인한 높

은 이직률과 이로 인한 우수한 보육교사의 확보를 어렵게 하고 있다(황해익, 남미경, 2010).

한편, 보육교사의 보수에는 호봉 이외에도 각종 수당이 포함된다. 유치원과 어린이집 만 3~5세 공통 유아교육 · 보육과정인 3-5세 누리과정 학급을 담당하는 교사에게 지급되는 누리과정 담당교사 처우개선비, 농촌보육교사 특별 근무수당 등이 있다.

조사해 보아요

- 보육교사 1호봉의 보수 총액과 월 보수액은 얼마일까요?

  * 예상하는 1호봉 보수 총액: ____________ 월 보수액: ____________

  * ______년 1호봉 보수 총액: ____________ 월 보수액: ____________

- 경력과 직급에 따라 호봉에 따른 보수는 어떻게 달라질까요?

4. 보육교사 윤리

모든 전문직에는 직업 윤리가 있듯이 보육교사에게는 영유아를 돌보고 가르치는 전문인으로서 가져야 할 자질 및 전문성과 함께 올바른 가치관에 바탕을 둔 직업윤리가 요구된다. 윤리란 인간이 다른 사람과 더불어 살아가는 사회생활 속에서 사람으로서 마땅히 행하거나 지켜야 하는 도리로 강제력을 수반하는 법률과는 달리 인간의 자율적 판단에 근거하며 인간의 양심이나 사회 습관을 기본으로 사회 규범에 합치되는 것이다(박은혜, 2013). 이러한 맥락에서 교직 윤리란 교사가 그 직무수행과 관련하여 스스로 지켜야 할 것으로 기대되는 규범으로 강제를 수반하는 법률적 성격을 갖지는 않지만 교사가 교직생활에서 마땅히 지키고 실천해야 할 행동규범 또는 도덕적 의무라고 할 수 있다(염지숙 외, 2011).

이러한 윤리는 보육교사의 전문성을 위해 반드시 필요한 조건일 뿐만 아니라 보육의 질을 결정하는 가장 근본적인 요소이다. 특히, 신체적 · 정신적으로 상처받기 쉬운 영유아의 특성상 교사의 권력 남용을 내적으로 막을 수 있으며, 다양한 상황에서 교사가 최대한 어느 한쪽으로 치우치지 않은 공평한 결정을 내려야 하는 데 도움이 되기 때문에 전문직으로서 일정한 행동규범을 지닌 윤리강령이 필요하다(임부연, 김성숙, 송진영, 2014). 따라서 보육교사는 강한 윤리적 의식과 태도를 가지고 영유아를 건강하고 안전하게 보육해야 하는 본분에 임해야 한다.

1) 보육교사의 윤리강령

그동안 우리나라에는 보육교사만을 위한 윤리강령이 따로 존재하지 않았으나 2010년 한국보육시설연합회와 육아정책연구소에서 우리나라 어린이집 원장과 교사를 위한 윤리강령을 개발 · 제정하였다(김은설, 박수연, 2010). 다음은 보육교직원 윤리강령 전문이다.

『보육인 윤리 선언』

나는 영유아의 건강한 성장과 발달을 지원하는 보육교사(어린이집 원장)로서 직무상의 윤리적 책임을 다하여 다음 사항들을 지킬 것을 다짐합니다.

1. 나는 내가 영유아에게 지대한 영향을 미치는 존재임을 잊지 않으며, 항상 스스로의 말과 행동에 신중을 기한다.
1. 나는 영유아의 인격과 권리를 존중하며, 어떠한 경우에도 영유아에게 해가 되는 일을 하지 않는다.
1. 나는 영유아 가정의 다양성을 이해하고 존중하며, 상호신뢰하는 동반자적 관계를 유지한다.
1. 나는 동료를 존중하고 지지하며, 서로 협력하여 최상의 보육 서비스를 제공하기 위해 노력한다.
1. 나는 보육의 사회적 책임과 역할을 인식하고, 영유아의 권익과 복지를 위한 활동에 앞장선다.
1. 나는「어린이집 원장 · 교사 윤리강령」을 직무수행의 도덕적 규준으로 삼아 진심을 다하여 충실히 이행한다.

『어린이집 원장 및 보육교사 윤리강령』

보육은 영유아를 건강하게 양육하고, 안전하게 보호하며, 발달특성에 적합한 교육을 제공하는 복지 서비스이며, 보육인은 사랑과 존중과 전문 지식을 바탕으로 영유아의 전인적 성장에 영향을 미치는 전문 직업인이다. 그러므로 보육인은 윤리적 의식과 태도를 가지고 사회적 본분에 임해야 한다.

이에 어린이집 원장과 보육교사는 스스로 책무성을 발현하여 윤리강령을 제정함을 밝힌다. 본 강령을 직무수행의 규준으로 삼아 보육현장에서 발생하는 윤리적 갈등을 해결하고, 생존권, 보호권, 발달권, 참여권 등 영유아의 권리를 보장함으로써 직무상의 윤리적 책임을 다하여 전문 직업인으로서의 위상을 공고히 하고자 한다.

더불어 영유아와 그 가정, 동료와 사회의 존엄성을 존중하는 보육의 실천으로 다각적인 신뢰를 구축하고, 영유아의 잠재력을 최대한 발휘시킴으로써 영유아가 긍정적인 자아개념을 형성하고 유능한 사회인으로 성장할 수 있도록 도와 궁극적으로는 영유아와 그 가정, 동료와 사회의 통합적 · 이상적 복지 실현에 기여하고자 한다.

제 I 장. 영유아에 대한 윤리

1. 영유아에게 고른 영양과 충분한 휴식을 제공하여 몸과 마음이 건강한 사람으로 자라도록 돕는다.
2. 성별 · 지역 · 종교 · 인종 · 장애 등 어떤 이유에서도 영유아를 차별하지 않고, 공평한 기회를 제공한다.
3. 영유아는 다치기 쉬운 존재임을 인식하여 항상 안전하게 보호한다.
4. 영유아에 대한 정서적 · 언어적 · 신체적 학대를 행하지 않는다.
5. 어린이집 내외에서의 영유아학대나 방임을 민감하게 관찰하며, 필요한 경우 관련 기관(아동보호전문기관 등)에 보고하고 조치를 취한다.
6. 영유아의 인격을 존중하고, 개인의 잠재력과 개성을 인정한다.
7. 개별적 상호작용 속에서 영유아의 요구를 수용하기 위해 노력한다.
8. 영유아의 사회 · 정서 · 인지 · 신체 발달을 통합적으로 지원하는 보육 프로그램을 실시한다.
9. 특별한 도움을 필요로 하는 경우, 전문가와 협력하여 영유아의 입장에서 최선의 대안을 찾는다.
10. 보육활동을 계획 · 실행 · 평가하는 모든 과정에 영유아의 흥미와 의사를 반영한다.
11. 영유아의 개인적 기록과 정보에 대해 비밀을 보장한다.

제 II 장. 가정에 대한 윤리

1. 상호신뢰를 바탕으로 영유아의 가정과 동반자적인 관계를 유지한다.
2. 각 가정의 양육 가치와 의사결정을 존중한다.
3. 경제적 수준, 가족형태, 지역, 문화, 관습, 종교, 언어 등 어떤 것에 의해서도 영유아의 가정을 차별 대우하지 않는다.
4. 보육활동 및 발달상황에 관한 정보를 정확하게 제공하여 영유아에 대한 가정의 이해를 돕는다. 다문화, 심신장애 등으로 의사소통에 도움이 필요한 경우 문제를 해결할 최선의 방법을 도모한다.
5. 어린이집 운영 전반에 관한 정보를 공개하여 영유아 가정의 알 권리에 응한다.
6. 보육 프로그램과 주요 의사결정에 영유아의 가정이 참여하도록 안내한다.
7. 필요한 사회적 지원, 전문 서비스 등 관련 정보를 제공하여 영유아 가정의 복리 증진을 돕는다.
8. 영유아 가정의 사생활을 보호하고 익명성을 보장한다.

제Ⅲ장. 동료에 대한 윤리

[어린이집 원장]

1. 최상의 보육 서비스 제공에 필요한 인적 · 물적 환경의 조성 및 유지를 위해 노력한다.
2. 보육교사를 신뢰하고 존중하며 전문성과 자율성을 인정한다.
3. 성별 · 학연 · 지연 · 인종 · 종교 등에 따라 보육교사를 차별하지 않는다.
4. 업무 관련 의사결정이 필요한 경우, 보육교사의 의견 개진 기회를 보장한다.
5. 보육교사에게 지속적 재교육 등 전문적 역량 제고의 기회를 부여한다.
6. 보육교사에게 적정 수준의 보상(보험, 급여 등)을 안정적으로 제공하며 복지 증진에 힘쓴다.
7. 보육교사 개인의 기록과 정보에 대한 비밀을 보장한다.

[보육교사]

1. 존중과 신뢰를 바탕으로 협력하며 서로의 전문성과 자율성을 인정한다.
2. 상호 간 역량 계발과 복지 증진에 부합하는 근무환경이 되도록 힘쓴다.
3. 어린이집 원장 및 동료와 영유아 보육에 대한 신념을 공유한다.
4. 보육교사로서의 전문성 향상을 위해 스스로 노력한다.
5. 어린이집 내에서 영유아 및 보육교사의 인권과 복지를 위협하는 비윤리적 사태가 발생한 경우, 법률규정이나 윤리기준(한국보육시설연합회 윤리강령위원회 참조)에 따라 조치를 취한다.

제Ⅳ장. 사회에 대한 윤리

1. 공보육에 대한 책임을 인식하고, 항상 질 좋은 보육 서비스를 제공한다.
2. 영유아의 안전을 위협하는 환경이나 정책이 발견될 시 관계 기관과 협의하여 개선한다.
3. 공적 책임이 있는 어린이집으로서 재정의 투명성을 유지하고, 부정한 방법으로 사적 이익을 취하지 않는다.
4. 영유아의 권익 보호를 위해 관련 정책 결정 및 법률 제정에 적극 참여하며 사회적으로 이를 널리 알리는 데 앞장선다.
5. 지역사회 실정에 맞는 어린이집의 책임과 역할을 인지하고, 실천하고자 노력한다.

출처: 중앙육아종합지원센터(2013).

활동 위에서 살펴본 윤리강령을 적용하여 실제 보육교사의 딜레마상황을 해결해 보자.

강 선생님은 만 3세를 맡고 있는 유아교사이다. 강 선생님은 낮잠시간마다 낮잠에 대한 상반된 의견을 가진 학부모로 인해 곤혹을 치른다. 강 선생님은 낮잠을 꼭 재워 달라는 부모의 요구로 인해 낮잠을 자기 싫어하는 유아를 재우기 위해 강압적으로 자리에 눕게 해야 하고, 억지로 눈을 감게 하는 등의 통제를 해야 한다. 그러나 낮잠을 자게 되면 저녁에 너무 늦게 잠을 자게 되어 아침 일찍 출근하는 데 어려움이 있다며 낮잠을 재우지 말라고 요구하는 학부모도 있다. 강 선생님은 낮잠을 안 재우면 하원하는 시간에 놀이를 하다가 졸기도 하고, 잠을 자지 않고 매트 위에서 놀다가 심심하면 누워 있는 친구를 깨우기도 하고, 반 아이들의 낮잠을 방해하기도 하고, 가끔은 친구들이 모두 잠든 동안 혼자 놀다가 늦게 잠이 들기도 하는 아이들의 행동을 보며 갈등을 느낀다. 강 선생님은 신체 발달상 꼭 낮잠이 필요한 유아들의 행동특성을 무시한 채 학부모의 편의에 따라 유아들의 활동에 관여하는 학부모들의 요구를 들어주어야 할지가 고민이다.

출처: 허미경(2014). p.196.

- 위의 이야기에서 중요한 윤리적 문제는 무엇인가?
- 만일 당신이 강 선생님이라면 자신의 신념에 따라 행동할 것인가? 아니면 학부모가 요구하는 대로 행동할 것인가? 보육교사의 윤리강령에 포함된 원리를 찾아 그 가운데 문제해결의 지침을 세워보자.
- 위에서 세운 원리들을 적용하여 문제해결을 위한 어떠한 노력을 할 수 있을지 생각해 보자.

위 사례에서 볼 수 있는 낮잠에 관한 강선생님의 이야기는 현장에서 쉽게 접할 수 있는 문제 중의 하나이다. 최근 어린이집에 맡겨지는 영유아들의 연령은 점점 낮아지고 기관에서 지내는 시간은 더 길어지면서 식습관지도, 기본생활지도, 낮잠지도 등과 같은 문제에서 학부모와의 의견이 일치하지 않는 경우가 많다. 이와 같은 상황에서 보육교사는 자신의 신념과 학부모 요구 사이에서 판단을 내리기 어려운 딜레마에 빠지기 쉽다.

■ 본 사례에서 중요한 윤리적 문제는?

어린이집에서의 규칙적인 생활과 적응을 위해 교사 자신의 신념을 고수할 것인지, 아니면 낮잠을 재워 달라거나 재우지 말라는 학부모의 양육태도를 인정하고 수용하여 낮잠지도에 반영할 것인지에 대한 문제이다.

만약 당신이 강 선생님이라면 자신의 신념에 따라 행동할 것인가? 아니면 학부모가 요구하는 대로 행동할 것인가? 둘 중 하나를 선택해야 하는 상황에서 교사행동의 지침을 제공해 줄 수 있는 보육교사의 윤리강령을 찾아보면 다음과 같다.

영유아에 대한 윤리

- 영유아에게 고른 영양과 충분한 휴식을 제공하여 몸과 마음이 건강한 사람으로 자라도록 돕는다.
- 영유아는 다치기 쉬운 존재임을 인식하여 항상 안전하게 보호한다.
- 개별적 상호작용 속에서 영유아의 요구를 수용하기 위해 노력한다.
- 영유아의 사회 · 정서 · 인지 · 신체 발달을 통합적으로 지원하는 보육 프로그램을 실시한다.

가정에 대한 윤리

- 상호신뢰를 바탕으로 영유아의 가정과 동반자적인 관계를 유지한다.
- 각 가정의 양육 가치와 의사결정을 존중한다.
- 보육 프로그램과 주요 의사결정에 영유아의 가정이 참여하도록 안내한다.

■ 문제해결을 위한 노력

- 교사는 자신의 신념에 맞게 학급의 모든 유아에게 충분한 휴식이 될 수 있는 낮잠시간이 되도록 노력한다.
- 유아들과 함께 낮잠이 필요한 이유에 대해서 이야기를 나누어 본다.
- 낮잠을 자지 않고 놀다가 누워 있는 친구들을 깨웠을 때 기분이 어떨지 이야기를 나누어 본다.
- 숙면을 취할 수 있도록 온도, 습도, 채광 등을 적절하게 유지하도록 환경을 조성한다.
- 낮잠을 자기 힘들어하는 유아를 억지로 재우려고 하기보다는 교사가 옆에서 누워서 유아들이 긴장을 풀고 조용히 누워 쉴 수 있도록 한다.

교사는 다양한 방법을 통하여 학부모와 의사소통한다.

- 부모에게 유아의 전인적 발달에 있어 충분한 휴식의 중요성에 대한 정보를 제공한다.
- 교실 참관을 통하여 다른 만 3세 유아들이 어린이집에서 어떻게 생활하는지에 대해 관찰할 수 있는 기회를 제공한다.
- 개별 유아의 발달 상태에 맞게 어린이집에서 낮잠에 대한 바람직한 지도 방향을 함께 정한다.
- 규칙적인 생활이 가정에서도 이루어질 수 있도록 상호협력한다.

2) 영유아의 권리 존중

보육현장에서 교사들이 윤리강령을 준수하기 위해서는 영유아의 권리 존중이 뒷받침되어야 한다. 영유아의 권리 실현이라는 관점에서 영유아도 성인처럼 권리를 가진 인격체로 인식하는 틀이 바뀌고, 권리 주체로서 영유아를 위한 교육의 변화로 연결되어야 한다(박선해, 김미정, 2013). 일찍이 유엔(United Nations, 1989)에서는 유엔아동권리협약(United Nations Convention on the Rights of the Child: UNCRC)이 만장일치로 채택되었으며, 현재 우리나라를 포함한 전 세계 194개국 나라가 비준하였다. 무차별의 원칙 및 아동 최선의 이익 우선 원칙하에 만들어진 유엔의 국제적인 약속에는 전 세계의 18세 미만의 아동이라면 누구나 마땅히 누려야 할 4가지 기본 권리를 규정하고 있다. 이를 구체적으로 살펴보면 다음과 같다.

모든 어린이들이 마땅히 누려야 할 권리

생존할 권리(Survival Rights): 적절한 생활 수준을 누릴 권리, 안전한 주거지에서 살아갈 권리, 충분한 영양을 섭취하고 기본적인 보건 서비스를 받을 권리 등 기본적인 삶을 누리는 데 필요한 권리

보호받을 권리(Protection Rights): 모든 형태의 학대와 방임, 차별, 폭력, 고문, 징집, 부당한 형사 처벌, 과도한 노동, 약물과 성폭력 등 어린이에게 유해한 것으로부터 보호받을 권리

발달할 권리(Development Rights): 잠재능력을 최대한 발휘하는 데 필요한 권리, 교육받을 권리, 여가를 즐길 권리, 문화생활을 하고 정보를 얻을 권리, 생각과 양심과 종교의 자유를 누릴 수 있는 권리

참여할 권리(Participation Rights): 자신의 생활에 영향을 주는 일에 대해 의견을 말하고 존중받을 권리, 표현의 자유, 양심과 종교의 자유, 평화로운 방법으로 모임을 자유롭게 열 수 있는 권리, 사생활을 보호받을 권리, 유익한 정보를 얻을 권리

출처: 유니세프한국위원회(http://www.unicef.or.kr).

이와 같은 아동의 권리를 보장하는 데 있어서 중요하게 고려되어야 할 점은 모든 조치나 정책이 아동에게 가장 유익한 방향으로 결정되어야 함을 원칙으로 삼아야 한다는 것이다. 또한, 무차별적의 원칙으로서 아동은 성별, 종교, 사회적 신분, 인

종, 국적 등 어떤 조건과 환경에서도 차별받지 않고 협약에 규정된 모든 아동의 권리를 보장받을 수 있도록 무차별적의 원칙을 지켜야 한다(구정화 외, 2009).

활동 아동권리 들여다보기

아동권리에 대해 좀 더 자세히 들여다보는 활동을 해 보자. 유엔의 아동권리협약은 전문과 54개 조항으로 구성되며, 1조부터 40조까지 실제적인 아동권리의 내용을 담고 있다. [그림 3-2] 유엔아동권리협약을 살펴본 후 각각의 조항들이 생존 · 보호 · 발달 · 참여의 4가지 기본권 중 어디에 해당할지에 대해 분류해 보자.

아동의 기본권	관련 조항의 예
생존권	
보호권	
발달권	
참여권	

예를 들어, '6조 생존과 발달', '20조 가족 없는 어린이', '32조 어린이 노동' 등과 관련된 조항은 아동의 생존권, '7조 이름과 국적', '16조 사생활 보호', '39조 몸과 마음의 회복' 등과 관련된 조항은 아동의 보호권, '5조 부모의 지도', '17조 유익한 정보 얻기', '28조 교육' 등과 관련된 조항은 아동의 발달권, '15조 모임의 자유', '18조 부모의 책임' 등과 관련된 조항은 아동의 참여권에 해당할 것이다. 이와 같이 기본권 한 가지에 해당하는 조항이 있는 반면, 두 가지 이상의 기본권과 연관되는 조항도 있다. 예를 들어, '11조 내 나라에서 살기'는 아동의 보호권과 발달권, '12조 의견 존중'은 아동의 발달권과 참여권과 관련이 높다.

예

① 생존권 관련 조항 : 6, 7, 8, 9, 19, 20, 21, 23, 24, 26, 27, 30, 32, 33, 34, 35, 38
② 보호권 관련 조항 : 2 ,7, 10, 11, 16, 19, 20, 21, 23, 25, 32, 33, 34, 35, 36, 37, 39, 40
③ 발달권 관련 조항 : 5 ,6 ,9, 10, 11 ,12, 13, 14, 15, 17, 24, 28, 29, 31
④ 참여권 관련 조항 : 12, 13, 15, 17, 18

이상의 모든 권리들은 서로 연관되어 있으며 모두 똑같이 중요하지만, 현실에서는 이러한 권리들이 똑같이 중요하게 지켜지고 있지는 못한 상황이다. 현재 우리의 보육현장에서 잘 지켜지고 있는 조항과 잘 지켜지지 않는 조항은 무엇인지에 대해 토론해 보자.

Castle, C. (2011). 우리에게 사랑을 주세요(For Every Child). (Desmond M Tutu 머리글, John Burningham 외 그림, 이명희 옮김). 마루벌(원전은 2001년 출판).

유엔은 아이들이 이름과 국적을 가질 권리부터 교육받고 뛰어놀며 보살핌을 받을 권리에 이르기까지 54개의 원칙을 공식적으로 채택하여 유엔아동권리협약을 선포하였다. 이 책은 유엔아동권리협약 중 가장 중요한 조항을 뽑아 아이들이 이해하기 쉽게 풀어서 들려준다. 특히 존 버닝햄, 배빗 콜, 셜리 휴즈, 피터 위버즈 등 세계적으로 유명한 어린이 책 그림 작가의 그림을 함께 담아 아이들의 마음을 사로잡고 있다.

출처: 교보문고(www.kyobobook.co.kr).

www.unicef.or.kr

어린이를 위한 약속 유엔아동권리협약

유엔아동권리협약(Convention on the Rights of the Child: CRC)은 1989년 11월 20일 유엔이 채택한 어린이 권리조약으로 우리나라를 포함한 전세계 192개국이 이 협약을 지킬 것을 약속했습니다. 건강하게 자랄 권리, 교육받을 권리, 놀 권리 등 어린이가 누려야 할 권리를 모두 담고 있는 유엔아동권리협약은 각 나라에서 어린이 상황을 개선하는 기반이 되고 있습니다. 전문과 54개 조항으로 구성되어 있으며 1조부터 40조까지가 실제적인 아동권리 내용을 담고 있습니다.

1조 아동의 범위
18세가 안 된 우리 모두는 이 협약에 적힌 권리를 가지고 있습니다.

2조 차별 안 하기
우리는 절대 차별받아서는 안 됩니다. 우리와 우리의 부모님이 어떤 사람이건, 어떤 인종이건, 어떤 종교를 믿건, 어떤 언어를 사용하건, 부자건 가난하건, 장애가 있건 없건 모두 동등한 권리를 누려야 합니다.

3조 어린이를 제일 먼저
정부나 사회복지기관, 법원 등 우리와 관련된 일을 하는 모든 기관은 우리에게 무엇이 가장 이익이 되는지 그 점을 제일 먼저 생각해야 합니다.

4조 정부의 할 일
정부는 우리의 권리를 지켜 주기 위해 필요한 모든 일을 해야 합니다.

5조 부모의 지도
우리의 부모님이나 우리를 보호하는 다른 어른들은 우리를 지도할 권리와 책임이 있습니다.

6조 생존과 발달
우리는 타고난 생명을 보호받고 건강하게 자랄 권리가 있습니다.

7조 이름과 국적
우리는 이름과 국적을 가질 권리가 있으며 부모가 누구인지 알고 부모의 보살핌을 받을 권리가 있습니다.

8조 신분 되찾기
우리가 이름과 국적 등을 빼앗긴 경우 정부는 이를 신속하게 다시 찾을 수 있도록 도와주어야 합니다.

9조 부모와의 이별
부모님과 함께 사는 것이 우리에게 나쁜 영향을 미치지 않는 한 우리는 부모님과 함께 살아야 합니다. 어쩔 수 없이 헤어져 살아야 하는 경우 정기적으로 엄마와 아빠를 모두 만날 수 있어야 합니다.

10조 가족과의 재결합
우리가 부모님과 떨어져 다른 나라에 살고 있는 경우 정부는 우리가 다시 부모님과 함께 살거나 계속 만날 수 있도록 입국이나 출국을 쉽게 허가해 주어야 합니다.

11조 내 나라에서 살기
우리를 강제로 외국으로 보내서는 안 됩니다. 그런 경우 정부는 우리가 돌아올 수 있도록 모든 노력을 다해야 합니다.

12조 의견 존중
우리에게 영향을 미치는 문제를 결정할 때 우리는 의견을 말할 권리가 있습니다. 어른들은 우리의 의견에 귀를 기울여야 합니다.

13조 표현의 자유
우리는 말이나 글, 예술을 통해 우리의 생각을 표현할 권리가 있으며 국경을 넘어 모든 정보와 생각을 서로 주고받을 수 있는 권리도 있습니다.

14조 양심과 종교의 자유
우리는 자유롭게 생각하고 우리의 양심에 따라 행동하며 원하는 종교를 가질 수 있어야 합니다.

15조 모임의 자유
우리는 모임을 자유롭게 조직할 수 있어야 하며 우리의 목적을 위해 평화로운 방법으로 모임을 열 수 있어야 합니다.

16조 사생활 보호
우리는 사생활을 간섭받지 않아야 합니다. 우리가 주고받는 전화나 메일 등을 다른 사람이 맘대로 보아서는 안 됩니다.

17조 유익한 정보 얻기
우리는 우리에게 도움이 되는 정보를 얻을 수 있어야 합니다. 정부는 해로운 정보로부터 우리를 보호하는 한편 우리에게 유익한 도서의 제작 등을 장려해야 합니다.

18조 부모의 책임
부모님은 우리에게 무엇이 필요한지 알고 우리를 잘 기를 책임이 있습니다. 정부는 우리의 부모가 우리를 잘 기를 수 있도록 도와주어야 하며 특히 맞벌이 부부의 자녀들이 좋은 시설에서 자랄 수 있도록 해 주어야 합니다.

19조 폭력과 학대
우리의 부모님이나 보호자가 정신적, 신체적으로 우리에게 폭력을 쓰거나 학대하거나 돌보지 않고 방치하는 일이 없도록 정부는 모든 노력을 해야 합니다.

20조 가족 없는 어린이
부모가 없거나 부모와 함께 사는 것이 우리에게 이롭지 않아서 부모와 헤어져 사는 경우 우리는 특별한 보호와 도움을 받아야 합니다.

21조 입양
우리가 입양되어야 할 때, 우리의 입양을 결정하는 곳은 믿을 만한 정부기관이어야 하며 부모나 친척 등 우리와 관련된 어른들의 동의를 얻어야 합니다.

22조 난민어린이
전쟁이나 자연재해 등으로 난민이 되었을 때 우리는 특별한 보호와 도움을 받아야 하며 우리가 가족과 헤어졌을 때 우리에게 가족을 찾아 주어야 합니다.

23조 장애아 보호
우리의 몸이나 마음에 장애가 있을 때 우리는 특별한 보호를 받아야 합니다.

24조 영양과 보건
우리는 건강하게 자랄 권리가 있습니다. 충분한 영양을 섭취하고 깨끗한 물을 얻을 수 있어야 하며 병원이나 보건소 등에서 치료받을 수 있어야 합니다.

25조 시설아동 실태 조사
우리를 잘 보호하고 치료하기 위해 정부가 우리를 특정한 시설에서 키우도록 한 경우 정부는 우리가 어떻게 자라고 있는지 정기적으로 조사해야 합니다.

26조 사회보장제도
정부는 우리의 권리를 지켜줄 수 있는 사회보장 제도를 만들어 주어야 합니다.

27조 적절한 생활수준
우리는 제대로 먹고 입고 교육받을 수 있는 생활수준에서 자라야 합니다.

28조 교육
우리는 교육받을 권리가 있습니다. 초등교육을 무료로 받을 수 있어야 하며 능력에 맞게 더 높은 교육도 받을 수 있어야 합니다.

29조 교육의 목적
우리는 교육을 통해 인격과 재능, 정신적 · 신체적 능력을 마음껏 개발하고 인권과 자유, 이해와 평화의 정신을 배울 수 있어야 합니다.

30조 소수민족 어린이
소수민족인 우리는 고유의 문화 속에서 우리의 종교를 믿고 우리의 언어를 사용할 권리가 있습니다.

31조 여가와 놀이
우리는 충분히 쉬고 놀 권리가 있습니다.

32조 어린이 노동
우리는 위험하거나 교육에 방해가 되거나 우리의 몸과 마음에 해가 되는 노동을 해서는 안 됩니다.

33조 해로운 약물
우리는 마약을 만들고 판매하는 행위에 이용되어서는 안 됩니다.

34조 성 착취
우리를 성적으로 학대하거나 성과 관련된 활동에 우리를 이용해서는 안 됩니다.

35조 인신매매와 유괴
정부는 우리가 유괴를 당하거나 물건처럼 사고 팔리지 않도록 모든 노력을 다해야 합니다.

36조 모든 착취로부터의 보호
정부는 우리를 나쁜 방법으로 이용해 우리의 복지를 해치는 어른들의 모든 이기적인 행동으로부터 우리를 보호해야 합니다.

37조 어린이 범죄자 보호
우리에게 사형이나 종신형을 내릴 수 없으며 우리를 고문해서도 안 됩니다. 우리를 체포하거나 가두는 일은 최후의 방법으로 선택해야 합니다. 우리를 어른 범죄자와 함께 지내게 해서도 안 됩니다.

38조 전쟁 속의 어린이
우리는 전쟁지역에서 특별한 보호를 받아야 하며 15세 미만일 때에는 절대 군대에 들어가거나 전투 행위에 참여해서는 안 됩니다.

39조 몸과 마음의 회복
우리가 학대 받거나 버려지거나 고문을 당했거나 전쟁 중에 고통 받은 경우 정부는 우리가 몸과 마음을 회복할 수 있도록 모든 노력을 해야 합니다.

40조 공정한 재판과 대우
범죄혐의를 받은 경우 변호사의 도움을 받아야 하고 신속하고 공정한 재판을 받아야 합니다. 우리에게 증언이나 자백을 강요해서도 안 됩니다. 재판과정에서 사생활을 보호받아야 하며 사법절차의 모든 단계를 거쳐야 합니다.

unicef
유니세프한국위원회

[그림 3-2] 유엔아동권리협약

출처: 유니세프한국위원회(http://www.unicef.or.kr).

3) 아동학대 예방과 신고

우리나라도 영유아보육법, 아동복지법, 유아교육법 등을 통해 육아지원기관의 영유아 권리 증진을 위한 정책적인 노력을 해왔다(유해미, 김은설, 황옥경, 김채원, 2011). 특히 어린이집에 종사하는 자는 아동학대 신고의무자로서 아동학대 신고의무자들은 직무상 아동학대를 알게 되면 즉시 아동보호전문기관 또는 수사기관에 신고해야 한다고 규정하고 있다(아동복지법 제26조 제2항). 또한, 보육교사가 영유아의 권리 존중을 보육현장에서 실현할 수 있도록 이와 관련된 교육을 실시하고 있다(한국보육진흥원, 2013a).

그러나 최근 보육교사 또는 원장에 의한 어린이집 영유아학대 사례가 빈번하게 발생하면서 이에 영유아의 권리 보호뿐만 아니라 영유아의 안전에 대한 우려가 매우 높은 상황이다. 물론 일부 보육교직원의 문제가 전체 어린이집에서 아동학대가 이루어지는 것처럼 매도되어서는 안 되며, 현장에서 영유아의 보육을 위해 노력하고 있는 많은 보육교사의 전문성까지 의심받아서도 안 된다. 그럼에도 불구하고 아동학대를 예방하고 이를 신고해야 하는 의무가 있는 보육교직원에게 책임이 있다고 보았을 때, 단 한 건의 아동학대 사건도 결코 무시할 수 없다(보건복지부, 중앙보육정보센터, 2010). 반복해서 발생하고 있는 아동학대를 예방하기 위해 아동학대가 일어나는 요인을 어린이집, 보육교사, 사회적 요인으로 나누어 살펴보면 〈표 3-4〉와 같다.

〈표 3-4〉 아동학대의 요인

어린이집 요인	보육교사 요인	사회적 요인
• 인성과 자질을 갖춘 보육교사 채용의 어려움 • 교사교육의 미비 • 영유아 문제 지도방안에 대한 어린이집 내 논의 부족 • 영유아 문제해결을 위한 전문기관과의 연계 부족 • 영유아발달에 부적합한 환경	• 많은 업무와 스트레스 • 아동발달과 보육에 대한 지식 부족 • 그릇된 아동관 및 보육관 • 미성숙 • 아동에 대한 지나친 기대 • 어릴 때 학대받은 경험 • 낮은 자아존중감 • 감정 조절의 무능력 • 불안, 우울, 기타 정신질환	• 신체적 체벌에 허용적인 문화 • 아동을 존중하지 않는 문화 • 자녀에 대한 소유의식 • 폭력에 대한 가치와 규범

출처: 박재진(2014). p.110; 보건복지부, 어린이집안전공제회, 중앙육아종합지원센터(2014). p.75. 재구성.

이러한 보육 현실을 개선하기 위해서 보건복지부(2015)는 단기 과제로 아동학대 처벌 강화와 신고 활성화, CCTV 설치 의무화 및 부모 열람권 보장, 부모 중심 평가 및 안심인증제 도입을 추진하고 있다. 중 · 장기 과제로는 신규 교사 자격제도 강화 및 채용단계 검증 강화, 현직교사 보수교육 강화, 보육교사의 근로환경 개선, 공공형 · 국 · 공립 어린이집 확충, 직장 어린이집 활성화 및 수요자 맞춤형 보육 · 양육 지원을 추진하고 있다.

'난 절대 아동을 학대하지 않아.'라고 생각할 수도 있다. 그러나 교사가 무심코 아동에게 한 말이나 행동이 아동학대일 수도 있다. '절대'가 아니라 '혹시'라는 마음으로 아동학대란 무엇이며, 어떻게 아동학대를 예방할 수 있는지 함께 살펴보자(보건복지부, 중앙보육정보센터, 2010).

아동학대란 보호자를 포함한 성인에 의해 아동의 건강 · 복지를 해치거나 정상적인 발달을 저해할 수 있는 신체적 · 정신적 · 성적 폭력 또는 가혹행위 및 아동의 보호자에 의하여 이루어지는 유기와 방임을 말한다(아동복지법 제2조 제4호). 따라서 아동학대는 단순한 신체적 체벌 외에도 가르친다는 명목 아래 야단치는 강압적 훈육, 영유아에게 상처를 주는 말 한마디, 제때 음식을 제공하지 않는 행동도 포함된다. 이러한 학대는 눈에 잘 띄지 않고 당장 그 결과가 심각하게 나타나지 않지만 신체적인 손상뿐만 아니라 심리적 · 정신적 후유증을 남기게 되므로 더욱더 주의해야 한다. 아동학대의 종류와 징후, 보육기관의 아동학대 사례에 대해 구체적으로 살펴보면 〈표 3-5〉와 같다.

〈표 3-5〉 아동학대의 종류와 징후

종류	정의	신체적 징후	행동적 징후
신체학대	아동의 신체에 손상을 주는 학대행위 (아동복지법 제29조 제1호)	• 설명하기 어려운 상처, 화상, 골절, 절상 • 머리카락이 없어진 부분, 스트레스로 인한 원형 탈모 • 흔들린 아기 증후군 • 두뇌 손상 • 사망 등	• 어른과의 접촉 회피 • 다른 아동이 울 때 공포를 나타냄 • 공격적이거나 위축된 극단적 행동 • 부모에 대한 두려움 • 집에 가는 것을 두려워함 • 위험에 대한 지속적인 경계

종류	정의	신체적 징후	행동적 징후
정서학대	아동의 정신건강 및 발달에 해를 끼치는 정서적 학대행위 (아동복지법 제29조 제3호)	• 성장장애 • 신체 발달 저하 • 언어장애	• 특정 물건을 계속 빨고 있거나 물어뜯음 • 반사회적, 파괴적 행동장애 • 신경성 기질장애(수면장애, 놀이장애) • 정신신경성 반응(히스테리, 강박, 공포)
성학대	아동에게 성적 수치심을 주는 성희롱, 성폭행 등의 학대행위 (아동복지법 제29조 제2호)	• 신체적 지표 • 생식기의 증거 • 항문 증후 • 구강 증후	• 성적(性的) 지표 (나이에 맞지 않는 성적 행동, 동물 · 장난감을 대상으로 성적인 상호관계 등) • 비(非)성적인 행동지표 (위축, 환상, 혼자 남아 있기를 거부, 특정 유형의 사람들 또는 성에 대한 두려움 등)
방임 · 유기	자신의 보호 · 감독을 받는 아동을 유기하거나 의식주를 포함한 기본적 보호 · 양육 및 치료를 소홀히 하는 방임행위 (아동복지법 제29조 제4호)	• 지속적인 배고픔, 열악한 위생 상태 • 계절에 맞지 않는 부적절한 옷차림 • 의학적 치료와 치과 치료의 불이행 • 지속적인 피로, 불안정감 • 사망 등	• 수업 중 조는 태도 • 음식을 구걸하거나 훔침 • 비행 또는 도둑질 • 학교에 일찍 등교하고 집에 늦게 귀가함 • 분노와 두려움, 대인관계에서의 신뢰감 상실 등

출처: 보건복지부, 중앙보육정보센터 (2010). p.2-7.

아동학대의 사례

■ **신체학대**

유아가 말을 듣지 않는다고 친구들 앞에서 벌을 세우거나 심하게 매를 드는 교사가 있으며, 기저귀에 대소변을 자주 보거나 설사를 하는 영아에게 귀찮고 냄새난다고 엉덩이를 때리는 교사도 있다.

■ **정서학대**

한 어린이집에서 영유아가 말을 듣지 않는다고 추운 날씨에 여자아이를 밖에 세워 둔 경우, 보육교사가 영유아에게 소리를 지르거나 심한 욕설을 퍼붓고 좁은 공간에 감금하는 행위, 즉 "너 말 안 들으면 아무도 없는 교실에 혼자 들어가 있어."라고 명령하는 경우와 교실 밖이나 어린이집 밖으로 내쫓겠다고 위협 및 협박을 하거나 거부적인 언어("저리가", "넌 왜 늘 그 모양이니?", "네가 할 수 있는 게 뭐야?")를 사용하는 행위도 포함된다.

평소에 대소변을 가리지 못한다는 이유로 5세 된 유아를 친구들 앞에서 무안을 주고 대소변을 본 속옷을 들고 벌을 세우는 경우가 있었으며, 아이들이 말을 듣지 않는다고 위협하는 경우와 실수하거나 젖은 기저귀를 갈아주지 않는 경우, 나들이 시 짝을 지어주지 않고 아이 혼자 줄을 서게 하는 경우 등이 있다. 또한, 교사가 유아와 대화하지 않거나 안아주지 않는 경우 등 영유아가 필요로 하는 기본적인 애정 표현과 적절한 정서적 지지가 제공되지 않을 때, 즉 영유아가 칭찬 받을 행동을 하였어도 못 본 척 무시해버리는 행동을 하는 경우, 교사가 영유아와 신체적 접촉을 피하고 영유아와의 약속을 소중히 생각하지 않는 경우도 포함된다.

〈언어적인 위협을 통한 정서학대〉

"어린 반으로 보내버린다."

"네가 실수했으니 네가 치워."

"토한 음식 네가 다 치우든지, 먹어."

"이것 다 먹어야 다음 놀이할 수 있어."

"너 한 번 배 터지게 먹어 볼래?"

"잘못했으니 한쪽 벽 보고 서 있어. 싸운 두 친구 서로 얼굴 바라보고 있어."

"너에게 냄새가 나. 씻지 않아서 못생겼어."

■ 성학대

외부인에 의한 사고로 어린이집의 오후 통합보육시간에 한두 명의 영유아가 남아 있는 경우, 아이들에게 비디오를 관람하게 한 후 교사들끼리 교재 · 교구를 제작하거나 회의를 위해 모여 있는 시간에 외부에서 초등학생이나 성인 등 전혀 모르는 사람이 들어와 영유아를 데리고 나가 성폭행하는 경우가 있다.

내부인에 의한 사고로 어린 유아들을 대상으로 큰 유아들이 교사들이 없는 틈을 이용하여 어린 여아의 성기를 장난 삼아 만지거나 화장실에서 남자아이가 여자아이들의 치마를 들추어 보는 경우, 원장선생님, 사무장, 차량기사에 의한 상습적인 성추행 사례가 있다. 영유아를 대상으로 한 구체적인 사례를 살펴보면 유아에게 성인의 성기나 신체를 접촉하게 하거나 성인이 유아의 성기를 만지는 행위, 유아 앞에서 옷을 벗고 자신의 성기를 만지는 행위 등이 있다.

■ 어린이집에서의 방임

어린이집에서 방과 후나 오후 통합보육시간에 영유아들끼리만 교실에 방치하고 교사들끼리 한곳에 모여 이야기를 하고 있는 경우, 그리고 현장견학 시 어느 어린이집에서는 유아들끼리만 모여 점심을 먹게 하고 교사들끼리 식사를 하는데 점심식사를 먼저 한 유아가 공원의 분수대에 가서 놀다가 분수대에 빠져 사망한 사례가 있다.

또한, 한 가정어린이집에서는 시간연장제반 7명의 아이들을 70세 노모에게 맡기고 원장선생님과 교사는 1년 넘게 교회에 가던 중 관리 · 감독기관으로부터 행정처분을 받은 사례가 있다. 영유아가 열이 많이 나거나 설사 및 복통을 호소할 때 교사가 이에 대한 대응과 조처를 하지 않고 그냥 두었을 경우도 포함된다.

출처: 보건복지부, 중앙보육정보센터(2010). pp.3-7.

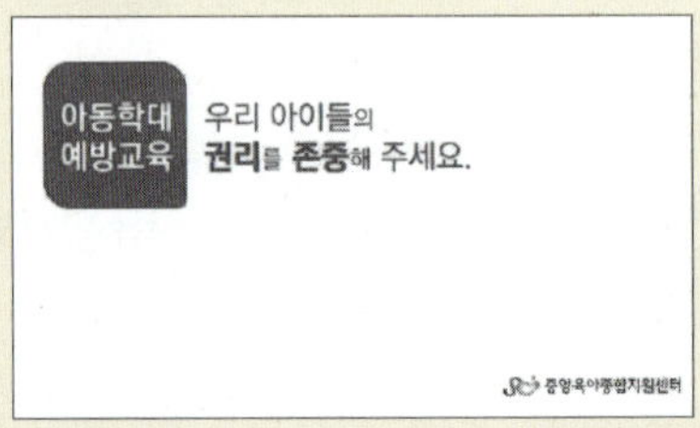

아동권리 존중보육(아동학대 예방) 동영상(출처: http://central.childcare.go.kr/)을 통해 어린이집 하루 일과 중 아동권리 존중 사례를 통해 권리 존중보육에 관한 의미를 점검해 보자.

아동학대 신고의무자의 역할

1. 신고의무자의 규정

「아동복지법」 제26조에 의하면, 누구든지 아동학대를 알게 되면 아동보호전문기관 또는 수사기관에 신고할 수 있으며, 신고의무자들은 직무상 아동학대를 알게 되면 즉시 아동보호전문기관 또는 수사기관에 신고해야 한다고 규정하고 있다. 또한, 신고인 신분이 보호되어야 함을 명시하며, 비밀보장의 원칙을 기본으로 하고 있다(아동복지법 제26조 제2항).

2. 신고의무자의 역할

교사들은 아동발달에 대한 풍부한 지식과 경험을 갖고 있으며 아동과 신체적으로 접촉하고, 아동의 가정환경을 알아볼 수 있는 기회가 많기 때문에 아동학대 발견에 중요한 역할을 한다.

① 아동학대 징후를 보이는 아동이 있는지 관심 있게 지켜본다.

② 부모면담을 통해 아동학대 가능성을 파악한다.

- 부모가 자신의 아동을 비난하거나 낮추어 볼 때
- 다른 형제나 자매에 비해 매우 비판적으로 볼 때
- 아동을 '나쁜 아동, 악마, 사탄'으로 표현할 때
- 아동에 대해 좋게 말하는 것이 없거나 좋아하지 않는 것 같을 때
- 아동에 대해 무관심한 것처럼 보일 때
- 부모가 특별한 이유 없이 약속한 면담시간을 지키지 못하거나 아동에 대해 이야기하기를 거부할 때
- 부모가 술을 자주 먹는 것처럼 보일 때
- 부모가 이상하고 비합리적인 행동을 보일 때

③ 아동학대라고 의심되는 경우 가능한 한 많은 정보를 기록하여 즉시 아동보호전문기관에 신고한다.

3. 신고요령

① 언제 신고할까?

- 아동학대가 의심될 때 신고한다.
- 기본적인 의식주를 제공받지 못하는 아동을 보았을 때
- 반복적인 상처와 부상을 입은 아동을 보았을 때
- 보호자가 아동의 상처, 질환에 대한 치료를 거부할 때
- 친족 성학대, 성매매가 의심되는 아동을 보았을 때

② 어디에 신고할까?

- 국번없이 112, 또는 129(보건복지부 콜센터)
- 전국아동보호전문기관 홈페이지

③ 어떻게 신고할까?

- 신고자는 피해아동, 학대행위자, 신고자에 대한 정보를 제공한다.
- 피해아동(이름, 성별, 나이, 전화번호, 주소, 학대 의심 내용 등)
- 학대행위자(이름, 성별, 나이, 전화번호, 주소, 피해아동관계, 직장 등)
- 신고자(이름, 전화번호, 주소, 피해아동관계, 학대 사실을 알게 된 경위 등)

출처: 보건복지부, 중앙보육정보센터(2010). pp.9-10.

chapter 04

보육교사상과 신학기 업무 이해

자기 자신에 대한 이해를 한 후 미래에 어떠한 보육교사가 되고 싶은지, 즉 교사상을 정립하기 위해서는 수많은 자기성찰의 시간들이 요구된다. 교사로서의 자질을 갖추어 가는 과정은 일련의 학점 취득만이 요구되는 것이 아니라 교사 개개인의 다양한 경험과 노력, 계획 및 준비가 필요하다. 자신의 교사상에 대한 이미지를 구축하고 교사로서의 신념을 세워보자. 또한, 초임 교사로서의 업무 제반을 파악해 봄으로써 보육교사로서 한걸음 더 다가가 보도록 하자.

1. 교사상 정립하기

예비 보육교사 시절에는 누구나 미래의 자신이 어린이집에서 교사로 재직하고 있는 모습을 떠올리며 막연한 준비나 기대 또는 불안감을 갖게 되는 경우가 종종 있다. 직접 경험할 수 없는 상황이기에 수업이나 다양한 경로를 통해 정보를 들으며, 보육교사라는 이미지를 머릿속에 그려 나가게 된다.

교사상에 대한 이미지는 교사의 자질이나 역할이 어떻게 요구되거나 기대되는지를 서술하고 행동으로 옮기는 방법이다. 이미지에서 알 수 있는 것은 본인이 관심을 갖는 내용에 따라 교사의 역할과 자질에 대한 강조점이 달라진다는 것이다. 자신을 선장으로 인식하면 교사는 학생을 고정적으로 통제하는 쪽으로, 교사가 자신을 엔터테이너로 인식하면 학생들에게 친절하고 재미있게 하는 등 교실의 분위기는 교사가 선호하는 이미지에 영향을 받는다고 한다(Martinez et al., 2003).

이처럼 이미지는 신념체계가 되면서 교사의 행동과 사고에 영향을 주고 이는 결국 학습자의 행동에 영향을 준다는 것이다. 따라서 내면적인 지식을 밖으로 드러내는 이미지에 대한 충분한 분석은 보육교사의 중요한 생각을 드러내고 보육실에서 교사의 역할, 보육과 영유아에 대한 신념을 드러내는 방법으로 사용될 수 있다(이춘자, 2010).

다음은 '보육교사는 ○○이다. 왜냐하면 ____________________이기 때문이다.'라는 문장을 통해 보육교사에 대한 이미지를 드러내고 있는 예비 교사들의 사례이다. 어떤 예비교사들은 보육교사를 어린 아이들을 따뜻이 감싸주는 햇살로, 어떤 예비 교사들은 아낌없이 주는 나무처럼 무엇이든 영유아에게 아낌없이 베풀어주는 나무로, 어떤 예비 교사들은 제2의 엄마로, 현장에서 다양한 역할을 하는 만능 재주꾼으로 표현하고 있다. 이러한 이미지의 보육교사는 보육현장에서 어떤 모습으로 드러나고 있는가? 교사로서의 어떤 역할과 자질이 요구되고 있는가?

보육교사의 이미지 변화

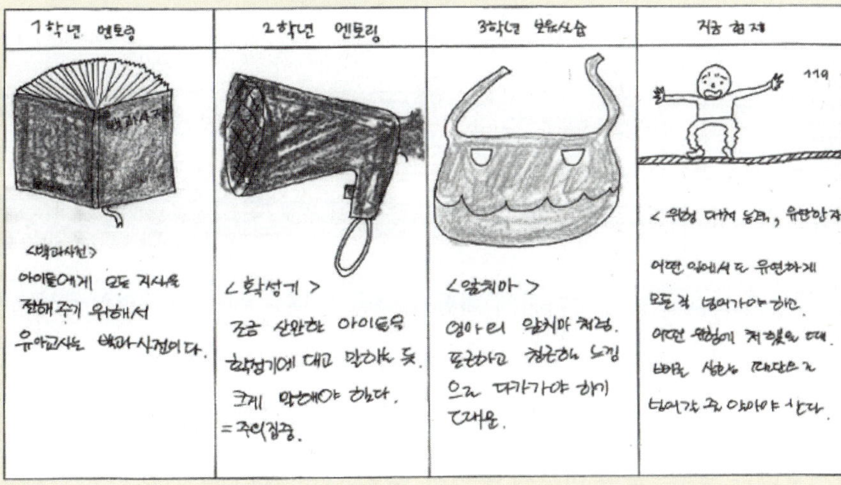

'보육교사는 ○○이다. 왜냐하면 ______________________________ 이기 때문이다.'

보육교사란 햇살이다. 왜냐하면 아이들을 보면 싱그러운 초록의 이미지가 떠오른다. 초록의 꿈과 함께하는 나는 그들을 따듯이 감싸 안아주는 푸른 햇살이라고 생각한다.

보육교사는 나무와 같다. 아낌없이 주는 나무라는 소설 속에서 나무가 소년에게 아낌없이 베풀어준 것처럼 교사도 영유아에게 아낌없이 베풀어주기 때문이다.

보육교사는 만능 재주꾼과 같다. 현장에서 보육교사의 역할은 한두 가지가 아니다. 보육실의 환경을 살피는 것부터 시작해서 활동을 이끌어가는 일, 기본생활습관지도, 일상생활지도, 식사지도, 놀이지도 등과 같은 많은 일을 동시에 해야 하기 때문이다.

보육교사란 엄마이다. 왜냐하면 처음 엄마의 손에서 벗어나 어린이집에서 생활하는 아이들을 엄마와 같은 마음으로 포근하고 편안하게 아이들을 돌봐주기 때문에 유아교사는 제2의 엄마라고 할 수 있다.

이제 여러분이 생각하는 보육교사의 이미지를 글이나 그림으로 나타내보자. 그런 다음 그룹별로 보육교사의 이미지를 분석하고 이에 대해 각자의 이야기를 들어보자. 또는 조별 결과들을 종합 분석하여 발표해 보자.

'보육교사는 ○○이다. 왜냐하면 ______________________ 이기 때문이다.'

앞서 살펴본 보육교사의 이미지에 대한 탐색을 토대로 이제 보육현장에서 일하게 될 교사로서의 역할과 자질을 고려한 교사상을 정립해 보도록 하자.

일반적으로 교사상이란 교사가 마땅히 가져야 할 이상형으로 이는 현재보다는 미래, 실제보다는 당위, 즉 현실로써 주어진 것보다는 이상으로 그려보고자 할 때 주로 사용된다. 따라서 교사상이란 당위성, 이상성을 전제로 사회가 기대하고 바라며 개인이 장차 달성하기를 기대하는 새로운 교사의 이미지 또는 모습을 의미한다.

다음 예시는 현장에서 근무하고 있는 교사들을 대상으로 올해 마음에 새기고 있는 교사상에 대해 면담한 내용이다.

선생님은 어떤 교사상을 갖고 생활하고 계신가요? 교사상이란 교사로서 내가 생각하는 모습, 내가 원하는 모습, 추구하는 모습으로 쉽게 살펴본다면 이렇게 해석할 수 있겠죠!

- 아이들의 눈높이에 맞추며 언제나 긍정적인 마인드로 임하는 교사
- 편견 없이 아이들을 사랑과 진실로 대하는 교사
- 함께 놀이하고 교육하며 마음의 문을 열고 좁혀가며 행복하게 웃을 수 있는 교사

이 세 가지의 교사상을 가지고 원장님, 선생님, 아이들과도 웃으며 하루하루를 보내고 있답니다.

- 아이들에게 인내심이 많은 교사
- 항상 웃는 교사
- 뭐든지 열심히 하는 교사
- '미안합니다'보다는 '감사합니다'를 말하는 교사
- 준비성이 철저한 교사
- 배우고 싶은 것이 많은 교사

이런 것들이 제가 올해 지키려고 노력하는 교사상입니다.

이제 현장에 계신 선생님들을 만나보고 그들의 이야기를 들어보자. 선생님들의 출발은 어떠했으며 현재 하고 있는 일들은 무엇이며, 올해의 교사상은 어떠한지 그리고 새 출발을 앞둔 우리에게 당부하는 것은 무엇인지 등을 들으며 어떤 교사가 되길 원하는지 구체화시켜 보자.

내 꿈이 만나는 사람

이름: 작성일:

1. 인터뷰 날짜: 장 소:

2. 직장명:

3. 인터뷰한 사람의 이름: 직함:

전화번호: 이메일 주소 :

4. 얻고자 하는 정보

① 선택동기는?

② 어떻게 준비해야 하는가?

③ 취업 경로는?

④ 주요 업무는?

⑤ 필요한 지식이나 기술, 능력은?

⑥ 향후 계획은?

⑦ 올해의 교사상은?

⑧ 이 직업을 꿈꾸는 후배들에게 하고 싶은 조언은?

현장에 있는 선생님들의 면담과 조별 동료들 간의 협의를 통해 이제 우리들의 교사상을 만들어 보자. 그룹별로 토의하여 교사 10계명을 선정하고 이를 구체화하기 위한 실천전략을 작성하여 발표해 보자.

교사상 10계명	이런 교사가 되기 위해 나는 ____________하겠습니다.

교사 10계명

하나. 아이들을 진심으로 사랑하는 교사가 되겠습니다.

둘. 칭찬을 아끼지 않는 교사가 되겠습니다.

셋. 차별하지 않는 교사가 되겠습니다.

넷. 웃는 얼굴로 유아를 대하는 교사가 되겠습니다.

다섯. 책임감 있고 성실한 교사가 되겠습니다.

여섯. 아이들에게 바람직한 본보기가 될 수 있는 교사가 되겠습니다.

일곱. 끊임없이 발전하며 노력하는 교사가 되겠습니다.

여덟. 엉덩이가 가벼운 교사가 되겠습니다.

아홉. 안전한 환경을 제공하는 교사가 되겠습니다.

열. 초심을 잃지 않는 교사가 되겠습니다.

교사가 될 나와 약속 합니다.

교사가 될 '나'와 약속합니다.

1. 아침마다 유아들을 안아주며 '사랑해'라고 말하겠습니다.
2. 유아들에게 하루에 한 번씩 칭찬해주겠습니다.
3. 말을 잘 듣는 아이든, 아니든 차별 없이 진심으로 사랑하겠습니다.
4. 거울을 보며 웃는 연습을 하겠습니다.
5. 책임감을 잃지 않고 맡은 일은 충실히 하겠습니다.
6. 바른 말, 고운 말을 사용하겠습니다.
7. 유아교육 관련 책을 읽고 공부하겠습니다.
8. 항상 동료 선생님들께 '선생님 뭐 도와드릴 일 있나요?'라며 먼저 묻겠습니다.
9. 수시로 교실에서 안전하지 못한 교구나 환경이 있는지 살펴보겠습니다.
10. 내가 다짐한 교사 10계명을 항상 곁에 두고 틈날 때마다 읽겠습니다.

2. 초임 보육교사의 신학기 업무 이해

교사가 되는 첫해에는 누구나 많은 기대와 설레임, 두려움을 가지고 시작한다. 그러나 가르치는 일 외에 보육교사가 해야 하는 일이 많다는 것을 체험하고 보육교사직이 생각만큼 쉬운 일이 아니라는 것을 깨달으며 많은 갈등과 혼돈의 과정을 거친다. 필자도 25여 년이 훨씬 지났음에도 불구하고 기관으로 처음 출근하던 날을 어제의 일처럼 또렷하게 기억한다. 두려움과 기대, 낯설음으로 시작한 첫날, 어색하기만 하고 어디에서 무엇을 해야 할지 조심스러웠던 그날을.

이 장에서는 어린이집에 임용된 초임 교사들이 해야 할 일들을 신학기 중심으로 간략히 알아보고자 한다.

1) 신학기 준비계획하기

나는 어린이집 초임 교사이다. 처음으로 신학기를 준비하고 있다. 보육활동 준비부터 시작해서 학급 운영, 학부모와의 상호작용, 보육실 청소 및 관리, 교사들과의 인간관계 등 준비해야 할 것은 너무 많은데 무엇부터 해야 할지 모르겠다. 3월 초 적응 프로그램이 실시된다고 하는데 그 전에 갖추어야 할 것이 무엇일까? 아이들 이름표가 필요한가? 출석판? 이 닦이 표시판? 신발장 이름표? 영역 구분과 표시판은? 환경판에는 어떤 내용을 담을까? 2주 정도 남았는데 계획을 세워야겠다. 2주 동안이면 충분할까? 걱정이 앞선다. 어떻게 할까?

신학기 준비계획을 세우기에 앞서 초임 교사로서의 태도와 마음가짐을 점검해 보자.

다음 항목을 보고 자신이 얼마나 준비해야 하는지 체크(V)해 보자.

초임 보육교사로서의 태도 및 마음가짐 점검하기	확인
• 우리 어린이집의 운영방향과 보육 중점 내용을 파악하고 있는가?	
• 우리 반 아이들의 연령별 특성에 대해 알고 있는가?	
• 연령별로 상호작용하는 방법에 대해 알고 있는가?	
• 어린이집 보육계획서에 대해 알고 있는가?	
• 연간 보육계획안, 월간 보육계획안, 주간 보육계획안, 일일 보육계획안을 작성하는 방식을 알고 있는가?	
• 바람직한 보육실 구성과 교재 · 교구 선택 원리에 대해 알고 있는가?	
• 어린이집에 확보되어 있는 보육자료 및 교수자료 등을 파악하고 있는가?	
• 어린이집의 교재 · 교구실, 자료실 등 물리적 환경에 대해 파악하고 있는가?	
• 계절별, 주제별로 교실환경을 꾸며 주고 영역별로 알맞은 교구를 제공할 수 있는가?	
• 보육실의 환경이 쾌적하고 교구는 잘 정비되도록 할 수 있는가?	
• 영유아들이 보육실을 방문했을 때 편안하며 머무르고 싶은 공간으로 구성할 수 있는가?	

초임 교사의 경우 새로운 환경에 대한 적응기간이 필요한 것은 당연하지만 소규모의 조직문화라는 특성을 띠는 어린이집의 경우, 업무를 수행하는 데 있어 적응기간을 단축시킬 수 있는 방안을 모색하는 것은 중요하다. 학기 초는 영유아들을 맞이하는 교사들의 준비과정부터 시작되는데 보육실 준비, 영유아들이 사용할 준비물, 각 이름표, 보육과정, 서류 등 세세한 부분까지 다양하고 복잡한 일이 많다. 따라서 이를 좀 더 효과적으로 계획하고 실행하기 위해, 신학기 준비를 위해, 해야 할 일들을 웹이나 개념도 형식으로 구성해 보는 것은 향후 일들을 진행하는 데 있어 많은 도움이 된다.

다음의 개념도는 예비 교사들이 조별로 신학기 준비를 위해 해야 할 일에 대해 조별로 토론하고 그 결과를 개념도로 구성한 것이다. 개념도에서 예비 교사들은 신학기 준비과정을 크게 기본 준비, 기본 운영방안, 입학식, 학급 운영, 교실, 영유아, 가정 등으로 범주화하여 학기 초에 해야 할 일들을 목록화하였으며, 각 범주별로 내용을 구체화시켰다.

신학기 준비

기본 준비
- 자료실 대청소
- 교실·교구 청소
- 교구장 재배치
- 연령과 발달 수준에 맞는 교구 배치
- 교실의 구조

기본 운영방안
- 교실 규칙 만들기
  - 아이들과 함께 만들기
  - 친구와 싸웠을 때
- 나만의 교사론 명확하게 세우기
  - 소리 지르지 않기
  - 아이들을 사랑으로 대하기
  - 스스로 하는 아이로 지도하기
  - 항상 웃는 얼굴로 유아를 대하기

입학식
- 입학식 전
  - 입학식 초대장
  - 하루 전 입학식 초대 문자 보내기
  - 입학식장 확인하기
- 입학식 당일
  - 입학식 순서 안내판에 붙이기
  - 강당 배치도 및 강당 안내판 세우기
  - 입학 안내자료
  - 교사 인사말 준비하기
  - 아이들 이름 불러주기

학급 운영
- 기본생활습관지도
  - 인사하기
  - 올바른 화장실 이용 방법
  - 손 씻기
  - 스스로 하기
  - 바른 말, 고운 말 쓰기
  - 교구와 물건 나누어 쓰기
  - 아껴서 사용하기
- 연간 계획
  - 연간 교육계획안
- 유아 관찰
- 전화상담
- 출석부, 비상연락망 만들기
- 유아 개인 조사서 통해 유아의 일과 확인하기
- 출석카드 및 독서카드

교실
- 교실 입구 꾸미기
  - 우리 반 사진
  - 유아들의 작품
  - 입학을 환영합니다
- 교실 배치도
  - 유아들 자리
  - 흥미영역
- 이름표
  - 신발장, 사물함
  - 자유선택활동 이름표
  - 도우미 이름표
- 책상
  - 3세: 책상, 의자
  - 4세: 책상, 의자
  - 5세: 앉은뱅이책상
- 안내판
  - 일과계획표
  - 생일판
  - 오늘의 날짜 활동판
  - 교실 규칙 안내판
- 환경판
  - 생활주제에 맞게
  - 계절별로 변화
- 약통 만들기
- 교사 자리 만들기

유아
- 이름 외우기
- 차량 코스 확인
- 책상 자리 정하기

비품
- 텔레비전, 컴퓨터 등이 제대로 작동하는지 확인하기
- 망가지거나 사라진 비품이 있는지 확인하기
- 필요한 비품 준비 및 확인하기

가정
- 안내문
- 부모교육자료
- 연간 교육계획안, 주간 교육계획안 발송하기
  - 준비물 안내
  - 주의사항 안내

예비 교사들은 이러한 사전 준비과정을 통해 어린이집에서 학기 초에 일어나는 실제 업무에 대한 파악이 용이해졌으며 하나의 업무를 실행하기 위해서는 더 구체적인 준비과정이 필요함을 인식하게 되었다. 어떤 형식으로든 신학기의 업무에 대해 미리 구상하고 검토해 보는 과정은 신학기의 바쁜 일정 속에서 혼란스러움과 두려움을 느끼는 초임 교사의 부담을 줄여주며 좀 더 효율적으로 일을 수행할 수 있도록 한다.

여러분도 교사라고 가정하고 신학기에 어떤 일들을 준비해야 할지 조별로 계획을 세워보자.

2) 기관의 구조와 체계 등 물리적 환경 익히기

초임 교사라는 가칭(네임)이 언제까지 교사의 울타리가 될 수 없음은 얼마의 시간이 지나지 않아도 느끼게 된다. 처음에는 일일이 친절하게 안내해주던 선임 교사의 표정과 말투가 점점 달라지는 것을 경험하게 된다. 이러한 모습에 초임 교사는 주눅이 들고 섭섭함을 느끼는 경우가 많아진다. 그러나 중요하지 않은 질문으로 일의 흐름이 끊어지게 되는 되풀이형 질문에 선임 교사들의 기분이 어떨지 생각해 보자.

이러한 상황에서 초임 교사로서 가져야 할 자세는 적극적인 연구와 도전의 자세이다. 예를 들어, 근무하는 어린이집에서 가장 먼저 할 일은 어린이집 구석구석을 탐색하는 일이다. 필요한 자료나 어린이집 물건들이 어느 장소에 놓여 있는지 확인하고 기억하려는 노력을 통해 초임 교사는 다른 교사에게 의존하지 않아도 어린이집의 자료 및 비품, 설비나 장소 등이 어디에 있는지 알게 되므로 경력 교사에 대한 의존도는 낮아지게 되며 점차 독립적으로 업무를 수행하게 됨으로써 교육의 효율성이 높아질 것이다.

어린이집을 방문하다 보면 많은 교사가 교재 · 교구의 부족함을 토로하는 것을 자주 볼 수 있다. 그러나 교재 · 교구실이나 자료실 등을 둘러보면 포장조차 풀지 않은 교구 상자더미나 한 번도 사용한 흔적이 없는 교구나 학습자료들이 종종 발견되기도 한다. 교사들도 그러한 자료들이 있는 것조차 모르는 경우도 있다. 보육실 내의 풍부한 교재 · 교구 및 학습자료들은 영유아들의 학습을 풍부하게 하는 원천이므로 주제로 전개되는 보육과정의 특성상 영유아들에게 제시되는 교재 · 교구는 주제 및 시기, 어린이집 행사 등에 맞게 교체하여 제시되어야 한다. 따라서 각 어린이집에서 교재 · 교구가 어떤 방법으로 정돈 · 관리되고 있는지 교재 · 교구실을 살펴보는 것이 필요하다.

어린이집에 따라 정리 · 정돈 및 관리방법이 다르기 때문에 교재 · 교구 목록대장과 관리대장을 찾아보거나 교재 · 교구 관련 서류파일들을 살펴본 다음 교재 · 교구실이나 자료실을 확인하는 것이 도움이 된다. 민간 어린이집의 경우 교재 · 교구실이나 자료실 등이 부족한 상황이어서 어린이집 전체 공간에 흩어져 보관되는 경우도 많다. 그러나 연령별 · 주제별로 정리되어 있다면 초임 교사도 쉽게 활용할 수 있을 것이다.

일반적인 수업자료, 소모품, 폐품류 등이 보관되어 있는 자료실은 별도의 공간으로 구성되기도 하지만 때로는 교재 · 교구실 또는 교무실에 비치하여 함께 사용되는 경우도 많다. 자료활용은 어린이집마다 나름의 사용방침이 있기에 위치 정도를 파악하도록 하고 사용방침에 따라 활용하도록 한다. 이외에도 전기시설, 환기, 출입문, 창문, 화장실, 세면대 등의 시설 및 설비를 꼼꼼히 확인한다(황해익, 송연숙, 정혜영, 유수경, 2014).

[그림 4-1] 어린이집의 물리적 환경

3) 어린이집의 조직문화에 적응하기

보육교사들이 생활하면서 어려워하는 부분은 아이들을 가르치는 것보다 가르치는 것 이외의 업무와 교직원 간의 관계에서 오는 갈등인 경우도 많다. 많은 교사가 아이들과 함께 있을 때는 행복하지만 어린이집 내의 인적 구성원 사이에서 발생하는 업무분장과 인간적인 갈등 때문에 어려움을 겪는다고 호소하기도 한다. 규모가 상대적으로 적은 어린이집이라 하더라도 보육과 사무, 재정 관리 등 어린이집 내에서의 조직체계에 따른 역할이 명확하지 않아 과제수행 시 갈등과 어려움을 겪고 있다고 한다.

따라서 어린이집 선택에 있어 중요한 고려 요소 중 하나는 어린이집마다 고유한 조직문화가 있다는 것이다. 크거나 작거나 조직마다 나름의 독특한 문화가 있는 것이다. 초임 교사의 경우 자신의 학급을 잘 운영하기 위해서도 먼저 자신이 속한 어린이집의 문화를 이해하고 인적 환경에 적응해야 한다. 원장, 원감은 어떤 보육철학과 개인 성향을 지니고 있는지, 선배 교사와 후배 교사들 간의 관계는 어떠한지, 교사들은 어떤 말씨와 태도로 학부모와 전화상담을 하는지 등을 구체적으로 파악하고 나면 교사는 자신의 학급을 준비하는 데 좀 더 자신감을 가질 수 있다(박은혜 외, 2010).

해당 어린이집의 상황에 따라 정해진 전체 교사회의를 통해 이러한 조직문화를 빠르게 습득할 수 있다. 전체 교사회의에서는 현재 진행되고 있는 보육주제와 활동 등을 소개하여 함께 보육활동 실행에 대한 협의도 하며 어린이집 전체 행사가 있을 시에는 행사에 대한 계획을 세우기도 한다. 교사는 자신의 반 운영 외에도 공동으로 담당해야 할 어린이집 전체 행사가 계획되어 있을 경우 다 함께 모여 전년도 행사 진행평가를 점검하고 행사 준비를 위한 업무분장을 맡게 된다.

업무분장은 한 해를 시작하는 첫 단추와 같아서 업무가 효과적으로 배정되지 못하면 조직 안의 모든 사람이 힘들어짐과 동시에 업무의 효율성이 매우 떨어질 수 있다. 일반적으로 어린이집현장에서는 업무분장이 경력에 따라, 담당 학급연령에 따라, 원감이나 주임교사와 같은 운영 책임자에 의해 임의로 배정되는 경우가 많다. 따라서 초임 교사의 경우 자신에게 배정된 공동업무에 대한 근거자료들을 사전에 검토하여 일의 흐름에 대한 이해를 높이는 것도 직무수행 시 많은 도움이 된다. 이 외에도 동료교사 이외의 다른 직원들(조리사, 영양사, 서무, 버스기사 등)과 좋은 관계를 유지하는 것도 조직문화에 잘 적응하기 위한 필요한 조건이다(황해익, 송연숙, 정혜영, 유수경, 2014).

4) 영유아 및 학부모의 특성 파악하기

담임 교사가 되면 교사들은 가장 먼저 담당 학급의 영유아들을 파악하는 데 많은 시간과 노력을 쏟는다. 영유아 및 학부모에 대해 충분히 이해하는 것은 앞으로 1년 동안의 생활에 중요한 영향을 미치기 때문이다.

먼저 영유아의 개인조사서를 통해 담임을 맡은 반의 학부모가 어떤 기대를 가지고 있는지, 학부모의 연령, 학력, 직업, 보육에 대한 관점, 양육태도 등에 대한 정보를 파악하는 것도 영유아를 이해하는 데 도움이 된다. 또한, 영유아들이 어떤 특성(성별, 형제 여부, 연령, 신입생 또는 재원생)을 지녔는지 파악하는 일도 필요하다. 담임교사로서 영유아를 처음 만나게 되는 공식적인 일정은 오리엔테이션이다. 이날 처음으로 만나는 신입 원아들과 활동하면서 개인별 성격특성이나 신체적 특징, 대화하는 태도 등을 간략히 파악하여 기록해두고 영유아 명단을 보고 이름과 얼굴을 연결하여 미리 외워두는 것은 교사로서의 필수적인 준비이다.

영유아들이 가져 온 입학 관련 서류들을 통해 영유아의 인적사항과 입학 전 경험, 영유아들의 가족사항, 영유아들의 생활습관 상태에 대한 전반적인 정보를 얻을 수 있다. 재원생의 경우에는 전 학년도에 담임했던 동료 교사와의 협의시간을 통해 관련 자료 및 정보를 제공받을 수 있다. 이때 주의할 점은 영유아는 급격하게 자라고 발달하는 시기이므로 전 학년도 담임 교사의 이야기는 참고자료로 사용하며 영유아에 대한 세심하고 주의 깊은 관찰을 통해 영유아를 이해하는 것이 필요하다.

신입 원아 및 재원생은 학기가 시작되기 전에 영유아에 대한 정보를 교사가 인지하고 있어야만 학급에서 일어날 수 있는 문제상황에 미리 대비할 수 있으며, 무엇보다도 영유아를 이해하며 보육활동을 계획하는 데 많은 도움을 받을 수 있다.

학기 초 등원이 시작되면 교사는 하루 일과를 보내면서 영유아를 관찰하고 그 내용을 부모에게 전달하려고 노력해야 하는데, 담당 원아 수가 많을 경우 체계적인 계획하에 전화상담이나 개별상담을 실시해야 한다. 전화상담은 쉽게 이루어질 수 있다는 장점이 있으나 초임 교사의 경우 두려운 일일 수도 있기에 전화상담을 하기 전에 철저한 준비를 해야 함을 명심해야 한다.

5) 보육과정 계획 및 편성 이해하기

보육과정은 어린이집에서 영유아의 전인적 성장과 발달을 위해 계획되고 조직된 보육활동 경험의 총체라고 할 수 있다. 따라서 보육과정을 편성하고 실행하기 위해서는 우선 상위 보육과정을 충분히 이해하고 분석하는 작업이 선행되어야 한다.

일반적으로 대부분의 어린이집에서는 기본적으로 국가에서 제시하고 있는 국가 수준의 교육과정인 누리과정과 표준보육과정에 근거하여 주제 중심의 통합보육과정을 계획·운영하고 있으나 때로는 원장의 보육철학이나 어린이집의 상황에 따라 특성화 보육 프로그램을 함께 실시하는 경우도 많다. 따라서 교사는 근무하는 어린이집의 보육 프로그램 특성을 명확히 파악하여 그 프로그램이 가진 보육철학과 목표를 충실히 이행할 수 있도록 노력해야 한다. 또한, 보육계획을 수립하는 일련의 과정에 대한 충분한 이해를 바탕으로 적합한 활동들을 계획한다.

특별히 신학기 초기에는 동료 교사들과 의논하거나 당해 어린이집 보육계획안, 전년도 보육일지 등을 참고로 초기 적응기간을 즐겁게 보낼 수 있는 활동으로 계획한다. 이 장에서는 학기 초 누리과정 및 표준보육과정 편성 및 운영의 계획과정에 대한 간략한 흐름을 살펴보고 5장 보육교사의 직무 I에서 구체적인 작성 과정에 대한 예시들을 참고한다.

(1) 어린이집 보육계획서 및 보육계획안 구성

지금까지 어린이집 보육계획서는 학기 초 기관에서 작성하는 서류형식에 불과하였으나 실제 단위 어린이집의 보육계획서는 그 어린이집에서 시행하는 모든 것을 담은 청사진이라고 할 수 있다. 그러나 어린이집현장을 둘러보면 어린이집 보육계획 수립에 대한 이해가 제대로 정립되어 있지 않아 원장이나 교사들도 이에 대한 중요성을 간과하는 경우가 매우 많다. 따라서 초임 어린이집교사의 경우 근무 어린이집의 당해 보육계획서와 보육계획안를 꼼꼼히 검토하여 어린이집에서 이루어지는 다양한 프로그램이 가진 보육철학과 목표, 원장의 경영철학 등을 이해하고 이를 충실히 이행할 수 있도록 노력해야 한다.

일반적으로 어린이집에서는 영유아의 연령이나 발달특성별로 구분하고 연령별로 연간·월간·주간 보육계획안을 구성하고, 일일 보육계획안을 작성하여 하루 일과에 적용하는 방식으로 보육과정을 계획한다. 이러한 보육계획안의 구성에 대해 간략히 소개하면 다음과 같다.

보육계획안의 구성

구분	내용
연간 보육계획안	• 1년 동안 어린이집에서 진행되는 전체적인 내용으로 주제, 소주제, 행사일정을 근거로 작성 • 전년도에 실시했던 보육실행의 결과를 기초로 주제의 적절성, 시간, 시기의 적절성 등을 평가한 후 이를 기초로 작성 • 연령별 또는 반별로 연간 보육계획안 작성
⬇	
월간 보육계획안	• 연간 보육계획에서 선정된 주제 및 소주제를 기초로 표준보육과정에서 제시된 것을 토대로 각 어린이집에 맞게 수정 · 보완하여 계획(어린이집의 특성, 영유아의 발달 수준, 흥미 등 고려) • 주제와 관련하여 교실환경 구성계획 및 흥미영역별로 제시할 교재 · 교구의 정리
⬇	
주간 보육계획안	• 매주 소주제에 따라 다루어질 활동내용을 주간 계획으로 조직 · 제시 • 주간 보육계획안에 포함될 내용: 대상 연령, 학급명, 영유아 수, 주제 및 소주제, 목표 또는 주요 내용, 실내 · 외 환경 구성, 다루어질 주제 관련 내용, 기본생활습관, 실외활동과 견학, 일과 관련된 사항, 행사 등
⬇	
일일 보육계획안	• 일일 보육계획은 보육내용에 적합한 다양한 활동으로 구성하여 표준보육과정의 영역별 목표가 균형 있게 달성되도록 통합적으로 작성 • 보육교사가 하루 일과 속에서 하나의 주제를 가지고 이야기 나누기, 언어활동, 수 · 조작활동, 과학활동, 표현활동, 역할 및 쌓기활동 등 다양한 활동을 연계하여 적용
⬇	
활동계획안	• 활동계획은 표준보육과정의 영역 · 내용 · 수준과 영유아의 발달특성과 흥미를 고려하여 활동목표와 활동방법을 작성

출처: 송연숙, 남미경, 최애경(2013).

(2) 연간 보육계획안

어린이집 보육계획서에 수립되어 있는 연간 보육계획안은 1년 동안 이루어지는 보육과정을 계획해놓은 것으로 주제에 따른 소주제 외에 특별행사, 견학, 특색 과제, 부모참여수업, 부모교육, 평가 등이 모두 연계되어 구성되어 있다. 어린이집 내의 연령별로 구성된 연간 보육계획안을 근거로 월간 보육계획안, 주간 보육계획이나 일일 보육계획이 수립 · 작성된다.

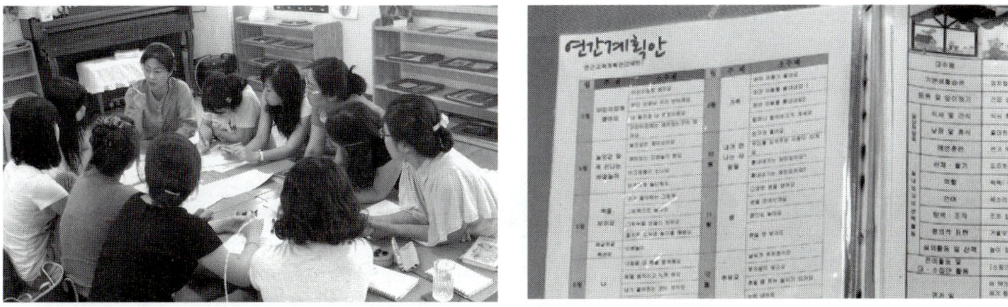

[그림 4-2] 연간 보육계획안의 수립

(3) 월간 보육계획안 작성 및 평가

월간 보육계획안은 연간 보육계획안과 연계성이 유지되도록 작성하며 활동의 형태를 고려하여 구성하는 것이 바람직하다. 월간 보육계획안은 주제에 따른 전체 활동을 포함하며, 기관의 행사나 견학 등 특별한 활동계획이 포함된다.

- 선정된 주제와 관련하여 환경 구성을 어떻게 하고, 어떤 교재 · 교구를 활용할 것인지를 계획하고 주제가 진행됨에 따라 필요한 것을 추가하여 운영한다.
- 월간 보육계획안은 연간 보육계획에 기초하여 작성하지만, 직전 달에 계획했으나 미처 하지 못했거나 충분하지 못하다고 판단될 때 종료할 것인지 다른 주제에 포함시킬 것인지를 결정하는 것이 함께 고려되어야 한다.
- 월간 보육계획안은 교사로 하여금 중요한 일정을 기억하게 도와주므로 일정 장소에 게시하는 것도 좋다.

(4) 주간 보육계획안 작성 및 평가

주간 보육계획안은 월간 보육계획안에 기초하여 작성하고, 표준보육과정에 기초한 다양한 관련 활동을 영유아의 연령별 · 수준별 보육목표에 맞게 선정하여 이를 단계적 · 연속적으로 배치한다. 주간 보육계획안은 한 주간에 실시하게 될 모든 활동, 즉 한 주 동안 진행할 놀이와 일상생활의 계획을 더 구체적으로 계획하여 세부적인 내용까지 포함한다.

연간 또는 월간 보육계획안에 준하여 작성 → 지난주의 주간 보육계획안 평가 → 소주제와 관련된 활동을 선정하여 집단 구성, 자유선택활동영역 배정, 시간 배당,

교재 · 교구 선정 → 교수 · 학습방법 정보 공유 → 누리과정 및 표준보육과정영역의 다양한 활동이 골고루 안배된 통합적 주간 보육계획안을 작성한다.

- 주간 보육계획안에는 요일별로 자유선택활동시간에 각 흥미영역에서 하는 활동들과 대소집단활동, 바깥놀이활동을 선정하여 구체적으로 작성한다.
- 주간 보육계획안은 요일의 특성을 고려하여 계획한다. 예를 들어, 월요일에는 한 주의 활동을 탐색할 수 있는 활동을 계획한다.
- 주간 보육계획안을 작성할 때 소주제와 주요 보육내용을 반영할 수 있는 놀이형태의 보육활동을 개발하거나 선정한다. 즉, 선정된 보육활동이 다양한 활동유형으로 전개되는지, 통합적인 활동인지를 고려해야 한다.

월간 보육계획안

주제: 동물

활동 \ 주		1주	2주	3주	4주
		여러 가지 동물이 있어요	엄마 동물과 아기 동물이 있어요	동물처럼 소리를 내요	동물처럼 움직여요
등원 및 맞이하기		주위 어른께 인사하기		가져온 소지품 옷장에 넣기	
일상생활	식사 및 간식	입속에 있는 음식 삼킨 후에 말하기		스스로 먹기	
일상생활	낮잠 및 휴식	자기 자리에서 잠자기		기분 좋게 일어나기	
놀이활동	신체	네 발로 걷기	동물 볼링놀이	구불구불 뱀 넘어가기	큰 발자국 작은 발자국
놀이활동	쌓기	종이 벽돌 블록으로 강아지집 만들기	우레탄 블록으로 동물 만들기 동물집 만들기	동물원 만들기	동물병원이에요
놀이활동	역할	동물인형 기차놀이 동물 흉내 내기	동물 보살피기 동물원 소풍놀이	동물인형 유모차 태우기 동물처럼 소리 내봐요	동물병원놀이 치카치카 양치놀이
놀이활동	언어	어떤 동물일까요? 사과가 쿵!	누가 숨어 있을까? 누구의 아기일까?	누구의 소리일까요? 아기 돼지 삼형제	누구일까? 동물 농장
놀이활동	창의적 표현	나는 토끼! 코끼리 걸음마	동물 모양 반죽 엄마 돼지 아기 돼지	동물원 꾸미기 작은 동물원	코끼리는 코가 손이래 음악 듣고 동물처럼 움직여요
놀이활동	탐색 · 조작	집게로 동물 꾸미기 동물 퍼즐 맞추기	뱀 만들기 동물 모양 콜라주	내가 좋아하는 동물은? 동물 모양 실 꿰기	개미 관찰하기 어떤 느낌일까요?
놀이활동	실외활동	토끼처럼 뛰어봐요 뱀꼬리 잡기	새가 되어 날아보기 캥거루 뛈뛰기	동물 먹이주기 그네 타기	동물 꼬리 달고 다니기 붕붕카 타기
전이활동		작은 동물원	정글 숲	동물은 어떻게 말을 할까요?	모두 다 훕훕훕 뛰어라

기본생활습관	혼자서 옷 내리고 배변하기	웃으며 인사하기	친구와 사이좋게 놀잇감 나누어 쓰기	쓰레기통에 휴지 넣기
귀가 및 가정과의 연계	영아의 하루 일과 중 전달할 내용에 대해 부모와 이야기 나누기			

주간 보육계획안

주제: 동물

소주제: 여러 가지 동물이 있어요 실시기간: 8월 1주

활동 \ 요일		월	화	수	목	금	토
등원 및 맞이하기		주위 어른께 인사하기					
놀이활동	신체	네 발로 걷기					
	쌓기	종이 벽돌 블록으로 강아지집 만들기					
	역할	동물인형 기차놀이			동물 흉내 내기		
	언어	어떤 동물일까요?			사과가 쿵!		
	창의적 표현	나는 토끼!			코끼리 걸음마		
	탐색 · 조작	집게로 동물 꾸미기			동물 퍼즐 맞추기		
	실외활동	토끼처럼 뛰어봐요			뱀 꼬리잡기		
전이활동		〈노래〉 작은 동물원					
식사 및 간식		입속에 있는 음식 삼킨 후에 말하기					
낮잠 및 휴식		자기 자리에서 잠자기					
기본생활습관		혼자서 옷 내리고 배변하기					
귀가 및 가정과의 연계		영아의 하루 일과 중 전달할 내용에 대해 부모와 이야기 나누기					
참고사항		• 사과가 쿵!(다다히로시 지음/보림) • 동물원 견학과 관련된 환절기 날씨에 주의를 기울여야 한다.					

출처: 보건복지가족부(2008).

(5) 주간 보육계획안, 가정통신문 및 준비물 가정으로 보내기

초임 교사들이 실수하여 원장으로부터 많이 지적당하는 것은 영유아들에게 보내야 하거나 수령해야 할 것들을 잘 챙기지 못하거나 잊어버리는 것이다. 한 주의 마지막 날에는 가정통신문(주간 보육계획안, 부모교육자료, 행사 안내, 식단표, 알림장 등)과 교체나 세탁이 필요한 개인물품(실내화, 칫솔, 이불 등)을 잘 챙겨서 가정으로 보내야 한다.

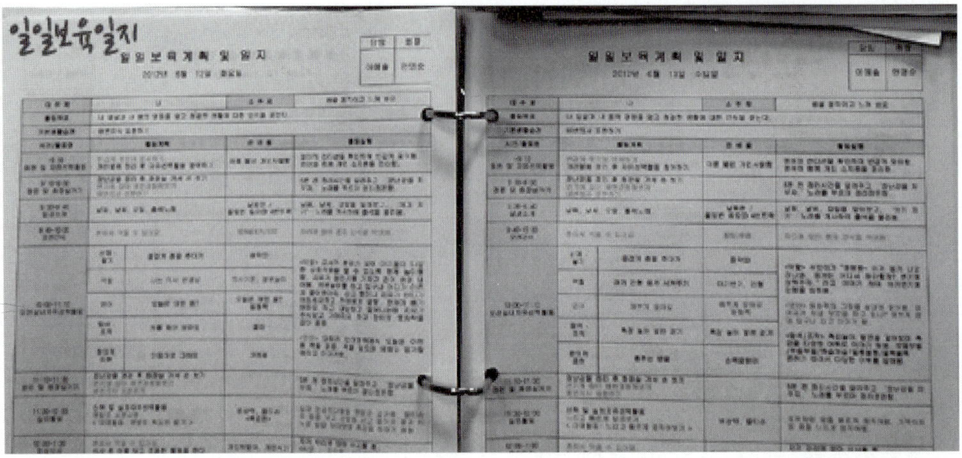

- 일일 보육의 목표는 주제와 연관된 개념과 교과의 내용과 연관된 개념이 포함되도록 구체적이고 명료하게 진술한다.
- 목표 달성을 할 수 있는 유형을 정한 후 활동시간 순서를 정한다.
- 계획된 활동순서에 따라 적절한 시간대를 구성한다.
- 보육시간, 물리적 환경, 전개 시기, 인적 자원 등에 따라 보육활동이 이루어지는 집단의 크기, 활동 소요시간, 모이는 형태, 교재 · 교구의 종류와 양 등을 어떻게 할 것인지를 구체적으로 결정하여 운영한다.

(6) 일일 보육계획안 작성 및 평가

일일 보육계획안은 영유아가 등원해서 귀가할 때까지의 모든 보육활동이 구체적으로 포함된 계획으로 주간 보육계획안에 기초하여 작성한다. 따라서 일일 보육계획안은 하루 일과를 시간대별로 활동순서를 정하여 활동의 목표와 내용, 활동에 필요한 준비물 등을 기록한다. 영아의 경우 일일 보육계획안은 간식, 배변, 수면, 휴식 등 영아의 신체리듬을 고려하여 개별적인 활동이나 소집단활동을 위주로 계획하는 것이 바람직하다. 유아의 경우 연령에 따라 약간씩 차이를 보일 수 있는데 3, 4세는 소집단활동이나 개별활동을 위주로, 5세는 대소집단활동과 단위활동이 더 많도록 계획할 수 있다.

주간 보육계획안에 준하여 작성 → 일과에 배정된 활동들의 소요시간 및 연령별 내용, 활동 간 균형성 고려 → 자유선택활동, 대소집단활동 선정, 각 활동목표 및 내용 고려 → 준비물 및 전개방법, 유의사항 고려 → 활동 실제(실외활동 및 일과를 융통성 있게 운영) → 시간대별 활동에 따른 실행 및 평가, 전체 일일평가를 실시한다.

6) 영유아 맞이하기: 보육실 공간 구성과 학급 업무

보육실을 깨끗이 청소하고 교구장을 어떻게 배치할 것인지, 담당 영유아의 연령을 고려하고 비품을 잘 살펴본 후 최대한 보육실을 넓고 효과적으로 사용할 수 있는 방안을 모색한다. 3월 초기이므로 많은 교재 · 교구와 자료의 배치는 영유아들에게 심리적으로 부담이나 혼란스러움을 줄 수도 있음을 유념한다.

(1) 보육실 공간 구성의 적합성 검토

흥미영역은 다양한 활동을 해 볼 수 있도록 자율적인 공간으로 구성하되 낮은 분리대와 칸막이, 이동식 교구장, 가리개, 책꽂이 등으로 구분하여 각 영역별 특수성이 유지되면서도 다른 영역과의 연계나 통합이 이루어지도록 구성한다. 또한, 영역 간의 통행이 잘 되도록 통로 공간을 확보해주어 모든 영역이 교사의 시야에 들어올 수 있도록 한다. 이처럼 보육실의 흥미영역을 잘 구성하는 것은 영유아들 간의 갈등 상태를 줄여주고 활동을 더욱 효과적으로 하도록 도와준다. 따라서 교사는 물리적 · 기능적인 면을 고려하여 효율적으로 교실을 구성해야 한다. 이를 위해 초임교사는 보육실의 평면도를 그려보고 흥미영역의 배치 근거나 적합성을 점검해 본다. 다음의 과정을 통해 공간 구성에 대한 이해를 점검해 본다.

점검 요인 1	담당 연령의 발달적 특성

• **영아기 보육환경**(6~36개월)

영아를 위한 실내 보육환경은 영아의 생리적 욕구에 기초한 생활 공간의 기능이 중시되며 영아의 기본 욕구인 건강과 안전, 탐색적 욕구, 움직임의 욕구, 정서적 안정감 등을 충족시킬 수 있는 놀이와 학습의 공간이 되어야 한다.

–영역의 수를 줄이되, 일상적 양육(기저귀 갈기, 수유, 잠자기 등)을 위한 공간과 기어 다닐 수 있는 공간을 먼저 확보하기

–대소근육활동과 탐색활동(감각놀이) 중심으로 영역 구성하기

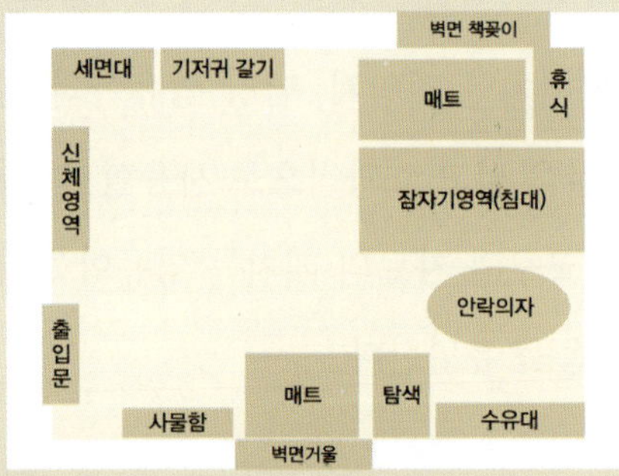

0~1세 영아반의 영역 구성 배치의 예

- 0~1세 영아반은 일상생활 공간(기저귀 갈기, 수유, 잠자기 등)과 놀이 공간을 적절히 마련하기
- 흥미영역은 대소근육활동과 탐색영역(감각놀이) 중심으로 구성하기
- 세면대 또는 화장실 근처에 기저귀 갈기 공간을 구성하고, 기저귀갈이대와 영아 개인별 기저귀, 물휴지, 로션, 일회용 비닐장갑 등을 바구니별로 담아 보관하기

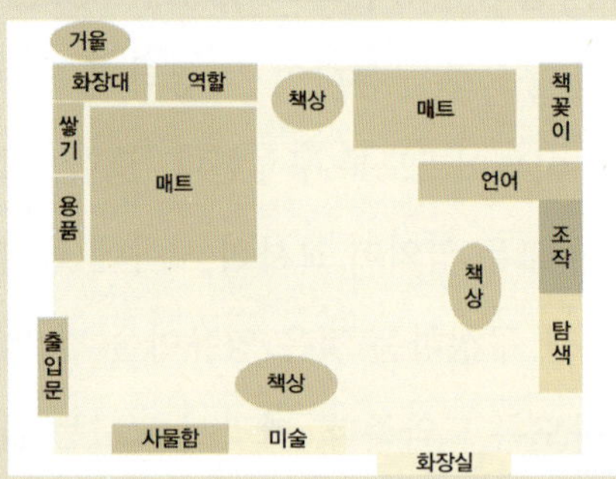

2세 영아반의 영역구성 배치의 예

- 몇 개의 영역을 통합하여 구성하기
  - 조작탐색영역(수영역, 조작영역, 과학영역)
  - 표현영역(미술, 음률)
  - 역할 및 쌓기영역(역할영역, 쌓기영역)
- 기저귀를 사용하는 영아가 있는 경우에는 기저귀 갈기영역을 구성해주기

- **유아기 보육환경**(만 3~5세)

유아를 위한 보육환경은 수유 · 이유영역이나 기저귀 갈기와 같은 일상생활영역보다는 수 · 조작영역, 언어영역, 과학영역 등과 같이 좀 더 다양한 활동을 할 수 있도록 구성한다. 각 어린이집은 보육목적에 따라 흥미영역을 다양하고 융통성 있게 구성할 수 있으나 장시간 어린이집에 있어야 하는 영유아들이 많으므로 가정과 같은 편안한 곳이 되도록 한다.

–흥미영역을 보육실 내에 마련하기

–조용하고 움직임이 적은 공간과 시끄럽고 움직임이 많은 공간을 구분하여 배치하기

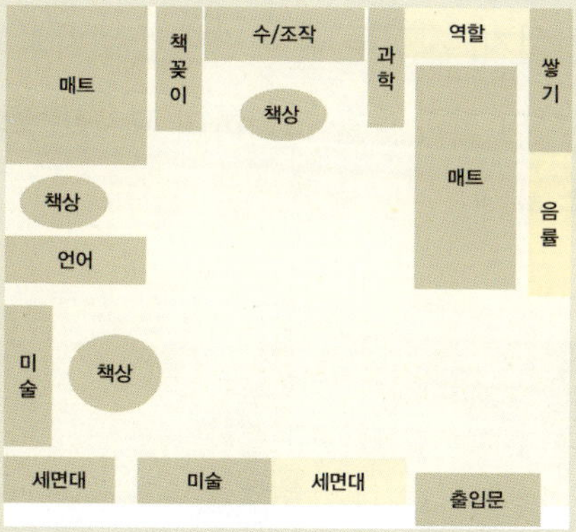

3세 이상의 유아반 영역 구성 배치의 예

- 보육실이 충분히 넓은 경우
  - 출입문 가까이에 사물함, 역할영역, 쌓기영역, 음률영역 구성하기
  - 사물함이나 세면대 가까이에 미술영역 구성하기
  - 가장 조용하고 밝은 곳에 언어영역 구성하기
- 보육실이 좁은 경우
  - 영역을 통합하여 배치하기
  - 조용한 영역: 언어영역, 수 · 조작영역, 과학영역 등
  - 시끄러운 영역: 미술영역, 역할영역, 쌓기영역, 음률영역 등

점검 요인 2	프로스트(Frost)의 공간 구성 원리

영역 구성에 따라 영유아들의 놀이 활성화 및 적절성은 달라지므로 교사의 업무 중 영역 구성은 중요하다. 일반적으로 프로스트(Frost & Kissinger, 1976)의 구성 원리를 이용하면 흥미영역의 공간 배치에 도움을 받을 수 있다. 구체적인 환경 구성의 원리는 5장 보육교사의 직무 I에서의 어린이집 환경 구성에 대한 예시를 참고한다.

- 조용하고 움직임이 적은 공간과 시끄럽고 움직임이 많은 공간을 구분하여 배치하기
- 조용하고 물이 필요한 공간과 움직임이 많으면서 물이 필요한 공간을 구분하여 배치하기

점검 요인 3	보육실의 물리적 특성을 고려한 배치도 구성

프로스트의 영역 구성 원리 외에도 각 보육실 공간이 지니는 물리적 특성, 즉 보육실의 이용 가능한 공간 면적, 주 출입문의 방향, 출입문의 개수, 창문의 크기·개수·방향, 싱크대의 유무, 채광, 전기콘센트의 위치, 시설물 및 세면대의 위치와 이동로 그리고 해당 영유아의 연령별 특성 및 교사의 철학 등을 고려하여 교사의 독특한 색깔(보육철학)을 지닌 보육실이 구성되도록 한다.

학기 초에 구성된 흥미영역의 위치는 1년 내내 고정된 것이 아니라 주제와 계절에 따라, 때로는 교사의 의도로 얼마든지 재구성할 수 있다. 단, 흥미영역을 재구성할 때에도 흥미영역 구성의 기본 원리와 보육실의 물리적 특성을 충분히 고려하여 보육의 효과를 증진시킬 수 있도록 영역 배치를 한다.

점검 요인 4	보육실 공간의 전시 및 게시

보육실 공간에 대한 전시와 게시는 진행되고 있는 보육주제와 연결되며 영유아들의 작품이나 활동 진행이 포함되도록 한다. 작품의 용도와 특성을 고려하여 전시하는데 일반적으로 보육실 내 벽면이나 게시판, 교구장 윗면, 창문, 바닥 등을 이용하거나 전시대를 따로 마련하는 경우가 많다. 때로는 교사가 전시대에 미리 간단한 배경을 준비하여 영유아의 작품이 돋보이도록 할 수도 있다. 이때 교사는 영유아들의

작품이 돋보이도록 공간의 위치나 배열방법을 고려한다. 시각적으로 안정감 있고 리듬감 등을 느낄 수 있는 다양한 배열방법을 활용하여 전시된 공간에서도 미적 요소를 경험하도록 한다.

이상에서 제시된 유의점 외에도 초임 교사는 전시 및 게시의 내용을 영유아들의 작품에만 한정하지 않고 영유아들이 스스로 한 작업, 이에 대한 교사의 코멘트, 영유아들의 사진, 그리고 영유아 간에 이루어지는 대화를 기록하여 전시한다. 이러한 자료들이 영유아들의 사고와 탐색의 과정을 이해하는 데 도움이 되도록 한다.

점검 요인 5	보육주제에 따른 교재 · 교구 및 자료 교체

교사는 보육주제가 진행됨에 따라 각 주제에 맞게 교재 · 교구를 교체해주거나 환경을 재구성해주어야 한다. 주제(소주제 등)와 연관되어 제시될 수 있도록 각 흥미영역의 교재 · 교구들을 검토하여 교체하고 나아가 벽면이나 실내 공간의 전시 및 게시자료들도 이러한 점을 고려하여 재구성한다. 영유아들이 쉽게 교재 · 교구를 꺼내어 활용하는가는 교재 · 교구의 다양성이나 질보다 중요하다. 아이들이 교재 · 교구를 활용하는 공간이 좁거나 다른 활동에 의해 방해받는지, 영유아들이 교재 · 교구를 활용하는 정도를 관찰하여 배치에 문제점은 없는지를 점검하여 재구성해주는 노력이 필요하다.

Tip 교재 · 교구 활용 및 관리와 관련된 요소들을 점검해 봅시다.	
• 영유아의 발달 수준에 적합한 교재 · 교구를 구비하고 있는가?	
• 영유아 발달 수준과 주제에 적합한 교재 · 교구를 효과적으로 활용하고 있는가?	
• 교재 · 교구를 체계적으로 정리 · 관리하고 있는가?	
• 교재 · 교구가 연령별 · 주제별로 정리되어 있는가?	
• 교실에 교재 · 교구의 배치가 영유아들이 활용하기 용이하게 되어 있는가?	
• 교재 · 교구 목록이 작성되어 보관되어 있는가?	

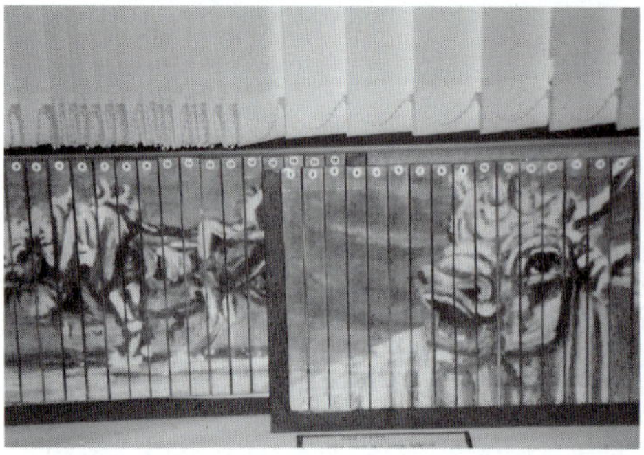

이상에서 제시된 점검요인들을 종합적으로 검토하여 보육 공간 구성의 적합성을 정리해 보자. 다음은 평가인증조력 프로그램에서 제시하고 있는 보육실의 공간 배치 점검사항이다. 참조하여 확인해 보자.

보육실의 공간 배치	
1. 사물함은 출입문 가까이에 배치되어 있는가?	
2. 조용하고 움직임이 적은 활동(책 읽기, 수활동, 과학활동 등) 공간과 시끄럽고 움직임이 많은 활동 (음률활동, 역할놀이, 쌓기놀이 등) 공간을 구분하여 배치하였는가?	
3. 물이 필요한 영역(미술영역 등)과 물이 필요 없는 영역(언어영역, 쌓기영역 등)을 구분하여 배치하였는가?	
4. 영역 간에 구분하되 영유아들의 동선이나 안전을 고려하고 있는가?	
5. 0~1세 영아반의 경우, 일상생활 공간(기저귀 갈기, 수유, 잠자기 등)과 놀이 공간(대근육 활동, 탐색활동 등)이 적절하게 구성되어 있는가?	
6. 2세 영아반의 경우, 유아반처럼 흥미영역이 너무 세분화되어 있지 않는가?	
7. 모든 영역에서 활동하고 있는 영아들이 교사의 시야에 들어오는가?	

출처: 중앙보육정보센터(2009).

(2) 학급 업무 점검하기

영유아를 맞이하기 위한 보육실의 공간 구성이 끝나면 영유아들이 학급 내에서 편안하고 즐겁게 지낼 수 있도록 입학 및 학기 초에 필요한 것들에 대한 학급 업무들을 목록화하고, 무엇을 언제 어떻게 만들지를 다음과 같이 업무계획을 짜서 진행하면 효율적으로 업무를 실행할 수 있으며 시간도 단축할 수 있다(황해익, 송연숙, 정혜영, 유수경, 2014).

〈표 4-1〉 신학기 준비 업무계획의 예

번호	신학기 준비 – 교실 업무	완료 시기	확인
1	교실 대청소	2/12 완료	
2	교실 재배치(예 유아 책상, 교사 책상 등)	2/13 완료	
3	비품(예 TV, 책상, 의자 등) 점검	2/13 완료	
4	영역 구성(교구장 재배치), 영역 모빌 및 영역판 붙이기	2/16 완료	
5	유아 출석부, 비상연락망	2/16 완료	
6	환경판 꾸미기(봄, 입학 환영 분위기)	2/24 완료	
7	오늘의 날짜판	2/17 완료	
8	일과계획표	2/17 완료	
9	흥미영역 활동판	2/23 완료	
10	생일축하판	2/24 완료	
11	교실 규칙 안내판	2/24 완료	
12	유아 이름표, 명찰(견학 이름표 겸용)	2/25 완료	
13	흥미영역 개인 이름표	2/26 완료	
14	신발장 라벨링	2/17 완료	
15	사물함 라벨링	2/17 완료	
16	책상 라벨링	2/23 완료	
17	매트 자리 라벨링	2/24 완료	
18	비품 이름 라벨링	2/25 완료	
19	유아 포트폴리오파일	2/27 완료	
20	유아 차량 코스표 만들기	2/26 완료	

번호	신학기 준비 – 교실 업무	완료 시기	확인
21	교구 세척	2/23 완료	
22	교실 영역에 교재 · 교구 넣기	2/26 완료	
23	유아 출석 카드	2/27 완료	
24	비상대피로 안내판	2/23 완료	

그럼, 위의 예시처럼 조별로 신학기에 해야 할 학급 내 업무들을 목록화하고 날짜별로 실행계획을 세워보자. 신학기 준비계획 웹망을 참고하여 학급 내에서 준비해야 할 것을 구체화시켜 보자.

〈표 4-2〉 업무계획의 예

번호	신학기 준비 – 교실 업무	완료 시기	확인
1	영역 구성, 영역 모빌 및 영역판	2/15 완료	○
2	영유아 이름표, 명찰		
3	영유아 출석부, 비상연락망		
4	영유아 포트폴리오파일		
5	원아 개인 서류파일		
6	날짜판		
7	신발장 라벨링		
8	사물함 라벨링		
9	생일축하판		
10	하루 일과 계획판		
11	환영 인사 메시지판		
12	보육실 영역에 교재 · 교구 넣기		
13			
14			

영유아들이 사용할 물건 중 영유아들의 이름을 각각 붙여야 할 때 한 명이라도 누락되는 영유아가 없도록 확인하는 절차가 반드시 필요하다. 위의 목록 중 몇 가지 내용을 중심으로 간략히 살펴보면 다음과 같다.

① 이름표 붙이기 및 명찰 준비하기

담당 연령의 영유아 명단이 나오면 영유아들이 사용할 물건과 물품, 즉 신발장, 옷장, 출석 표시판, 견학 목걸이, 오리엔테이션, 학기 초 적응기간 동안 영유아들이 착용할 명찰 등 영유아들의 이름을 출력하여 준비한다.

② 영유아 출석부 작성하기 및 비상연락망 만들기

아이들의 물품과 함께 입학원서 및 가족관계증명서를 받으면 그동안 사용한 임시 출석부를 새롭게 작성한다. 출석부에는 영유아의 출·결석일뿐만 아니라 영유아의 이름, 연락처, 집 주소, 보호자명, 주민등록번호 등이 기입되며 월별로는 영유아의 출결사항을 포함하여 보육일수, 입·퇴원 원아 수, 월말 재적(현재 정원) 등을 기재한다. 월별기록은 보육일수가 지나면서 기록을 하게 되나 영유아에 관한 전반적인 사항은 영유아의 입학원서, 주민등록등본을 받은 직후 기록하는 것이 좋다. 또한, 영유아의 안전이나 건강에 문제가 발생되었을 시 이를 예방하기 위한 점검으로 비상연락망을 작성하여 잘 보이는 곳에 붙여 놓는 것도 반드시 필요하다.

③ 영유아 물품 안내 및 확인·정리하기

새 학년이 시작되면 일 년 또는 한 학기 동안 사용할 준비물을 안내해야 한다. 신입생은 오리엔테이션이나 가입학식 날 안내문을 통해 알리고, 재원생의 경우는 가정통신문을 통해 안내한다. 가방, 원복, 크레파스, 스케치북, 치약, 휴지 등 필요한 물품과 수량을 정확히 알려주며 각 물품들에는 영유아의 반명과 이름을 반드시 기재할 것을 당부한다.

그리고 신입생 오리엔테이션과 입학식에 가져온 영유아의 물품은 어린이집에 따라 품목이 다르지만 학급 전체 영유아들이 여러 가지 물품을 다양하게 가져오므로 꼼꼼하게 확인해야 한다. 물품이 준비되지 않은 영유아가 있다면 확인해두었다가 학기 초 적응기간이 지나가기 전에 준비될 수 있도록 개별 연락을 취한다. 물품 목록 체크리스트를 활용하여 확인이 끝났다면 사용용도에 따라 정리하고 영유아들이 직접 사용하는 물품은 영유아의 수납장에 정리해준다.

④ **영유아 포트폴리오파일 만들기**

영유아들이 어린이집에서 하는 수많은 활동 중 일부는 포트폴리오자료로 재정리되어 수행평가의 자료로 활용되기도 한다. 일상생활 관찰자료, 자유선택활동계획표, 수·과학활동, 언어활동, 미술활동 등 다양한 파일이 어린이집마다 구비된다. 학기 중에 이루어지는 활동 중 대표적인 보육활동을 중심으로 영유아별 포트폴리오파일을 구비하되 파일 이름, 즉 활동 제목과 영유아 이름을 미리 붙여둔다.

⑤ **영유아 생활기록부, 포트폴리오 요약서 등 원아 개인 서류파일 작성**

학기 초부터 학기 말에 이르기까지 지속적으로 수집한 영유아 개인의 작품이나 활동표본을 종합적으로 분석하여 영유아의 성장발달에 관한 요약보고서를 작성하도록 한다. 생활기록부는 영아용, 유아용으로 구분되며 수집된 다양한 작업표본을 기초로 영유아들의 장단점, 진보, 독특한 점 등을 찾아내어 정리하고 종합적인 평가를 내리기 위해 요약서를 작성하되 누리과정 및 표준보육과정영역의 활동 발달상황과 기본생활습관영역으로 잘 이루어진 영역과 덜 이루어진 영역을 중심으로 서술한다. 영유아 개인별 종합 성장 요약서는 영유아발달에 대한 객관적인 근거자료가 되므로 종합적으로 연 2회 서술하여 학년 말 생활기록부 작성에 활용하도록 한다(김경미, 김현주, 송연숙, 2013).

완성된 개별 포트폴리오와 생활기록부는 영유아의 평가자료 및 부모면담 자료로 활용될 수 있으며 학기가 끝나고 방학할 즈음 가정으로 보내 부모들의 피드백을 받도록 한다. 또한, 생활기록부는 영유아가 어린이집 퇴소 또는 졸업 시 원본을 보호자에게 인계하여 초등학교(또는 타 시설) 입학(입소) 시 참고할 수 있도록 한다. 이외에 구비되어야 할 원아 개인 서류에는 입학원서, 건강기록, 생활조사서, 주민등록등본, 생활기록부, 응급처치동의서, 서약서, 귀가동의서, 영유아 건강검진, 부모상담일지, 관찰기록부 등이 포함된다. 영유아 1인당 하나의 파일로 만들어 관리하고 개인 원아에 필요한 서류를 체크할 수 있도록 파일 표지에 목록을 붙여 관리하면 편리하게 활용할 수 있다.

⑥ 학기 초 학부모와 관계 형성하기

학기 초 학부모와의 관계를 형성하기 위해서는 정규면담 외에도 등 · 하원 시, 차량운행 시의 짧은 만남, 전화상담 등으로도 친밀한 관계를 형성할 수 있다. 학기 초는 주로 영유아들의 적응에 대한 관심이 높으므로 등원이 시작되면 교사는 하루 일과를 보내면서 영유아를 관찰하고 그 내용을 부모에게 전달하려고 노력해야 한다. 체계적인 계획하에 학기 초 적응기간이 지나가기 전에 모든 부모에게 전화상담이나 면담이 돌아가도록 해야 한다. 이러한 학기 초 부모와의 관계 형성은 어린이집에 대한 신뢰를 구축하기 때문이다.

부모와의 래포 형성을 위해 학기 초에는 간단한 인사말과 날씨 또는 부모에 대한 관심 등을 먼저 이야기해 보는 것도 도움이 된다. 예를 들면 "추운데 급히 오시느라 힘드셨지요?", "○○이 동생이 아프다던데 감기는 다 나았어요?", "○○이가 지난 주에 가족여행을 다녀왔다고 하던데 즐거우셨나요?"와 같은 인사말은 상대방의 마음을 열고 편안함을 갖게 한다. 교사로서의 품위를 잃지 않는 범위 내에서 친절하고 상냥하게 이야기를 나누는 것은 물론 교사를 대하는 부모가 마음의 벽을 느끼지 않고 편안하게 다가올 수 있게 대해 주는 것이 매우 중요하다.

초임 선배들의 이야기

- 유치원명: 온양 새싹유치원
  (멘토링을 하며 우연히 초임 선생님의 이야기를 들어볼 수 있는 계기가 되었습니다.)
- 날짜: 2014년 11월 24일 월요일
- 참여자: 온양 새싹유치원 만 3세, 만 4세 선생님

♥초임 교사로 지내며 가장 힘들었던 점은 무엇인가요?

–만 3세들은 유치원에 처음 오다 보니 학기 초 부모님과 떨어지기 힘들어하는 아이들도 있고 잘 다니다가도 우는 아이들, 유치원에 오기 싫다고 우는 아이들이 많아 적응시키는 것이 조금 힘들었어요.(만 3세 선생님)

–학기 초 감기에 심하게 걸려 기본생활습관을 잡아야 할 3월 한 달 동안이나 목소리가 안 나왔어요. 3월 이후 기본생활습관을 잡으려니 조금 힘이 들더라고요. 몸 관리 잘하셔야 해요.(만 4세 선생님)

–내가 한 모든 말이나 행동에 우리 반 아이들이 영향을 받는다고 생각하니까 책임감이 무거워져서 조심하게 되더라고요.(만 4세 선생님)

♥새 학기는 어떻게 보내셨나요?

–새 학기의 시작인 3월에는 '수업'이라고 할 수 있는 활동 대신 '자유선택활동이나 바깥놀이'가 주를 이루었어요. 제가 계획했던 활동들이 뜻대로 진행되지는 않았어요. 아이들도 바깥놀이를 좋아하고 교사 입장에서도 바깥놀이를 한 번 나갔다 오면 기분 전환도 되고, 아이들도 조금 덜 싸우고 좋았어요.(만 3세 선생님)

–3월 초에는 교사와 아이들이 애착을 형성해야 했기 때문에 아이들이 잘못을 했을 때도 작은 잘못은 그냥 눈감고 넘어가고, 정말 혼내야 하는 상황에서만 화를 냈어요. 3월 말, 4월 초부터 점차 기본생활습관을 바로 잡았어요.(만 3세 선생님)

♥예비 교사의 입장에서는 학부모 전화상담이 제일 부담스럽습니다. 전화상담은 어떻게 해야 하나요?

–예를 들어, 아이가 다쳤을 때 반드시 아이들이 집에 가기 전 부모님께 연락을 드려야 해요. 그때는 다친 부위와 다친 상황을 자세히 설명하고 다음부터는 제가 좀 더 신경을 쓰겠다고 죄송하다고 해야 해요. 그래야 부모님은 마음의 준비를 하시거든요. 어떤 경우는 아이들이 집에 간 후 오히려 부모님들께서 "선생님, 우리 애 괜찮던데요."하며 전화가 오기도 해요.

chapter 05

보육활동 운영과 영유아 상호작용

귀여운 꼬맹이들과 하루를 보내는 선생님들은 참 좋겠다.

아이들과 놀고, 먹고, 웃고….

별로 고민할 것도 힘들 것도 없어 보인다. 정말 그럴까?

아이들과 노는 일이 전부일 것 같은 어린이집 선생님들은 아이들이 재미있게 놀도록 하기 위해서 어떤 일들을 하고 있을까? 아이들과 함께 하루를 보내기 위해 신경 써야 할 것들에는 무엇이 있을까? 그 일들은 어떤 기준에 따라 어떻게 진행해야 하는 것일까?

1. 보육활동(일과) 운영

1) 일과계획 및 운영하기

일과는 보육교사가 영유아들에게 제공할 교육 및 일상활동의 순서와 시간의 양을 하루에 걸쳐 배열하여 실행하는 것으로 하루 동안 다양한 보육활동들로 구성된다. 일반적으로 보육활동에는 등원 및 맞이하기, 오전 자유선택활동, 정리 · 정돈 및 전이활동, 대소집단활동, 기본생활습관지도(점심 및 간식, 낮잠 및 휴식, 배변 등), 실외활동, 오후 자유선택활동, 귀가지도 등이 포함되는데 연령에 따라 용어가 다르게 사용되기도 한다. 예를 들면, 어린 연령의 경우 점심 및 간식보다 수유나 이유의 용어가 사용되고, 배변활동 또는 화장실 다녀오기 대신 기저귀 갈기의 용어가 사용된다.

〈표 5-1〉 만 1세 하루 일과 예시

시간	주요 일과
07:30~09:00	등원 및 맞이하기
09:00~10:00	오전 실내자유놀이
10:00~10:20	기저귀 갈기 및 손 씻기
10:20~10:50	오전 간식
10:50~11:40	오전 실외놀이 및 손 씻기
11:40~12:40	점심 식사 및 이 닦기
12:40~14:40	낮잠 준비 및 낮잠
14:40~15:20	기저귀 갈기 및 손 씻기
15:20~16:00	오후 간식
16:00~17:20	오후 실내자유놀이
17:20~18:30	귀가 및 통합보육

〈표 5-2〉 만 5세 하루 일과 예시

시간	주요 일과
07:30~09:30	등원 및 실내자유선택활동
09:30~09:50	정리 · 정돈 및 아침 모임
09:50~10:10	이야기 나누기
10:10~10:30	오전 간식
10:30~11:40	오전 실외자유선택활동(바깥놀이)
11:40~12:00	동화
12:00~13:30	점심 및 이 닦기
13:30~14:20	오후 실외자유선택활동(바깥놀이)
14:20~14:30	휴식 준비하기
14:30~15:20	휴식 및 낮잠
15:20~15:40	휴식 정리
15:40~16:00	오후 간식
16:00~16:50	실내자유선택활동
16:50~17:00	정리 · 정돈 및 화장실 다녀오기
17:00~17:30	신체활동
17:30~18:00	평가 및 귀가지도
18:00~20:00	통합보육 및 귀가

일과계획 및 운영은 시간대별 일일 보육계획안을 작성하고 이를 실행하기 위한 장소와 교재 · 교구 등 물리적 여건을 준비하고, 다양한 상호작용과 교수법으로 활동을 진행한다. 이때 일과를 구성하는 내용과 시간은 영유아의 발달수준, 연령, 영유아의 적응 정도, 일과시간, 어린이집의 시설 여건 등 여러 가지 상황에 따라 달라질 수 있다. 예를 들어 자유선택활동을 하더라도 어린 연령에 비해 높은 연령 유아에게 많은 종류의 활동이 제공되며, 연령 증가에 따라 대집단활동시간이 길어지고, 어린 연령의 경우에는 낮잠이 포함된다. 따라서 일과에 영향을 주는 여러 요인을 고려하여 상황에 적합한 계획 및 운영이 이루어져야 한다.

다음은 일과 운영의 기본 원리이다(보건복지부, 1999; 이기숙, 2000; 이현옥, 박정선, 2009; 한국보육진흥원, 2011; Decker & Decker, 2004).

- 하루 일과를 구성하는 내용 · 순서 · 시간의 양은 영유아의 연령에 따라 달라질 수 있으며, 영유아들의 흥미 · 요구 · 반응 등에 따라 융통성 있게 조절한다. 예를 들어, 연령이 어릴수록 집단활동보다 개별활동이 주로 이루어지도록 하고, 보육활동보다 일상적 양육활동이 많이 이루어지도록 한다.
- 하루 일과를 운영하는 데 영향을 주는 요인, 즉 장소, 시간대, 보조인력 여부, 계절 등을 고려하여 계획을 수립 · 운영한다.
- 하루 일과는 영유아들에게 안정감을 줄 수 있도록 규칙성과 일관성을 가지고 계획 · 운영한다.
- 일과계획에는 낮잠, 휴식, 간식과 식사지도, 배변 등 영유아들의 신체적 요구를 고려한 일상적 양육활동이 포함되며, 일상적 양육활동은 즐겁고 안전하며 교육적이어야 한다.
- 하루 일과는 일상적 양육과 보육활동, 동적 활동과 정적 활동, 실내활동과 실외활동, 대소집단활동과 개별활동, 교사 주도 활동과 유아 주도 활동, 활동시간과 휴식시간 등을 균형 있게 계획한다.
- 교사와 대집단, 교사와 개별 유아, 유아와 유아, 유아와 교구 간 다양한 상호작용이 일어나도록 일과계획을 수립한다.
- 계획에 따른 일과 운영을 한 후 그 날 활동에 대한 평가를 하고 이후 보육과정에 반영될 수 있도록 한다.

일과계획 및 운영에서 주요 보육활동별로 참고해야 할 사항들을 중심으로 살펴보도록 하자.

(1) 등원 및 맞이하기

어린이집에서의 하루 일과는 영유아가 어린이집에 도착하면서부터 시작된다. 즉, 어린이집이 영유아들을 맞이할 준비가 되어 있는지 또는 영유아들이 어린이집에 도착하면서 받게 되는 느낌이나 기분 등은 하루 일과의 성공적인 시작에 큰 영향을 끼치게 된다. 따라서 보육교사는 영유아들이 등원하기 전에 보육실을 전체적으로 살펴보고, 필요한 보육활동자료를 준비해둔다. 부모에게 전달할 내용이 있다면 그 내용을 숙지하여 부모를 만날 경우 전달하고, 부모들이 영유아를 데려온 시간을 기록할 수 있는 기록용지, 투약의뢰서용지 등을 준비해둔다.

투약의뢰서

(학부모용)

금일 아래 유아의 투약을 의뢰합니다.

이름 :

증상 :

약의 종류 및 용량 :

투약의뢰시간 :

비고 :

년 월 일

보호자 : (인)

※ 투약으로 인한 책임은 의뢰자가 집니다.

○○어린이집

[그림 5-1] 투약의뢰서 예시

영유아가 등원할 때 부모와 영유아를 반갑게 맞이하며 인사를 나누고, 영유아의 안색과 표정 관찰하기, 이마 만지기 및 손잡기 등을 통해 영유아의 기분 및 건강 상태 등을 확인한다. 부모가 함께 왔을 경우 영유아의 건강 상태, 투약시간, 중간 귀가 여부 등도 확인한다.

그리고 영유아가 자신의 신발, 옷 등을 정리하도록 지도한 후 영유아가 하고 싶은 놀이를 할 수 있도록 안내한다. 이때 영유아와 눈을 마주보며 미소 짓기, 부드러운 목소리와 표정, 존중하는 태도나 몸짓 등 부모와 떨어져서 편안하게 놀이할 수 있는 분위기를 만든다.

(2) 자유선택활동

자유선택활동은 영유아가 자신의 흥미와 욕구에 따라 스스로 교구나 활동을 선택하여 계획하고 놀이하고 평가하며 상호작용하는 과정으로(교육부, 2000), 실내와 실외 장소, 오전과 오후시간 모두에서 이루어질 수 있다.

실내 자유선택활동시간은 오전과 오후에 충분한 시간동안 진행되도록 계획해야 하는데, 일반적으로 하루에 진행된 오전, 오후 실내 자유선택활동시간을 합하면 2시간 30분 이상이 되도록 계획한다(보건복지부, 2012). 만 3-5세 유아에게 적용되는 누리과정의 경우 바깥놀이를 매일 1시간 이상 할 것을 권장하고 있으므로 바깥놀이에서 실외 자유선택활동을 실시하도록 한다.

자유선택활동에서 놀이계획은 영유아가 자신의 일과를 스스로 계획하는 중요한 경험이 되는데, 어린 연령의 영유아들에게 형식적 계획 및 평가를 시도하지 않는 반면 연령이 높아질수록 계획과 평가의 기회를 포함한 자유선택활동을 운영한다. 어린 연령의 경우 주로 어떤 놀이를 하고 싶은지, 놀이 한 다음 기분이 어떠했는지를 말로 표현해보는 방향으로 계획과 평가를 실시하는 반면, 만 4세 정도가 되면 하고 싶은 놀이를 말로 표현하다가 점차 그림이나 스티커 등을 활용하여 기록지에 계획을 시도할 수 있다. 이 때 지나치게 계획한 것에 기초해 놀이평가를 하도록 강조하지 않아도 된다. 만 5세 정도가 되면 스스로 놀이를 계획하며 기록지에 표시하고 일과를 마친 후에 놀이활동 계획에 기초하여 평가도 실시할 수 있게 된다.

[그림 5-2] 유아의 자유선택활동 모습

(3) 정리 · 정돈 및 전이활동

정리 · 정돈은 영유아가 놀이한 것, 생활한 것을 제자리에 정리하는 것으로 하루에 여러 번 반복된다. 정리 · 정돈은 개별적인 정리 · 정돈과 전체적인 정리 · 정돈으로 구분된다. 개별적인 정리 · 정돈은 누구의 지시나 권고에 의한 것이 아니라 자신이 하던 놀이를 끝내고 다른 놀이를 하려고 할 때 정리하는 것이며, 전체적인 정리 · 정돈은 모든 영유아가 동시에 교구나 자리를 정리하는 것을 의미한다(교육부, 2000).

전이활동은 이전 활동과 이후의 활동 간의 사이를 연결해주기 위해 교사가 실시하는 활동으로 자연스럽게 다음 활동으로 영유아의 주의와 관심을 이동시키기 위해 실시한다.

정리 · 정돈 및 전이활동과 관련하여 교사들이 참고할 사항들을 정리하면 다음과 같다(김현주, 2010; 보건복지부, 2014a; 이현옥, 박정선, 2009; 한국보육진흥원, 2011)

정리정돈과 전이활동을 위한 교사 *Tip*

- 보육활동을 시작할 때 보육활동을 마무리할 시간도 함께 알린다. 예를 들어, 자유선택활동 시간을 시작할 때 언제까지 자유선택활동을 할 것인지를 미리 보육실 내 시계에 표시해서 알려주는 것도 좋다.
- 정리시간이 5분쯤 남았을 때 놀이시간이 얼마 남지 않았음을 알린다. 이는 영유아들에게 새로운 놀이를 시작하지 않고, 스스로 자신의 놀이를 마무리할 심리적 여유를 준다.
- 쌓기놀이영역이나 역할놀이영역처럼 정리 · 정돈을 위한 시간이 많이 필요한 경우 다른 영역보다 5분 정도 먼저 정리를 시작하게 하거나 교사가 도와주기도 한다.
- 정리 · 정돈을 위해 교구장이나 바구니 등에 교재 · 교구의 이름표, 사진, 숫자, 모양 표시, 그림자 표시 등을 해줌으로써 항상 같은 자리에 정리하고 찾을 수 있도록 한다.
- 너무 세세하게 구분하여 정리할 자리를 정할 경우 오히려 정리시간이 오래 소요될 수 있으므로 같은 종류의 놀잇감을 한 바구니나 상자에 한꺼번에 넣도록 한다. 예를 들어, 봉재 인형류를 선반에 자리를 정하여 전시할 수도 있지만 커다란 바구니에 한꺼번에 넣을 경우 정리시간이 단축될 수 있다.
- 놀이시간 동안 완성하지 못한 활동결과물에 대해서는 나중에 완성할 수 있도록 영유아의 개별 사물함에 보관하거나 보육실 한 켠에 보관 장소를 마련해 준다. 활동결과물 완성에 미련을 두어 정리 · 정돈이 늦어지지 않으면서 영유아의 활동결과물을 존중한다는 메시지가 전달된다.
- 손유희, 수수께끼, 노래, 끝말잇기 등 다양한 주의집중 및 전이활동이 사용될 수 있는데, 가능한 한 주의집중 및 전이활동도 주제와 관련된 내용으로 실시하고, 전이활동에 지나치게 몰두하지 않도록 한다. 예를 들어 바닷속 동물 신체표현의 전이활동은 바닷속 동물 스무고개를 실시할 수 있다.

(4) 대소집단활동

대소집단활동은 교사가 계획한 보육활동을 소집단 또는 대집단으로 구성된 영유아들에게 전개하는 것으로 이야기 나누기, 새 노래지도, 음악감상, 악기연주, 동화, 동극, 게임, 신체표현, 미술활동, 요리, 과학실험 등 다양한 활동이 대소집단으로 운영될 수 있다. 대소집단활동과 관련하여 자리 배치, 활동시간의 양, 활동유형, 집단의 크기, 활동의 순서 등에 관한 참고사항은 다음과 같다.

대소집단활동을 위한 교사 *Tip*

- **앉는 자리** : 교사와 영유아, 영유아와 영유아들 간의 상호작용을 위해서 영유아들의 자리 배치를 3~4줄의 병렬형이 아니라 'ㄷ'형 또는 'U'형으로 배치하여 교사–영유아, 영유아–영유아가 직접적으로 반응을 살필 수 있도록 한다.
- **활동시간** : 유아들은 주의집중하는 시간이 짧으므로 집단활동을 오래 하는 것은 적절하지 못하다. 평균적으로 만 3세의 경우 20분, 만 5세의 경우 30분 이상을 넘지 않도록 한다. 그러나 음률활동, 신체표현활동, 게임 등 영유아가 직접 참여하는 활동은 연령이 어린 경우라도 활동시간이 길게 운영될 수 있다.
- **활동유형** : 교사의 입장에서 가장 많이 실행하는 대소집단활동은 이야기 나누기와 새 노래 지도이다. 동극, 게임, 신체표현, 요리, 실험, 악기연주 등 다양한 활동을 계획 · 운영하여 몇 가지 활동만 반복적으로 계획 및 운영하지 않도록 한다.
- **집단 크기** : 학기 초일수록, 연령이 어릴수록 소집단활동을 더 많이 계획 · 실시하며, 어린이집에 적응할수록, 연령이 높아갈수록 대집단활동을 늘려간다. 또 요리활동이나 과학 실험 등은 대집단활동보다 소집단활동이 더 적절하다.
- **활동순서** : 대소집단활동은 정적 · 동적 활동이 균형 있게 제공되도록 한다. 앞의 활동이 동화를 듣는 정적 활동이었다면 뒤에 이어지는 활동은 바깥놀이터에서 동화 속에 나왔던 몇 가지 움직임을 재연하는 동적 활동을 제공하여 정적 활동과 동적 활동이 균형을 이루도록 한다.

(5) 실외활동

어린이집에서 오랜 시간 생활하는 영유아가 일과 중에 실내를 벗어나 실외활동을 하는 것은 영유아의 건강에 매우 큰 영향을 미친다. 영유아는 실외에서 신체를 자유롭게 움직임으로써 신체발달 및 건강을 도모할 수 있을 뿐만 아니라 계절과 자연의 변화처럼 실내에서 경험하기 힘든 경험을 할 수 있고, 이는 영유아의 인지발달 및 정서발달에도 매우 중요하다.

보육교사의 일과계획에는 반드시 실외활동시간이 포함되어야 하며, 오전 또는 오후 일과 중 매일 1시간 이상 실외활동을 운영하도록 권장하고 있다. 이때 날씨, 계절, 영유아의 건강 상태, 전염병 유행 등을 고려하여 융통성 있게 운영하는 것도 필요하다.

생각해 봅시다!

- 실외활동을 할 수 있는 장소에는 어떤 곳이 있을까요?
- 날씨가 무더운 여름날 실외활동은 언제 하는 것이 좋을까요?
- 추운 겨울날 실외활동은 언제 하는 것이 좋을까요?
- 비가 오거나 눈이 오는 날 실외에서 할 수 있는 활동에는 무엇이 있을까요?
- 황사가 심한 날 실외활동을 어떻게 대체할 수 있을까요?
- 견학이나 소풍을 다녀온 날 실외활동은 해야 할까요?

(6) 기본생활습관지도

기본생활습관지도는 일과 전반에 걸쳐 운영되는 활동으로 집단으로 운영되는 것이 일반적이나 개인의 욕구에 민감하게 반응해야 한다. 영유아의 기본생활습관이 생활화될 수 있도록 매일, 규칙적으로, 충분한 시간을 할애할 필요가 있다. 간식과 식사, 낮잠과 휴식, 배변활동과 관련된 기본생활습관지도의 유의사항들을 살펴보면 다음과 같다.

간식과 식사지도를 위한 교사*Tip*

- 간식과 식사시간을 무엇인가 배우는 시간이나 영유아의 수행을 평가하는 시간으로 생각해서는 안 된다. '골고루 먹어라', '흘리지 마라', '음식을 입에 넣고 말하지 마라', '젓가락을 바로 쥐어라' 등을 가르치고 영유아의 수행을 평가하기 전에 영유아들이 자신을 건강하게 자라게 해주는 음식을 먹고, 선생님이나 친구들과 개별적으로 상호작용하는 시간이라는 긍정적 이미지를 가질 수 있도록 분위기를 조성해야 한다.
- 간식이나 식사시간 동안 조용하게 대화를 나누며 기분 좋게 음식을 먹을 수 있도록 안정된 분위기를 조성한다. 아이의 이름을 불러주며, 개별적인 식습관을 칭찬하고, 밝고 가벼운 음악을 들을 수 있도록 하는 것도 좋다.
- 식습관지도를 할 때 개별 영유아의 음식에 대한 감정, 식사량, 음식 알레르기 등을 고려하여 지도하는 것이 필요하다. 영유아의 음식에 대한 개인적인 경험 · 기억 · 선호를 우선 존중하거나 인정한 후 개선책을 찾아보는 것이 필요하다.
- 즐거운 간식 및 식사시간 분위기가 정착되면 영유아들의 식사습관 및 태도 등을 관찰해야 한다. 이때 여러 유아와 함께 식사를 하는 것이 좋다. 특정 유아와 늘 같이 식사할 경우 특정 유아에 대한 편애 또는 특정 유아의 식사와 관련된 능력 부족 등에 대한 이미지를 형성할 가능성이 있다.

영유아들이 습관화해야 할 간식 및 식사 행동이나 예절에 대한 목록을 작성해 보자.

- 스스로 음식 먹기
- 음식을 먹기 전에 탁자나 책상 닦기
- 음식을 먹기 전에 손 씻기
- 음식을 골고루 먹기
- 음식을 입에 머금고 말하지 않기
- 음식 흘리지 않기
- 식사 후 양치질하기
- 간식 및 식사 후 자신이 먹은 그릇과 자리 정리하기
- 음식을 먹을 수 있도록 해주신 분들에게 감사한 마음 갖기
-
-
-
-
-

낮잠이나 휴식은 연령이 어릴수록 그 중요도가 높은 일과이다. 삼성아동교육문화센터(2002)에 따르면 영유아의 생체리듬은 오전 9시부터 상승하다가 11시가 지나게 되면 하락하므로 에너지를 재충전하여 효율적인 오후 활동과 하루 일과를 진행하기 위해 낮잠이 필요하다고 한다(보건복지부, 2014a, 재인용). 어린이집 평가인증에서도 만 4세 이하의 종일반 영유아에게는 일과 중 반드시 낮잠시간을 마련하여 적절한 수면을 포함한 충분한 휴식의 기회를 제공하도록 하고 있다.

다음은 영유아들이 정서적으로 안정감을 느낄 수 있도록 낮잠과 휴식시간을 운영하는 방법이다.

낮잠 및 휴식지도를 위한 교사 *Tip*

- 영유아들의 정서적 안정을 위해 개인 담요, 베개, 인형 등의 개인적인 물건을 허용하기도 하고, 편안한 분위기를 조성하기 위해 커튼을 내려 어둡게 만들거나 잔잔한 음악을 틀어주기도 한다.
- 영유아들의 개별적인 낮잠습관을 파악하여 적절하게 반응한다. 만 3세 정도 되면 낮잠 자는 시간에 개인차가 있으므로 영유아가 낮잠을 자지는 않더라도 조용하게 휴식을 취할 수 있도록 한다.
- 잠을 자지 않는 영유아들은 다른 친구들이 잠들 때까지는 누워서 휴식을 취하고, 다른 영유아들이 잠들고 난 후에는 책을 보는 등 잠자는 친구들에게 방해되지 않는 조용한 개별활동을 할 수 있도록 한다.
- 영유아들이 낮잠을 자는 시간 동안 보육교사는 휴식시간을 갖기도 하고, 영유아에 대한 일지를 작성하기도 한다. 그러나 적어도 한 명 이상의 교사는 보육실에서 잠자는 영유아들의 상태를 살펴보아야 한다.
- 영유아가 잠에서 깨고 나면 각자의 침구를 정돈하고 화장실을 다녀오게 한다. 그리고 잠옷이나 땀에 젖은 옷 등은 갈아입고 머리를 빗거나 옷매무새를 단정하게 할 수 있도록 한다.

화장실 이용하기 및 손 씻기는 매우 빈번하게 포함되는 일과로 영유아가 배변기능을 조절하지 못하는 경우에는 교사가 정기적으로 점검하고, 집단으로 실시하며 고정적으로 계획 및 운영하기도 한다. 그러나 영유아의 상황에 따른 개별 운영이 기본이다.

영유아들이 어린이집에서 단체생활을 하다 보니 전염성 질병에 쉽게 노출되므로 손 씻기는 매우 중요하다. 영유아가 화장실을 갈 때마다 교사가 따라갈 수 없으므로 영유아가 화장실에 다녀오면 화장실 사용 후 물을 내렸는지, 손을 씻었는지, 옷 입은 모양새가 바른지 등을 물어보고, 확인하고 격려하는 것이 중요하다.

화장실 이용하기 및 손 씻기 지도를 위한 교사 *Tip*

- 화장실 다녀오기나 손 씻는 시간을 운영할 때 매일 고정된 시간으로 운영하기보다 학기 초, 학기 말, 유아의 개별적인 부분을 고려하여 계획하고 운영한다.
- 활동 간 전이시간에 "화장실 다녀오고 싶은 친구 다녀오세요", "손 깨끗이 씻고 오세요" 등을 언급해 준다.
- 유아에게 변기 사용법, 배변 후 물 내리는 것과 휴지 사용법 등을 알려주고 화장실이나 옷을 더럽히지 않는 방법을 천천히 습득하도록 한다.
- 배변습관과 관련하여 새로 습득한 내용은 부모들에게 수시로 알려서 가정에서도 일관성 있는 배변지도가 이루어질 수 있도록 한다.
- 영유아가 실수했을 때 갈아입힐 여벌의 옷을 항시 비치해둔다.
- 화장실 바닥은 영유아들이 미끄러지지 않게 물기를 닦아주고, 냄새가 나지 않도록 매일 청소하고 소독해서 청결 상태를 유지한다.

[그림 5-3] 손 씻기 운동 포스터

(7) 귀가

어린이집의 귀가는 하루 일과를 마친 후 집단적으로 귀가하는 영유아들도 있고, 개별적으로 귀가하는 영유아들도 있어서 더욱 세심하게 신경을 써야 한다. 기본적으로 영유아들이 하루 일과를 정리하고 즐거운 마음으로 부모님을 만날 수 있도록 분위기를 만들어야 한다. 영유아들이 옷을 입고 자신의 소지품을 챙길 수 있도록 충분한 시간을 계획해야 하며, 부모에게 전달할 공지사항이 있을 경우 쪽지, 전달장, 유인물 등을 영유아들에게 배부한다(여성가족부, 2007).

보호자에게 영유아를 인계할 때 약속된 보호자가 맞는지를 먼저 확인해야 하며, 인계하는 과정에서 영유아들이 어린이집 외부로 먼저 나가거나 위험한 행동을 하지 않는지 살펴보아야 한다. 하원 차량을 이용하는 경우 영유아의 보호자가 약속된 시간에 지정된 장소에 나와 있지 않다면 집 앞이라도 영유아를 혼자 내리게 하지 않도록 한다.

부모의 귀가시간에 따라 영유아의 귀가시간이 달라지므로 만약 부모를 기다리며 늦게까지 남아있는 유아들이 있는 경우 불안하지 않도록 개별적으로 배려해야 한다.

생각해 봅시다!

- 오늘 희원이는 엄마의 늦은 귀가로 인해 엄마를 기다리며 어린이집에 남아 있다. 현재 희원이의 기분은 어떨까요?
- 여러 친구들과 함께 있을 때는 선생님과 많은 이야기를 하기 힘들었는데 지금은 선생님과 둘이서만 친밀한 관계를 맺고 있다면 희원이의 기분은 어떨까요?
- 늦게 귀가하는 아이로 인해 교사의 퇴근시간이 늦어지고, 업무시간이 늘어난다고 생각하는 것과 남아 있는 아이와 질적인 시간을 가짐으로써 영유아에게 '특별한' 시간이라고 생각하게끔 하는 것의 차이는 무엇일까요?

2) 보육일지 작성하기

보육일지는 연간, 월간, 주간 및 일일 보육계획안에 기초하여 하루 일과를 시간대별로 정하여 진행한 활동을 기록한 것이다. 일일 보육계획안에 하루 동안 이루어진 일과에 대한 평가나 각 활동에 대한 평가가 기록되어 있을 시 보육일지로 인정한다(보건복지부, 2014a). 즉, 일일 보육계획안을 작성하고 운영한 후 평가를 기록하면 보육일지로 인정하는 것이다. 이는 보육일지의 형식보다 보육일지가 반성적 사고의 도구가 되어야 함을 강조하고 있는 것이다.

아울러 등 · 하원 시 학부모에게 전달할 사항이 있거나 기본생활습관, 안전교육 및 소방훈련, 영유아 관찰사항, 전체 어린이집 행사 등과 관련하여 기타 일과 운영에 필요한 사항이 있으면 기록한다.

<table>
<tr><td colspan="3" rowspan="3">(　　　　)반 보육일지(만　　세)
년　월　일　요일　날씨 :</td><td rowspan="1">현원</td><td>출석</td><td>결석</td><td colspan="2">결재</td></tr>
<tr><td rowspan="2"></td><td rowspan="2"></td><td rowspan="2"></td><td>담임</td><td>원장</td></tr>
<tr><td></td><td></td></tr>
<tr><td>주제</td><td colspan="2"></td><td colspan="2">소주제</td><td colspan="3"></td></tr>
<tr><td>목표</td><td colspan="7">• 오늘 하루의 목표를 기술한다.
• 주제와 관련된 지식, 가치 및 태도, 기술을 골고루 진술한다.
• 영유아의 관점에서 목표를 진술한다.</td></tr>
<tr><td>일과(시간)</td><td colspan="3">활동 내용 및 방법</td><td colspan="2">준비물 및 유의점</td><td colspan="2">평가</td></tr>
<tr><td>일과명과 소요되는 시간을 기록한다.</td><td colspan="3">• 순서에 따라 활동내용 및 방법을 기술한다.
• 계획하여 실시된 활동내용을 객관적으로 요약하여 기록한다.
• 계획하였으나 실시하지 못한 활동에 대해서는 활동명 옆에 (X)와 같은 표시를 함으로써 실행된 활동과 구별한다.
• 계획하였지만 실행하지 못한 활동의 대체활동 또는 예기치 않게 실행된 활동에 대해서도 계획과 구별되는 색의 펜으로 기록한다.</td><td colspan="2"></td><td colspan="2">일과에서 실행한 활동에 대한 평가를 기록한다.</td></tr>
<tr><td>일일 평가</td><td colspan="3">하루 일과 진행 및 활동에 대한 반성적 평가를 하고, 앞으로의 계획을 기록하여 평가결과가 교육과정에 피드백 되도록 한다.</td><td colspan="2"></td><td colspan="2"></td></tr>
<tr><td>신입 원아 적응 절차 실시 / 원아관찰</td><td colspan="7"></td></tr>
<tr><td>안전교육 / 소방훈련</td><td colspan="7"></td></tr>
<tr><td>영유아 관찰기록</td><td colspan="7"></td></tr>
<tr><td>기타</td><td colspan="7"></td></tr>
</table>

[그림 5-4] 보육일지 양식의 예시

보육일지 작성방법을 영아반과 유아반의 공통사항과 연령별로 유의해야 할 사항을 나누어 살펴보면 다음과 같다(한국보육진흥원, 2011).

공통사항

- 주간 보육계획안에 기초하여 등원에서 귀가까지 하루 동안 영유아를 어떻게 보육할 것인지에 대해 일일 보육계획안을 수립하고, 계획에 따른 실행결과를 기록하며, 활동 및 하루 일과 전체에 대해 평가하고 추후 활동을 위한 계획을 기록한다.
- 일일계획의 목표는 주간 보육계획안의 목표에 기초하여 하루 동안 영유아들이 경험하게 될 보육목표를 기록한다. 이때 단위활동의 목표가 일일 목표로 기술되지 않도록 한다. 단위활동의 목표는 '붓과 먹으로 그림을 그린다'처럼 단위활동에서 영유아들이 경험하게 되거나 그 결과로 얻게 되는 지식, 가치 및 태도, 기능을 기술하는 것으로 단위활동과 직접적으로 관련된 구체적 목표인 반면, 일일 목표는 '우리나라 전통 그림에 관심을 가진다'와 같이 단위활동의 목표보다 일반적인 지식, 가치 및 태도, 기능을 기술하는 것이 적절하다.
- 실내놀이 또는 실내자유선택활동은 영역별로 다양하게 구성하고, 매일 2시간 30분 이상 계획한다.
- 조용한 놀이와 활동적인 놀이, 실내놀이와 실외놀이, 개별활동과 대소집단활동, 교사가 주도하는 활동과 영유아가 주도하는 활동 등을 균형 있게 배치한다.
- 간식 및 점심, 화장실 가기, 낮잠, 휴식 등 영유아의 신체적 욕구를 고려해야 한다.
- 활동이 교과목형태나 특별활동으로 운영되지 않고 일과가 통합적으로 운영되도록 한다.
- 하루 일과는 영유아의 건강이나 기분 상태, 흥미, 날씨 등에 따라 융통성 있게 운영할 수 있으며, 계획하지 않았지만 실행된 활동이나 변경된 일과를 기록한다.
- 활동을 실행하고 난 후 목표의 달성 여부, 영유아의 발달이나 흥미 정도, 교구 · 교재의 적절성, 시간 안배의 적절성, 하루 일과 중 영유아의 전반적인 상태, 추가로 진행된 활동 등을 고려하여 평가한다. 몇몇 영유아의 놀이행동에 대한 관찰일지 형식으로 기록하거나 교사의 기분, 감정 상태 등을 기록하는 것이 아니다.
- 보육일지의 전체 평가의 내용이 다음 날 일일계획에 반영되어야 한다.

영아반 보육일지를 적을 때 더 신경 써주세요!

- 대집단활동보다는 개별활동 및 소집단활동으로 구성한다.
- 일상적인 양육활동은 영아의 발달 수준과 시기 등을 고려하여 구체적으로 계획한다. 예를 들어 1세 영아의 경우 '손 씻기'보다는 '도움받아 손 씻기'로 계획한다.
- 영아반의 실외활동은 매일 30분 이상 계획하되 실외활동을 운영하기 어려운 경우에 대비하여 실내에서 신체활동을 하는 등 대체활동도 계획한다. 0세의 경우 실외활동이 어려울 수 있으므로 유모차 타고 산책하기, 베란다에서 햇빛보기, 야외용 자리에 앉아 주변 탐색하기, 교사의 품에 안겨 어린이집 주변 탐색하기 등의 활동을 계획한다.
- 0세반의 경우 영아 일일보고서를 보육일지에 첨가할 수 있다.

유아반 보육일지를 적을 때 더 신경 써주세요!

- 개별 및 대소집단활동을 주제에 따라 다양하게 구성한다.
- 보육주제를 중심으로 흥미영역 간 통합, 오전과 오후 활동의 연계, 실내활동과 실외활동의 연계, 자유선택활동과 대소집단활동의 연계, 어제와 오늘의 활동이 연계될 수 있도록 보육과정을 통합적으로 운영한다.
- 실외활동은 매일 1시간 이상 계획하되 날씨, 계절, 영유아의 건강 상태, 전염병 유행 등을 고려하여 융통성 있게 운영한다. 비가 오거나 황사 등 실외활동을 운영하기 어려운 경우에 대비하여 실내에서 신체활동을 하는 등 대체활동을 계획한다.

영아 일일보고서

순번	이름	배변 (대소변 횟수)	간식	점심	낮잠 (시간, 횟수)	수유 및 이유		투약
						수유시간	수유량	
1								시간 :
								시간 :
								시간 :
2								시간 :
								시간 :
								시간 :
3								시간 :
								시간 :
								시간 :

이하 생략

[그림 5-5] 영아 일일보고서 양식

출처 : 한국보육진흥원(2011). p.307.

<table>
<tr><td rowspan="3">(도담)반 보육일지(만 1세)
20○○년 12월 ○일 ○요일 날씨 : 맑음</td><td>현원</td><td>출석</td><td>결석</td><td colspan="2">결재</td></tr>
<tr><td rowspan="2">5명</td><td rowspan="2">4명</td><td rowspan="2">김민정</td><td>담임</td><td>원장</td></tr>
<tr><td>최○○</td><td>양○○</td></tr>
</table>

주제	겨울	소주제	겨울은 추워요
목표	겨울의 날씨를 느끼고, 계절의 변화에 관심을 가진다.		

일과(시간)	활동 내용 및 방법	준비물 및 유의점	평가
07:30~09:00 등원 및 통합보육	• 오늘의 날씨와 관련된 이야기를 하며 인사 나누기 (예 입김이 나네, 볼이 빨갛네, 춥다 등) • 영아의 상태 및 주의사항 확인하기 (표정 및 머리 짚어주기, 투약의뢰 여부, 배변 여부, 건강 상태) • 가방과 외투 정리하기 • 통합보육실에서 자유놀이하기	일일보고서 투약의뢰서	갑자기 차가워진 날씨로 보육실 실내 온도 조절 및 가습기 사용함
09:00~09:30 손 씻기 및 오전 간식	교사와 함께 손을 씻기 제자리에 앉아 간식 먹기	카스테라 우유	우유를 전자렌지에 데워 미지근하게 제공함
09:30~11:00 실내자유놀이	• 교실에 새로 제공한 장난감 소개하기 • 영아가 관심 있어 하는 장난감으로 자유놀이하며, 상호작용하기 – 언어 : 겨울 날씨(책) 읽기 – 신체 : 썰매타기(교사가 썰매 끌어주기) – 조작 : 털장갑 손가락 끼우기 – 역할 : 동물 털모자 쓰고 동물 흉내 내기	도서(겨울철 날씨 : ○○서관) 눈썰매 손가락 털장갑 벙어리 장갑 동물 털모자 (토끼, 호랑, 곰, 사자)	처음에는 교사가 끌어주는 썰매타기로 시작하였으나 나중에는 친구들끼리 끌어주는 놀이로 확장됨
중략			
일일평가	• 새로 내어준 눈썰매 교구에 아이들이 많은 관심을 나타내었으며, 실외놀이와 연계하여 실시하기 위해 내일 실외놀이 시간에는 끌수레를 눈썰매 대용으로 제시하여 실외놀이에서 썰매타기 놀이를 해야 겠음 • 날씨가 추우므로 개별 장갑과 목도리를 준비해오도록 하여 여러 가지 장갑과 목도리의 색, 모양, 느낌에 대해 이야기를 나누고, 장갑인형놀이로 확장시킬 계획임		

[그림 5-6] 보육일지 작성의 예

활동해 봅시다!

만 1세 영아반과 만 5세 유아반의 일일계획을 보육일지 양식에 작성해 봅시다. 자신이 작성한 2개의 일일계획을 비교하면서 각각 주의를 기울인 사항들을 소개해 봅시다.

2. 영유아와 상호작용하기

상호작용은 인간들 간의 관계뿐만 아니라 인간과 물리적 환경 간에 상호영향을 미치고 관계를 맺는 과정이다. 어린이집은 영유아와 보육교사가 함께 생활하는 공동의 공간으로 다양한 상호작용, 즉 보육교사와 영유아, 영유아와 영유아, 영유아와 물리적 환경 간에 상호작용이 일어난다. 그중 보육교사와 영유아 사이의 상호작용은 어린이집 상호작용의 핵심으로 보육교사가 일상적 양육과 보육활동을 수행하는 동안 끊임없이 발생한다. 이야기를 하고 들어주는 과정에서 보듬고, 안아주고, 쓰다듬어 주는 행위 속에서 인정하고 격려하고 칭찬하는 분위기 속에서 상호작용은 계속 이루어진다. 그렇다면 영유아의 발달과 학습을 촉진할 수 있는 상호작용은 어떻게 하는 것일까? 우리는 어떤 상호작용을 바람직한 상호작용이라 하는가?

보육교사와 영유아 사이에 이루어지는 상호작용의 중요성과 기본 태도, 바람직한 상호작용 행동들을 구체적으로 살펴보자.

1) 상호작용의 중요성과 기본 태도

보육교사는 영유아의 발달과 학습을 돕기 위해 양육적 역할과 교육적 역할을 수행하는 과정 중에 다양한 상호작용을 하게 된다. 어린 영아에게는 양육적 역할의 상호작용이 강조되며, 유아의 연령이 증가할수록 교육적 역할의 상호작용이 증가한다.

보육교사와 영유아의 상호작용의 중요성을 교육적 · 발달적 의의를 통해 살펴보도록 하자.

- 보육교사는 영유아와의 상호작용을 통해 영유아의 개별적 특성을 이해할 수 있다.
- 상호작용을 통해 파악된 영유아의 개별적 특성에 대한 이해를 바탕으로 보육교사는 영유아의 전인적 발달을 위한 적합한 경험을 제공할 수 있다.
- 영유아는 보육교사와 영유아의 상호작용을 통해 보육교사에 대한 기본적 신뢰감을 형성하고, 이를 바탕으로 또래 및 대인관계 형성에 필요한 기술을 습득할 수 있다.
- 보육교사 역시 성숙된 인간으로 성장할 수 있는 중요한 계기를 갖게 된다.

영유아의 발달과 학습을 이끌 수 있는 주요한 매개인 상호작용에 있어 보육교사가 기본적으로 지녀야 할 태도는 다음과 같다.

- 영유아를 존중해야 한다. 영유아는 교사와 동등한 독립된 개체임을 기억한다. 보육교사는 영유아를 가르치고 지시하지 말고, 함께 생활하고 놀이하고 의사소통하는 나의 팀으로 대하라.
- 심리적 눈높이와 물리적 눈높이를 맞추어야 한다. 보육교사와 영유아가 개별적으로 상호작용할 때 영유아의 수준에 맞추어 상호작용해야 하며, 영유아와 물리적 환경 간의 상호작용을 위하여 보육실의 놀잇감과 게시물도 영유아의 눈높이에 맞추어 주어야 한다.
- 영유아의 이름을 자주 불러주어야 한다. '너', '예쁜이', '귀염이' 같은 대명사나 별명보다 자신의 이름이 불려질 때 자신을 중요한 존재로 인식하며, 자신에 대한 존중감을 가진다.
- 영유아가 하는 말을 중간에서 끊지 말고 끝까지 주의 깊게 들어준다. 영유아가 하는 말의 의미를 이미 파악하였더라도 중간중간 적절히 반응하며 끝까지 듣는다.
- 가능한 한 일상생활 중 개별적이고 친밀한 대화를 많이 나눔으로써 보육교사와 영유아 간의 유대감을 형성하도록 한다.

생각해 봅시다.

정 선생님은 오늘 미술영역에 색깔 점토를 새로 내어주셨습니다. 아이들이 무척 좋아하기를 기대하면서…. 그러나 아무도 색깔 점토에 관심을 가지지 않았고 정 선생님은 직접 아이들에게 색깔 점토를 가지고 놀 수 있도록 알리기로 했습니다.

A. 교실의 아이들에게 말을 합니다. "얘들아, 미술영역에 와보렴. 재미난 색깔 점토가 있어. 여러 가지 모양을 만들 수가 있구나."
B. 색깔 점토로 여러 가지 모양의 과일을 만든 후 역할놀이영역에서 시장놀이를 하고 있는 아이들에게 다가갑니다. "과일 사세요! 과일 사세요! 싱싱하고 신선한 과일이 있습니다."

A를 계획한 선생님과 B를 계획한 선생님의 교육에 대한 생각, 영유아에 대한 생각에는 어떤 차이가 있을까요? 그리고 아이들의 반응은 어떻게 다를까요? 만일 여러분이라면 어떻게 상호작용하고 싶습니까? A? B? 아니면 또 다른 상호작용을 생각해 봅시다.

이처럼 질적으로 우수한 상호작용이 영유아의 발달과 교육에 중요한 역할을 한다는 것을 숙지하고, 다음에 소개되는 허용적 분위기 만들기, 민감하게 반응해주기,

긍정적인 방법 사용하기, 부정적인 정서 수용하기, 또래 상호작용 장려하기, 반편견적인 언어 사용하기, 놀이활동 참여하기, 다툼 및 갈등 중재하기 등의 구체적 방법들을 실천해 보자.

2) 허용적 분위기 만들기

영유아의 발달적 특징 중 두드러지는 것은 호기심이 많아 보육교사에게 질문과 요구를 많이 한다는 점이다. 이때 보육교사는 영유아가 자유롭게 자신의 요구가 무엇인가를 표현하고 의문이 생길 때마다 질문할 수 있도록 허용하는 분위기를 만들어 주어야 한다. 허용적 분위기를 조성하기 위해서 보육교사는 영유아의 질문과 요구에 대해 언어적으로 수용할 뿐 아니라 고개 끄덕임, 미소, 토닥거림, 박수, 놀라며 신기해하는 표정 등 비언어적으로도 영유아들이 말하고자 하는 바를 우선 수용해주어야 한다.

활동해 봅시다!

"옳지!", "그렇구나", "좋은 생각을 했네", "그렇게도 생각할 수 있겠어" 등과 같이 영유아의 발화에 대해 수용의 메시지를 전달하는 감탄사나 구문들을 찾아봅시다.

주변 사람들의 행동 중 팔짱을 끼고 듣거나 고개를 기웃해서 이야기를 듣는 것처럼 나의 이야기를 경청하지 않는다는 느낌을 주는 비언어적 행동들을 찾아봅시다. 만일 보육교사가 그런 행동을 한다면 영유아들은 어떤 생각을 하게 될까요?

3) 민감하게 반응하기

영유아는 환경의 변화에 민감하므로 개별적인 배려가 필요하다. 영유아의 개별적 요구와 흥미, 질문에 대해 민감하고 적절하게 반응하기 위해서 보육교사는 영유아에게 지속적으로 관심을 기울여 이들의 요구가 무엇인가를 관찰하고 현재 영유아가 무엇을 표현하려는가를 민감하게 알아내며, 그 내용을 이해하여 적절하게 반응해주어야 한다. 그러기 위해서는 영유아가 관심을 가진 대상이 무엇인지, 영유아가 하고 싶어 하는 것은 무엇인지, 주변에 대해 어떤 반응을 나타내는지, 영유아가 어떤 긍정적 또는 부정적 행동을 하는지 관심을 기울여 관찰해야만 민감하고 적절한 반응을 해줄 수 있다. 만일 한 영아가 손으로 물컵을 가리키면서 칭얼거리고 있는 것이 물을 마시고 싶어서라는 것을 파악하였다면 재빨리 물을 가져다 주면서 "○○야, 물이 마시고 싶니? 그럴 때는 '나는 물이 마시고 싶어요'라고 이야기하면 된단다"라고 반응해야 한다. 특히 말로 자신의 상태나 원하는 바를 표현하는 능력이 제한적인 영아의 경우 울음, 행동, 얼굴 표정 등에 관심을 가지고 관찰한 후 배가 고픈 것인지, 기저귀가 젖은 것인지 등을 파악하여 민감하게 반응해야 한다.

4) 긍정적인 방법 사용하기

영유아의 행동에 대해 긍정적인 방법을 사용하여 지도하는 것은 보육교사와 영유아 간의 신뢰감을 높이고 영유아의 자존감을 키우는 데 필수적이다. 영유아가 바람직하지 않은 행동을 보일 때 보육교사는 벌을 세우거나 위협하는 말, 비난하는 말을 사용하지 않는다. 이러한 방법은 즉각적으로 효과가 있는 듯 보이지만 장기적으로 유아의 바람직한 행동을 습득하는 데 도움이 되지 않고 유아의 자존감에도 부정적인 영향을 미친다. 이와 함께 올바른 칭찬과 격려를 함으로써 영유아의 바람직한 행동을 강화하고, 동기화시킬 수 있다. 그리고 보육교사와 영유아와의 관계에서 영유아가 수동적이고 타율적인 역할이 아니라 주도적이고 자율적인 역할을 수행할 수 있도록 상호작용해야 한다. 예를 들면, 보육실 내 규칙을 보육교사가 정해서 알려주기보다는 영유아들과 함께 규칙을 만들고 규칙이 필요한 이유에 대해 이야기를 나누어 보고, 그 규칙을 지킬 때 칭찬해줌으로써 적극적이고 자율적이고 주도적으로 행동하도록 상호작용해야 한다.

칭찬과 격려

- 사전적 의미로 칭찬은 좋은 점이나 착하고 훌륭한 일을 높이 평가하는 것이고, 격려는 용기나 의욕이 솟아나도록 북돋아 주는 것을 의미한다. 즉, 칭찬은 결과에 대한 것이고, 격려는 과정에 대한 것이다.
- 영유아의 행동에 대해 칭찬을 할 때는 특정한 활동에 대해서 구체적으로 한다. "잘했어", "대단해", "네 그림이 아주 멋지구나"와 같은 과장되거나 단순한 칭찬보다는 "너의 그림에 노란색이 잘 어울리는구나", "꼼꼼하게 색칠했네"와 같이 칭찬해주고 싶은 구체적인 사실을 진술해준다.
- 활동의 결과뿐만 아니라 과정에 초점을 두어 격려한다. "너의 작품은 참 멋져"보다 "끝까지 최선을 다하는 모습이 대견하구나"와 같이 과정에 대해 격려한다.
- 칭찬과 격려는 다른 사람과의 경쟁과 비교가 아닌 유아가 자신의 성취에 대해 감사할 수 있도록 한다. "우리 반에서 최고로 잘한 것 같다", "동생반은 따라올 수 없겠는 걸"보다 "너의 그림은 점점 나아지고 있어. 3살 때 보다, 우리 반에 처음 왔을 때보다, 그리고 어제보다 계속 좋아지고 있구나"라고 영유아 개인의 성장과 발전에 초점을 맞추어 칭찬과 격려를 한다.
- 말로만 칭찬하지 말고, 표정, 억양, 몸짓 모두를 사용하여 칭찬하고 격려한다.

출처 : 아이코리아(2006). p.113. 주제별 부모교육 자료 중 일부 내용 재구성.

5) 부정적인 정서 수용하기

영유아는 신체적으로 불편하거나 심리적으로 불안하고, 화나고, 좌절감을 느끼는 등의 어려움을 울음, 화 등의 부정적인 방법으로 표현하기도 한다. 이럴 때는 먼저 영유아의 이러한 감정을 따뜻하게 감싸주어 정서적으로 안정을 찾도록 한 후 영유아의 요구가 무엇인지 알아보도록 해야 한다. 영유아가 울거나 화내거나 불안해하는 행동은 건강상의 문제, 심리적 문제, 생리적 문제, 또래관계 문제, 발달단계의 특징 등 다양한 원인이 있을 수 있으므로 영유아의 행동에 즉각적으로 반응하기보다는 원인을 고려하여 대처해야 한다.

즉, 영유아의 부정적인 정서에 대해 먼저 인정하고 수용해주어야 한다. "○○가 속상하구나", "○○가 울음이 나올 만큼 화가 났구나" 등 영유아의 부정적 감정을 먼저 수용한 다음 부정적 감정의 표현방법이 영유아 자신과 다른 사람에게 피해를 줄 경우 부정적 감정을 적절하게 표현하는 방법에 대해 알려주는 것이 필요하다(존 가트맨, 최성애, 조벽, 2011). 그리고 영유아의 부정적인 정서가 일시적인 원인에 의한 것이 아닌 경우에는 부모나 다른 보육교사와 협의하여 영유아의 요구를 정확히 이해하고자 노력하는 것이 바람직하다.

부정적 정서 OK! 그러나 파괴적 행동 NO!

6) 또래 상호작용 장려하기

영유아가 또래보다는 보육교사에게만 상호작용을 시도할 경우, 보육교사는 또래 간의 상호작용이 일어날 수 있도록 격려해야 한다. 보육교사는 영유아가 또래에게 친밀한 관심 갖기, 긍정적 정서 표현하기, 또래와 즐겁고 사이좋게 지내기, 서로 배려하기, 또래를 도와주고 도움받기, 또래와 다양한 경험을 서로 나누고 배우기 등의 기회를 자연스럽게 제공해준다. 이를 위해 영유아가 친구들의 놀이나 활동, 작품에 대해서 관심을 가질 수 있도록 유도하기도 하고, 영유아가 친구에게 놀잇감을 나누어주거나 도움주기, 협동하기와 같은 친사회적 행동을 하면 격려하기도 한다. 이때 보육교사가 일방적으로 행동을 지시하기보다는 행동을 제안한 후 행동결과에 대한 긍정적인 또래의 반응을 언어화함으로써 또래 간 긍정적 상호작용이 일어날 수 있도록 한다. 예를 들어 "○○이가 가지고 있는 놀잇감을 △△에게 나눠주자." 라고 하기 보다는 "○○야, 장난감을 △△에게 나눠줄 수 있을까? 잘했어! 고마워! ○○가 나눠주니까 △△가 참 좋아하는구나!"와 같이 일방적인 지시로 끝나지 않도록 행동의 결과에 대한 긍정적인 또래 반응을 설명해 준다.

7) 반편견적인 언어 사용하기

교사의 성편견 행동과 언어는 성역할을 깨닫기 시작하는 영유아들의 성역할 사회화에 중요한 영향을 미치게 된다. 일반적으로 "공주처럼 해보자" 또는 "왕자처럼 해

보자"라든지 "천천히 걷자"가 아니라 "얌전하게 걷자" 또는 "씩씩하게 걷자"라고 이야기하는 것은 성편견이 내포된 언행이다. 영유아들이 보육실 내에서 마구 뛰어 다른 영유아를 다치게 하거나 놀이를 방해할 때는 "네가 뛰면 친구들에게 방해가 되고, 너도 위험하단다. 이곳에서는 천천히 걷기로 하자"라고 이유와 대안적 행동을 소개하는 것이 적절하다.

생각해 봅시다.

'예쁘게 앉아 보자', '경찰아저씨', '아빠참여수업'와 같은 어휘나 말들은 어린이집현장에서 쉽게 듣고 사용하는 말들이다. 이 말 속에는 어떤 편견적인 요소가 들어 있는지 생각해 보자. 그리고 일상 생활에서 사용하는 다른 예를 찾아보자.

8) 놀이활동 참여하기

영유아가 놀이에 참여하지 못하거나 놀이 중 도움을 필요로 할 때, 놀이가 확장되어야 할 때, 영유아가 정서적 위로가 필요할 때는 보육교사가 놀이활동에 참여할 수 있다. 영유아의 놀이는 중요한 학습과정으로, 보육교사가 영유아의 실내 · 외자유놀이에 참여하고 적절히 개입하는 것은 영유아의 현재 상태 및 발달특성을 파악할 수 있는 기회가 될 뿐 아니라 영유아의 놀이 수준을 높여주며, 놀이를 지속하게 해주고 통합적인 발달을 촉진한다.

보육교사는 놀잇감 제안, 놀이 제안, 놀이 모델링, 놀이 상대 등의 다양한 놀이 참여 행동을 할 수 있는데, 이때 개별 영유아의 연령, 발달 수준이나 흥미, 기질, 배경 등을 고려하여 그 참여 정도를 다르게 해야 한다. 영유아의 연령과 놀이 종류에 따라 보육교사의 개입이 효과적이지 않을 때도 있으므로 보육교사는 영유아의 놀이를 주의 깊게 관찰하여 필요한 경우 적절한 방법으로 개입한다.

9) 다툼 및 갈등 중재하기

어린 영유아들이 함께 생활하다 보면 자연스럽게 다툼이나 갈등이 생긴다. 따라서 보육교사는 다툼이나 갈등을 제거해야 할 문젯거리로 인식하기보다는 영유아 간 문제해결의 교육적 과정으로 인식하고, 학습의 기회로 삼는 것이 필요하다.

영유아들 간 다툼이나 문제가 있을 때 보육교사는 적절하게 개입하여 문제해결을 도와주어야 한다. 그러나 영유아 간의 문제를 대신 해결해주기보다 그들이 자율적으로 해결할 수 있도록 기회를 주는 것이 더욱 좋다. 다툼이나 문제가 발생할 때마다 보육교사가 해결해주면 영유아는 문제를 해결하기 위해 노력하기보다 보육교사에게 해결을 요청하거나 보육교사의 지시를 따르려는 수동적 태도를 형성하게 된다. 따라서 보육교사는 최종 판결을 내리는 재판관이 되어서는 안 된다.

영유아 간 다툼과 갈등을 중재할 때 따라야 할 기본 지침은 다음과 같다.

- 다툼이나 갈등을 중지시킬 것인가? 중재할 것인가? 다툼과 문제의 빠른 종결을 위해 직접 지시하고 영유아를 격리시키고, 다툼의 원인을 제거하는 등은 중지전략이다. 반면, 갈등 상황의 문제를 명료화하고 영유아 간에 동의할 수 있는 해결책을 포함하여 어느 정도까지 교사의 의견을 제안하는 것은 중재전략이다(Chen, 2003).
- 영유아 간 다툼이나 문제가 발생했을 때 문제에 대해 경중을 따질 수 있더라도 보육교사는 객관적인 입장에 서야 한다. 어느 편도 들지 않는다.
- 영유아가 서로의 입장을 이해할 수 있도록 갈등상황의 영유아가 모두 자신의 입장을 이야기할 수 있는 기회를 공평하게 제공하고 보육교사는 이를 신중하게 경청한다.
- 보육교사가 문제상황을 정리하고 해결책을 결정하기보다 영유아가 상대방의 입장을 듣고, 자신의 주장을 조율하는 해결방안을 스스로 생각해 보도록 격려한다. 이때 영유아들이 해결책을 제시하지 못할 경우 교사가 대안을 제시할 수 있으나 이 대안은 단지 하나의 의견일 뿐임을 분명히 해야 한다.
- 다툼이나 문제상황이 일어나지 않도록 영유아의 발달 특성을 잘 파악하고, 충분한 놀잇감 및 교구 · 교재를 마련해주는 등 사전에 예방방법들을 모색하는 것도 필요하다.

chapter 06

어린이집 환경 구성과 가족 및 지역사회 협력

동네를 거닐다 보면 어린이집 놀이터에 있는 알록달록 예쁜 색의 놀이기구들이 눈에 띈다. 저곳에서 노는 아이들은 참 신나고 재미있겠지? 어린이집 안에는 또는 보육실 안에는 어떤 환경들이 마련되어 있을까? 어린이집 실내 · 외의 물리적 환경 외에 영유아의 성장과 발달에 영향을 끼치는 더 크고 넓은 환경에는 무엇이 있을까?

본 장에서는 영유아의 성장과 발달에 영향을 끼칠 수 있는 미시적 · 거시적 환경들 중 어린이집의 물리적 환경 구성과 부모 및 지역사회와 함께하는 보육 실제들을 살펴보고자 한다.

1. 어린이집 환경 구성

보육환경은 영유아의 성장과 발달에 많은 영향을 미친다. 영유아를 위한 어린이집의 실내 · 외 환경은 가정과 같이 편안하고 쾌적해야 하며, 영유아의 일상생활이나 놀이를 적극 격려하도록 계획 · 구성해야 한다.

보육환경은 일상생활영역과 놀이활동을 위한 영역으로 구분할 수 있다(보건복지부, 2014a). 일상생활영역은 영유아들이 먹고, 마시고, 쉬고, 자고, 씻고, 대소변을 해결 할 수 있는 환경을 의미하며, 놀이활동을 위한 영역은 다양한 놀이가 이루어질 수 있는 흥미영역을 의미한다.

먼저 일상생활을 위한 영역을 구성할 때 신경 써야 할 사항들을 살펴보면 다음과 같다(한국보육진흥원, 2011).

- 화장실은 보육실과 연결하여 배치한다. 보육교사가 영유아들이 대소변을 해결하는 과정도 관리 · 감독할 수 있을 뿐 아니라 위생을 위해 손을 자주 씻을 수 있도록 인접 배치한다.
- 보육실 내에서 간식 및 식사를 위한 공간을 마련해야 하는 경우 낮은 상이나 입식 탁자를 이용한다. 보육실 내 세면시설이 있는 경우에는 간식시간에 활용하는 탁자를 세면대 가까이 배치하거나 유아의 동선이 원활한 장소에 배치한다. 세면대가 보육실 밖에 있는 경우에는 간식용 상을 출입문과 연결되도록 배치한다.
- 낮잠이나 휴식에 이용되는 간이침대나 이불은 교구장과 거리를 두어 배치하고 커튼을 이용하여 밝기를 조절하며 아늑한 분위기가 만들어지도록 한다. 활동 중에 유아들이 쉬고 싶거나 혼자 있고 싶을 때 자연스럽게 휴식을 취할 수 있도록 교실 한편에 조용하고 아늑한 공간을 마련한다. 휴식 공간은 가능한 쌓기놀이영역 등 소음이 많은 영역에서 멀리 떨어져 배치하고, 영유아들이 언제든지 쉽게 접근하고 자유롭게 이용할 수 있으며 보육교사의 시선이 미치는 곳에 마련한다.

다음으로 놀이활동을 위한 흥미영역 구성에 대해 살펴본다. 흥미영역이란 어린이집의 환경을 교구장, 바닥재 또는 칸막이 등을 사용하여 몇 개의 영역들로 구분하고, 활동의 성격이 비슷한 교구나 자료를 같은 영역에 함께 제공하는 학습 공간이다. 흥미영역을 구성할 때는 보육실 내의 공간 구조와 흥미영역의 특징을 고려하여 배치한다. 예를 들어 소음이 많은 쌓기놀이영역, 역할놀이영역, 음률영역끼리는 가까운 곳에 배치하고 언어영역, 수학영역, 조작영역 등 소리가 많이 나지 않는 영역은 조용한 곳에 배치한다. 미술영역이나 과학영역은 물이 가까이 있는 위치에 배치하거나 세면대가 외부에 있는 경우 출입문과 인접한 곳에 배치하면 물 사용이 용이해진다.

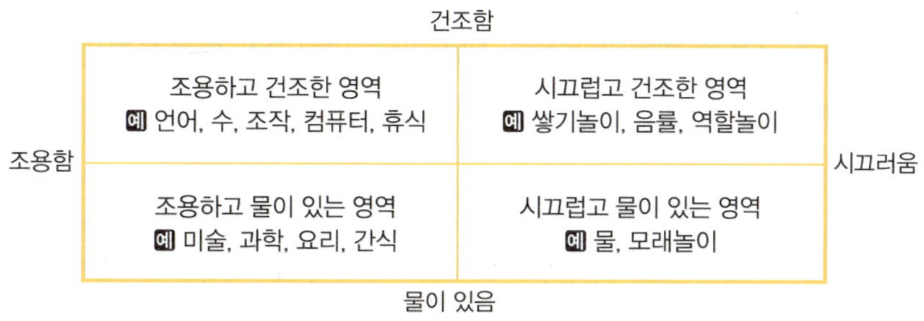

[그림 6-1] 흥미영역 배치 원리에 따른 구분(Frost & Klssinger, 1976)

흥미영역을 구성할 때 유의해야 할 기초사항들을 살펴보면 다음과 같다(교육부, 2000; 김정원, 김유정, 이효정, 2008; 보건복지부, 2014a; 이현옥, 박정선, 2009; 한국보육진흥원, 2011).

- 흥미영역은 보육실의 면적, 유아 수, 흥미영역에 필요한 면적 등을 고려하여 구성한다. 한 흥미영역 당 동시에 3~4명의 유아가 놀 수 있을 정도의 공간을 확보하는 것이 바람직하므로, 유아 수가 20명이고 보육실 면적이 20명 놀기에 적당하다면 약 5~6개 영역 배치가 적절하다.
- 만 0~1세 영아반의 경우 신체영역, 언어영역, 탐색영역, 일상생활영역(수유, 기저귀 갈이 영역 등) 등을 구성할 수 있고, 만 2세 영아반의 경우 신체영역, 언어영역, 탐색영역, 음률영역, 미술영역, 역할놀이영역, 쌓기놀이영역을 설치할

수 있다. 유아반(만 3~5세) 보육환경 구성을 위한 흥미영역의 종류에는 쌓기놀이영역, 역할놀이영역, 미술영역, 언어영역, 수 · 조작영역, 과학영역, 음률영역 등이 있다.

- 흥미영역은 1년 내내 똑같은 영역으로 구성하는 것이 아니라 주제나 놀이상황에 맞추어 새로운 영역을 구성하기도 하고, 보육실 공간이 좁다면 유사한 성격의 영역을 통합하여 제공하는 등 융통성 있게 흥미영역을 구성할 수 있다. 예를 들면, 요리에 대한 관심이 높고 관련 활동이 지속적으로 제공된다면 요리영역을 구성할 수도 있고, 수학영역과 과학영역의 통합 또는 수학영역과 조작영역의 통합하여 수 · 조작영역 또는 수 · 과학영역 등으로 구성할 수 있다.
- 흥미영역을 구분할 때는 이동성이 있는 낮은 교구장을 이용하여 공간의 크기나 형태를 쉽게 바꿀 수 있고 교구장 너머로 놀고 있는 유아를 보육교사가 관찰할 수 있도록 한다. 벽 쪽으로는 좀 더 높은 교구장을, 보육실의 중앙 쪽에는 낮고 양면이 트인 교구장을 배치하는 것이 좋다.
- 흥미영역 간을 이동할 때는 다른 유아의 놀이를 방해하지 않으면서 이동할 수 있도록 통로를 마련해주어야 한다.
- 교재 · 교구는 영유아가 쉽게 선택할 수 있도록 잘 보이도록 전시하고 꺼내기 쉽도록 비치한다. 자주 사용하는 기본 교재나 자료 등은 항시 비치하되 주제나 계절에 적합한 교구 · 교재나 자료는 주기적으로 교체한다.

각 흥미영역별로 구성 시 고려사항 및 교구의 종류와 실외 환경 구성지침을 어린이집 평가인증 안내(보건복지부, 2014a)에서 제시하고 있는 바를 중심으로 살펴보자.

1) 쌓기놀이영역

쌓기놀이영역은 블록과 블록들을 가지고 구성놀이로 확장하는 소품들로 구성된다(이화여자대학교 교육과학연구소 아동교육연구편, 2005). 쌓기놀이에서도 주제를 가지고 놀이가 일어나고, 다양한 극놀이로 연결되기도 하므로 다양하고 충분한 블록과 여러 가지 소품을 준비해 준다.

쌓기놀이영역 구성과 관련된 참고사항 및 연령별로 필요한 교재 · 교구들은 다음과 같다.

- 출입구나 조용한 영역과는 거리를 두고 배치하며 역할놀이영역과는 인접하게 배치한다.
- 카펫이나 자리 등을 이용하여 다른 영역과 구분함으로써 다른 영역에 방해를 주지 않도록 하며, 소음을 흡수할 수 있도록 한다.
- 문이 없는 개방 교구장에 비치하고 바퀴 있는 교구장을 사용하여 이동이 원활히 하도록 한다.
- 큰 블록은 교구장 아래쪽에, 작은 블록은 교구장 위쪽에 쌓도록 하여 안전하게 사용할 수 있도록 한다.
- 블록의 종류나 양은 여러 영유아들이 함께 놀이할 수 있도록 충분히 구비하고, 다양한 소품을 제공하여 창의적 구성을 돕도록 한다.
- 주제나 계절에 따라 블록 및 소품은 주기적으로 교체해준다.

영아반	• 만 0~1세: 우레탄 블록이나 스펀지 블록, 종이벽돌 블록, 헝겊으로 감싸져 있는 블록 등 • 만 2세: 나무 블록, 종이벽돌 블록, 우레탄 블록, 스펀지 블록, 재질이 부드럽고 구멍이 큰 끼우기형 블록 등
유아반	• 다양한 종류의 블록류와 쌓기놀이를 촉진하는 소품류 • 쌓기놀이형 블록: 종이벽돌 블록, 유닛(단위) 블록, 우레탄 블록, 속이 빈 공간 블록, 스펀지 블록, 우유갑 블록 등 • 끼우기형 블록: 자석 블록, 와플 블록, 띠 블록, 꽃 블록, 눈송이 블록 등 • 인형류 소품: 모형 동물, 사람인형, 로봇, 공룡 등 • 탈것류 소품: 작은 자동차나 배 같은 운송수단 등 • 기타 보육주제와 관련된 소품들: 동물가면, 교통표지판, 신호등, 간판 표시물, 운전대, 오토바이용 모자, 소방관 모자, 경찰관 모자, 모형 건물이나 집 등

2) 역할놀이영역

역할놀이영역은 일상생활 속의 경험을 되풀이하거나 다양한 역할을 경험해 볼 수 있도록 꾸며진 영역으로 엄마 · 아빠 역할하기, 운전하기, 소방서놀이, 병원놀이 등 다양한 주제의 상상놀이 및 사회극놀이가 일어나는 곳이므로 자료를 충분히 제공하고, 놀이의 주제가 고정되지 않도록 적절히 자료를 바꾸어 주어야 한다.

이때 연령별 놀이특성을 고려하여 놀잇감을 준비하는 것이 필요하다. 즉, 어릴수록 다양한 종류의 장난감보다 단일 놀잇감을 충분히 준비해주고, 연령이 증가할수록 놀이 구성원 간 유기적 관계가 포함된 역할놀이를 하게 되므로 다양한 놀잇감을 준비해주어야 한다.

역할놀이영역 구성과 관련된 참고사항 및 연령별로 필요한 교재 · 교구들은 다음과 같다.

- 쌓기놀이영역과 인접하게 배치하여 영역 간 놀이가 통합되어 일어날 수 있도록 한다.
- 소음과 움직임이 많으므로 다른 놀이를 방해하지 않도록 배치한다.
- 다수의 유아들이 놀이할 수 있도록 공간을 충분히 확보한다.
- 상품화된 놀잇감 이외에도 가정에서 기증받은 실물자료를 활용할 수도 있다.
- 소파, 쿠션, 테이블보 등을 이용하여 가정과 같은 안락함을 느낄 수 있도록 구성한다.
- 주제와 관련 없는 기본 놀잇감 외에 주제에 따라 주기적으로 놀잇감을 교체해 주어야 한다.

영아반	• 만 0~1세: 세탁이 용이한 재료로 만들어진 다양한 크기와 촉감의 인형(가족인형, 소리 나는 인형, 동물인형), 자동차류 등 • 만 2세: 일상생활에서 부모를 통해 경험한 단순한 역할놀이용 자료(여러 가지 모양의 그릇 등의 소꿉놀잇감, 전화기, 인형) 등

유아반	• 기본 가구류: 유아 크기의 화장대, 식탁과 소품을 넣을 수 있는 장, 모형 씽크대 등 • 소꿉놀이류: 질감이 다양한 인형류(아기인형과 가족인형, 동물인형들), 유모차, 우유병과 각종 소꿉놀이 그릇류(냄비, 프라이팬, 밥솥, 접시 세트, 커피잔 세트, 주전자 등), 모형 주방 기구들(뒤집개, 국자, 주걱, 숟가락, 포크, 플라스틱 또는 나무로 된 작은 도마와 칼, 작은 밀대 등), 모형 음식 등 • 여러 가지 역할놀이 소품: 옷 입기 놀이를 위한 의상류(아빠 와이셔츠, 앞치마, 드레스류, 의사가운 등 직업 의상, 남녀 한복 등), 다양한 신발류, 장신구 및 소품(액세서리, 빗, 선글라스, 모자, 구두, 가방, 스카프, 넥타이 등)

3) 음률영역

음률영역은 다양한 음악 및 그와 관련된 자료들을 탐색하고 노래, 악기, 몸으로 표현하고, 이를 감상하는 활동을 하는 영역이다. 소란함 및 공간적 제약으로 인해 보육실 외부의 놀이실이나 강당 같은 곳에 설치하는 경우가 많은데 가능하면 보육실 내에 설치하도록 한다.

음률영역 구성과 관련된 참고사항 및 연령별로 필요한 교재 · 교구들은 다음과 같다.

- 음률영역은 활동적이고 소음이 많은 영역이므로 다른 영역에 방해가 되지 않도록 조용한 영역과는 떨어진 곳에 배치한다.
- 율동이나 신체표현이 가능하도록 충분한 공간을 제공하되 공간 확보가 어려운 경우 교구장을 이동하여 공간 확보에 용이하도록 구성한다.
- 바닥에 카펫을 깔고 옆면을 가리개로 차단하여 소음의 확산을 줄여 다른 놀이나 활동에 방해 되지 않도록 한다.

• 교구장 선반 바닥에 이름표, 사진, 악기 모양 밑그림을 붙여 유아들이 쉽게 정리할 수 있도록 한다.

• 전신을 비춰볼 수 있는 거울을 비치하여 영유아들이 자신의 움직임 표현을 살펴볼 수 있도록 한다.

영아반	• 만 0~1세: 딸랑이나 안전한 방울, 마라카스, 녹음기, 음악테이프, 소리가 나는 놀잇감, 주변에서 볼 수 있는 소리 나는 물건 등 • 만 2세: 북이나 흔들고 두드릴 수 있는 단순한 리듬악기(리듬막대, 마라카스, 탬버린 등), 녹음기, 음악테이프, 동작표현을 돕는 소품(여러 가지 색 보자기, 스카프, 리본 막대, 부드러운 수건 등)
유아반	• 리듬악기: 리듬막대, 우드 블록, 마라카스, 캐스터네츠, 탬버린, 트라이앵글, 소고, 작은북 등 • 가락악기: 실로폰, 멜로디언, 피아노, 키보드, 기타 등 • 전통악기: 소고, 장구, 북, 징, 꽹과리 등과 같은 우리나라 전통악기와 외국의 전통악기 • 기타 자료: 음악가 및 악기 사진, 악기연주 또는 노래 부르는 모습의 사진, 그림이 있는 노래가사, 그림 악보, 음악 포스터 등 • 음악감상자료: 녹음기, 헤드폰, 다양한 카세트/CD 플레이어, 음악테이프 등 • 동작활동자료: 여러 가지 색 보자기, 스카프, 리본 테이프, 리본 막대, 한삼, 부드러운 수건, 각종 동물가면이나 탈춤 소품, 거울 등

4) 미술영역

미술영역은 영유아의 미술 및 창작표현을 촉진시키기 위한 재료와 매체로 구성된 영역으로 영유아들은 다양한 조형활동을 하는 동안 소근육기술, 구성능력, 미적 지각과 심미감 등을 발달시키게 된다. 대부분의 어린이집에서 영유아들의 다양한 표현활동을 위해 상시 배치하는 영역 중의 한 곳으로 미술영역 구성과 관련된 참고사항 및 연령별로 필요한 교재 · 교구들은 다음과 같다.

- 미술영역은 보육실의 조용하고 밝은 곳에 배치한다.
- 물이 필요한 활동이나 정리를 위해 물 가까운 곳에 배치한다.
- 교구장 또는 자료장에는 풍부한 미술자료를 구비해 주고, 생활주제나 계절에 따라서 변화를 준다.
- 작품을 완성한 후 말리거나 전시할 수 있는 곳을 마련한다.
- 게시대나 전시대는 유아의 눈높이에 맞추어 설치하여 유아들이 감상하기 쉽게 하고, 손쉽게 수정 · 보완할 수 있도록 한다. ·
- 공산품 중심의 재료뿐만 아니라 계절을 느낄 수 있는 자연물, 생활 속 재활용품 등도 재료로 제공한다.

영아반	• 만 0~1세: 벽이나 바닥, 책상 위에 넓게 붙인 큰 도화지와 무독성 크레파스, 부드럽게 써지는 색연필, 밀가루 점토, 스티커, 여러 가지 모양 도장 등 • 만 2세: 다양한 재질과 색깔의 종이류, 색연필, 크레용, 크레파스 등 그리기 도구, 우유갑, 잡지책, 안전가위, 풀, 밀가루 점토, 스티커, 여러 가지 모양 도장 등
유아반	• 필기구류: 크레파스, 색연필, 연필, 볼펜, 사인펜 등 • 물감류: 수채화물감, 한국화물감, 먹물 등 • 종이류: 도화지, 두꺼운 도화지, 색도화지, 신문지, 한지, 화선지, 색종이, 골판지, 박스종이, 소포지, 포장지, 광고지, 이면지, 잡지류 등 • 만들기 도구류: 풀, 가위, 펀치, 고무줄, 클립, 테이프 등 • 만들기 재료류: 수수깡, 모루, 솜, 나무젓가락 등 • 점토류: 찰흙, 지점토, 밀가루 점토 등 • 폐품류: 우유갑, 요구르트병, 상자, 천 조각, 종이상자 등

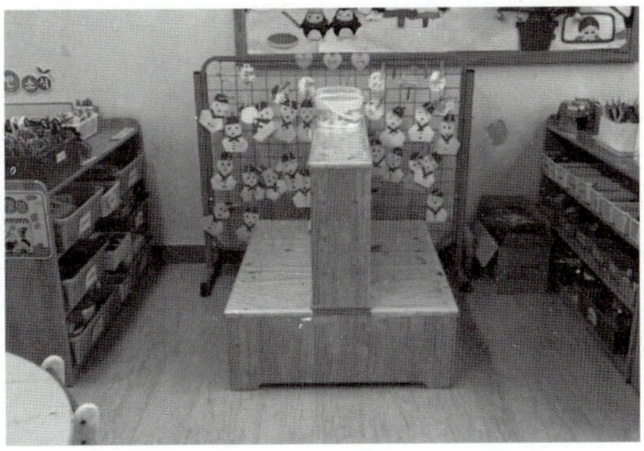

5) 언어영역

언어영역은 인간생활의 가장 주요한 의사소통 수단인 언어능력을 향상시킬 수 있는 활동이 이루어지는 영역으로 듣기, 말하기, 읽기, 쓰기의 4개 영역이 자연스럽고 통합적으로 다루어질 수 있도록 구성해야 한다. 언어영역 구성과 관련된 참고사항 및 연령별로 필요한 교재 · 교구들은 다음과 같다.

- 언어영역은 보육실에서 조용하고 밝고 안정된 곳에 배치한다. 부드러운 느낌의 카펫, 낮은 탁자, 기댈 수 있는 쿠션 등을 준비해주어 편안한 느낌을 갖도록 한다. 보육실이 좁은 경우 휴식 공간과 겸하기도 한다.
- 영유아의 연령에 따라 그림책에 관심을 나타내지 않은 영유아를 위해 소리 나는 책, 펼치면 입체가 되는 책, 헝겊책, 조작하는 책 등 다양한 종류의 책을 비치해주어 영유아들의 책에 대한 관심을 이끌어 내도록 구성한다.
- 영유아들이 스스로 손쉽게 원하는 책을 꺼내 보고 정리할 수 있도록 낮은 책꽂이를 준비하며, 책을 전시할 때는 표지가 잘 보이도록 구성한다.
- 듣기, 말하기, 읽기, 쓰기의 4가지 언어활동을 위한 자료를 골고루 제공해준다.
- 영유아들이 새로운 자료에 흥미를 느낄 수 있도록 그림책 등의 언어활동자료를 주제에 맞추어 제시해준다.
- 유아반의 경우 다양한 자료를 구비하도록 하고, 영아반의 경우에는 동일한 자료를 영아 수에 따라 충분하게 구비한다.

영아반	• 만 0~1세 – 듣기와 말하기: 그림자료, 사진자료, 전화기, 짧은 이야기와 노래테이프 등 – 읽기: 입으로 물거나 던져도 좋을 만큼 안전하고 견고한 재질과 형태의 그림책, 넘기기 쉬운 책장이 두꺼운 책, 헝겊책, 촉감책, 비닐책, 스펀지책, 소리 나는 책 등, 다양한 그림이나 사진자료(영아에게 친숙한 인물, 동식물) 등 – 쓰기: 영아가 물거나 빨아도 안전한 종류로 짧고 굵은 크레용이나 부드럽게 써지는 색연필, 전지, 쓰기판 등 • 만 2세 – 듣기와 말하기: 손인형, 사진자료, 친숙한 일상생활용품의 사진과 이름이 있는 그림카드, 전화기, 녹음된 목소리를 들어볼 수 있는 카세트, 짧은 이야기와 노래테이프 등 – 읽기: 글자 수가 많지 않은 다양한 주제의 그림책, 재질과 형태가 다양한 책, 촉감책, 퍼즐책, 소리 나는 책 등, 그림이나 사진자료(그림책의 주인공, 영아에게 친숙한 인물, 지역사회, 자연물) 등 – 쓰기: 굵은 크레용, 굵은 색연필이나 연필, 자석 쓰기판, 종이 등
유아반	• 듣기와 말하기: 작동이 간단한 카세트 플레이어, 다양한 주제의 이야기테이프, 헤드폰, 보육교사나 부모 등 친근한 사람의 목소리가 녹음된 테이프, CD 플레이어와 이야기 CD, 유아가 스스로 이야기를 꾸미거나 자신이 아는 이야기를 반복하도록 촉진시키는 소품(막대인형이나 테이블인형, 융판이나 자석인형, 손인형, 손가락인형, 인형극 틀 또는 언어 놀이를 할 수 있는 수수께끼 상자나 순서대로 사건을 연결하여 이야기해 보는 그림카드, 목소리를 녹음해 볼 수 있는 녹음기, 마이크 등) • 읽기: 다양한 주제의 각종 그림책(창작 그림책, 전래동화, 글 없는 그림책, 과학동화, 생활동화 등), 사진첩, 유아들이 만든 그림책, 주제에 따른 화보 모음 책, 동요 · 동시집, 어린이용 잡지나 카탈로그, 사전, 간판, 메뉴판, 광고나 포스터 등 실생활에서 볼 수 있는 환경 인쇄물, 각종 글자 모양과 글자 퍼즐 등 • 쓰기: 크기와 모양이 다양한 종이, 굵은 색연필이나 연필, 사인펜 등 다양한 필기도구, 소형 화이트보드와 마커펜, 글자 상자, 단어 카드, 자 · 모음 카드, 독서 카드, 글자 도장, 타자기, 컴퓨터와 프린터 등

6) 수 · 조작영역

수 · 조작영역은 수학영역과 조작영역을 통합하여 지칭하는 것으로 다른 영역에 비해 조용하게 탐색하고 집중하며, 관련 교재 · 교구들이 조작하는 것이 많기 때문에 통합하여 운영하기도 한다. 유아반의 경우에는 분리하여 설치할 수도 있고 과학영역과 통합하여 구성하기도 한다.

수 · 조작영역 구성과 관련된 참고사항 및 연령별로 필요한 교재 · 교구들은 다음과 같다.

- 개별적인 활동이 주로 이루어지는 곳이므로 조용한 곳에 배치한다.
- 수 · 조작영역의 독립성을 위해 교구장이나 가림판으로 다른 영역과 구분시키고 집중할 수 있도록 한다.
- 소집단 또는 개별적으로 집중하기 쉽도록 낮은 책상 또는 책상과 의자를 함께 제공한다.
- 조작 활동을 위한 교구들은 보육주제에 맞추어 1~2주에 한 번씩 교체해준다.

영아반	• 만 0~1세: 소리 나는 상자, 누르면 튀어 오르는 놀잇감, 고무나 플라스틱으로 된 고리 끼우기, 구슬을 조작하여 이동을 볼 수 있는 레일, 모양 찾아 맞추기, 색깔 맞추기 등 • 만 2세: 큰 조각 퍼즐, 모양 찾아 맞추기, 크기 순으로 고리 끼우기, 색깔 맞추기, 큰 구슬 꿰기 등의 조작활동자료, 촉감상자, 소리상자 등
유아반	• 수활동자료: 일대일 대응, 분류, 비교, 순서 짓기, 부분과 전체, 측정, 공간과 도형, 규칙성 등의 개념 발달에 도움이 되는 생활주제와 연관된 수 관련 자료 • 수세기 구체물: 작은 동물 모형, 조개류, 솔방울, 크기가 점차 커지는 10개의 컵, 숫자카드, 수 세기 자석판, 빨래집게 수 세기판, 양팔저울, 큰 글자의 시계, 달력 등 • 보육주제와 관련된 다양한 퍼즐: 그림 맞추기, 숫자 퍼즐, 색 퍼즐, 도형 퍼즐 등 • 판게임이나 게임자료: 주사위게임, 가위바위보게임, 윷놀이, 칠교놀이 등

7) 과학영역

과학영역은 영유아가 주변 환경에서 접하는 과학적 경험들을 직접 조작해 보거나 탐색해 보고, 동물과 식물을 직접 기르고 관찰해 보는 영역이다. 과학영역의 자료는 감각 · 조작 · 탐색의 특징을 수학영역이나 조작영역과 공유하기 때문에 수학영역 또는 조작영역과 통합하여 배치할 수도 있다.

과학영역 구성과 관련된 참고사항 및 연령별로 필요한 교재교구들은 다음과 같다.

- 조용하게 집중할 수 있는 곳에 배치한다.
- 식물이나 동물을 키울 수 있으므로 볕이 잘 드는 곳에 배치한다. 어린이집에는 원칙적으로 동물(애완동물, 곤충 등)을 키우면 안되지만 교육적인 목적 때문에 일정 기간 동물을 키울 경우 사전에 부모에게 고지해야 하며, 영유아의 알레르기, 질병, 상해 등을 방지하기 위해 정기적으로 수의사를 통해 면역 조치 등을 받아야 한다.
- 활동지와 같은 평면자료를 지양하고 계절, 주제, 영유아의 흥미에 기초하여 다양한 자연물이나 실물자료(예 열매, 식물, 꽃, 솔방울, 곤충, 조개껍데기 등 주변에서 볼 수 있는 것)를 제공한다. 이때 조개껍데기 등의 실물자료가 깨지거나 날카로운 면이 없도록 주의해야 한다.
- 활동 자료를 한 번에 모두 제시하지 말고 생활주제에 맞추어 교체해주고 보충해준다.

영아반	• 만 0~1세: 소리 나는 상자, 누르면 튀어 오르는 놀잇감, 고무나 플라스틱으로 된 고리 끼우기, 구슬을 조작하여 이동을 볼 수 있는 레일, 모양 찾아 맞추기, 색깔 맞추기 등(수 · 조작영역, 탐색영역으로 대체 가능함) • 만 2세: 돋보기, 식물, 동물, 주변에서 찾아낸 여러 모양의 돌이나 나무껍질, 조개껍데기 같은 여러 가지 자연물 등의 탐색활동자료
유아반	• 과학활동자료: 거울, 자석, 돋보기, 프리즘 등의 측정도구, 바퀴와 부속품 등 • 생물 관련 자료: 꽃, 야채, 나뭇잎, 열매, 씨앗, 나뭇가지, 꽃잎, 솔방울 등 자연에서 수집한 자연물과 식물 관련 자료, 거북이, 금붕어, 달팽이 등 기르는 동물과 먹이 등 동물 관련 자료 • 자연현상과 관련된 자료: 자연현상 사진, 온도계, 습도계와 관찰용지, 필기도구 등 • 도구와 기계류: 간단한 도구와 기계, 기계와 도구를 만들 수 있는 주변의 여러 가지 물건(적목, 상자) 등 • 과학 관련 화보 및 그림책

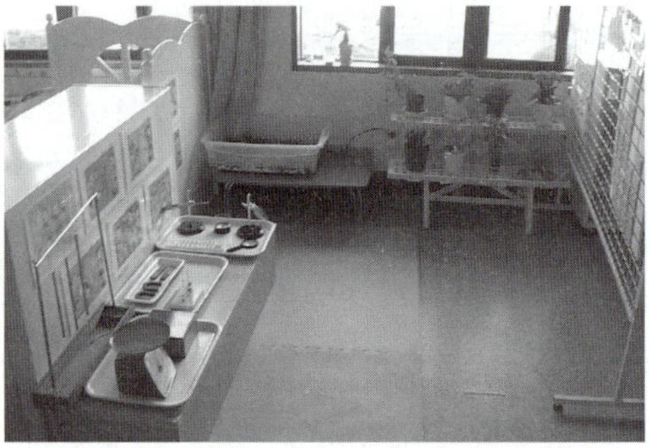

활동해 봅시다.

만 3세 유아를 위한 교실환경을 구성하고자 합니다. 다음과 같은 여건의 교실에 5개 이상의 흥미영역을 배치해 보세요. 좀 더 실제적인 모습으로 구성하기 위해 교구장의 위치, 책상과 의자 등도 그려봅시다.

8) 실외 환경 구성

영유아는 실외활동을 통해 내적 에너지를 마음껏 발산하고 움직임이 큰 활동을 함으로써 신체적 · 정서적으로 건강하게 성장할 수 있으며, 다양한 욕구를 충족한다. 어린이집에서는 정기적으로 영유아들이 안전하게 대 · 소근육활동 및 다양한 실외활동을 할 수 있도록 옥외놀이터를 설치하고 발달에 적합한 놀이기구를 갖추어야 한다. 또한, 놀이터를 설치할 때는 「어린이놀이시설 안전관리법」에 따라 설치 검사를 받는 것이 바람직하다(보건복지부, 2014a).

실외 환경의 경우 20인 이하의 가정 어린이집의 여건과 대규모 어린이집의 시설이나 설비가 크게 다르므로 보육교사가 준비할 수 있는 실외 흥미영역을 중심으로 환경 구성을 살펴보고자 한다. 실외에 설치할 수 있는 흥미영역으로는 대근육활동을 위한 운동놀이영역, 물 · 모래놀이영역, 동식물 기르기영역, 조용한 영역, 기타 임시영역 등으로 구분할 수 있다.

대근육활동을 위한 운동놀이영역

- 공, 로프, 줄, 고리 등의 기구와 도구를 자주 교체하며 제공한다.
- 자전거나 보드 등 탈것을 안전하게 이용할 수 있도록 바닥에 표시 및 다른 영역과의 경계를 분명하게 한다.

물 · 모래놀이영역

- 가능하면 복합놀이터와 모래놀이영역을 독립시켜 배치하는 것이 좋다.
- 고정된 모래놀이터가 힘들 경우 이동용 모래놀이 공간을 구성할 수 있다.
- 모래는 고운 모래를 이용하고, 위생적인 이용을 위해 주기적으로 소독하며, 사용 후에는 가리개로 덮어두어 야생동물들의 접근을 막도록 한다.
- 햇볕을 가리기 위해 나무그늘, 천막 또는 파라솔 등을 이용한다.
- 모래놀이영역과 물놀이영역을 인접 배치하면 놀이가 확장될 수 있다.

동식물 기르기 영역

- 영유아들이 친숙해하는 토끼 · 닭 · 오리 같은 동물들을 관찰할 수 있는 공간을 마련한다.
- 유아들의 알레르기 상태, 조류독감 등 위생과 건강문제를 고려하여 운영한다.
- 실외 환경 전반에 걸쳐 작은 꽃과 풀부터 큰 나무에 이르기까지 조화롭게 조성한다. 이때 독성이나 가시가 있는 식물은 제외한다.
- 텃밭을 구성하여 영유아가 식물을 경작하는 경험을 할 수 있도록 한다.

조용한 영역

- 실외놀이 중 지칠 경우 휴식할 수 있는 장소를 마련한다.
- 텐트, 놀이집, 돗자리, 피크닉 테이블 등을 활용할 수 있으며, 이 공간에 그리기, 책 보기, 미술활동 등 실내놀이활동자료를 제공해주거나 간식을 먹는 공간으로 활용할 수 있다.

기타 임시영역

- 상시 설치되는 고정된 영역이 아니라 음악극, 악기연주, 신체표현을 위한 영역 등 실내놀이활동과 연계된 공간을 임시적으로 마련하여 활동을 진행할 수 있다.

2. 가족 및 지역사회 협력

영유아의 성장과 발달에는 다양한 생태체계가 영향을 끼친다. 가장 직접적인 미시체계로는 부모 및 가족부터 시작하여 영유아가 생활하고 어린이집이 위치하는 지역사회까지 여러 수준의 환경이 영유아의 보육에 대해 직 · 간접적인 영향을 끼치고 있다. 즉, 전문성 있는 보육교사, 자녀에 대해 구체적인 정보를 많이 아는 부모, 어린이집이 속한 주변 지역사회가 함께 협력적인 관계를 유지하고, 상호 간에 일관성 있는 보육방침이 유지될 때 효과적인 보육이 이루어질 수 있다.

본 절에서는 영유아의 전인적 성장과 발달을 촉진하기 위한 가장 기본적인 환경인 가족, 그중 부모의 협력을 이끌어내는 다양한 방법을 살펴보고, 영유아의 보육을 위해 지역사회의 여러 자원을 활용하고 어린이집이 지니고 있는 보육 역량과 자원을 지역사회와 나누고 소통하는 방법들을 살펴보도록 하자.

1) 부모 및 가족의 협력

보육교사는 영유아가 건강하게 성장하고 발달하는 데 부모 및 가족이 가장 중요한 역할을 한다는 사실을 인식해야 한다. 부모와 가족은 영유아에 대한 가장 중요한 정보원이자 영유아의 성장과 발달을 지원해주는 환경이므로 보육교사는 부모 및 가족과의 긴밀한 상호작용을 통해 영유아에 대한 정확한 정보를 얻고, 아울러 부모 및 가족이 함께 영유아에 대한 공통의 교육 및 보육적 지원을 할 수 있도록 다양한 부모교육 및 참여 프로그램을 계획하고 실행해야 한다. 부모 및 가족의 참여를 도모하는 다양한 방법을 구체적으로 살펴보자.

(1) 학기 초 안내

어린이집에 영유아를 처음 보내는 부모는 영유아가 새로운 환경에 잘 적응할지, 가정에서 어떤 도움을 주는 것이 좋을지 궁금해하고 걱정하게 된다. 보육교사 및 어린이집에 대한 부모와 가족의 신뢰는 영유아의 적응의 기초가 되므로 보육교사는 학기 초 부모 및 가족에 대한 안내를 위한 자료 배포나 모임을 마련할 수 있다.

① 운영 관련 안내자료 배포

어린이집에 대한 정보를 제공하는 운영 관련 안내자료는 가정통신문이나 소책자 형태로 어린이집의 보육목표 및 철학, 보육 프로그램, 하루 일과, 보육환경과 활동, 부모 대상 활동과 주요 행사, 보육교직원 소개 등의 내용을 담을 수 있다. 이는 처음 어린이집을 선택한 부모에게는 어린이집에 대한 정보를 제공하고, 재원을 선택한 부모들에게는 변화된 어린이집의 운영방침 등을 전달할 수 있다.

② 부모 오리엔테이션

부모 오리엔테이션은 신입 원아의 부모를 대상으로 어린이집의 전반적인 보육방침 및 운영방침을 주제로 대집단 모임 형식으로 실시되는 것이 일반적이다. 어린이집 입장에서는 보육교직원 소개, 보육시간, 어린이집의 환경, 보육 프로그램 및 보육과정, 어린이집의 개방 원칙, 등 · 하원 절차 및 안전지침 등을 안내하고, 신입 원아의 부모 입장에서는 어린이집의 운영 전반에 대한 의문사항을 질문과 답변을 통해 해결할 수 있다. 이를 통해 어린이집과 부모 상호 간의 이해와 협조의 폭을 넓힐 수 있다.

한편 부모 오리엔테이션을 신입 원아의 부모만을 위한 것으로 인식해서는 안 된다. 재원아 부모를 위한 오리엔테이션도 필요한데 이 경우에는 변화된 원의 운영방침에 대한 구체적인 설명이나 영유아 연령의 증가와 관련하여 요구되는 다양한 정보를 공유하는 기회가 되므로 재원아 부모를 위한 오리엔테이션도 마련하도록 한다(한국보육진흥원, 2011).

(2) 일상적인 의사소통방법

어린이집에서 보육교사와 영유아가 함께 생활하는 동안 주기적으로 부모 및 가정에 정보를 제공하거나 부모 및 가정으로부터 협조를 받아야 할 상황들이 생기며, 하루하루 보육활동 중에서도 예기치 않게 연락을 주고받아야 할 상황들이 발생할 수 있다. 어린이집에서 부모와 의사소통하는 다양한 방법으로는 가정통신문, 게시판, 전화, 이메일, 인터넷 홈페이지, 알림장 등이 있는데 그중 몇 가지 방법에 대해 구체적으로 살펴보자. 그리고 어린이집 평가인증에서는 3가지 이상의 방법을 사용하도록 권장하고 있음도 기억해두자(보건복지부, 2014a).

① 가정통신문

가정통신문은 어린이집의 소식을 가정에 전하는 가장 일반적인 형태로 연간, 월간, 주간 등 정기적 간격으로 발송되기도 하고, 필요에 따라 수시로 발송되기도 한다. 가정통신문의 내용으로는 학년 초에 배포되는 운영 관련 안내자료를 포함하여 월간이나 주간 등 주기적으로 발송되는 가정통신문에는 보육활동계획과 급 · 간식표는 필수적으로 포함되며 그 외 행사계획, 행사결과보고, 가정의 협조사항, 부모교육내용 등을 포함할 수 있다. 비정기적으로 제작되는 가정통신문은 특별한 행사나 갑자기 알려야 할 사항(필요한 서류 제출 기일, 견학, 야외수업에 관한 변동사항, 갑자기 요청된 설문지 조사 참여, 응급상황 알림, 허락이 필요한 서류 작성이나 행사 준비물)을 담은 형태로 구성된다.

숲어가통-○○-06-3

숲과 아이들의 만남, ○○숲 어린이집

가 정 통 신 문

기간 20○○년 6월 3일 ~ 6월 7일
원장실 ☎604-0454 교사실 ☎604-0455

한창 자라나는 우리 아이들처럼 짙어가는 초록의 잎새와 풀잎들이 바람에 나풀거리는 모양이 초여름의 풍경을 더욱 정겹게 합니다. 본격적인 더위가 오기 전에 한여름을 무탈하게 보낼 수 있도록 몸과 마음의 준비를 단단히 하셔서 여름 내내 건강한 생활이 되길 바랍니다.

1. 만 3세 우리 동네 견학 안내입니다.

우리 동네에 있는 기관들을 둘러보고 그곳에서 일하는 분들을 만나고 옵니다.
- 날짜 : 20○○년 6월 5일(수)
- 장소 : ○○동 주민센터, **은행, **시장
- 복장 : 원복, 운동화, 모자(간식 및 점심은 어린이집에서 먹습니다.)

2. 홍역 예방 안내입니다.

△△ 지역 홍역 발생이 보도되고 있습니다. 만 4세 이상 유아들은 MMR 2차 접종을 해주십시오. 아울러 아이들이 항상 손을 깨끗이 씻을 수 있도록 가정에서 지도 부탁드립니다. 수두는 법정 2종 전염병으로 결석처리되지 않습니다.

3. ○○ 대학교 참관 안내입니다.

○○대학교 보육학과 학생(2명)이 참관을 나옵니다.
- 기 간 : 6월 3일(월) ~ 6월 28일(금)
- 참관반 : 다솜반, 도담반

4. 상담전화 관련 부탁드립니다.

학부모 상담전화는 3시 이후에 해주시기 바랍니다. 수업 중에 전화를 받게 되면 교사가 전화를 받느라 아이들과 함께하는 활동에 방해될 뿐만 아니라 아이들에게서 교사의 시선이 멀어지게 됩니다.

5. 재활용품을 보내주십시오.

무심코 버렸던 재활용품들도 아이들에게는 신나고 재미있는 놀잇감이 됩니다. 단추, 휴지심, 우유갑, 요구르트병, 냄비, 주걱, 뒤집개, 프라이팬, 플라스틱 그릇, 컵 등의 재활용품이 생기면 언제든지 원으로 보내주십시오.

20○○. 5. 30.
○○ 숲 어린이집(기관 직인)

가정통신문 연번

제목: 가정통신문
부제로 어린이집의 슬로건 또는 캐치프레이즈를 적기도 함

가정통신문 해당 기간

인사말 : 날씨, 건강 관리, 주간 이슈, 명절, 국경일, 학기 말 인사 등 시기와 상황에 맞는 적절한 인사말로 시작

알림내용: 행사 안내, 견학 안내, 식단 안내, 부모교육자료, 가정 협조사항, 서류 제출사항, 보육 안내, 향후 일정 등

여백이 있을 경우 유치원에서 배우는 노래나 동시 등 유아들과 함께하는 교육내용을 간략하게 소개하기도 하고, 유아들의 활동결과물을 싣기도 한다.

보내는 날짜: 기관 직인을 찍고 기관장 명의로 발송한다.

[그림 6-2] 가정통신문 예시 및 작성법

출처: 황해익 외(2014). p.243. 재구성.

어린이집에서 발송되는 모든 가정통신문은 공적 기관에서 발송되는 것이므로 연번이나 직인 등을 포함하는 일정한 형식을 갖추어야 하며, 그림의 사용이나 내용의 배치에 있어 어린이집의 특색이 반영되는 심미적이고 창의적인 구성도 가능하다. 그 한 방법으로 영유아들의 작품을 가정통신문의 한 부분에 배치하여 소개하면 부모들이 더욱 유심히 살펴보게 된다. 주간 보육계획안과 급 · 간식표와 별도로 발송되는 가정통신문의 예는 [그림 6-2]와 같다.

② 전화 통화

여러 통신매체 중 가장 접근성이 좋고 빠른 전화는 현장에서 가장 많이 사용되는 의사소통방법이다. 보육교사의 입장에서는 주로 하루의 일과가 끝난 후에 활용하며 하루의 일과 중에 일어난 일이나 결석한 유아에 대한 안부 전화, 유아가 다치는 것과 같이 문제 당일 통화해야만 하는 내용뿐만 아니라 평소 의논하고 싶었던 유아의 습관, 문제행동 또는 협조사항 등 특수한 사항까지 광범위하게 사용할 수 있다. 이때 전화일지를 이용하여 기록을 남겨두는 것도 좋다. 부모의 입장에서는 결석이나 전날 가정에서 발생한 상황 중 보육교사가 알고 있으면 도움이 되는 사항을 알려주거나 다른 사람에게 하원을 부탁했을 때 전화로 보육교사에게 알린다.

전화상담은 편한 방법이지만 직접 만나서 면담하는 것이 아니기 때문에 부모의 표정이나 태도, 부모의 이해 정도, 학부모의 전화상담상황 등에 대한 여러 가지 정보를 놓칠 수 있다. 따라서 일반 상담보다 더욱 경청하고 공감하는 보육교사의 기본 능력이 필요하다.

전화 통화를 할 때 지켜주세요!

• 전화를 받을 때

① 벨이 울리면 가능한 한 빨리 받도록 한다. 벨이 3회 이상 울린 후 받았다면 늦게 받은 것에 대해 사과의 말을 전한다. –"늦어서 죄송합니다."

② 인사말과 함께 기관명과 전화 받는 사람을 밝힌다. 전화 받는 인사말은 기관이 공통적으로 정할 수 있다. –"전화주셔서 감사합니다. ○○어린이집 교사 ***입니다."

③ 통화내용이 분명하지 않을 경우 양해의 말을 한 뒤 다시 한 번 확인한다. –"죄송합니다만, △△반 ◇◇◇ 어린이 차량 태우지 말고 원에서 기다리라고 하신 것 맞습니까?"

④ 전화를 바꿔줄 때는 상대방의 신원을 파악한 후 잠시 기다리라고 한다. –"전화주신 분은 누구신가요?(신원 확인 후) 잠시만 기다려 주십시오."

⑤ 바꿔줄 사람이 자리에 없거나 통화 중 또는 시간이 오래 걸릴 경우에는 전화를 받지 못하는 이유를 간략하게 알리고 전화를 끊고 기다리게 한다. –"지금 자리에 없어서 돌아오는 대로 전화드리라고 하겠습니다."

⑥ 통화 중 다른 사람과 대화할 일이 있을 경우 상대방에게 들리지 않도록 수화기를 막고 대화한다.

⑦ 전화를 끊을 때는 끝맺음 인사를 한 후 상대방이 끊고 난 다음 수화기를 내린다.

• 전화를 걸 때

① 아침 일찍, 밤늦게, 식사시간, 휴일은 피해서 전화를 건다.

② 상대방이 수화기를 들면 먼저 인사를 하고 자신을 밝힌다. –"안녕하십니까? ○○어린이집 ◇◇◇ 담임 선생님입니다."

③ 원하는 상대방이 없으면 메모를 부탁한다. –"죄송합니다만, △△△에게 메모를 부탁합니다."

④ 전화 상대방을 알지 못할 경우 목소리가 젊게 느껴져도 높임말을 사용한다.

⑤ 통화는 되도록 간단하게 하고, 통화를 끝낼 때는 끝맺음 인사를 하고 전화를 건 쪽이 먼저 끊는다. 그러나 상대방이 윗사람이거나 경의를 표해야 할 경우에는 상대방이 전화를 끊은 후 수화기를 내려놓는다.

출처: 황해익 외(2014). pp. 238–239.

활동해 봅시다.

우리 어린이집을 대표하는 전화 인사말을 만들어 보자. 어떤 톤과 억양으로 하는 것이 좋은지 친구들과 의논해서 결정해 보자. 그리고 보육교사와 부모가 전화 통화를 하는 가상상황을 만들어 역할극을 해 보자.

③ 홈페이지 및 인터넷 카페

인터넷과 스마트폰의 상용화에 따라 홈페이지나 인터넷 카페 등을 이용한 의사소통이 증가하고 있다. 어린이집은 홈페이지나 인터넷 카페에 전반적인 운영 변화사항, 행사공지 및 행사결과 그리고 영유아들의 각종 활동기록 등을 게시하고, 부모들은 어린이집 홈페이지나 인터넷 카페 사이트를 방문함으로써 여러 가지 정보를 수집하고, 게시판이나 방명록에 궁금한 사항을 질문으로 남겨 대답을 듣기도 한다.

홈페이지나 인터넷 카페는 불특정 다수의 사람들이 접근할 가능성도 있으므로 홈페이지 및 인터넷 카페를 운영할 때는 부모와 영유아, 보육교직원들의 개인 정보가 노출되지 않도록 주의해야 한다.

[그림 6-3] 인터넷 카페를 통한 의사소통의 예

출처: 효원어린이집 인터넷 카페(http://cafe.daum.net/hyowon0485).

④ 알림장

개별 영유아의 매일의 보육경험에 대해서 알림장(일일보고서, 대화수첩, 스마트 알림장) 등을 통해 부모와 보육교사 간의 의사소통이 이루어질 수 있다. 영아의 경우에는 수유, 이유, 배변, 수면상황과 전반적 기분과 건강 상태에 대해, 유아의 경우에는 보육활동 시 유아의 개별적 반응이나 문제행동, 이에 대한 보육교사의 지도방법, 또래와의 상호작용 등에 대해 주기적으로 의사소통하는 것이 필요하다(보건복지부, 2014a). 따라서 보육교사는 일과 중 알림장을 기록할 시간을 확보해야 한다.

(3) 면담

부모와 보육교사 간의 면담은 보육교사와 영유아 가족 구성원들이 영유아의 성장에 관한 지원과 관심을 공유하기 위해 계획되는 것으로 부모와 보육교사는 영유아의 단점이나 약점에 대해 토로하는 시간이 아님을 명심해야 한다. 면담은 부모와 보육교사간 일관성 있는 보육을 위한 방법으로써 권장되고 있으며, 일반적으로 개별면담 및 집단면담으로 구분된다.

① 개별면담

개별면담은 개별 영유아 부모와 보육교사가 개별 영유아의 어린이집과 가정에서의 성장과 발달에 대해 서로 정보를 교환하고 의논하는 면대면 만남이다. 일반적으로 개별면담은 연 2회 이상 실시하되, 상 · 하반기로 나누어 실시할 것을 권하고 있다(보건복지부, 2014a). 영아의 경우, 발달적 변화가 빠르고 개별적 배려가 더 많이 요구되므로 유아보다 자주 부모와 개별면담을 하기도 하고 특별한 문제가 있는 영유아의 경우, 다른 영유아보다 더 자주 부모와 개별면담을 할 수 있다.

보육교사는 개별면담을 위해 사전에 부모가 관심 있어 하는 것에 대해 조사한 후 그 관심사와 관련된 자료를 준비하는 것이 필요하다. 그리고 영유아의 생활과 발달에 관한 각종 자료, 즉 평상시 영유아 관찰기록, 각종 검사결과, 영유아 개인의 포트폴리오, 영유아의 어린이집 생활에 대한 내용 등을 미리 정리하여 기록해두고, 부모에게 알릴 영유아의 발달상황 및 지도방법도 정리해둔다.

그리고 부모와의 개별면담결과는 기록으로 남겨둔다. 개별면담기록지 양식의 예는 [그림 6-4]와 같다.

면담 *Tip*

- **면담을 위한 준비**
  - 면담 장소: 아늑한 곳으로 준비하고 온화한 분위기를 조성한다.
  - 면담내용을 미리 메모해둔다.
  - 부모에게 보여줄 수 있도록 영유아의 최근 활동내용이나 작품을 준비해둔다.
- **대화방법**
  - 영유아의 문제행동을 이야기하기 전에 좋은 점이나 긍정적 행동을 먼저 이야기하는 것이 바람직하다.
  - 부모가 하는 말의 뜻과 감정을 공감해줌으로써 부모가 많이 말하도록 한다.
  - 보육교사는 부모의 언어, 표정, 손의 움직임, 목소리 등을 관찰하여 감정을 올바르게 이해하도록 한다.
  - 부모의 이야기를 듣고 직접적인 충고는 피하도록 하며, 다양한 해결책을 공동으로 모색하고 의사결정은 부모가 하도록 한다.

출처 : 한국보육진흥원(2011). p.356.

<table>
<tr><td colspan="2">개별면담기록지</td></tr>
<tr><td>날 짜 :
면담 교사 :
핵심 내용 :</td><td>장 소 :
면담자 : (　　　　　)의 (부, 모,　　　　)</td></tr>
<tr><td colspan="2">면담기록</td></tr>
<tr><td colspan="2"></td></tr>
<tr><td colspan="2">부모의 의견</td></tr>
<tr><td colspan="2"></td></tr>
<tr><td colspan="2">교사의 의견</td></tr>
<tr><td colspan="2"></td></tr>
</table>

[그림 6-4] 개별면담기록지 양식의 예

② 집단면담

집단면담은 영유아의 행동, 친구관계, 놀이, 습관, 문제점 등에 있어 다수의 부모들이 공통적인 관심과 요구를 보일 때 활용할 수 있다. 일반적으로 부모참여 행사가 끝난 후에 각 반별로 집단면담을 실시하기도 하는데, 어린이집의 전체 부모를 대상으로, 반별로 또는 5~10명의 소집단을 대상으로 실시하게 된다. 집단의 규모가 면담의 효과에 영향을 끼치게 되므로 집단면담의 경우 집단 규모에 대한 사전 계획을 세워야 한다.

(4) 부모교육: 강연회

부모가 영유아에게 미치는 지대한 영향력에 반해 현대 가정의 교육 및 보육기능이 약화되었다는 현실은 어린이집에서의 부모교육 필요성을 더욱 부각시키고 있다. 어린이집에서는 부모들이 올바른 부모역할을 배우고 관련 정보를 구할 수 있도록 부모에게 부모교육을 실시하기도 하고, 외부에서 실시되는 부모교육 프로그램이나 워크숍에 관한 정보를 안내하여 희망하는 부모가 참여할 수 있도록 지원한다.

가정통신문, 면담, 홈페이지 게시판 등이 어린이집 내부의 부모교육의 매체로 활용되고 있는데, 여기서는 어린이집이 부모를 대상으로 바람직한 보육 실제에 대한 정보와 교육을 제공하는 강연회에 초점을 맞추어 살펴보고자 한다.

강연회는 전문가가 한두 가지 주제를 부모들에게 전달하는 것으로 어린이집에서 가정통신문과 함께 선호하는 부모교육의 형태이다. 강연회에 직접 참여하지 못하는 부모의 경우 온라인으로 접근하게 하는 것도 한 방법이다.

부모교육을 위한 강연회를 진행하는 일반적인 절차는 먼저 강연주제에 적합한 강사를 선정하여 섭외한다. 강연주제는 부모들로부터 요구사항을 조사하기도 하고, 최근 관심의 대상이 되는 보육 및 교육의 실제를 선정하기도 한다. 이때 강사에게 어린이집 부모들의 특성이나 요구사항을 미리 알려주는 것도 강연 준비에 도움이 된다. 다음으로 어린이집 부모들에게 가정통신문, 홈페이지 게시판 및 어린이집 행사판 등을 통해 강연회의 주제와 내용에 대해 안내한다. 이때 부모의 참석 가능 여부를 확인하여 참여 인원을 미리 파악하면, 강연회 장소, 강연 준비물, 강연 시 활동 및 다과 준비에 반영할 수 있다. 당일 부모들에 대한 안내, 동반 자녀를 위한 공간 및 프로그램, 다과, 좌석 배치 등에 대해 미리 계획을 세우고 업무를 나누어 진행하는 것이 적절하다. 강연의 효과를 높이기 위해서는 강연을 듣는 것으로 끝내지 말고 서로 토의하고, 요점을 분명히 파악하고 평가해 보는 등의 후속활동을 계획해 볼 수 있다.

활동해 봅시다.

지금 강의를 해주시는 교수님을 초대하여 어린이집 부모들 대상의 강연회를 개최하고자 합니다. 선정된 주제는 무엇이며, 행사 전 공지방법, 적정 인원 계획 및 참석 여부 파악방법은 무엇입니까?
원활한 강연회를 위해 행사 당일 신경 써야 할 사항들을 적어봅시다.

(5) 운영위원회 및 보육 참여

어린이집 운영에 있어 제도적으로 정해진 보육교사, 부모, 지역사회의 협력제도 외에도 어린이집의 상황 및 필요에 따른 다양한 보육활동 참여가 이루어지고 있다. 각각 구체적으로 살펴보자.

① 어린이집 운영위원회

「영유아보육법」 제 25조에 따르면 어린이집에서는 어린이집 운영위원회를 구성하고 정기적으로 회의를 개최함으로써 어린이집의 운영과 프로그램에 대한 의견이나 요구를 수렴하여 어린이집 운영에 반영하도록 되어 있다. 이때 운영위원회는 어린이집 원장, 보육교사 대표, 학부모 대표 및 지역사회 인사를 포함하여 5인 이상 10인 이내로 구성되어야 하며, 연 2회 이상 정기적으로 어린이집 운영 위원회를 개최하여 어린이집 운영과 프로그램 전반에 대해 논의하고, 운영위원회 개최계획 및 결과가 부모에게 적절하게 안내되어야 한다.

② 보육활동 참여

부모의 보육활동 참여는 공개수업참관, 부모 자원봉사자, 보조교사, 주제활동의 주교사 등 다양한 수준에서 이루어질 수 있다. 예를 들어 어린 영아들이 단체로 현장학습이나 산책을 갈 때, 알뜰시장, 어린이날 행사, 생일잔치 등 어린이집 행사에 일손이 많이 필요한 경우, 부모의 전문 분야에 관한 주제가 전개될 때 등 부모의 보육활동 참여기회가 다양하다. 따라서 보육교사는 어린이집 여러 행사나 보육활동에 부모가 참여할 수 있는 구체적인 절차와 방법을 마련하여 사전에 부모에게 안내할 필요가 있다.

활동해 봅시다.

5~6명이 한 팀이 되어 어린이집의 연간 행사 중 한 가지인 부모참여수업에 대해 계획을 세워봅시다.
누구를 대상으로 할 것인지, 어떻게 안내하고 홍보할 것인지, 어떤 활동을 할 것인지, 그러한 활동을 선정한 이유는 무엇인지, 그리고 이를 위한 구체적인 준비사항에는 무엇이 있는지 등 세부적인 계획안을 작성해 봅시다.

2) 지역사회와의 협력

영유아가 지역사회에 소속감을 느끼며 사회에 기여할 수 있는 사람으로 성장하도록 하기 위해서는 지역사회의 역할이 중요하다. 어린이집도 지역사회의 구성원이며 지역사회의 정책과 문화에 영향을 받으며 어린이집의 역할을 담당해나간다. 따라서 어린이집에서는 지역사회 관련 기관과 여러 가지 협력관계를 통해 영유아와 가족이 자신의 지역사회를 이해하고 지역사회에서 필요한 지지를 받을 수 있도록 노력해야 한다.

2014 어린이집 평가인증 안내(보건복지부, 2014a)에 따르면 지역사회와의 연계가 활발하게 이루어지는 경우로 지역사회 자원을 이용한 활동이 월 1회 이상(영아는 2개월에 1회 이상) 이루어지는 경우를 의미하고 있다. 그렇다면 어린이집과 지역사회가 협력하기 위한 구체적인 방법에는 무엇이 있을까?

(1) 지역사회기관과의 연계 프로그램

지역사회의 관공서, 학교, 노인복지관, 병원 등 여러 기관과의 협력을 통해 다양한 형태의 연계활동이 이루어질 수 있다. 예를 들어 지역사회의 보건소와 연계하여 금연교육, 성폭력 예방교육, 약물오남용 예방교육 등의 협조를 받거나 소방서와 연계하여 재난대피훈련, 소방대피훈련 등을 공동으로 실시하며, 노인복지센터와 연계하여 영유아가 노인과 함께 놀이하는 프로그램을 운영할 수 있다. 이를 통해 영유아에게 보다 실제적이고 전문적인 경험을 제공할 수 있다.

생각해 봅시다.

다음의 기관에서 할 수 있는 프로그램 아이디어를 만들어 봅시다.

- 경찰서, 지구대 또는 파출소에서 영유아들을 위해 운영할 수 있는 프로그램
- 안과 또는 치과에서 어린이집 영유아들에게 제공할 수 있는 프로그램
- 대형마트 또는 시장과 연계할 수 있는 프로그램
- 지역 도서관 또는 어린이 도서관과 함께 운영할 수 있는 프로그램
- 그 밖의 프로그램

신문 기사 한토막!

○○시 보건소는 지난 21일부터 28일까지 ○○시 지역 8곳 어린이집 유아 200여 명을 대상으로 '어린이 아토피 힐링캠프'를 자연학습공원에서 진행했다고 29일 밝혔다. 아토피피부염에 취약한 아이들을 대상으로 진행한 힐링캠프는 어린이 눈높이에 맞춘 아토피피부염 예방관리 교육과 자연학습공원에 있는 낙엽과 도토리, 돌 등을 활용한 감각깨우기체험, 그룹미술체험활동 등 다양하게 진행되었다. 보건소 관계자는 "지속적으로 다양한 프로그램개발을 개발해 어린이 아토피 예방 관리에 최선을 다하겠다"고 말하였다.

출처 : △△일보(2014. 10. 30).

(2) 지역사회기관 방문 및 견학 프로그램

영유아들이 가정과 어린이집 외에 지역사회 환경을 좀 더 친밀하게 이해하도록 어린이 도서관, 병원, 경찰서, 초등학교, 대학, 주민센터, 공원관리사무소, 소방서,

은행 등 가까운 장소를 방문할 기회를 제공한다. 이때 해당 업무에 종사하는 전문가 및 담당자를 만나보는 관련 활동을 진행함으로써 영유아의 이해를 심화시키는 교육 활동이 이루어질 수 있다. 한편 지역에 위치한 해변, 생태습지를 방문하거나 그 지역사회에만 있는 특별한 박물관, 기념관 등을 방문하여 관련 활동을 경험하는 등 그 지역만의 독특한 자원을 이용한 활동을 함으로써 영유아가 지역사회를 좀 더 구체적이고 실제적으로 이해하는 데 도움이 된다.

(3) 영유아와 가족의 문제에 대해 지역사회의 전문기관 활용하기

어린이집은 영유아와 가족의 특정 문제를 도와줄 전문기관에 대한 실질적인 정보(서비스 종류, 전화번호, 비용 등)를 가지고 있으며 이를 부모에게 안내해주어 문제가 생길 경우 대처할 수 있도록 도와주어야 한다. 특수한 요구가 있는 영유아를 위해서는 필요한 경우 관련 전문가와 협조하여 함께 문제를 해결하도록 지원할 수 있다.

생각해 봅시다.

다음의 경우에 활용할 수 있는 우리 지역 내 전문기관들을 찾아봅시다.

- A는 다문화 가정 자녀이며, 엄마가 한국어에 서툴다.
- B는 장애아로서 어린이집에서 생활하기 위해 조력자가 필요하다.
- 요즘 C는 몸 여기저기 멍이 자주 들어온다. 가정 내 학대를 의심하고 있다.
- 그 밖에 빈곤가족, 한부모가족, 입양가족, 중독가족, 조손가족 등에서 일어날 수 있는 문제 상황을 생각해 보고, 도움을 줄 수 있는 전문기관을 찾아보자.

chapter 07
보육평가

보육평가는 영유아의 전인적인 성장과 발달을 돕기 위해 이루어지는 모든 활동의 과정과 결과에 대하여 가치를 판단하는 일련의 과정이다. 보육교사는 보육과정을 계획 · 운영할 뿐만 아니라 보육과정평가와 영유아평가를 통해 보육의 목표가 제대로 실현되고 있는지를 평가한다. 또한, 보육교사는 어린이집 평가인증을 통해 어린이집의 질적 수준을 높이기 위해 노력한다.

본 장에서는 보육교사의 직무 중 영유아평가와 보육과정평가 및 어린이집 평가인증에 대해 알아보고 실행능력을 기르고자 한다.

1. 영유아평가

1) 영유아평가의 목적

영유아에 대한 평가는 영유아의 발달 수준 확인과 교육의 적절성 및 효과성을 판단하고 더 나은 교육을 계획하기 위해 필수적으로 요구되는 것이다. 영유아에 대한 적절한 평가를 통해 영유아의 현재 발달 수준을 확인하고 영유아가 지금 알고 있는 것과 모르는 것, 발달이 앞선 부분과 그렇지 못한 부분에 대한 정보를 얻을 수 있을 뿐 아니라 영유아에 대한 보육 내용 및 수준이 적절한지, 제공되는 교수내용들이 영유아의 발달 및 진보에 도움이 되고 있는지에 대하여 알 수 있다.

영유아평가는 유아의 발달 정도, 프로그램과 유아와의 상호작용 효과, 유아 개개인의 능력 및 특성과 잠재력에서의 강점과 개인차 등을 평가하는 것으로, 개별 유아에 대한 평가결과를 교육에 반영함으로써 개별 유아의 행복과 발달을 최적화하려는 것이다(황해익, 2009). 유아의 행복을 위해 강점을 활용하고 개발하는 교육이 이루어지기 위해서는 영유아 개개인이 가지고 있는 강점의 영역을 발견하고 이를 확인하는 강점기반평가가 선행되어야 한다. 누리과정의 유아평가에서도 유아의 행복한 삶을 위한 강점기반교육의 관점이 나타나고 있다. 유아를 위한 교육과정을 계획하는 데 반영되기 위한 평가는 부족한 점을 지적하기보다 각각의 강점을 파악하고 이를 키워줄 수 있는 방향으로 이루어져야 한다(교육과학기술부, 보건복지부, 2012)고 하였다.

기본적으로 유아에 대한 평가는 관찰, 검사, 면담, 작품분석 등의 다양한 방법을 통해 유아에 대한 정보를 수집하는 것부터 시작되는데 정보를 수집하는 기저에 어떠한 시각이 깔려 있느냐에 따라 수집되는 자료의 특성, 유아를 위한 지원의 내용과 방법, 그에 따른 결과들이 달라진다(황해익, 2009). 기존의 유아평가는 유아의 장점과 단점을 구분하고, 단점을 확인한 후 보완하는 방식으로 이루어졌다. 이러한 평가 체제에서 유아는 약자의 입장이 되며, 평가에서 능동적 역할이 아니라 수동적 역할을 하게 된다.

강점기반평가란 영유아가 지닌 현재의 문제점이나 능력의 부족한 점을 지적하고 그것을 보완하는 데 목적을 두기보다는 유아의 긍정적인 성품이나 행동양식, 성격 강점, 재능 등을 파악하고 각자의 강점을 일상생활 속에서 잘 발휘할 수 있도록 하여 즐거운 삶, 몰입하는 삶, 의미 있는 삶을 살 수 있도록 도와주는 평가이다. 영유아에 대한 강점기반평가는 영유아의 전인발달에 초점을 맞춰 영유아가 지닌 강점을 개발하는 것과 함께 영유아가 부족한 부분을 보완하는 방법으로써 강점에 기반한 활동을 제안하는 것이다. 이러한 강점기반평가는 영유아가 안녕감과 성취감을 가질 수 있도록 도와 영유아는 전인발달과 서로의 관계에 긍정적이고 행복한 경험을 하게 된다(황해익, 최혜진, 남미경, 정혜영, 2015).

이와 함께 영유아평가는 영유아 개인적 요구와 발달 수준의 파악, 보육목표의 성취 여부 파악, 보육활동 개선방안 모색, 학부모 및 관련 분야 전문가들과의 정보 공유 등의 다양한 목적을 위해 이루어지는 중요한 부분이다.

2) 영유아평가방법

영유아평가는 검사, 관찰, 면접이나 다른 자료들에 의한 보고나 기록 등을 포함하는 포괄적인 용어이며 크게 형식적인 평가와 비형식적인 평가로 나눌 수 있다(김정원, 강숙현, 전선옥, 2000).

• 형식적인 평가

주로 표준화검사에 의한 평가를 말한다. 표준화검사는 누가 사용하더라도 검사의 실시 · 채점 · 결과의 해석이 동일하도록 모든 절차와 방법을 일정하게 만들어 놓은 검사이다. 이는 개인 간 차이나 개인 내 차이에 대한 측정이 가능하고 현재의 검사 결과로 장래의 어떤 과업에서의 성공과 실패를 예측할 수 있다는 장점이 있다.

• 비형식적인 평가

영유아들의 실제 작품의 표본들뿐만 아니라 직접 관찰, 인터뷰 등을 포함하는 것을 말한다. 이러한 평가들은 영유아에 대한 종합적인 정보를 제공해주고 일상적인 상황에서 영유아가 평소 나타내는 행동으로 평가를 하기 때문에 다양한 맥락과 상황 속에서 영유아에 대한 정보를 얻을 수 있다는 장점이 있어 현장에서 널리 쓰이고 있지만 평가결과를 다른 영유아와 비교하기 곤란하고 객관성을 확보하기 힘들다는 단점이 있다.

비형식적인 평가 중 영유아평가의 대표적인 방법으로 어린이집에서 주로 사용하는 것은 관찰법이다. 영유아평가방법 중에서 가장 오랜 역사를 지닌 방법 중의 하나인 관찰(observation)은 영유아발달을 잘 이해하기 위해 일상생활 속에서 이루어지는 자연스러운 행동을 자세히 탐색하고 기록하는 과학적인 방법이다(황해익, 송연숙, 정혜영, 유수경, 2013). 그러나 관찰은 단순히 일상적인 상황이나 장면을 보고 기록하면 되는 것이라고 생각하기 쉬우나 보육현장에서의 영유아 관찰은 뚜렷한 목적이 있어야 하고 체계적이고, 정확하고, 상세해야 한다. 관찰은 무계획적이고 즉흥적으로 이루어져서는 안 되며 관찰계획에서부터 실제 관찰, 관찰결과의 활용에 이르기까지 구체적인 계획이 필요하다.

보육교사는 영유아평가를 위해 관찰뿐만 아니라 다양한 방법을 활용하여 체계적인 계획을 세우고 실행하게 된다.

〈유아를 평가하는 6가지 방법-Gober(2002/2004)〉

- 발달 체크리스트
- 부모면접
- 자기 그림 그리기(self-portrait) 수집
- 긁적거리기 · 그리기 · 저널 등의 샘플
- 녹음 또는 녹화하기
- 일화기록

이처럼 영유아를 평가할 때에는 여러 내용을 다양한 방법을 통해서 정보를 수집하고 그것에 기초하여 결과를 분석하는 것이 바람직하다. 영유아평가에서 가장 많이 사용되는 방법인 관찰을 체계적으로 실시하고, 영유아가 참여한 놀이나 활동에서 영유아가 만든 활동물, 언어나 음률활동 동영상, 쌓기 구조물 사진 등을 주기적으로 수집하고 이를 관찰자료와 함께 활용하여 영유아를 종합적으로 평가하도록 한다. 영아는 발달특성상 활동결과물 분석이 어려울 경우 활동 사진 등을 함께 활용해 보는 방법도 있다. 이외에도 활동하는 장면을 간단하게 스마트폰 동영상으로 촬영하여 부모면담 시 활용해 볼 수 있다. 그리고 부모와의 주기적인 개별면담을 통해 기관에서 관찰하지 못하는 영유아에 대한 정보를 추가하여 종합적으로 영유아를 평가하고 이를 기록해둔다(보건복지부, 2013).

3) 영유아평가의 실제

(1) 영유아평가의 계획

영유아기는 발달의 속도가 빠르고 개인차가 크며 유아의 행동에 영향을 미치는 요인들이 다양해서 영유아를 평가하는 것은 쉽지 않다. 또한, 교사 대 영유아 비율이나 교사역할의 다양성 등에서 기인한 과다한 교사 업무량과 영유아평가의 필요성에 대한 인식 및 역량 부족 등으로 인해 실제적으로 교사들이 영유아평가를 위해 노력을 기울이기도 쉽지 않다. 그러나 보육과정을 운영하면서 교사는 영유아평가의 중요성을 인식하고 영유아평가를 보육과정 구성 및 운영의 한 부분으로 인식하고 그 결과를 현장에 적용하는 것을 일상화할 필요가 있다.

이를 위해 어린이집에서는 다양한 방법으로 영유아를 평가하기 위해 〈표 7-1〉과 같은 연간 영유아평가계획뿐만 아니라 보육과정평가, 교사평가, 학부모평가 등 보육평가 전 영역에 대한 계획을 세워 체계적으로 평가를 실시하고 평가결과를 활용할 필요가 있다.

〈표 7-1〉 연간 영유아평가계획

구분	평가내용	평가방법 및 도구	시기
영유아 평가	• 학습준비도검사 • 가정 기본생활습관	• 학습준비도 검사 • 가정 생활습관기록지, 부모 면담	• 학기 초 (또는 학기 시작 전)
	• 기본생활습관	• 기본생활습관 평정척도	• 학기 초, 학기 말 연 4회
	• 영유아 관찰 및 영역별 활동 평가	• 일화기록 • 자유선택활동 평가표 • 행동발달 체크리스트 • 보육과정 영역별 관찰척도	• 수시 • 수시 • 분기별 또는 학기별 • 분기별 또는 학기별
	• 활동과정 및 수행평가	• 활동결과물(작업 샘플) 분석	• 수시
	• 종합 발달상황	• 발달영역별 일람표 작성 –생활기록부	• 학년 말

〈표 7-1〉 연간 평가계획 중 영유아평가에서 많이 활용되는 평가방법 및 평가도구에 대해 살펴보면 다음과 같다.

① 관찰: 일화기록

어린이집에서 영유아평가 시 가장 많이 활용되는 방법은 관찰이다. 보육교사는 영유아의 일상생활과 보육과정활동 전반에 걸쳐 어떤 능력이나 태도를 보이고, 개별적으로 얼마나 변화하고 있는지를 주기적으로 관찰하고 기록한다. 관찰법 중에서도 일화기록(anecdotal record)은 교사가 사용하기 가장 쉬운 방법으로 한 가지 행동이나 상황에 초점을 맞추어 관찰하고 간결한 형태로 기록하는 방법이다.

시간이 지난 후 일화기록할 경우 상황을 잊어버리거나 관찰자의 편견이 개입될 수 있고 표본기록법보다는 시간이 많이 걸린다는 단점이 있으나 다른 관찰기록방법에 비해 가장 간편하게 관찰상황을 기록으로 남길 수 있고 누적된 일화기록을 비교할 수도 있다. 일화기록을 할 때는 〈표 7-2〉와 같이 관찰대상, 관찰자, 관찰일시와 장면 등을 기록하고 기록내용과 추론 및 평가기록란을 분리하여 주관적인 기록을 최소화해야 한다.

〈표 7-2〉 일화기록의 예

관찰대상: 김준석 관 찰 자: 홍길동	생년월일: 2008년 6월11일 관찰일: 2014년 3월 15일 09시 25분~09시 35분

관찰장면: 자유선택활동시간 과학영역

〈기록〉

교사가 "올챙이 보고 관찰한 걸 그려볼까?"라고 하니 준석이는 다른 유아들이 활동하는 모습을 바라보았다. 돋보기를 들고 보려고 하지는 않지만 "선생님, 멸치같이 생겼어요."하고 이야기하였다. "준석아, 그렇게 니가 말한 걸 적어볼 수 있겠니?"하고 물으니 "아니요."라고 대답한다. "잘 못 써도 되는데, 그럼 선생님이 한 번 적어볼까?"라고 하니까 준석이는 고개를 끄덕인다. 한 자씩 읽으며 "멸치같이 생겼어요."라고 기록해주었다.

〈추론 및 평가〉

다른 여러 활동을 할 때 잘하기 위해서 노력하는 모습을 많이 보이는 편이나 글씨 쓰기를 할 때는 두려움을 보이고 쉽게 "나는 글자 못 써요."라고 이야기하였다. 그러나 자신이 한 말을 교사가 받아 적어줄 때는 유심히 보는 편이므로 관심이 없는 것은 아니다.

다음과 같은 영아의 일화 관찰기록 시 참고할 수 있는 평가지침을 활용하여 자신의 관찰기록이 제대로 이루어지고 있는지 점검해 보는 것도 필요하다.

〈표 7-3〉 영아 일화 관찰기록 시 점검사항

번호	문항	확인
1	관찰대상이 골고루, 정기적으로 관찰되고 있는가?	
2	관찰내용이 주관적이지 않고 객관적으로 서술되고 있는가?	
3	관찰장소, 관찰시간 등이 분명하게 명시되어 있는가?	
4	우유 먹기, 기저귀 갈이, 이유식 먹기, 잠자기(수면시간 중 영아의 얼굴 위치, 수면 시 움직임) 등 일상 양육에 대한 내용과 특별한 행동 등을 시간대별로 구체적으로 기록하고 있는가?	
5	다양한 흥미영역에서의 놀이, 행동특성, 또래 간 상호작용 등을 골고루 포함하고 있는가?	
6	실내, 실외, 견학이나 행사 등 일과의 모든 장소와 시간 중 영아가 나타내는 반응이나 행동을 포함하고 있는가?	
7	발달 체크리스트(출처 명시)를 활용할 경우, 발달 체크와 함께 적절히 해석 또는 평가기록을 하고 있는가?	

출처: 보건복지부(2013). p.89.

한편, 관찰은 매일의 일과 속에서도 이루어지고 연간 또는 학기별로 관찰하여 개인의 프로파일을 만들어서 변화 정도를 파악해 볼 수도 있다. 영유아평가를 위해 참고할 수 있는 평가도구로는 '표준보육과정에 기초한 영아 평가척도'(황해익, 최혜진, 정혜영, 권유선, 2014)와 '유치원 교육과정 내실화를 위한 연령별 누리과정 평가도구'(서울특별시유아교육진흥원, 2013) 등이 있다.

② 자유선택활동평가 및 작품분석

영유아평가를 위해서는 관찰 이외에도 영유아의 놀이활동이나 영유아가 만든 작품분석 등도 실시하게 된다. 자유선택활동평가는 유아들이 교실 내 다양한 흥미영역 중 스스로 선택하고 놀이한 활동에 대해 평가하는 것으로, 교사는 이를 기초로 유아의 놀이 성향 등을 파악하는 자료로 활용할 수 있다. 그리고 영유아의 활동이나 작품을 사진이나 동영상으로 수집하여 영유아발달의 이해자료로 활용하기도 한다.

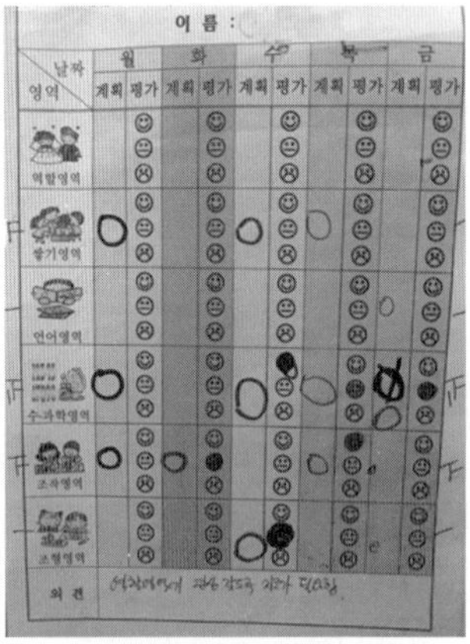

〈자유선택활동 평가표〉

〈영유아의 작품 분석〉

③ 종합 발달상황 기록: 생활기록부 작성

보육교사는 매년 영유아의 발달상황을 생활기록부에 기록해야 한다. 이때 일년 동안의 영유아 관찰기록과 평가결과를 활용하여 종합적으로 영유아의 발달상황을 기록하게 된다.

〈표 7-4〉와 〈표 7-5〉는 영아반과 유아반 생활기록부 양식 중 영유아의 발달상황을 기록하는 부분을 발췌한 표이다. 영아는 기본생활습관을 수면, 배변, 식사로 구분하여 더욱 자세하게 기록하고 표준보육과정의 5개 영역별 발달상황을 기록한

다. 유아는 기본생활습관과 누리과정의 5개 영역별 발달상황을 기록한다. 영유아를 평가 · 기록할 때에는 표준보육과정의 목표와 내용을 준거로 하되, 성취 중심의 결과 평가보다는 변화과정을 진술하는 평가가 이루어지는 것이 바람직하다. 즉, 영유아가 표준보육과정의 내용을 경험하면서 어떤 영역에서 얼마나 발달하고 있는지, 어떤 능력이나 태도를 보이고, 개별적으로 얼마나 변화하고 있는지를 주기적으로 관찰하여 평가한다(보건복지부, 2013).

〈표 7-4〉 영아반 기본생활습관 및 발달상황기록란

평가내용 \ 구분		0세	1세	2세
기본 생활 습관	수면			
	배변			
	식사			
활동 발달	신체운동			
	사회관계			
	의사소통			
	자연탐구			
	예술경험			

〈표 7-5〉 유아반 활동 발달상황

성명	○○○		
영역별 \ 연령	3세	4세	5세
기본생활습관			
신체운동 · 건강			
의사소통			
사회관계			
예술경험			
자연탐구			
종합의견			

※참고: 「영유아보육법」 제29조의 2(어린이집 생활기록) –어린이집의 원장은 영유아 생활지도 및 초등학교 교육과의 연계 지도에 활용할 수 있도록 영유아의 발달상황 등을 종합적으로 관찰 · 평가하여 보건복지부장관이 정하는 기준에 따라 생활기록부를 작성 · 관리하여야 한다.

(2) 영유아평가의 실제: 강점기반평가를 중심으로

영유아평가는 영유아의 약점을 확인하고 부족한 점을 지적하기보다는 영유아 개개인이 가지고 있는 강점의 영역을 발견하고 이를 키워줄 수 있는 방향으로 이루어져야 영유아의 행복한 삶에 도움이 된다. 이러한 영유아 강점기반평가의 실행 사례를 진행 절차에 따라 살펴보면 다음과 같다.

강점기반평가는 [그림 7-1]과 같은 절차로 진행된다.

① 영유아 선정하기

1단계 강점 인식 및 발견하기	⇐	대상 유아를 선정한 다음 다양한 평가도구를 이용하여 유아의 강점을 확인하고, 이 강점의 수준을 파악해 본다.
⇓		
2단계 대표 강점을 활용한 활동 고안 및 실시하기	⇐	강점들을 가장 잘 활용할 수 있되 보완되어야 할 유아의 약점을 고려하여 개별화된 강점활동을 계획 · 실시한다.
⇓		
3단계 변화 살펴보기 및 공유하기	⇐	개별화된 강점활동을 진행하는 과정에서 교사와 유아의 변화를 살펴보고, 부모와 결과를 공유한다.

[그림 7-1] 강점기반평가의 과정

출처: 황해익 외(2015). p. 11.

영유아 강점기반평가를 실시하기 위해 먼저 관심 있는 영유아를 선정한다. 즉, 변화를 바라는 영유아를 선정하게 되는데 이때 평가대상 영유아의 가정환경이나 배경 등에 대한 정보를 함께 알아본다. 또한, 교사는 특정 유아뿐만 아니라 학급 내의 모든 영유아를 대상으로 강점기반평가를 실시할 수도 있다.

> **강점기반평가대상 영유아 선정 사례**
>
> **A 교사:** 예쁜이(가명)의 첫인상은 주눅 들어있는 모습이었다. 교사의 눈치를 살피는 것 같기도 하였다. 그런데 아이러니한 것은 교사가 없을 때 매우 활발해지는 아이였다. (중략) 예쁜이가 진정으로 행복한 유아기를 보내고 그 좋은 기운을 친구들과 나눌 수 있는 아이로 자라났으면 하는 바람이다.

B **교사**: 주의집중력이 낮고 장난이 심해 교사의 눈에 자주 띄는 힘든 아이, 친구들과의 갈등이 잦은 아이, 그러나 때로는 높은 집중력을 보여주는 예성이(가명). 좀 더 긍정적으로 친구들과 관계 맺기를 할 수 있었으면 좋겠다.

C **교사**: 우연이(가명)는 대체적으로 잘 웃고 밝은 성격이며 그냥 단순히 관찰하기에는 충분히 행복해 보이지만 교실에서 그다지 교사에게 눈에 띄지 않는 유아이다.

D **교사**: 씽씽이(가명)는 학급에서 고민의 대상이기도 하지만 미워할 수 없는 매력을 가지고 있어 씽씽이의 강점을 찾아 조금씩 행복해지는 것을 경험하게 해주고 싶었다.

☞ 교사들은 위의 예시처럼 우선은 눈에 띄거나 문제점이 보이는 영유아(모든 유아명은 가명을 사용함)에 관심을 가지게 되고 유아의 변화를 바라거나 유아가 좀 더 행복해지기를 바라는 마음에서 강점기반평가를 위한 영유아를 선정하고 '행복 프로젝트'를 시작하고 있다.

② 1단계: 영유아의 강점 인식 및 발견하기

교사는 강점기반평가를 위한 영유아를 선정한 후 영유아의 강점과 약점을 모두 파악하되 우선 강점 위주로 관찰을 시작한다. 이때 종일 관찰, 자유선택활동평가, 학부모면담 등을 활용할 수 있으며 강점과 약점을 파악하기 위한 각종 검사나 척도를 사용할 수도 있다. 그리고 교사는 영유아의 강점을 파악하기 위해 인간이 지닌 강점과 미덕(권석만, 2011; Seligman, 2011)에 대해 이해하고 해당 영유아가 어떤 미덕과 강점을 지니고 있는지 알아볼 필요가 있다.

A 교사가 예쁜이와 함께 '행복 프로젝트'를 진행하면서 관찰과 부모면담, 검사 등을 통해 파악한 강점과 약점은 다음과 같다.

강점	약점
• 노래 부르기를 좋아한다. • 이야기하는 것을 좋아하고 호기심이 많다. • 이야기를 잘 기억해낸다. • 자신이 좋아하는 활동에는 적극적이다. • 조형물 만들기, 그림 그리기, 직조 짜기, 악기 다루기 등 손재주가 좋다.	• 정리 · 정돈하는 습관이 부족하다. • 눈치를 살피며 자신을 합리화시키는 경향이 있다. • 말장난을 좋아해 친구들에게 상처를 주는 경향이 있다. 자존심이 강하다. • 대인간 지능, 논리 수학적 능력이 부족하다.

그 외에도 다음과 같은 영유아의 강점과 약점에 대한 보고들이 있다.

- 공간지각능력과 기억력이 뛰어난 예성이 ⟷ 친구관계, 사회성 발달이 늦음
- 이타성과 친절함을 가진 우연이 ⟷ 매사에 소극적인 태도와 친구관계
- 에너지가 넘치고 신체활동을 좋아하는 씽씽이 ⟷ 적응문제와 친구와 자주 다툼

③ 2단계: 대표 강점을 활용한 활동고안 및 실시

이 단계에서는 영유아의 강점 개발을 위한 여러 가지 활동이나 프로그램을 계획 · 실시한다. 즉, 영유아의 강점에 따른 특정 영역의 활동이나 프로그램을 실시하는 과정이다. 이 과정에서는 약점에 주안점을 둔 활동이 아니라 강점에 기초한 약점 보완활동이나 프로그램의 계획 · 적용을 교사가 일방적으로 결정하는 것이 아니라 유아나 부모와의 협의 · 조정 등이 중요하다. 이러한 과정을 통해 유아의 전인적 발달 측면에서 볼 때 강점에 기초한 약점의 보안이 이루어질 수 있다.

이타성과 친절함이 강점인 우연이를 위한 행복 프로젝트 계획

- 친구의 기분 표시 비밀 이야기(공감능력 키우기)
- 친절 노트 만들기(가정연계)
  - 예쁜이의 강점을 최대한으로 끌어주고 상대적 약점인 자기정체성 및 친사회성 발달과 더불어 자신감 향상을 위한 '노래언니 프로그램'

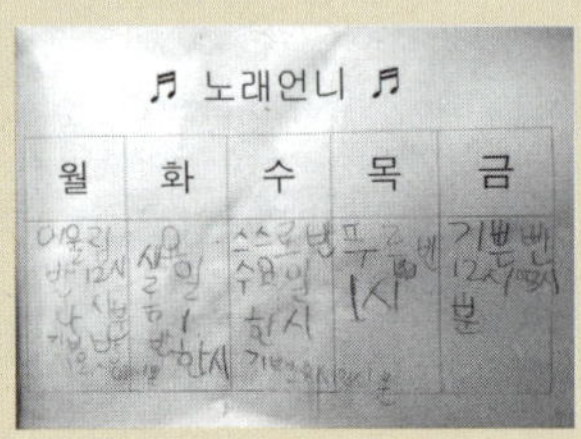

  - 에너지가 넘치고 신체활동을 좋아하는 씽씽이를 위한 감정 코칭하기와 다양한 신체활동과 또래놀이 제공

④ 3단계: 변화 살펴보기 및 공유하기

강점기반평가를 통한 변화는 영유아에게만 나타나는 것이 아니라 교사, 부모, 그리고 서로 간의 관계의 변화로 보고되고 있다. 강점기반평가를 통한 영유아의 변화와 교사의 변화를 살펴보면 다음과 같다.

영유아의 변화

그동안 예쁜이를 유심히 관찰해온 교사의 견해를 바탕으로 관찰기록과 기타 도구들을 활용하여 예쁜이의 강점과 약점을 파악하고 특히 예쁜이의 강점을 중심으로 프로그램을 진행하면서 많은 부분에서 두드러진 변화를 볼 수 있었다. 특히 기본생활습관과 자기정체성 그리고 친사회성 문항들이 높아졌음을 확인하였다. 음악성과 표현력이 강점으로 꼽히면서 예쁜이의 음악적 능력을 알아보기 위해 실시한 유아음악적성검사(한국가이던스)에서 24점 만점 중 20점을 받으며 음악능력단계 5단계 중 3단계의 결과를 보였다. 또한 '노래언니 프로그램'을 통해 예쁜이의 행동에 긍정적인 변화를 관찰할 수 있었다.

교사의 변화

행복 프로젝트를 진행하면서 교육에 대한 철학과 원칙을 내세울 때 아이에 대한 믿음이 밑바탕되어야 한다는 것을 알 수 있었다. 여기서 믿음이란 교사가 예측할 수 없을 만큼 놀라운 아이의 숨은 능력이다. 교사가 아이의 숨어 있는 가치를 믿어준다면 아이는 훗날 자신의 꿈을 이룬 행복한 어른으로 성장할 수 있을 것이다. 교사는 교육현장에서 또 다른 연구자로서 책임의식을 갖고 아이들을 평가지도할 때 긍정의 눈으로 아이를 바라보면서 그 아이의 행복을 찾아주고 교사도 그 안에서 행복에 이른다면 이것이야 말로 모두가 행복한 평가가 될 것이고, 아름다운 교육현장을 만들 수 있을 것이다. 나아가 이번 프로젝트를 과제에만 머물러 실행하는 것을 넘어서 교사가 함께하고 있는 모든 아이들에게 적용하고 실천하는 것 또한 중요한 과제가 될 것이다.

보육교사의 강점기반평가 후기

강점기반평가인 '행복 프로젝트'의 시작 후 교사인 나! 무엇이 달라졌을까?

1. **긍정적인 행동에 대한 부정적인 시각을 가진 나를 발견하다!**
   전체적으로 자신을 표현하는 것을 부끄러워하는 우연이(강점기반평가 실시 유아)가 특히 말로 교사에게 무언가를 표현하는 것을 부끄러워하는데 나에게 와서 친구들의 이야기를 하는 것에 대해 '이르기'라고 스스로 단정하고 있는 나를 발견하게 되었다. 자세히 들여다보면 우연이는 친구의 상태에 대해 알리고 나에게 도움을 청하거나 공감하는 일이 많은데 나는 이를 부정적인 시각으로 보고 있었다는 것을 알 수 있었다. 행복 프로젝트가 아니었더라면 이 사실을 깨달을 수 있었을까?하는 생각이 든다. 아이들의 행동에 대해 선입견 같은 것이 있는게 아닐까 하고 다른 시각으로 바라보아야 하지 않을까?하는 생각을 가졌다.

2. 모든 아이들은 다르게 행복해질 권리가 있다!

사실 교사로서는 조용히 문제를 일으키지 않고 교사에게 순응해주는 친구들은 어린이집 생활이 비교적 행복하리라고 생각하였다. 특히 잘 웃고 기관생활에 만족해한다면 내가 교사로서 주는 행복의 모두라고 생각하였다. 그러나 사람마다 다른 성격을 가지고 있고 그 성격이 가진 강점이 있으며 그 강점을 누군가에게 인정받거나 내가 알 수 있게 될 때 더 행복해질 수 있는 것이 아닐까?하는 생각이 들었다. 막연히 우연이가 이 정도면 행복한 아이일 거라고 생각했던 나에게 우연이의 바꾸어야 할 점이 아닌 좀 더 행복해질 수 있는 점을 찾는 계기가 되었다.

3. 문제아들과 싸우는 시간이 줄었다!

정리시간에 정리를 하지 않는 친구들, 친구들을 때리고 괴롭히는 아이들, 고집을 피우거나 떼쓰며 주장하는 아이들과 하루 일과 중 더 많은 시간을 보냈다면 우연이와 함께 친절에 대해 이야기하는 개인적인 시간을 가짐으로써 나 또한 약간의 스트레스에서 벗어날 수 있었다. 이것이 바로 약점을 고치려고 싸우는 내가 행복해지는 시작이 아닐까 싶다.

4) 영유아평가결과의 활용

영유아평가의 결과는 영유아에 대한 이해와 어린이집 보육과정 운영개선 및 부모면담자료로 활용한다(보건복지부, 2013).

첫째, 영유아평가는 영유아에 대한 이해의 기초가 된다. 영유아평가를 통해 영유아의 잠재력과 성향, 강점 등의 개별적 요구나 특수한 요구를 파악하여 그에 적합한 보육활동의 방향을 설정할 수 있다. 또한, 개별화된 보육을 통해 영유아를 좀 더 잘 이해하게 된다.

둘째, 보육과정 운영개선을 위한 자료로 활용할 수 있다. 영유아평가는 주기적으로 영유아가 표준보육과정의 목표에 따라 어느 정도의 변화와 발전을 보이는지 파악하고 이를 기초로 후속활동을 계획함으로써 보육활동 개선방안을 모색하는 데 도움이 된다.

셋째, 영유아평가결과를 부모면담자료로 활용하여 영유아에 대한 정보를 가정과 공유하고, 가정에서도 이에 기초하여 일관성 있게 지도하여 어린이집이 가정과 연계하여 영유아의 전인발달을 지원하도록 한다.

생각해 보아요!

관찰실습이나 보육실습의 경험을 되살려 기억나는 영유아의 강점에 대해 이야기 나누어 보자.

– 가장 기억에 남는 영유아는 어떤 아이인가요?

– 가장 기억에 남는 특징은 무엇인가요?

– 기억에 남는 특징이 그 영유아의 강점인가요? 약점인가요?

– 영유아의 강점을 키워주기 위해 어떤 노력을 하였나요?

지식	기술	태도
• 영유아발달 및 행동특성 • 영유아 보육과정 및 보육활동 • 영유아 관찰 절차 및 방법 • 관찰자료기록방법	• 영유아 행동을 세부적으로 관찰하는 능력 • 목표가 되는 관찰장면을 포착해내는 능력 • 포착한 장면의 의미를 해석하는 능력 • 관찰된 내용을 적합하게 기록하는 능력 • 준거에 적합하게 분석하는 능력	• 관찰규칙 및 관찰윤리 준수 • 객관적으로 관찰하는 태도 • 평가에 공정성을 유지하는 태도

출처: 고용노동부, 한국산업인력공단(2013).

2. 보육과정평가

1) 보육과정평가의 기초

> *어린이집은 보육계획을 문서화하여 보육내용의 선정과 실시과정이 적절하였는지를 정기적으로 평가하여야 한다.*
>
> *–영유아보육법 시행규칙 제30조–*

교사는 연간 · 월간 · 주간 보육계획안이 연령에 적합하게 수립 · 실행되었는지를 정기적으로 평가하고, 그 결과를 추후 보육과정에 반영해야 한다. 이러한 보육과정 평가는 표준보육과정에서 제시하고 있는 연령별 목표와 내용을 근거로 실시하되, 프로그램에 대한 평가와 영아에 대한 평가로 구분하여 진행할 수 있다.

평가주기는 보육일지를 통한 일일평가, 주간평가, 월간평가, 학기별 평가, 연말평가 등으로 구분하여 실시할 수 있다. 일일평가와 주간평가를 실시할 때 교사 스스로 자신의 교수법, 자료활용, 영아의 반응 등에 대해 분석하고, 이를 다음 날 또는 다음 주 일과 운영에 반영할 수 있다. 월간평가나 학기별 평가, 연말평가의 경우에는 원장과 다른 연령반 교사가 함께 진행할 수 있으며, 필요시 외부 전문가, 부모를 포함하여 다양한 관점에서 평가해 볼 수도 있다. 프로그램에 대한 평가는 보육계획에 대한 평가와 보육과정 실행에 대한 평가로 구분할 수 있다(보건복지부, 2013).

① 보육계획에 대한 평가

표준보육과정을 근거로 각 연령별로 달성해야 할 보육목표와 내용이 연간 · 월간 · 주간보육계획안에 반영되었는지를 평가한다. 또한, 구체적인 보육활동을 계획할 때 영유아 주도 활동과 교사 주도 활동의 균형, 개별활동과 대소집단활동의 균형, 일상생활 활동과 놀이활동의 균형 등이 이루어졌는지를 평가한다.

② 보육과정 실행에 대한 평가

교사가 계획한 월간 또는 주간 보육계획안에 따라 하루 일과 운영이 적절하게 진행되었는지를 평가한다. 교사 스스로 하루 일과 운영을 되돌아보는 일일평가를 통해 자신의 교수법, 자료활용, 영유아의 반응 등에 대하여 분석하고 이를 다음 날 일과 운영에 반영하는 것이 바람직하다.

2) 보육과정평가 시 고려사항

보육과정평가 시 고려사항을 살펴보면 다음과 같다(보건복지부, 육아정책연구소, 2013).

첫째, 어린이집 표준보육과정의 목표와 내용에 근거하여 보육내용이 적절히 편성 · 운영되는지 평가한다.

둘째, 어린이집 표준보육과정의 운영 내용 및 활동이 영유아의 발달 수준과 흥미, 요구에 적합한지 평가한다.

셋째, 영유아의 발달 수준, 흥미, 요구에 적합한 경험 및 학습을 촉진할 수 있는 다양한 활동과 교수학습 방법이 계획되고 통합적으로 운영되는지 평가한다.

넷째, 일과 운영 및 보육활동 구성 시 놀이활동과 일상생활 활동의 양과 내용이 영아 및 유아 각 연령의 발달에 적합하게 계획되고 운영되는지 평가한다.

다섯째, 만 0~1세아, 만 2세아는 집단활동보다 개별적인 상호작용과 교수법을 중심으로 상호작용이 진행되는지 평가한다.

여섯째, 어린이집 표준보육과정 운영평가결과를 수시로 반영하여 보육과정 운영계획을 수정 · 보완하거나 다음 연도의 계획 · 수립 및 운영에 반영하는지 평가한다.

보육과정을 평가할 때 고려해야 할 점

- 보육과정에 대한 기초적인 평가는 일일 보육내용에 대한 부분이다. 매일 진행하였던 활동과 자료가 영유아의 발달과 학습에 적절한 수준이었는지, 하루 일과가 영유아의 신체리듬과 심리적 상태 등을 고려하여 적절하게 계획 · 실행되었는지, 진행된 활동 중 영유아가 특별히 관심을 가졌던 활동은 무엇이었는지, 활동의 시간 배정은 적절했는지, 어떤 점을 더 수정 · 보완해야 하는지 등에 대해 체계적으로 기록하고 평가한다.
- 주간 보육계획을 수행한 후 실제 진행된 활동과 추가로 진행된 활동, 진행되지 않고 변경된 활동 등의 이유와 영유아의 참여 정도 및 흥미도 등을 구체적으로 평가해서 기록하면 그 다음 주 보육활동을 진행할 때나 다음 해에 같은 주제에 대한 보육내용을 계획할 때 기초자료로 활용할 수 있다.
- 보육과정은 월 1회 이상 정기적으로 평가하고, 계획한 활동과 실시한 활동을 정기적으로 비교 · 분석해 봄으로써 보육과정의 구성과 내용이 균형 있고 효과적으로 계획되었는가를 살펴보고 다음 보육과정을 계획할 때 이를 반영해야 한다.

출처: 보건복지부(2014). p.201.

3) 보육과정평가의 실제

보육과정평가는 매일 · 주간 · 월별 · 연간 계획에 따라 다양하게 이루어질 수 있다.

- **일일평가**: 일일 보육활동평가는 별도의 기록지를 활용할 수도 있으나 매일 보육활동이 진행되는 중 또는 끝난 후에 보육일지를 활용하여 실시하는 것이 편

리하다. 〈표 7-6〉은 하루 일과 진행 후 보육일지의 실행 및 평가란에 실행기록과 함께 간단하게 일일평가를 해 볼 수 있는 영아반 일일평가지침 체크리스트이다.

〈표 7-6〉 영아반 일일평가지침 체크리스트

번호	일일평가 지침 예시	확인
1	활동과 자료가 영아의 발달과 학습에 적절한 수준이었는가?	
2	하루 일과가 영아의 신체리듬, 심리적 상태 등을 고려하여 적절하게 계획 · 실행되었는가?	
3	진행된 활동 중 영아의 참여 정도와 흥미 정도는 어떠하였는가?	
4	실제 진행된 활동, 추가로 진행된 활동, 변경된 활동 및 이유 등을 기록하였는가?	
5	활동의 시간 배정은 적절했는가?	
6	어떤 점을 더 수정 · 보완해야 하는가?	
7	교사 간 논의를 통해 정기적으로 평가하고, 교사회의록 등에 기록하고 있는가? (월 1회 이상)	

출처: 보건복지부(2013). p.89.

- **주간 또는 월별평가**: 매주 또는 매월마다 보육활동평가를 실시하고 다음 보육활동계획에 반영할 수도 있다. 주간평가는 주간 보육계획안에 기초하여 보육활동을 실시한 후 평가할 수 있고, 영아반의 경우는 2주마다 또는 월별로 보육활동에 대한 평가를 실시할 수 있다.
- **연간평가**: 연간 보육과정 운영평가는 학기 말이나 학년 말에 연 1회나 2회 실시하며 보육교사가 개별적으로 실시할 수도 있으나 원장과 보육교사가 함께 평가하고 차기 년도 보육과정계획에 반영하게 된다. 학기 말이나 학년 말에 실시하여 차기 연도의 보육과정에 반영하기 위한 3-5세 누리과정 운영평가척도를 살펴보면 〈표 7-7〉과 같다.

〈표 7-7〉 3-5세 누리과정 운영 평가척도

항목		문항 및 평가준거	평가척도		
			우수	부분 우수	미흡
1. 누리과정 편성 운영영역	교육 계획 수립	1. 유아·교사·학부모의 교육적 요구, 국가와 지역사회의 실정, 기관과 학급의 특성, 유아의 연령, 발달 수준, 흥미, 사전 경험 등과 같은 유아의 특성 및 활동의 계열성 등을 충분히 반영하여 구체적이고 연계성 있게 연간·월간(주간)·일일교육계획을 수립한다.			
		2. 교육계획 수립 시 전년도 평가결과를 활용한다.			
	교육 계획 편성 및 운영	3. 누리과정 5개 영역의 내용을 균형 있게 편성·운영한다.			
		4. 연간·월간(주간)·일일 교육계획에 의거하여 교사 주도와 유아 주도 활동 간 균형, 대소집단과 개별활동 간 균형, 정적 활동과 동적 활동 간 균형 등 활동 간 균형의 원리를 고려하여 통합적이고 균형 있게 편성·운영한다.			
		5. 누리과정 전반에 걸쳐 기본생활습관과 질서·배려·협력 등 바른 인성 지도를 비중 있게 포함하여 연중 전개되는 주제와 영역에서 계열성과 연속성을 가지고 반복될 수 있도록 편성·운영한다.			
		6. 범교육과정적 주제가 융통성 있게 반영되도록 편성·운영한다.			
		7. 개별 유아의 관심과 흥미, 발달이나 환경특성, 경험의 내용과 범위, 지식수준, 관심사, 학습능력, 가정의 문화 등 개별화의 원리를 고려하여 유아의 일상 생활경험과 놀이활동을 중심으로 통합적으로 일과를 편성·운영한다.			
		8. 누리과정 기본 운영시간을 준수하며 바깥놀이시간, 자유선택활동시간을 반드시 확보하여 운영한다.			
		9. 초등학교 교육과정과 연계하여 편성·운영한다.			
2. 누리과정 내용영역	신체 운동·건강	10. 기본 운동능력과 건강하고 안전한 생활습관을 기르는 활동을 계획하고, 유아가 보이는 흥미와 반응 수준에 따라 계획을 융통성 있게 재구성하여 실행한다.			
	의사 소통	11. 일상생활에 필요한 의사소통능력과 바른 언어 사용습관을 기르는 활동을 계획하고, 유아가 보이는 흥미와 반응 수준에 따라 계획을 융통성 있게 재구성하여 실행한다.			
	사회 관계	12. 자신을 존중하고 다른 사람과 더불어 생활하는 태도를 기르는 활동을 계획하고, 유아가 보이는 흥미와 반응 수준에 따라 계획을 융통성 있게 재구성하여 실행한다.			
	예술 경험	13. 아름다움에 관심을 가지고 예술 경험을 즐기며 창의적으로 표현하는 능력을 기르는 활동을 계획하고, 유아가 보이는 흥미와 반응수준에 따라 계획을 융통성 있게 재구성하여 실행한다.			
	자연 탐구	14. 호기심을 가지고 주변 세계를 탐구하며 일상생활에서 수학적·과학적 문제해결능력을 기르는 활동을 계획하고, 유아가 보이는 흥미와 반응 수준에 따라 계획을 융통성 있게 재구성하여 실행한다.			
3. 건강·영양·안전영역	건강·영양 관리 및 교육	15. 유아의 건강 관리 및 건강교육계획을 수립하여 운영한다.			
		16. 유아의 영양 관리 및 영양교육계획을 수립하여 운영한다.			
	안전 관리 및 교육	17. 유아의 안전 관리 및 안전교육계획을 수립하여 운영한다.			
		18. 정기적인 안전점검이 지속적이고 체계적으로 이루어지며 모든 실내·외 시설·설비를 안전하게 관리한다.			
		19. 실내 환경을 청결하고 안전하게 관리하고, 적정 온도와 습도를 유지한다.			
		20. 실외 환경은 위험 요소를 확인하여 제거하고, 유아들에게 안전한 놀이 공간과 시설을 제공하도록 지속적으로 관리한다.			

항목		문항 및 평가준거	평가척도		
			우수	부분 우수	미흡
4. 교육환경영역	실내 환경 구성	21. 실내 환경을 다양한 흥미영역으로 구성하고, 영역의 크기와 수는 생활주제와 교수 · 학습활동내용 등에 따라 융통성 있게 교체하여 역동적으로 운영한다.			
		22. 실내 환경을 유아의 발달과 흥미를 고려하여 다양한 유형의 활동과 연계되도록 구성하여 운영한다.			
	바깥 놀이 환경 구성	23. 바깥놀이 환경을 유아의 움직임이나 소음정도를 고려하여 다양한 영역으로 구성하고, 유아교육기관의 공간, 생활주제, 교수 · 학습활동내용, 실내 활동과의 연계 등에 따라 융통성 있게 교체하여 역동적으로 운영한다.			
		24. 바깥놀이 환경은 유아의 발달과 흥미를 반영하고 있으며, 바깥에서 접할 수 있는 환경적 특성을 고려하여 다양한 주제와 활동으로 구성하여 운영한다.			
5. 교수 · 학습영역	교수 · 학습 방법	25. 교육목표, 교육내용, 활동유형 등에 따라 다양한 교수 · 학습방법을 적절하게 사용한다.			
		26. 개별활동, 소집단활동, 대집단활동이 균형 있게 안배되어 있으며, 활동의 목표와 내용에 따라 집단 구성을 적절하게 활용하여 운영한다.			
	상호 작용	27. 다양한 교수매체를 적절하게 활용하여 교수 · 학습활동을 실시한다.			
		28. 교수 · 학습활동의 도입 · 전개 · 마무리 과정이 연계적 · 체계적으로 이루어져 있다.			
		29. 교사는 유아의 발달 수준에 적합한 언어, 확산적 사고와 창의성을 유발하는 언어를 적절하게 사용하여 유아와 상호작용한다.			
		30. 교사는 활동과 자료의 선택 및 참여과정에서 유아가 주도적인 역할을 할 기회를 제공하고, 유아들이 스스로 사고하여 문제를 해결할 수 있도록 적극적으로 격려한다.			
		31. 교사는 개별 유아의 질문과 요구에 언어적 · 비언어적으로 민감하고 적절하게 긍정적으로 상호작용을 한다.			
		32. 교사는 교수 · 학습활동 및 일상생활에서 유아 간 상호작용에 관심을 가지고 긍정적인 방향으로 격려한다.			
		33. 교사는 유아와 교구 간 상호작용이 일관성 있고 체계적으로 이루어질 수 있도록 교수 · 학습활동과 환경 구성을 세심하게 계획하고, 유아와 교구 간 상호작용을 격려한다.			
	교재 · 교구	34. 유아의 발달 수준에 적합하고 흥미를 유발하며 오감각을 자극하는 교재 · 교구를 제시하여 유아 스스로 교재 · 교구를 활용해 보는 경험을 제공한다.			
		35. 다양한 교재 · 교구를 계절과 생활주제, 교수 · 학습활동내용 등에 따라 정기적으로 교체한다.			
		36. 교재 · 교구를 주기적으로 세척하여 청결한 상태를 유지하고, 정기적으로 보수 · 관리한다.			

<table>
<tr><th colspan="2" rowspan="2">항목</th><th rowspan="2">문항 및 평가준거</th><th colspan="3">평가척도</th></tr>
<tr><th>우수</th><th>부분 우수</th><th>미흡</th></tr>
<tr><td rowspan="6">6. 평가영역</td><td rowspan="3">유아 평가</td><td>37. 학기 시작 전 유아평가계획을 체계적 · 구체적으로 수립한다.</td><td></td><td></td><td></td></tr>
<tr><td>38. 유아평가의 목적 및 내용에 따라 평가방법과 도구를 적절하게 선택하여 정기적으로 평가한다.</td><td></td><td></td><td></td></tr>
<tr><td>39. 유아평가결과를 교육과정 운영, 부모 및 관련 분야 전문가들과의 정보 공유, 교육목표 성취 여부 파악, 교육환경 구성 등에 적극적으로 활용한다.</td><td></td><td></td><td></td></tr>
<tr><td rowspan="3">교육 과정 및 교사 평가</td><td>40. 학기 시작 전 교육과정평가 및 교사평가계획을 체계적 · 구체적으로 수립한다.</td><td></td><td></td><td></td></tr>
<tr><td>41. 교육과정평가 및 교사평가의 목적 및 내용에 따라 다양한 평가방법과 도구를 적절하게 선택하여 정기적으로 평가한다.</td><td></td><td></td><td></td></tr>
<tr><td>42. 교육과정평가 및 교사평가 결과를 다음 해 교육과정 편성 · 운영, 학급 운영, 교사 전문성 신장 및 교수 · 학습방법 개선 등에 적극적으로 활용한다.</td><td></td><td></td><td></td></tr>
<tr><td rowspan="6">7. 운영관리영역</td><td rowspan="3">교직원 전문성</td><td>43. 교직원은 재교육에 지속적으로 참석한다.</td><td></td><td></td><td></td></tr>
<tr><td>44. 원장은 정기적인 회의를 통해 교직원의 의견을 적극적으로 경청하고 이를 반영하여 기관의 운영개선을 위해 노력한다.</td><td></td><td></td><td></td></tr>
<tr><td>45. 모든 교직원이 협동적인 자세로 일하고 상호존중하는 민주적인 분위기가 형성되어 있다.</td><td></td><td></td><td></td></tr>
<tr><td rowspan="3">가정 및 지역사회와의 연계</td><td>46. 가정과 다양한 방법으로 긴밀하게 의사소통하고 협력한다.</td><td></td><td></td><td></td></tr>
<tr><td>47. 다양한 방법으로 부모교육을 실시하며 체계적 · 지속적으로 운영한다.</td><td></td><td></td><td></td></tr>
<tr><td>48. 지역사회와의 연계와 협력이 활발하게 이루어지며, 지역사회 관련 기관과의 체계적인 협조체제를 유지한다.</td><td></td><td></td><td></td></tr>
</table>

출처: 서울특별시유아교육진흥원(2013). pp.255-271.

활동 어린이집 평가인증지표에 나타난 보육평가 항목의 평정기준을 알아보자.

영역(하위)	4. 보육과정 운영	항목	4-8 보육교사는 보육과정 및 영유아에 대해 주기적으로 평가한다.

보육과정에는 개별 영유아나 집단이 달성해야 할 목표와 세부내용이 포함되어 있다. 영유아의 발달 수준과 흥미에 맞추어 연간 · 월간(또는 주간) 보육내용을 적절하게 계획하고 그것이 제대로 실행되었는가를 정기적으로 평가하고 이러한 평가내용을 다음 보육과정의 주제나 소주제, 활동계획 시 반영하는 것은 보육과정 운영에 있어 매우 중요하다. 또한, 개별 영유아가 어떠한 보육활동과 놀이를 경험하였으며, 일상생활에 대한 참여 등을 주기적으로 관찰하여 기록하는 것은 영유아에 대한 정

확한 이해에 도움이 되고 다음 보육과정계획에 기초를 제공한다.

본 지표는 총 5개의 구성요소를 평정한다. 보육과정평가와 영유아평가의 두 가지로 구분되며, '보육과정평가'에서는 보육과정평가의 유무, 평가내용의 반영, '영유아평가'에서는 주기적 관찰 및 내용, 관찰 이외의 추가적 정보 수집과 활용 등을 평가한다.

보육과정 운영은 보육과정계획을 수립하고, 계획한 내용을 실행하는 것에서 그쳐서는 안 되며, 실행한 내용을 평가하고, 평가한 내용을 다음 보육과정계획 수립 시 적용하는 순환적인 과정을 거쳐야 한다. 이를 통해 어린이집에서 운영하는 보육과정 및 일과 운영방법 등을 좀 더 바람직한 방향으로 발전시킬 수 있다. 또한, 영유아에 대한 관찰기록과 주기적인 평가는 개별 영유아에 대한 지원방법을 수립하는 데 기초자료를 제공한다.

	구성요소	확인	
1	놀이, 활동, 일상생활에서 개별 영유아의 반응과 행동을 객관적으로 관찰하여 주기적으로 기록한다.	기록	□Y □N
2	개별 영유아의 일상생활, 실내 · 외놀이 및 활동 전반에 걸쳐 고루 관찰한 내용이 기록되어 있다.	기록	□Y □N
3	영유아의 변화과정을 파악할 수 있도록 관찰기록 외에 활동결과물 등 추가적인 정보를 주기적으로 수집하여 평가에 활용한다.	기록, 면담	□Y □N
4	각 반의 보육일지에 보육과정을 평가한 내용이 있다.	기록	□Y □N
5	각 반에서는 보육과정 운영평가내용을 다음 보육계획에 반영한다.	기록	□Y □N
	합 계		

평정기준	우수(3점): Y가 4개 이상 / 보통(2점): Y가 3개 / 미흡(1점): Y가 0~2개

출처: (재)한국보육진흥원(2014). p.64.

〈표 7-8〉 보육평가와 관련된 직무수행능력 평정척도

평가영역	평가문항	매우 미흡	미흡	보통	우수	매우 우수
영유아 관찰 · 평가 하기	1. 담당 영유아 전체에 대한 기간별 관찰일정을 수립할 수 있다.					
	2. 개별 영유아를 위한 구체적인 관찰계획을 수립할 수 있다.					
	3. 계획된 관찰시간에 따라 행동관찰을 시작하여 계획된 목표에 따라 영유아의 행동을 관찰할 수 있다.					
	4. 관찰장면의 내용을 관찰양식에 적합하게 기록할 수 있다.					
	5. 모든 자료를 종합하여 영유아의 특성과 문제를 파악하거나 상황이 발생하는 이유를 판단할 수 있다.					
	6 .관찰분석자료를 이용하여 영유아를 평가하고 영유아지도를 위해 필요한 사항을 도출할 수 있다.					
보육과정 평가하기	1. 보육과정평가의 내용과 방법을 파악하여 계획할 수 있다.					
	2. 보육과정 운영내용이 보육과정의 목표와 내용에 근거하여 편성 · 운영되었는지 평가할 수 있다.					
	3. 교수 · 학습방법이 영유아의 흥미와 활동특성에 적합한지 평가할 수 있다.					
	4. 보육과정 운영환경이 영유아의 발달특성과 활동의 주제, 내용 등을 고려하여 구성되었는지 평가할 수 있다.					
	5. 보육과정 평가자료를 분석하여 평가내용에 대한 종합보고서를 작성할 수 있다.					
보육운영 평가하기	1. 평가자료를 통해 보육운영 개선방안을 모색하여 종합보고서를 작성할 수 있다.					
	2. 영유아평가, 보육과정평가를 포함하여 보육교직원 및 시설 운영 등 보육운영을 평가할 수 있다.					
	3. 보육운영평가 실시를 위한 제반자료를 준비하고 확인할 수 있다.					
	4. 어린이집 평가인증에 참여하여 어린이집 운영 전반에 대한 평가를 실시할 수 있다.					

출처: 고용노동부, 한국산업인력공단(2013).

3. 어린이집 평가인증

1) 어린이집 평가인증의 이해

보건복지부는 2004년「영유아보육법」제30조에 '어린이집 평가인증'의 법적 근거를 마련하고 2005년 시범운영을 거쳐 2006년도부터 본격적으로 확대 시행하였다. 「영유아보육법」에는 '보건복지부장관은 보육 서비스의 질적 수준을 향상시키기 위하여 어린이집 설치 · 운영자의 신청에 따라 어린이집의 보육환경, 보육과정 운영 및 보육인력의 전문성 등을 평가하여 해당 어린이집에 대한 평가인증을 실시할 수 있다'라고 명시되어 있다. 어린이집 평가인증제도는 2009년까지 제1차 시행이 완료되었으며 2010년부터 제2차 평가인증이 시작되었고 2014년도부터 제3차 어린이집 평가인증 지표를 개발하여 시범적용이 추진되고 있다.

■ 어린이집 평가인증의 목적

- 보육 서비스의 질적 수준을 향상시켜 영유아가 안전한 보육환경에서 건강하게 양육될 권리를 보장할 수 있도록 한다.
- 어린이집이 보육 서비스의 질적 수준을 높이고자 준비하고 노력하는 과정을 통해 원장과 보육교직원의 전문성이 증진되도록 한다.
- 보육 서비스의 질적 수준에 대한 정보를 제공하여 부모들이 합리적으로 어린이집을 선택할 수 있도록 한다.
- 보육정책 수립의 주체인 정부가 보육현장을 효율적으로 지원 · 관리하는 체계를 확립한다.

■ 어린이집 평가인증지표

제2차 평가인증 지표는 어린이집에 따라 3종류(40인 이상 어린이집, 39인 이하 어린이집, 장애아전문 어린이집)로 구분되어 있었으나 제3차 평가인증지표는 모든 어린이집에 공통적으로 6개 영역 50개 지표를 적용한다. 단, 장애아전문 어린이집이나 정원 20인 이하의 소규모 어린이집은 운영특성을 고려하여 일부 지표의 구성요소 평정기준을 차별화하고 있다.

〈표 7-9〉 제3차 어린이집 평가인증지표

영역	지표
영역1. 보육환경(8)	1-1. 보육실은 영유아의 자율적 선택과 능동적 참여를 촉진하는 흥미영역으로 구성되어있다. 1-2. 실내공간(보육실 외)은 영유아와 보호자가 편리하게 사용할 수 있도록 조성되어 있다. 1-3. 옥외놀이터는 자연을 느끼며 다양한 놀이를 할 수 있도록 조성되어 있다. 1-4. 각 반의 크기와 인원은 원활한 운영이 이루어지도록 적절하게 구성되어 있다. 1-5. 실내 · 외 설비와 가구는 영유아가 편리하게 사용하도록 마련되어 있다. 1-6. 어린이집의 보육활동자료는 영역별로 다양하고 충분하게 구비되어 관리된다. 1-7. 각 반의 놀잇감과 활동자료는 영유아의 발달 수준과 흥미를 반영하고 있다. 1-8. 보육교사를 위한 공간 · 가구 · 비품은 쉽게 이용할 수 있도록 마련되어 있다.
영역2. 건강(8)	2-1. 보육실은 청결하고 쾌적하게 관리된다. 2-2. 실내 · 외 공간(보육실 외)은 청결하고 쾌적하게 관리된다. 2-3. 보육교사와 영유아는 손 씻기 등 위생습관을 실천한다. 2-4. 보육교사는 영유아가 아픈지 살펴보고 적절하게 지원한다. 2-5. 영유아와 보육교직원의 건강 증진을 위한 예방 관리와 교육이 이루어진다. 2-6. 식자재의 구입 · 보관 및 조리 공간은 청결하고 위생적으로 관리된다. 2-7. 조리 및 배식과정은 청결하고 위생적으로 관리된다. 2-8. 급 · 간식의 내용과 양은 영유아의 영양 균형과 건강 증진에 도움이 된다.
영역3. 안전(8)	3-1. 보육실은 영유아의 안전을 위해 위험요인 없이 관리된다. 3-2. 실내 · 외 공간(보육실 외)은 영유아의 안전을 위해 위험요인 없이 관리된다. 3-3. 실내 · 외 놀잇감이 안전하고, 위험한 물건은 영유아의 손에 닿지 않도록 보관한다. 3-4. 영유아는 등원부터 하원까지 성인의 보호하에 있다. 3-5. 어린이집에서 차량을 운행할 경우, 안전요건을 갖추어 관리한다. 3-6. 어린이집은 비상사태에 대비할 수 있는 시설 · 설비와 인력이 있다. 3-7. 영유아의 비상사태에 대비하여 대피훈련과 다양한 안전교육을 받는다. 3-8. 보육교직원은 다친 영유아의 지침에 따라 처치하고, 영유아를 학대로부터 보호한다.
영역4. 보육과정 운영(8)	4-1. 어린이집은 연령에 적합한 보육과정을 계획하여 이를 운영한다. 4-2. 어린이집은 영아의 흥미를 반영하여 보육과정을 통합적으로 운영한다. 4-3. 보육교사는 일과를 균형있게 계획하고 융통적으로 운영한다. 4-4. 보육교사는 영유아의 일상생활이 편안하게 이루어지도록 일과를 운영한다. 4-5. 보육교사는 여러 영역에서 다양한 놀이와 보육활동이 이루어지도록 운영한다. 4-6. 보육교사는 영유아의 개별활동과 놀이에서 동기유발 및 주도적 참여가 지속될 수 있도록 지도한다. 4-7. 보육교사는 대소집단활동을 연령에 적합하게 운영한다. 4-8. 보육교사는 보육과정 및 영유아에 대해 주기적으로 평가한다.
영역5. 보육활동과 상호작용 (10)	5-1. 영유아는 대소근육발달을 위해 연령에 적합한 신체활동에 참여한다. 5-2. 영유아는 연령에 적합한 다양한 언어활동에 참여한다. 5-3. 영유아는 연령에 적합하게 자신과 가족, 주변 사회에 관심을 갖는 경험을 한다. 5-4. 영유아는 일상에서 예술을 자연스럽게 경험하고 표현할 기회가 있다. 5-5. 영유아는 친숙한 주변 환경에서 자발적인 자연탐구활동을 경험한다. 5-6. 영유아는 발달 수준과 흥미에 적합하게 역할 및 쌓기놀이를 충분히 한다. 5-7. 보육교사는 영유아와 신뢰로운 관계를 형성한다. 5-8. 보육교사는 개별 또는 집단으로 영유아와 바람직한 언어적 상호작용을 한다. 5-9. 보육교사는 영유아들 간의 긍정적인 상호작용이 활발히 이루어지도록 격려한다. 5-10. 보육교사는 영유아의 어려움과 문제상황을 파악하고 이를 적절히 지도한다.

영역	지표
영역6. 운영관리(8)	6–1. 어린이집은 질 높고 투명한 운영방침을 수립하여 이를 실행한다. 6–2. 원장은 협력적 조직문화 조성을 위한 리더십을 갖추고 있다. 6–3. 어린이집은 보육교직원의 적절한 처우와 복지 향상을 위해 노력하고 있다. 6–4. 어린이집은 개별 보육교직원의 전문성 향상을 위해 노력하고 있다. 6–5. 어린이집은 영유아의 초기 적응을 지원하고 개별 원아의 기록을 관리한다. 6–6. 어린이집과 가정 간 의사소통이 원활하게 이루어진다. 6–7. 어린이집은 가족을 지원하고 참여기회를 다양하게 제공한다. 6–8. 어린이집은 지역사회와 활발하게 교류한다.

출처: (재)한국보육진흥원(2014). pp.10–11.

2) 어린이집 평가인증의 실시

(1) 어린이집 평가인증 운영체계

어린이집 평가인증은 평가인증을 받지 않아 미인증 상태인 어린이집(신규 신청) 또는 평가인증을 받아 현재 인증을 유지하고 있으나 인증 유효기간 만료 시점이 도래한 어린이집(재인증)이 신청서를 제출하여 진행된다. 평가인증과정은 신청 이후 참여 확정, 현장관찰, 심의의 3단계를 거쳐 인증결과 발표까지 진행된다. 어린이집 평가인증 운영체계 및 진행과정은 [그림 7–2]와 같다.

단계	내용	절차	주체
신청(상시)	• 상시 자체점검 • 상시 신청	상시 자체점검 신청	어린이집
		평가인증 컨설팅	육아종합지원센터
1단계 참여 확정 (2개월)	• 기본 사항 확인 • 자체점검보고서 제출 및 참여 수수료 납부 • 참여 대상 확정	기본 사항 확인	지자체
		자체점검보고서 제출 참여 수수료 납부	어린이집
		참여 대상 확정	보건복지부 (한국보육진흥원)

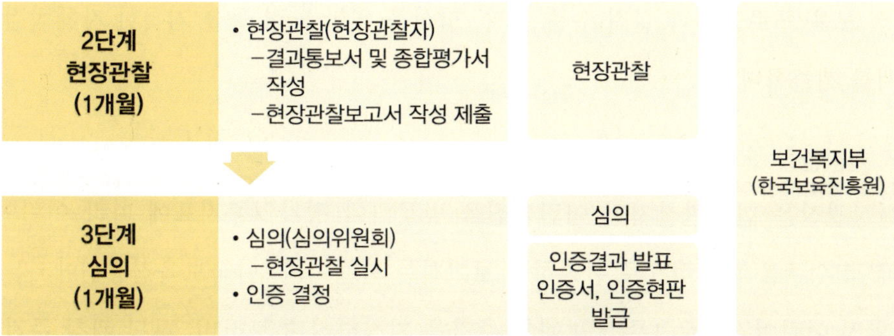

[그림 7-2] 어린이집 평가인증 운영체계

출처: (재)한국보육진흥원(2014). p.15.

(2) 어린이집 평가인증 실시과정

① 신청

평가인증 신청 및 신청방법은 다음과 같다.

평가인증 신청 방법

• 어린이집 지원시스템 내 평가인증 메뉴에서 참여신청서를 작성 · 제출한다.

어린이집 지원시스템 공인인증서 로그인 → 평가 인증 → 신청 관리 → 기수 선택 → [신청] 클릭 → 신청서 작성 (지표 선택) → 신청 완료

• 어린이집의 평가인증 신청 정보는 신청 관리 화면 상단에 표시된다.
[○○○어린이집은 20○○년 ○○기에 신청 중(○○번)입니다]

출처: (재)한국보육진흥원(2014). p.18.

② 참여 확정 자격과 기본 사항 확인

참여 확정 자격조건을 충족하는 어린이집을 대상으로 기본 사항 확인이 이루어진다. 제3차 평가인증에서의 기본 사항 확인은 필수항목(9항목)과 기본항목(4항목)으로 구성된다.

③ 자체점검보고서 제출 및 참여 수수료 납부

평가인증 참여가 확정된 어린이집은 자체평가를 실시하고 어린이집의 특징 · 장

점 및 보육 프로그램과 질적 수준 유지 · 향상을 위한 노력 등을 기록한 자체점검 보고서를 제출한다.

④ 현장관찰

현장관찰은 현장관찰자가 어린이집을 방문하여 평가인증지표에 따라 어린이집의 질적 수준을 객관적으로 관찰하여 보고하는 과정이다. 한국보육진흥원에서는 참여 확정 어린이집별로 1주간의 관찰 주간을 지정하여 통보하며, 해당 관찰 주간 중 현장관찰일을 정하여 사전에 고지 없이 현장관찰자를 어린이집에 파견한다. 고지된 현장관찰 주간은 원칙적으로 변경이 불가능하며 어린이집의 현장관찰 주간은 현장관찰 월 1주일 전에 어린이집 지원시스템에서 확인할 수 있다. 현장관찰 주간에는 어린이집에 견학 등 행사 없이 일상적 일과가 진행되어야 하고 관찰 당일에는 영유아 정원의 1/3 이상이 현원으로 재원하고 현원의 2/3 이상이 출석해야 한다.

⑤ 심의 및 인증결정

인증결정은 기본사항확인서, 자체점검보고서, 현장관찰보고서, 심의위원회 의견서를 반영하여 이루어진다. 인증결과는 총점 및 영역별 점수, 심의 필수 확인 항목 발생 여부에 의해 결정되며, 인증과 인증유보 및 불인증으로 구분된다.

- 인증: 신규인증 및 재인증 어린이집의 총점 및 모든 영역의 점수가 기준 점수를 통과한 경우
- 인증유보: 신규인증 어린이집의 총점 또는 영역별 점수가 기준 점수를 통과하지 못한 경우
- 불인증: 신규인증 재참여 및 재인증 어린이집의 총점 또는 영역별 점수가 기준 점수를 통과하지 못한 경우

※심의 필수 확인 항목 중 어느 하나라도 해당될 경우 ⇒ 불인증

[그림 7-3] 평가인증 어린이집 현판

3) 평가인증 어린이집 사후 관리

평가인증 어린이집은 인증기간 동안 자체점검위원회를 구성하고 연차별 자체점검보고서를 작성하여 매년 1회 정해진 기간 내에 어린이집 지원시스템 내 평가인증 메뉴에 입력 · 제출한다. 연차별 자체점검보고서를 기한 내 제출하지 않는 어린이집에 대해서는 확인 방문을 실시하여 인증유지 여부를 결정한다.

교육부와 보건복지부는 유보통합추진계획에 따라 현행 어린이집의 평가인증과 유치원의 유치원평가로 구분되어진 평가체제를 통합하는 내용에 대한 보도자료를 발표하였다.

보 도 자 료

확정된 '평가체계 통합 방안'에 따라 '16년부터 유치원과 어린이집에 대한 평가체계가 통합되며, 평가에 따른 등급도 공개된다.

- 이에 따라 시설유형에 관계없이 갖추어야 할 공통 핵심사항을 점검 · 평가하고 시설 간 비교 가능한 정보가 제공됨으로써 학부모의 시설 선택권이 대폭 확대될 전망이다.
- 다만, 정부는 현장의 평가 부담 및 혼란을 최소화하기 위하여 기존 어린이집 · 유치원 평가지표를 활용하고 평가항목을 핵심사항 위주로 간소화하도록 하였다.

＊평가영역(6개) ⇨ 평가지표(27개) ⇨ 평가항목(어린이집 : 145개, 유치원 : 134개) 등 3계층으로 구성

현행					통합평가	
어린이집		유치원				
평가영역	6개	평가영역	4개	➡	평가영역	6개
		평가지표	11개			
평가지표	50개	평가요소	30개	➡	평가지표	27개
구성요소	308개	(매뉴얼)	–	➡	평가항목*(어린이집/유치원)	145개/134개

• 평가방식은 절대평가 방식의 등급제를 적용하되, 모든 기관의 평가등급과 평정사유를 함께 공개하여 우수하거나 개선이 필요한 영역을 학부모가 쉽게 파악할 수 있도록 하였다. '매우 우수' 등급 시설의 경우 평가 부담을 경감시켜 줄 인센티브*도 함께 제공할 예정이다.

＊'매우 우수' 등급 시설은 간이평가(1회), '개선 필요' 등급 시설은 평가주기 단축(1년)

• 통합평가는 전체 유치원 · 어린이집을 대상으로 3년 주기(연평균 17,000여개)로 하여 자체평가 → 현장평가 → 종합평가(평가위원회)의 3단계로 진행되며 '15년에 관련 법령 개정과 시범운영을 통한 철저한 현장검증을 거쳐 순차적으로 추진될 예정이다.

출처: 국무조정실 국무총리비서실 영유아교육보육통합추진단 작성 보도자료(2014. 12. 16).

chapter 08

보육실습 경험하기

보육실습을 앞둔 예비 보육교사에게 보육실습에 대한 이미지를 물어보았을 때 '두루마리 휴지', '마트 시식코너', '끝을 모르는 동굴', '엑기스' 등 다양한 답을 들은 적이 있다. 왜 그렇게 생각하는지 물었더니 어떤 예비 보육교사는 "어찌 되었건 하다 보면 끝은 보인다는 점에서 두루마리 휴지와 비슷하다"라고 답을 하였고 "모두 다 먹어보는 것은 아니지만 조금씩 맛보기로 이것저것 먹을 수 있다는 점에서 보육실습이 시식코너와 닮았다"고 답하는 예비 보육교사도 있었다. 또 "어떻게 될지 미래를 알 수 없는 두려운 대상이라는 점에서 끝이 보이는 터널이 아니라 끝을 모르는 동굴과 닮았다"라고 답하는 이도 있었고 "보육교사 양성과정의 모든 것을 압축해서 짧은 시간에 경험하는 것이 보육실습이기 때문에 엑기스라 표현하고 싶다"는 예비 보육교사도 있었다. 이처럼 보육실습은 보육교사로서의 모든 것을 미리 경험해 보는 힘든 과정이지만 반드시 끝까지 완수해야 한다는 함축적 이미지를 지니고 있다.

현재의 보육교사 양성과정에서 보육실습은 필수과정이다. 이 필수과정을 성공적으로 수행하여 무사히 보육교사 자격을 취득하기 위해서 보육실습의 목적과 의의, 법적 기준, 보육실습 진행과정, 보육실습생의 자세 및 보육실습 운영내용 등을 살펴보고자 한다.

1. 보육실습의 목적과 의의

보육실습이란 국가가 발급하는 보육교사 자격증을 취득하기 위해 예비 보육교사들이 어린이집현장에서 보육교사의 역할을 직접 경험해 보는 실무 훈련과정이다. 제도적으로 필수과정이기도 하지만 실제적으로는 보육교사 양성과정에서 배운 지식, 기술, 가치 등을 보육현장에 적용해 보고 현장에서 배우는 과정인 것이다.

그렇다면 왜 보육교사 자격 취득에 있어 보육실습을 필수과정으로 정하였을까? 보육실습을 통해 어떤 목적을 달성하기 위한 것일까? 일반적으로 보육실습의 목적은 다음과 같다(한국보육진흥원, 2013b).

- 예비 보육교사의 보육철학, 비전, 목적, 목표를 발전시키기 위해서
- 보육계획, 활동, 영유아 상호작용, 환경 구성, 보육자료 개발 등 보육교사의 전문적 역할과 자질을 기르기 위해서
- 보육교사로서 자신의 자질을 확인하고, 진로 결정에 도움을 받기 위해서
- 지역사회 내에서 어린이집의 역할, 부모와의 관계, 다양한 기관 운영 프로그램 등 구체적인 보육현장의 실제를 이해하기 위해서

이상의 목적을 위해 실시되는 보육실습의 의의를 예비 보육교사의 입장에서 정리해 보면 다음과 같다(서영숙, 천혜정, 윤매자, 2006; 한국보육진흥원, 2013b).

첫째, 이론 중심으로 배웠던 지식을 보육현장에 실제 적용해 보면서 실천적 지식을 습득하고, 영유아에 대한 이해를 향상시킬 수 있다.

둘째, 보육계획이 어떻게 이루어지고, 융통성 있게 운영되며, 보육실 내외에서 영유아의 놀이가 어떻게 확장되고, 활동과 자료가 흥미와 발달에 적합하게 운영되는가를 직접 관찰하여 교사의 전문적인 역할과 상호작용법을 배울 수 있다.

셋째, 실습생이 직접 보육활동을 계획하고 실시해 봄으로써 바람직한 일과 운영을 익히고 효과적인 교수학습방법을 이해할 수 있다.

넷째, 어린이집교사의 역할에 대해 현실적으로 이해하고 보육교사로서 자신의 능력과 자질을 스스로 평가해 볼 수 있다.

다섯째, 어린이집원장, 보육교사 및 부모 등의 다양한 관점과 요구 등을 관찰하고, 지역사회에서 어린이집의 역할과 기능에 대해 생각해 볼 수 있다.

여섯째, 영유아에게 영향을 미치는 좀 더 넓은 관점인 사회 현상, 보육정책, 부모교육 등과 영유아에 대한 심도 있는 연구결과들에 관심을 가질 수 있다.

일곱째, 어린이집에서 4주간의 보육실습을 성공적으로 끝냈다는 자신감은 향후 새롭게 시도할 다양한 경험에 대한 도전정신과 긍정적인 태도를 지니게 한다.

여덟째, 보육실습은 보육교사 양성을 위한 준비교육 내지 훈련과정으로 최종적 단계의 의미를 지닌다.

2. 보육실습 관련 법적 기준

보육실습을 단순하게 이야기하면 어린이집에서 4주간 보육교사 체험을 하는 것이지만 실제로는 법적 기준이 충족되어야만 보육실습으로 인정받을 수 있다. 즉, 예비 보육교사는 보육실습을 하기 전에 보육실습과 관련된 법적 기준을 살펴보고, 자신의 보육실습이 법적 기준을 충족하여 보육교사 자격취득에 문제가 생기지 않도록 준비해야 한다. 보육실습과 관련하여 「영유아보육법 시행규칙」 제12조 제1항에서 정하고 있는 법적 기준은 다음과 같다.

1) 보육실습기관 요건

보육실습은 최소한 정해진 법적 기준을 충족하는 기관에서 이루어져야 한다. 「영유아보육법」에서 정한 보육실습기관의 최소 기준은 '법적으로 인가받은 정원 15인 이상의 어린이집 또는 교육과정과 방과 후 과정을 운영하는 유치원'으로 정해져 있다.

또한, 법적으로 요구되는 기준은 아니지만 최근 어린이집 평가인증을 통과한 기관, 몇 년간 선배들의 보육실습 경험에 따라 보육실습의 내용이 우수하다는 평을 듣고 있는 곳, 지역사회 내에서 어린이집의 질적 수준이 높다고 인정받는 어린이집, 향후 취업하기를 희망하는 어린이집과 유사한 보육 프로그램을 운영하는 기관 등 내실 있는 보육실습을 위해서는 법적 기준과 어린이집의 질적 수준을 모두 고려한 신중한 실습기관 선정이 요구된다.

최소 법적 기준

- 법적으로 인가받은 정원 15인 이상의 어린이집
- 교육과정과 방과후 과정을 운영하는 유치원

실습기관을 찾아봅시다!

자신의 집 주변에 위치한 어린이집 중에서 보육실습기관의 법적 기준을 충족하는 기관 목록 10군데를 작성해 보자. 10개 기관 중 평가인증여부, 선배들의 조언, 주변의 의견 등을 참고하여 우선적으로 실습 의뢰를 할 수 있는 기관 3군데를 선정하여 보자. 자신이 정한 3군데의 어린이집에 대해 선정이유를 들어 소개해 보자.

2) 보육실습지도교사 자격

「영유아보육법 시행규칙」 제12조의 '보육관련 교과목 및 학점'에 따르면, 보육실습은 보육교사 1급 또는 유치원 1급 정교사 자격을 가진 교사가 지도해야 하며, 실습지도교사 1명당 보육실습생을 3명 이내로 지도해야 한다. 어린이집에서 보육실습을 하는 경우 실습지도교사의 자격이 보육교사 1급이어야 하고, 유치원에서 보육실습을 하는 경우에도 실습지도교사의 자격은 유치원 1급 정교사이어야 한다는 점에 유의해야 한다. 실습지도교사가 유치원 2급 정교사일 경우 보육실습으로 인정되지 않는다.

아울러 보육실습지도교사는 동시에 보육실습생을 3명을 초과하여 지도할 수 없다. 즉, 한 반에 여러 명의 실습생이 동시에 들어갈 경우 문제가 생길 수 있음을 미리 염두에 두어야 한다. 어린이집에서 보육실습을 할 경우 '어린이집 지원시스템'을 통해 실습생의 수가 통제되지만 유치원에서 보육실습을 할 경우에는 실습지도교사에게 실습생이 3명을 초과하지 않았다는 내용의 공문이 추가로 요구된다. 실습생이 3명을 초과하지 않았다는 공문 양식은 〈부록 3〉에 제시되어 있다.

3) 보육실습 이수시기 및 기간

보육실습은 반드시 '보육실습' 교과목이 개설된 학기 중(직전 및 직후 방학 포함)에 해야 한다. 가장 권장되는 시기는 '보육실습' 교과목이 개설되는 학기이면서 일상적인 보육이 이루어지는 3~6월, 9~11월에 보육실습을 하는 것이다(한국보육진흥원, 2013b).

「영유아보육법 시행규칙」의 제12조 제1항 관련 '보육 관련 교과목 및 학점'에서 정한 보육실습의 기준을 살펴보면 보육실습기간은 4주 동안 160시간 이상을 연속으로 해야 하며 1일 8시간 동안 하는 것이 원칙이다. 하루 중 실습시간은 평일 오전 9시부터 오후 7시 사이로 어린이집이 실제로 운영되는 시간 중에 실습을 해야만 실습시간으로 인정된다. 따라서 주 1회 보육실습 또는 주말실습 등 특정 요일에만 보육실습을 하는 경우, 평일 오전 4시간 동안 7~8주 동안 실습한 경우, 오후 7시 이후 야간에 실습을 하여 160시간 이상이 되는 경우 등은 보육실습을 이수한 것으로 인정되지 않는다.

기억해 주세요!

- 보육실습시기 : '보육실습' 교과목이 개설되는 학기 중 또는 직전(직후) 방학기간
- 보육실습기간 : 4주 160시간을 연속적으로
- 보육실습시간 : 평일 오전 9시부터 오후 7시 사이 중 8시간

4) 보육실습 교과목 및 학점기준

보육실습은 '보육실습' 교과목으로 이수하는 것이 원칙이다. 즉, '보육실습'이라는 교과목을 수강신청하고, 현장실습과 이론수업으로 운영되는 '보육실습' 강의를 듣고, 최종 성적을 받은 다음 성적표에 학점이 표시되어야 한다. 다만 보육현장실

습, 교육실습 등 교과목의 명칭이 다르더라도 보육실습기관 및 실습기간의 조건을 충족하는 경우에는 보육실습으로 인정한다. 이때 보육실습 교과목의 학점은 3학점(2014년 1월 1일 이후 입학한 자부터 적용됨)이어야 하고, 평가점수는 80점(B학점) 이상이어야 한다. 즉, 예비 보육교사가 어린이집에서 보육실습을 하였더라도 '보육실습' 교과목의 수강신청 없이 이루어졌거나 그 교과목의 학점이 3학점이 아닌 경우, 실습지에서 받은 점수를 기반으로 한 교과목 성적이 B학점이 안 되는 경우는 보육실습을 마쳐도 보육교사 자격 취득이 어렵다는 점을 유념해야 한다. 또는 보육실습 과목이 개설된 학기 직후 방학에 보육실습을 하는 경우에는 이미 80점(B학점) 이상의 학점을 취득한 예비 보육교사만이 어린이집에서 보육실습을 할 수 있다는 의미이다.

참고로 보육실습은 자격증 취득에 필요한 보육 관련 교과목을 이수한 후 최종적으로 현장실무를 경험하는 과정이므로 4년제 대학의 경우 3학년 2학기 이후, 2 · 3년제 대학의 경우 마지막 학년에 실시되는 것이 일반적이다.

3. 보육실습 진행과정

보육실습은 보육실습신청서 제출부터 보육실습 종료까지 여러 가지 업무가 수반된다. [그림 8-1]은 보육실습이 진행되는 순서에 맞추어 보육실습 관련 내용과 실행주체를 정리한 것이다(한국보육진흥원, 2013b).

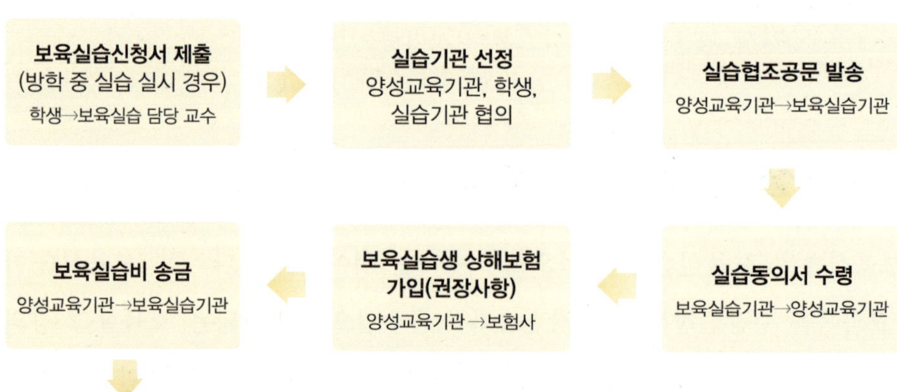

[그림 8-1] 보육실습 진행과정

한국보육진흥원(2013b)이 제시한 보육실습 진행과정을 참고하여 예비 보육교사들이 알고 있어야 하는 서류나 준비사항들을 중심으로 차례대로 점검해 보자.

1) 보육실습신청서 제출

보육실습신청서는 '보육실습' 교과목이 개설되는 학기 직전 방학에 실습을 실시할 경우 보육실습신청자를 파악하기 위해 사용하는 것으로, 보육실습신청서에는 학생 정보, 이미 이수한 보육 관련 교과목, 희망 보육실습지역 및 기관 등에 대한 정보를 기록한다. 아직 '보육실습'이라는 교과목 수강 이전이므로 보육실습신청서를 통해 신청자와 신청 학생의 이수 교과목 등에 대한 정보를 정확히 파악할 수 있고 실습을 위한 학사지도와 보육실습 사전 교육을 실시하는 데 도움이 된다. '보육실습' 교과목이 개설된 학기 중이나 직후 방학에 보육실습을 실시하는 경우에는 '보육실습' 교과목 출석부의 명단이 보육실습 대상자이므로 보육실습신청서를 사용하지 않아도 된다. [그림 8-2]는 보육실습신청서 양식이다.

보육실습신청서

학 생 정 보					
성 명		학과		학번	
보육실습기간	20 년 월 일 ~ 20 년 월 일 (연속 4주 160시간 이상)				
집 주 소	우편번호)				
개인연락처	휴대폰 : 집 :	e-mail			

희망 보육실습기관 정보	
보육 관련 이수 교과목 (이수 교과목을 모두 적으시오.)	(총 개 과목 이수)
실습 희망 지역	
보육실습 희망기관 유형	① 국공립 어린이집 ( ) ② 법인 어린이집 ( ) ③ 직장 어린이집 ( ) ④ 가정 어린이집 ( ) ⑤ 부모협동 어린이집 ( ) ⑥ 민간 어린이집 ( ) ⑦ 종일제 유치원 ( )
기타 희망사항	

[그림 8-2] 보육실습신청서 양식

출처: 한국보육진흥원(2013b). p.95.

점검해 봅시다!

보육실습은 보육 관련 교과목 이수 후 최종적인 과정이므로 보육실습 이전에 보육과정, 보육학개론, 영아 및 유아발달 등의 보육 필수과목과 놀이지도, 언어지도, 아동미술, 아동수 · 과학지도 등 영유아지도 과목을 비롯한 자격증 취득에 필요한 교과목을 최소 10과목 이상 충분히 수강한 학생에게 보육실습을 하도록 권하고 있다. [그림 8-2]에 제시된 보육실습신청서의 굵은 선으로 표시된 '보육 관련 이수 교과목' 란을 기록해 보면서 현재까지 나는 보육 관련 교과목으로 어떤 과목들을 수강했으며, 각 영역별로 어느 정도 기준이 충족되었는지 점검해 보고, 보육실습을 나가기 전에 더 수강해야 할 과목은 무엇인지 알아보도록 하자.

2) 실습기관 선정

실습기관 선정은 보육교사 양성기관의 지도교수, 학생, 실습기관 간의 협의가 필요하므로 일반적으로 학생과 지도교수 간 협의 후 실습기관에 실습 가능 여부를 묻는 경우가 많다.

실습기관을 선정할 때는 반드시 충족되어야 할 요건이 정해져 있으므로 다음 사항들을 고려하여 실습기관을 선정한다.

- 보육실습기관의 법적 기준인 보육 정원(15인 이상)을 충족하는 어린이집인지, 교육과정과 방과 후 과정을 운영하는 유치원인지 등의 사항을 파악한다(필수).
- 보육교사 1급 또는 유치원 1급 정교사 자격을 소지한 실습지도교사가 있는지 여부를 확인한다(필수).
- 실습기관의 현황 및 특수보육현황 등을 파악하여 기관의 성격을 고려한다.
- 실습기관의 평가인증 여부 등을 파악한다.
- 실습기관과 보육실습생의 집과의 거리 및 교통편을 고려한다.

3) 실습협조공문 발송 및 실습동의서 수령

지도교수, 학생, 보육실습기관 간의 협의를 통해 보육실습기관이 결정되고 나면 보육실습기관에 보육실습을 요청하는 협조공문을 발송해야 한다. 보육교사 양성기관(학과)과 보육실습기관 간에 구두로 이루어졌던 협의사항을 공식적으로 문서화하는 과정에 해당한다. 보육실습협조공문 발송 시 보육실습동의서를 함께 동봉하여 보내고, 실습기관으로부터 보육실습동의서를 받는다. 보육실습동의서는 우편이나 팩스 등으로 받을 수 있고 때로는 실습생이 직접 기관을 방문하여 받아서 양성기관(학과)에 제출하기도 한다.

양성기관(학과)이 작성해야 할 실습협조공문의 예시는 〈부록 4〉에 첨부되어 있으며, [그림 8-3]은 보육실습동의서 양식이다. 보육실습동의서 양식의 굵은 선 표시는 보육실습기관의 법적 기준을 충족하는지를 확인하는 주요 사항이므로 반드시 확인해야 한다.

보육실습동의서

학 생 정 보					
성　명		학과		학번	
보육실습 기간	20　년　월　일 ~ 20　년　월　일 (연속 4주 160시간 이상)				
집 주 소	우편번호)				
개인 연락처		e-mail			

보 육 실 습 기 관 정 보			
보육실습 기관명	(정원 :　명)	보육실습기관 원장명	
기관 주소	우편번호)		
전화번호		팩스	
평가인증 여부	① 예(　) ② 아니오 (　)		
보육실습 지도교사	이름 :	보육교사 1급 (　) 유치원정교사 1급 (　) ※ 해당 자격에 'O'표 하세요.	

위 학생이 본 기관에서 보육실습을 수행함에 동의합니다.

20　년　월　일

어린이집 원장　(서명 또는 인)

[그림 8-3] 보육실습동의서 양식

출처: 한국보육진흥원(2013b). p.97. 재구성.

4) 보육실습생 상해보험 가입

보육실습기관으로부터 실습동의서를 받아 실습생과 실습기관이 최종 확정되면, 양성교육기관(학과)에서는 보육실습생에 대한 상해보험을 가입하여 실습기간 동안 발생할 수 있는 각종 사고에 대비해야 한다. 보육실습생 상해보험 가입이 의무사항은 아니지만 보육실습이 익숙하지 않은 장소에서 새롭게 하는 일들이 많은 과정이기 때문에 불의의 사고가 발생하는 경우가 있으므로 보육실습생 상해보험 가입을 권고하고 있다.

5) 보육실습비 송금

보육실습비는 4주 160시간 이상 실습지도하는 교사에게 주어지는 수당, 하루 8시간 실습의 경우 실습생이 20일을 어린이집에서 중식을 먹게 되므로 그 경우 발생하는 중식비, 보육실습생이 사용하게 되는 각종 보육활동 재료비 등의 이유로 지급하는 비용이다. 기본적으로 보육실습비는 보육실습기관에서 정하도록 되어 있으나 보육실습기관에 기준이 없는 경우 양성교육기관(학과)에서 정하기도 한다. 보육실습비는 양성교육기관(학과)에서 실습기관 명의의 계좌로 직접 송금하는 것이 원칙이다. 양성교육기관(학과)은 영수증 양식을 작성하여 실습기관에 전달하고 보육실습이 종료되었을 때 실습기관으로부터 영수증을 받는데, 실습기관 계좌로 온라인 송금하였을 경우 송금확인증이 영수증을 대신할 수 있다. 보육실습비 영수증 예시는 〈부록 5〉에 제시되어 있다.

6) 양성기관 실습생 사전 교육 및 실습 관련 서류 전달

양성기관(학과)에서는 보육실습이 시작되기 전 학생들을 대상으로 실습에 관한 전반적인 내용을 사전에 교육해야 한다. 보육실습 교과목이 개설되는 학기 중이나 보육실습 교과목이 개설된 직후 방학에 보육실습이 이루어지는 경우에는 보육실습 전 수업시간에 사전 교육을 실시하면 되지만, 보육실습 교과목이 개설되기 전 방학에 실습을 실시하는 경우에는 반드시 수차례의 사전 교육을 실시하는 것이 필요하다.

또한, 학생들이 작성해서 보육실습기관에 제출해야 할 서류도 학생들에게 전달하여 함께 준비하고 검토해야 한다. 실습생이 작성해야 할 서류에는 보육실습생 신상카드, 보육실습생 서약서가 있으며, 보건소의 전염성 질환에 대한 건강진단결과서(구 보건증)도 준비해야 한다. 실습기관에 따라 성범죄 경력조회동의서를 요구하기도 하므로 실습기관에 미리 성범죄 경력조회동의서를 준비해야 하는지 문의하는 것도 필요하다. [그림 8-4]는 보육실습생 신상카드 양식이며, [그림 8-5]은 보육실습생 서약서 예시이고 성범죄 경력조회동의서 양식은 〈부록 6〉에 제시되어 있다.

보육실습생 신상카드는 개인정보가 기록되는 것이므로 실습생이 직접 작성하고, [그림 8-4]의 굵은 선으로 표시된 부분의 개인정보 수집 · 이용에 동의해야 한다. 그리고 보건소의 전염성 질환에 대한 건강진단결과서의 경우 진단결과를 받기까지 일정 시간이 소요되므로 보육실습을 나가기 최소 1주일 전에 보건소를 방문하여 미리 검사를 받아두는 것이 좋다.

보육실습생 신상카드

성　　명	한 글	(여, 남)	(사　진)
	한 자		
주민등록번호			
소　　속			
집 주 소			
학　　력	.　.　–　.　.	고등학교 입학 및 졸업	
	.　.　–　.　.		
	.　.　–　.　.		
보육관련 이수 교과목 (이수교과목을 모두 적으세요)	: 총 (　　　　)개 교과목		
비상연락처	집전화 :		
	본인휴대폰 :		
	비상시 연락휴대폰 :　　　　　(관계 :　　　　)		
e-mail			

위의 사항이 틀림없음을 확인합니다.

년　　월　　일

본인 서명　　　　　(인)

________________ 원 장　귀 하

개인정보 수집 · 이용 동의

보육실습생 관리를 위하여 '개인정보보호법'에 따라 개인정보 수집 · 이용에 대한 내용을 알려드리오니 동의하여 주시기 바랍니다.

[법률 근거] 개인정보보호법 제15조 '개인정보의 수입 · 이용'에 관한 법률
[수집 · 이용 항목] 이름, 주민등록번호, 연락처(전화번호, 휴대폰번호), 이메일, 주소
[수집 · 이용 목적] 보육실습생 관리를 위한 목적으로 이용되며, 수집한 개인정보는 다른 목적으로 사용되지 않습니다.
[이용 및 보유기간] 보육실습이 종료되는 시점에 수집한 개인정보는 폐기됩니다.
[동의 거부 및 불이익] 위의 개인정보 수집 · 이용에 관한 내용에 동의하지 않는 경우에는 보육실습이 불가합니다.

☐ 동의함　　　　☐ 동의하지 않음

실 습 생 :　　　　　(인)

[그림 8-4] 보육실습생 신상카드 양식

출처: 한국보육진흥원(2013b). p.98.

보육실습생 서약서

성 명 :

소 속 :

보육실습생 ○○○는 □□어린이집에서의 보육실습기간 동안 보육교사에게 요구되는 전문성과 보육능력을 최대한 습득하기 위하여 □□어린이집의 제반 규정 및 보육실습지침을 준수하고 최선을 다해 보육실습에 임하겠습니다.

년 월 일

보육실습생 : (인)

□□어린이집 원장 귀하

[그림 8-5] 보육실습생 서약서 예시

생각해 봅시다!

보육실습생 서약서는 보육실습에 앞서 실습생의 각오나 의지를 점검하는 기회가 될 수 있다. 실습생으로서 보육실습에 임하는 자신의 생각을 150자 내외의 문구로 작성하여 보육실습생 서약서를 만들어 보자.

7) 실습생의 실습기관 사전 방문, 실습기관의 실습생 사전 교육 및 각종 서류 전달

보육실습생은 보육실습을 시작하기 전에 실습기관을 방문하여 실습기관에서 요구하는 사항을 미리 알아보고 준비해야 한다. 실습 시작 일주일 전에 실습기관에 전화로 기관의 일과에 영향을 주지 않는 시간을 문의한 후 방문 일정을 잡고, 정해진 날에 기관을 방문하여 원장 또는 담당자로부터 사전 교육을 받는다.

일반적으로 어린이집에서 실습기관의 보육방침 및 프로그램 소개, 실습기관 현황, 보육실습을 하게 될 반의 현황, 보육실습 기간 중의 행사 일정, 실습생지도계획, 실습생 준수사항 및 준비물 등에 대한 교육이나 정보를 제공해주는데, 실습기관의 사전 교육내용에 포함되어 있지 않지만 실습생 입장에서 실습과 관련하여 특별히 주의해야 할 점이나 준비물 등에 대한 질문이 있다면 이 기회를 통해 알아볼 수 있다.

그리고 보육실습생이 미리 작성하고 준비했던 보육실습생 신상카드, 보육실습생 서약서, 보건소의 전염성 질환에 대한 건강진단결과서, 성범죄 경력조회동의서(필요시)와 양성기관(학과)에서 준비한 보육실습비 영수증 양식과 보육실습평가서 양식을 함께 전달한다. 어린이집에서 보육실습을 할 경우 '어린이집 지원시스템'에서 보육실습확인서가 만들어지므로 필요하지 않지만 어린이집이 아닌 유치원에서 보육실습을 하는 경우에는 보육실습확인서 양식도 함께 전달해야 한다.

사전 방문을 통해 실습기관의 위치, 거리 및 교통편도 확인한다.

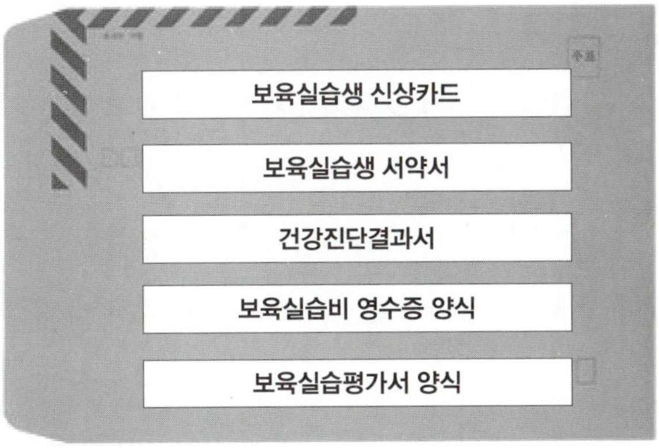

이것도 챙겨보세요!

- **실습생 이름표**: 양성기관(학교 및 학과)명, 보육실습생 이름을 기록한 이름표로 딱딱한 재질로 만들어진 것은 아이들을 다치게 하기 쉽기 때문에 부드러운 재질로, 모서리가 다듬어진 이름표가 적절하다.
- **실내화 또는 덧신**: 실습기관별로 실내화 착용과 관련된 상황이 다를 수 있다. 양말만 허용하는 경우, 실내화를 허용하는 경우 등 다를 수 있으므로 만일 실내화를 준비해야 하는 상황이라면 굽이 높고 소리가 나는 슬리퍼 보다 덧신이나 덧버선과 같은 것으로 준비한다.
- **실외놀이용 신발**: 실외 놀이용으로 운동화 등의 편안한 신발을 준비한다.
- **앞치마나 여벌 옷**: 실습기관에 따라 앞치마를 착용하도록 하는 곳이 있으므로 미리 알아보고 준비한다. 영유아를 보육하는 과정에서 실습생의 옷이 더럽혀지거나 젖을 수 있으므로 필요하다면 여벌의 옷도 준비한다.

8) 4주 실습

4주 160시간의 실습 동안 보육실습생은 실습기관 환경 구성 관찰, 보육일과 및 활동 참여, 영유아의 행동 관찰, 보육실습일지 작성, 보육활동계획안 작성 및 실행, 보육실습기관의 가정 간 연계 프로그램이나 행사 참여, 보육실 정리 · 정돈 등을 경험하고 이에 대한 실습지도교사의 평가 및 조언과 실습생 자기반성의 과정을 거치게 된다.

이 기간 중 실습지도교사의 보육실습 담당교수는 보육현장을 방문하여 실습과정의 지도 관리가 이루어지며, 전화방문으로 대체하기도 한다.

보육실습생이 수행하는 구체적인 실습내용은 다음 5절에 소개된다.

9) 보육실습 증명 서류 전달

양성기관(학과)은 공인된 양식의 보육실습확인서와 보육실습평가서, 실습기관 시설인가증 사본, 실습지도교사 자격증 사본을 보육실습이 종료된 후 14일 이내에 보육실습 기관으로부터 받아야 한다. 어린이집에서 보육실습을 하는 경우 '어린이집 지원시스템'을 통하여 보육실습확인서를 출력하기 때문에 실습기관 시설인가증 사본이나 보육실습지도교사 자격증 사본과 같은 서류가 필요하지 않지만 유치원에서 보육실습을 한 경우에는 반드시 시설인가증 사본과 지도교사 자격증 사본이 요구된다.

[그림 8-6]과 [그림 8-7]은 보육실습확인서와 보육실습평가서 양식이다.

보육실습확인서

1. 실습이수자 기본 사항

이름	주민등록번호	양성교육기관명

2. 실습기관

실습기관명		실습기관 보육 정원	
기관 종류		최초 인가일	
주소			
연락처			

3. 실습지도교사

이름	자격 종류	자격번호

4. 실습기간

실습기간	년 월 일 ~ 년 월 일
실습시간	총 시간(매주 요일 ~ 요일, 오전 시 ~ 오후 시까지)

위 사람은 영유아보육법시행규칙 제 12조 제1항에 의한
보육실습을 충실히 이수하였음을 확인합니다.

년 월 일

어린이집 원장 (서명 또는 인)
학 과 장 (서명 또는 인)

※ 첨부 서류
1. 실습기관 시설인가증 사본 1부 2. 보육실습지도교사 자격증 사본 1부

[그림 8-6] 보육실습확인서 양식

출처: 한국보육진흥원(http://chrd.childcare.go.kr/) 보육인력 국가 자격증 자료실.

보육실습평가서

성　　　명 :
주민등록번호 :
보육실습기관명 :
보육실습기간 : 20　년　월　일 ~ 20　년　월　일

평가영역(배점)	평가항목		배점	점수
근무태도와 자질 (20점)	근무사항	출석, 결석, 지각, 조퇴 등	5	
	태도	성실성, 근면성, 친절, 적극성, 복장 및 용모, 예절	5	
	자질	영유아 존중, 책임감, 인성, 열의	5	
	관계형성	실습지도교사와의 관계 동료 실습생과의 관계	5	
보육활동계획과 실행(30점)	보육활동계획	영역별, 반일(일일) 보육활동계획의 적합성과 충실한 준비	15	
	보육활동실행	영역별, 반일(일일) 보육활동의 효과적이고 적절한 실행 정도	15	
예비 보육교사로서 역할수행(30점)	영유아 행동 및 놀이 관찰, 보육환경 관찰		5	
	보육일과 진행 보조와 일상생활지도		10	
	영유아 상호작용과 놀이 참여		15	
보육실습일지 작성 (10점)	구체적이고 충실한 보육실습일지 작성과 일일 자기평가 및 지도교사평가 반영		10	
총평(10점)	실습기간 동안 예비 보육교사로서 향상 정도		10	
총점			100	

20　년　월　일

보육실습지도교사 :　　　　(인)
어린이집 원 장 :　　　　(인)

[그림 8-7] 보육실습평가서 양식

출처: 한국보육진흥원(http://img.childcare.go.kr/ctis/content/chrdN.pdf) 보육인력 국가 자격증 자료실.

10) 보육실습평가회 및 실습 종료

보육실습과정에서 다양한 보육실습평가가 이루어진다. 가장 일상적으로 실습생은 매일 일지를 기록하거나 보육활동을 수행한 후 자기평가를 기술하도록 되어 있으며, 실습지도교사도 조언의 형태로 매일 평가한다. 뿐만 아니라 실습을 종료한 후 실습기관으로부터 보육실습평가서 양식을 통해 평가받아야만 한다. 즉, 보육실습은 매일 활동이 이루어지고 그 활동에 대한 평가가 주어지며 그 평가결과를 반영하여 다음 활동이나 수행을 해야 하는 체계이다.

또한, 실습을 마친 후 양성기관(학과) 차원에서 보육실습평가회를 개최하는데 평가회는 실습생이 모두 한자리에 모여 실습 시 힘든 점과 새롭게 알게 된 점, 실습기관의 환경과 시설특성, 보육프로그램 운영의 특성, 보육실습일지 작성, 실습에서 형성된 다양한 인간관계, 다음 보육실습 운영과 관련된 조언 등 실습생 각자의 경험을 공유함으로써 보육실습 및 보육현장에 대한 종합적인 정리를 하는 목적을 지니고 있다. 이때 실습 지도교사나 원장을 초대하여 보육실습기관의 측면에서 바라본 실습평가내용을 듣는 기회를 갖기도 한다.

보육실습평가회는 실습생의 고난사를 나열하거나 보육실습기관이나 실습지도교사의 잘못된 점을 비판하는 시간이 아니라 보육실습과정에 대한 발전적 논의의 장이 되도록 해야 한다.

참고하세요!

'보육실습' 교과목의 성적은 어린이집에서 보내준 보육실습평가서의 점수만으로 주어지는 것은 아니다. 양성기관(학과)에서 수업으로 개설된 것이므로 양성기관에서도 보육실습기관에서 송부된 보육실습평가서, 작성이 완료된 보육실습일지, 보육실습생이 제출한 각종 자료(포트폴리오, 사진자료, 보육계획안 등), 보육실습생의 자기평가표, 지도교수와의 면담, 실습평가회 참여 정도 등을 고려하여 최종 성적을 산출한다.

4. 보육실습생에게 기대하는 태도와 자세

보육실습생과 보육실습기관 모두가 만족하기 위해서 보육실습생은 어떤 태도나 자세로 보육실습에 임해야 할까? 영유아들에게 본이 되는 선생님이 되기 위해 어떻게 말하고 행동해야 할까? 영유아의 부모들에게 교사다운 예비 교사처럼 인식되려면 어떻게 옷차림을 해야 할까? 보육실습지도교사 및 보육교직원에게 지켜야 할 예절에는 어떤 것이 있을까? 이와 같은 여러 가지 질문에 답하다 보면 보육실습생으로서 지켜야 할 태도와 자세에 대해 합의되는 부분들이 있다. 지금부터 영유아의 눈으로, 부모의 눈으로, 실습지도교사 및 원장의 눈으로, 배우려는 의지가 강한 학생의 눈으로 보육실습생이 갖추어야 할 태도와 자세를 생각해 보자.

먼저 실습생의 보육활동과 관련하여 실습지도교사와의 관계에서 지켜야 할 태도와 자세를 정리해 보자.

① 보육활동을 위한 보육계획에 대해 반드시 실습지도교사의 사전 지도를 받아야 한다.
② 실습기관의 비품 및 기자재를 사용하고자 할 때는 실습지도교사의 허락을 받고 사용하며, 개인적 용도로 사용하지 않는다.
③ 보육실습일지는 매일 작성하여 실습지도교사의 조언을 받는다.
④ 보육실습 중 발생한 각종 문제는 실습지도교사에게 즉시 알리고 지도를 받는다.
⑤ 일지, 계획안, 교구 등 각종 제출물은 기일을 엄수한다.

영유아나 학부모와의 관계에서 지켜야 할 태도와 자세는 다음과 같다.

① 영유아와의 관계는 항상 보육적이고 교육적이어야 한다.
② 영유아를 편애하거나 언어적 · 신체적 처벌 또는 상벌을 하지 않는다.
③ 영유아와의 상호작용 시 유행어, 은어, 신조어, 줄임말 등을 사용하지 않는다.
④ 영유아의 이름, 나이, 사진 등의 개인정보를 실습생 개인홈페이지나 SNS에 올려서는 안 된다.
⑤ 실습생이 직접 학부모를 상담하지 않는다. 학부모가 질의할 경우 보육실습생임을 밝히고 보육실습지도교사에게 안내해야 한다.
⑥ 학부모를 존중하고 예의를 지켜야 하며 학부모와 개인적인 연락을 주고받지 않는다.

외모적인 특성인 복장이나 용모와 관련해서 지녀야 할 태도와 자세에는 어떤 것들이 있을까?

① 손, 얼굴, 이, 옷 등 복장과 용모는 깨끗이 한다.
② 지나치게 화려하거나 노출이 심한 옷은 입지 않는다.
③ 진한 화장, 짙은 향수, 파격적인 염색을 하지 않는다.
④ 긴 목걸이와 돌출 부분이 큰 반지처럼 영유아의 안전에 문제가 되는 장신구는 피한다.
⑤ 긴 머리카락은 단정하게 묶는다.
⑥
⑦

위 목록에서 ⑥, ⑦을 작성해 보고, 각 유의사항을 지키지 않았을 때 일어날 수 있는 일들에 대해 이야기를 나누어 보자. 지금 내가 입고 있는 옷의 상태는 위의 기준에 비추어 본다면 어떠한가?

다음으로 보육실습 기간 동안 주의해야 할 언행을 살펴보자. 평소 나는 어떤 목소리 톤을 가지고 있으며, 말의 빠르기는 어떠하며, 발음은 정확한가? 친한 사람들과의 관계에서 사용하던 언어적 습관 중 고쳐야 할 것에는 무엇이 있을까? 기본적으로 점검해야 할 언어사용법은 다음과 같다.

① 실습지도교사 및 동료 보육실습생들과는 나이 및 친밀도와 상관없이 '○○○ 선생님'으로 부르고, 서로 존댓말을 사용한다.
② 말의 속도가 너무 빠르면 화가 났거나 경박하다는 느낌을 줄 수 있고, 너무 느리면 답답한 인상을 줄 수 있으므로 보통 속도로 말한다.
③ 상황에 따라 상대방에게 잘 들리는 목소리 크기로 말하고, 강조하고 싶은 부분은 조금 크게 말한다.
④ 발음을 분명하게 하고, 표준어를 사용한다.
⑤ 실습지도교사 및 보육실습기관 구성원들과 의견이 다르더라도 "그게 아니구요"라고 반박하는 말로 대화를 이어가지 않는다.

⑥ 비언어적 행동인 손짓 · 몸짓 · 제스처 등을 통해서 상대방의 이야기를 경청하고, 수용하고 있음을 보여준다. 즉, 눈을 마주치고, 공감의 고개 끄덕임을 하고, 팔짱을 끼지 않는 등의 비언어적 행동에도 주의를 기울인다.
⑦
⑧

위 목록에서 ⑦, ⑧을 작성해 보고 자신의 언어습관을 점검하여 잘하는 부분과 노력해야 하는 부분을 찾아보도록 하자.

보육실습기관 출 · 퇴근과 관련된 일반적인 요구사항은 다음과 같다.

① 출근과 퇴근은 실습기관이 정한 시간 규정을 따른다. 실습기관이 정한 시간보다 조금 일찍 출근하고, 조금 늦게 퇴근하는 하는 것도 배우는 실습생의 입장에서 바람직한 행동이다.
② 출근 후 출근부에 날인하고, 퇴근 시 보육실습지도교사와 원장에게 허락을 받고 퇴근한다.
③ 보육실습기간 중 무단결근, 지각, 외출 및 조퇴를 해서는 안 된다. 부득이한 경우에는 사전에 실습기관에 허락을 받고 실습기관에서 결근 허락을 받은 경우 결근 일수만큼 다른 날짜에 보육실습을 하여 보육실습 총 시간 및 일수를 맞춘다.

이상에서 제시된 것 이외에 보육실습생들이 주의해야 할 것들의 목록을 만들어 보자.

① 보육실습생 상호 간에 존중하고 예의를 지킨다.
② 보육실습생들 간의 불필요한 이야기를 하지 않는다.
③ 실습기관에서의 흡연은 절대 금한다.
④ 보육실습 중 휴대폰 사용을 금하고 보육실에 휴대폰을 가지고 들어가지 않는다.
⑤ 커피 및 음료는 보육실 이외의 정해진 장소에서 마신다.
⑥ 실습기관의 내부 정보나 사진 등을 외부로 유출하지 않는다.
⑦
⑧
⑨
⑩

5. 보육실습내용

일반적으로 4주간의 보육실습은 주로 보육현장에 대한 관찰과 보육일과에 대한 참여로 시작하여 보육활동의 계획 및 실행 후 평가로 이어진다. 보통 실습생은 영유아를 관찰하고, 보조교사로 참여하다가 실습생이 기관 및 해당 반의 하루 일과에 익숙해지면, 한 가지 보육활동을 계획하여 직접 실행해 보고 점차 두세 가지 보육활동을 연계 및 확대해 나가며, 마지막으로 반일이나 일과 전체에 대한 보육계획안을 실습생이 직접 작성하고, 교재 · 교구를 준비하여 영유아를 지도하는 과정으로 보육실습을 하게 된다. 〈표 8-1〉은 한국보육진흥원(2013b)의 보육실습내용 예시를 일부 수정한 것이다.

〈표 8-1〉 보육실습내용 예시

<table>
<tr><th></th><th>월</th><th>화</th><th>수</th><th>목</th><th>금</th></tr>
<tr><td rowspan="2">1주</td><td colspan="5">• 보육실습일정 협의
• 관찰(일과, 환경, 영유아 상호작용)
• 보조교사 역할수행(실내 · 외 놀이 참여, 일상생활지도)</td></tr>
<tr><td colspan="3">• 2주차 보육활동 찾기</td><td colspan="2">• 2주차 보육활동 선정 및 계획안 제출</td></tr>
<tr><td rowspan="2">2주</td><td></td><td>• 보육활동 실시</td><td></td><td>• 보육활동 실시</td><td></td></tr>
<tr><td colspan="3">• 2주차 활동자료 준비 및 제작
• 3주차 보육활동 찾기</td><td colspan="2">• 3주차 보육활동 선정 및 계획안 제출</td></tr>
<tr><td rowspan="2">3주</td><td></td><td>• 보육활동 실시</td><td></td><td></td><td>• 연계활동 실시</td></tr>
<tr><td colspan="3">• 3주차 보육활동, 연계활동자료 준비 및 제작
• 4주차 보육활동(반일/일일) 선정</td><td colspan="2">• 4주차 보육활동계획안 제출</td></tr>
<tr><td rowspan="2">4주</td><td></td><td></td><td>• 반일(일일) 보육활동 실시</td><td rowspan="2">• 최종평가회</td><td rowspan="2">• 실습일지 정리 및 제출</td></tr>
<tr><td colspan="3">• 반일(일일) 보육활동자료 점검</td></tr>
</table>

보육실습내용과 관련하여 실습생이 참고할 사항들을 관찰, 보육실습일지 작성, 보육활동계획 및 수행으로 나누어 살펴보도록 하자.

1) 관찰

보육실습의 첫 시작은 관찰이다. 영유아에 대한 관찰, 영유아와 교사의 상호작용에 대한 관찰, 보육환경에 대한 관찰 등을 통해 실습생은 짧게는 성공적인 보육실습을 위한 정보를 수집하고, 길게는 보육교사로서 보육과정을 운영하는 전문성의 기초를 마련한다. 구체적으로 영유아 관찰을 통해 영유아의 발달 상태, 놀이의 특성, 집단활동시간의 행동특성 등을 파악하고, 이에 기초하여 보육 활동을 계획 및 운영하며, 영유아와 교사의 상호작용 관찰을 통해 질적으로 우수한 상호작용 방법을 배울 수 있으며, 보육환경 관찰을 통해 보육환경 구성능력을 키울 수 있다. 따라서 관찰은 첫 주부터 실습을 마칠 때까지 기본적으로 실시되어야 하는 보육실습내용이다.

2) 보육실습일지 작성

보육실습일지는 보육실습생의 실습내용을 파악할 수 있고 실습기관의 실습지도가 충실히 이루어졌는지 알 수 있는 문서로, 실습기관과 양성기관(학과)에서 실습생을 평가할 때 주요 근거가 되는 자료이다. 일반적으로 보육실습일지는 실습생의 출근부, 보육실습기관의 현황, 보육실습일정, 연간 및 월간 보육계획안, 일일 보육일과 기록지, 보육활동(영역별, 반일 또는 일일보육활동)계획안, 가정 연계 및 행사, 보육실습평가 등으로 구성된다.

참고로 각 양성기관(학과)별로 보육실습일지 양식을 실습생에게 제공하는데, 그 형식은 책자 형태로 만들어져 실습생이 매일 손으로 적도록 하기도 하고, 컴퓨터파일 형태로 제공하여 워드프로세서로 입력할 수도 있다.

- 출근부

보육실습생 출근부에는 보육실습기간과 근무 여부가 기록된다. 매일 보육실습 일자를 기록하고 출근 여부와 근무시간을 기록한다. 불가피하게 결석 · 조퇴 및 지각을 했을 때는 양성교육기관(학과)의 보육실습 담당교수와 보육실습기관 원장이 논의하여 부족한 시간이나 날짜만큼 보충하여 보육실습기간 및 시수를 충족시켜야 한다. 일반적인 출근부 양식은 〈부록 7〉에 제시되어 있다.

- **보육실습기관의 현황**

실습생은 보육실습기관에서 설립이념, 소재지 주소, 연락처, 원장 성명, 연령별 반명 및 반별 재원 영유아 수, 보육교직원의 현황, 연간 · 월(주)간 보육활동계획안 및 기타 어린이집 프로그램 관련 자료, 보육실습 반의 영유아 연령, 환경 구성, 일과 운영자료 등 현황자료를 제공받아 기록한다. 보육실습기관의 현황 양식은 〈부록 8〉에 제시되어 있다.

- **일일 보육일과 기록지**

보육실습생이 매일 기록하는 보육일과 기록지는 날짜, 날씨, 결재, 주제, 소주제, 일과 운영에 따른 보육내용, 실습생평가, 지도교사의 조언 및 평가 등으로 구성되어 있다. [그림 8-8]은 보육실습일지 작성의 예시이다.

- **가정 연계 및 행사 자료**

실습생은 보육실습기간 중 가정통신문, 부모교육자료, 가족 행사계획서 및 평가서 등 보육실습기관과 가정과의 연계 및 행사자료를 보육실습지도교사에게 제공받아 실습일지에 정리 · 보관한다.

- **보육실습평가**

보육실습일지에서 평가 부분은 실습생의 자기평가와 실습지도교사와 원장의 실습생에 대한 평가가 포함된다. 영역별 활동을 계획하여 실행한 후의 평가나 보육실습이 끝난 후 보육실습기관에서 한 평가회에서 받은 조언 등은 따로 기록할 수 있다.

보육실습일지		결재	실습생	지도교사	원장
			㊞	㊞	㊞
반명		일시			
날씨		결석 영유아			
주제		소주제			
시간 및 일과	활동계획 및 실행	평가 및 유의점			
~09:00 등원 및 맞이하기	• 부모와 인사 나누기: 영아와도 함께 인사를 나누고, 투약의뢰서가 있는지 여부 확인 • 유아 물건 정리지도: 유아 가방 정리지도 후 혼자서 양말을 벗어보도록 지도	영아 혼자 양말을 벗어볼 수 있도록 기다려 주고, 양말 끝을 잡아줌			
09:00~09:20 간식	• 손 씻기지도: 거품비누로 씻도록 지도하고 깨끗하게 헹구도록 함 • 오전 간식(수박): 간식을 먹으면서 가정에서의 일상에 관해 물어봄	간식을 먹은 후 자기 접시와 포크를 정리할 수 있도록 지도			
~18:00 귀가 및 가정과의 연계					
실습생 평가	아이들과 날씨 이야기를 할 때 선생님이 '해', '바람', '구름' 등 단어를 좀 더 강하게 말씀하시고, 그때 아이들이 좀 더 집중하는 것을 보고, 아이들에게 알려주고 싶은 내용은 조금 느리고 강하게 말해야 함을 알게 되었음				
지도교사 조언 및 평가					

결재는 내용이 사실과 다름이 없다는 것을 증명하는 것이므로 일지 기록 후 지도교사의 지도를 받은 후 원장까지 결재를 받음

- 일과 운영시간 흐름에 따라 기록
- 활동명, 자료, 활동방법 등을 기록하되 실습생에게 의미 있었던 바를 구체적으로 기록
- 실습 지도교사 또는 실습생과 영유아와의 상호작용, 활동 참여 정도 기록
- 영유아 행동지도내용 기록
- 급식 · 간식 · 낮잠 · 배변 등의 일상생활지도와 안전이나 위생, 등 · 하원 관련 내용 기록
- 보육실습지도교사에게 사전에 보육실습일지 작성 방법에 대해 안내를 받은 후 기록

- 실습지도교사–영유아 상호작용 중 새롭게 배운 내용
- 영유아의 발달적 특성 및 흥미 중 새롭게 알게 된 내용
- 반에서 보육실습생으로서의 역할과 자세에 대한 자기평가
- 보육활동실습 시 계획대로 실행되지 않았던 원인 분석
- 실습지도교사가 지시한 업무수행에서 배운 점
- 기타 일과 운영 및 상호작용에 대해 궁금한 사항

[그림 8–8] 보육실습일지 작성 예시 및 작성법

출처: 한국보육진흥원(2013b). p.103의 양식에 가상의 내용을 기입한 것임.

3) 보육활동계획 및 수행

보육활동 실습, 즉 보육활동을 계획 · 수행한 후 영유아 및 실습지도교사로부터 받는 피드백은 보육실습생이 예비 교사로서의 전문성을 향상시키는 데 큰 역할을 한다. 보육실습생은 양성기관에서 이론적인 지식을 습득하기는 했지만 직접 영유아를 지도해 본 경험이 없기 때문에 초반 활동은 난이도가 낮은 동화 들려주기나 미술활동부터 시작하여 점차 난이도가 높은 게임이나 동극으로 진행하는 것이 일반적이다.

보육실습기간 동안 보육활동계획 및 실행과 관련하여 실습지도교사와 함께 보육활동 실습일시, 보육활동 유형 및 흥미영역, 집단의 크기 및 집단 구성방법, 보육활동 공간, 보육활동 전개 방안, 보육활동자료 선정, 보육활동 전개 시 바람직한 교수전략 및 상호작용, 보육활동계획안 작성 및 보육실습지도교사의 지도 일정 등을 협의하면서 진행해야 한다.

• **보육활동계획안**

실습생은 보육실습 담당교사의 지도하에 주제의 전개 양상, 소주제와 보육활동 간의 균형성과 활동의 적합성 및 통합성, 영유아발달의 적절성, 주간 계획안과 영유아의 흥미, 행사 및 특별한 상황, 영유아의 놀이 양상 및 수준 등을 고려하여 보육활동계획안을 작성한다.

보육활동계획안에는 영역별 보육활동계획안과 반일(일일) 보육활동계획안이 있다. 영역별 보육활동계획안은 흥미영역에서 할 수 있는 하나의 보육활동을 계획하는 것이며, 반일(일일) 보육활동 계획안은 등원, 보육실 환경 구성, 일상생활지도, 실내 · 외 보육활동계획 및 실행, 하원 등 하루 동안 보육교사의 역할을 모두 포함하여 계획하는 것이다.

[그림 8-9]는 영역별 보육활동계획안 양식이며, [그림 8-10]은 반일(일일) 보육활동계획안 양식이다.

영역별 보육활동계획안

<table>
<tr><td rowspan="2">제출일</td><td rowspan="2" colspan="2">년 월 일 요일</td><td rowspan="2">결재</td><td>실습생</td><td>지도교사</td><td>원장</td></tr>
<tr><td>㊞</td><td>㊞</td><td>㊞</td></tr>
<tr><td>실습생</td><td></td><td colspan="2">지도교사</td><td colspan="3"></td></tr>
<tr><td>반 명</td><td></td><td colspan="2">일 시</td><td colspan="3"></td></tr>
<tr><td>주 제</td><td></td><td colspan="2">소주제</td><td colspan="3"></td></tr>
<tr><td>활동명</td><td></td><td colspan="2">흥미영역/활동유형</td><td colspan="3"></td></tr>
<tr><td>활동목표
①</td><td colspan="6">*각 목표의 표준보육과정의 영역〉내용범주〉내용〉세부내용과 관련성을 제시</td></tr>
<tr><td colspan="5">활동방법 ②</td><td colspan="2">활동자료 ③</td></tr>
<tr><td colspan="5"></td><td colspan="2"></td></tr>
<tr><td>확장활동
④</td><td colspan="6"></td></tr>
<tr><td>유의사항
⑤</td><td colspan="6"></td></tr>
<tr><td>계획안에 대한
지도교사조언</td><td colspan="6"></td></tr>
<tr><td>실행 후 실습생
평가</td><td colspan="6"></td></tr>
</table>

[그림 8-9] 영역별 보육활동계획안 양식

출처: 한국보육진흥원(2013b). p.104.

참고해 주세요!

① **활동목표**

- 보육활동을 통해 영유아가 성취할 내용 또는 경험할 내용을 구체적으로 기술한다.
- 영유아가 알아야 할 지식, 경험할 기술이나 태도, 가치가 골고루 포함되도록 한다.
- 표준보육과정 또는 누리과정과의 관련성을 포함하여 기술한다.
- 예 자연을 보호하는 방법을 안다.(자연탐구: 과학적 탐구하기 〉 생명체와 자연환경 알아보기 〉 생명체가 살기 좋은 환경과 녹색환경에 대해 알아본다.)

② **활동방법**

- 활동목표의 성취를 위한 활동내용과 상호작용을 기록한다.
- 실습생의 발화와 그에 대한 영유아의 반응을 예상하여 기록한다.
- 가능한 한 구체적으로 기록한다.

③ **활동자료**

- 활동에 필요한 자료의 종류를 구체적으로 기술한다. 예를 들어, '그림자료'라고 기록하기보다는 '미끄럼틀 앞에 줄서는 그림'이라고 기술한다.
- 제작할 경우 사전에 지도교사와 협의를 해야 하며 자료의 완성된 모습, 제작방법, 적절한 활용법, 교구의 안전성, 보관 용이함 등을 구체적으로 기술한다.

④ **확장활동**

- 다른 재료 또는 자료의 사용, 향후 연계해서 할 수 있는 활동, 실외활동, 가정으로 연계 등 활동을 확장하여 실시할 수 있는 방안을 기록한다.

⑤ **유의사항**

- 영유아의 예상하지 못한 반응에 대한 대처, 활동방법 및 자료와 관련하여 안전상 고려해야 할 점, 활동 중 발생 가능한 문제점들에 대한 예방방법 등을 기술한다. 예를 들면, '비누거품 그림'이라는 활동을 할 때 '영유아들이 빨대로 거품을 불 때 빨아들이지 않도록 살펴보고 지도한다'와 같은 기술을 한다.

반일(일일) 보육활동 계획안

<table>
<tr><td rowspan="2">제출일</td><td rowspan="2">년 월 일 요일</td><td rowspan="2">결재</td><td>실습생</td><td>지도교사</td><td>원장</td></tr>
<tr><td>㊞</td><td>㊞</td><td>㊞</td></tr>
<tr><td>반 명</td><td></td><td>일시</td><td colspan="3"></td></tr>
<tr><td>날 씨</td><td></td><td>결석 영유아</td><td colspan="3"></td></tr>
<tr><td>주 제</td><td></td><td>소주제</td><td colspan="3"></td></tr>
<tr><td>시간 및 일과</td><td colspan="2">활동계획 및 실행</td><td colspan="3">활동자료 및 유의점</td></tr>
<tr><td>~
등원 및
맞이하기</td><td colspan="2"></td><td colspan="3"></td></tr>
<tr><td></td><td colspan="2"></td><td colspan="3"></td></tr>
<tr><td></td><td colspan="2"></td><td colspan="3"></td></tr>
<tr><td></td><td colspan="2"></td><td colspan="3"></td></tr>
<tr><td></td><td colspan="2"></td><td colspan="3"></td></tr>
<tr><td>~
귀가 및
가정과의 연계</td><td colspan="2"></td><td colspan="3"></td></tr>
<tr><td>유의사항</td><td colspan="5"></td></tr>
<tr><td>계획안에 대한
지도교사 조언</td><td colspan="5"></td></tr>
<tr><td>실행 후
실습생 평가</td><td colspan="5"></td></tr>
</table>

[그림 8-10] 반일(일일) 보육활동계획안 양식

출처 : 한국보육진흥원(2013b) p.105.

참고해 주세요!

- 시간 및 일과는 실습반의 평상시 일과 시간대와 일관성 있게 계획한다.
- 일과 시간계획 중 실습생이 담당할 활동에 대해서는 '활동영역, 활동목표, 활동자료, 활동방법'의 순으로 간략히 기록한다. 아울러 필요한 보육활동계획안을 함께 작성하여 침부한다.
- 보육활동의 내용은 주제 및 소주제, 영유아의 발달 수준, 영유아의 흥미와 경험을 반영하여 계획한다.
- 일과 중 진행되는 보육활동은 전후 활동들과 연계되도록 계획한다.
- 정리 · 정돈, 화장실 다녀오기, 실내 · 외 이동하기 등을 지도할 때 주의할 점이나 활동을 전개할 때 주의집중을 유도하는 방법 등도 기록한다.
- 배변 및 손 씻기, 간식 · 식사지도, 정리 · 정돈, 이 닦기, 낮잠지도와 같은 일상생활지도의 내용도 포함하여 기록한다.
- 실행 후 실습생평가는 계획한 보육활동 실습 후 활동목표의 성취 여부, 보육활동실습을 하면서 느낀 소감, 계획했던 것보다 잘 진행되었던 내용, 예상했던 바와 다르게 전개된 내용 등을 진술하고 그 원인과 해결방안을 분석 · 기술한다.

PART 03

보육교사와 행복한 삶

교사는 직무로 보면 '감정노동'하는 사람이에요. 그만큼 다른 사람의 감정을 다루다 보니까 소진되고 그것 때문에 문제가 생기기도 하지요…. 이를 위해서는 기본적인 정서나 마음가짐, 행복으로 방향을 틀어야 한다고 생각해요.

– 긍정심리 전문가와의 인터뷰(김미진, 2015:122) –

위의 글에서 살펴볼 수 있듯이 그동안 유아, 부모, 동료 교사 등 매일 많은 사람과 만나는 교사의 직무에 '감정'을, 그리고 교사의 삶에 '행복'이라는 부분을 간과해왔다. 보육현장에서 교육의 질은 교사의 질을 넘을 수 없다는 말처럼, 영유아들이 행복하려면 보육교사부터 행복해야 한다. 이러한 관점에서 행복한 보육을 위해 우선적으로 보육교사 개인의 삶에 대한 만족도, 마음의 평화로운 상태인 행복감이 보장되어야 하고 이를 증진하기 위하여 다양한 측면의 노력이 필요함을 알 수 있다(황해익, 2013).

chapter 09

보육교사의 행복

가정보다 때론 더 많은 시간을 보내는 어린이집에서 영유아들에게 가장 중요한 것은 무엇일까? 대부분의 부모들은 자신감, 적응, 건강, 만족, 사랑 등과 같은 다양한 단어를 대답할 수 있겠지만, 결국 이 모든 것은 자녀들의 '행복'에 초점이 맞춰질 수 있다(Hooper, 2012, 2013). 이를 위해 그동안 보육현장의 교사들은 영유아들의 행복한 삶을 위해 다방면적인 측면에서 신체적 · 심리적 돌봄을 실천하려고 노력해왔다. 반면, 이들을 돌보는 보육교사들의 행복은 어떠할까?

본 장에서는 보육교사의 행복이 무엇인지 보육교사의 행복을 키우는 방법을 소개함으로써 보육교사의 행복 플로리시한 삶에 대해 논의해 보고자 한다.

1. 보육교사의 행복 찾기

1) 행복의 의미

예비 보육교사인 당신에게 있어 지금 이 순간 행복이란 무엇인지, 가장 행복했던 순간은 언제였는지 생각해 보자. 그 다음 인터넷을 이용하여 행복의 사전적 의미와 성인 · 석학들이 내린 정의는 어떤 것이 있는지를 찾아본 후 자신이 내린 정의와 비교해 보자.

활동 행복이란?

내가 생각하는 행복이란?

내가 가장 행복했었던 순간은?

행복의 사전적 의미는?

성인 · 석학들이 내린 행복의 의미는?

진정한 행복이란 무엇일까? 표준국어대사전(2015)에서는 행복이란 '생활에서 충분한 만족과 기쁨을 느끼어 흐뭇함 또는 그러한 상태'로 정의한다. 그렇다면 어떻게 이러한 행복을 느낄 수 있을까? 순조로우면서 아무 시련이 없는 삶이 행복의 좋은 예일까? 행복에 대한 견해는 시대나 문화 또는 학자에 따라서 의미하는 바는 다르겠지만, 심리적 행복은 시련을 피하는 상태를 말하는 것이 아니다(Hopper, 2012, 2013). 삶을 살아가다가 좌절, 실패, 또는 불의의 사고 등으로 자신이 원하는 삶을 살지 못하는 사람이 꼭 불행한 것은 아니다. 어떠한 상황 속에서도 자신의 삶에 대하여 긍정적으로 평가하고 만족하는 사람이 행복한 것이다.

2) 행복의 요인

그렇다면 이러한 행복은 어디서 오는 것일까? 행복은 유전적 요소가 50%, 환경적 조건이 10% 정도 작용하고 나머지 40%는 행복한 삶을 살고자 하는 개인적 노력 여부에 따라 행복감의 정도가 달라질 수 있다(Lyubomirsky, Sheldon, & Schkade, 2005). 따라서 긍정적인 마음 상태를 개발하기 위해 노력하는 태도는 지속가능한 행복을 도모할 수 있도록 돕는다고 할 수 있다(황해익, 김미진, 김병만, 2014).

'EBS 지식채널e: 보키니'(2008년 11월 17일 방송)을 감상한 후 진정한 행복이란 무엇인지에 대해 토론해 보자.

보육교사는 어떤 상태일 때 행복을 느낄 수 있는가? 여기서는 행복에 대해 과학적으로 접근하여 주목받고 있는 긍정심리학(positive psychology)을 토대로 보육교사를 행복하게 만드는 요인에 대해 살펴보자. 긍정심리학은 그동안 인간의 부정적인 상태에 대해 지나치게 강조되어 왔던 것에 대한 반성으로, 인간의 긍정적인 상태에 초점을 두며 삶을 풍요롭게 하는 것을 목적을 두고 있다(Lyubomirsky, 2008, 2012). 긍정심리학의 대표적인 학자인 Seligman(2011)은 진정한 행복에 이르는 핵심 요소로 긍정적 정서(positive emotions), 몰입(engagement), 의미(meaning), 관계(relationships), 성취(accomplishment)의 5가지 요소를 강조하고 있다. 즉, 행복은 외부 여건이나 결과에 의해 주어지는 것이 아니며 행복한 삶이란 즐거운 삶, 몰입하는 삶, 의미 있는 삶, 긍정적 관계를 통한 삶, 성취하는 삶이 충분히 어우러져 나타나는 현상을 의미한다(황해익, 탁정화, 2014). 행복의 요인에 대한 정의와 행복한 삶에 대한 구체적인 예는 〈표 9-1〉과 같다.

〈표 9-1〉 행복의 요인

행복의 요인	정의	행복한 삶의 예
긍정적 정서	기쁨, 긍정적인 느낌, 삶의 만족도에 관한 내용	• 괜찮아 다 잘될 거야. • 가끔 나에게 일어나는 일이야. • 내가 잘해서 우승한 것 같아. • 이번 시험을 망친건 특이한 일이야.
몰입	자신이 하는 일에 대한 흥미와 관심 및 몰입 정도에 관한 내용	• 시간 가는 줄 몰랐어. 이것만 하면 시간이 빨리 가네. • 그 일에 완전히 빠져서 전혀 자각하지 못했어. • (그 상태를 돌이켜보며) 재밌었어. 정말 굉장했어. • 나는 그때 그 순간 그 자체가 너무 좋았어.
의미	의미 있는 삶의 주도, 자신의 일에 대한 가치와 의미 부여, 삶의 방향성 설정에 관한 내용	• 저번에 기숙사에서 밤새워 이야기했을 때 만큼 의미 있는 대화를 한 적이 없었지? • 내 삶의 주인공은 나! • 내가 선택한 길은 내가 주도적으로 이끌어 나갈 거야.
관계	타인으로부터의 도움 및 지원 정도, 개인적 인간관계의 만족도에 관한 내용	• 아빠가 목마를 태워줄 때가 더 좋아. • 너랑 같이 있으니까 좋아. • 너의 도움으로 일을 잘 마무리할 수 있었어. • 너와 같이 이 일을 할 수 있어서 나는 힘이 나.
성취	목적 성취를 향한 진보, 스스로 설정한 목표 달성 및 책무 완수에 관한 내용	• 오늘도 다친 아이들 없이 하루를 잘 보냈구나. • 내가 이 일을 멋지게 마무리 하다니 난 정말 멋져. • 이 일을 성취하기 위해 난 최선을 다했어. • 이번 일을 끝내고 나니 한층 더 많이 성장한 것 같아.

출처: Seligman(2011). 재구성.

현재 당신은 얼마나 행복한가? '다차원적 행복척도(Multidimensional Measure of Flourishing: MMF)를 사용하여 예비 보육교사로서 행복 증진 정도를 측정해 보자. MMF는 Butler와 Kern(2014)이 개발하였으며, 이를 한국의 현실에 맞게 김미진(2015)이 번안하였다. 이는 Seligman(2011)이 제시한 행복의 다섯 요소인 긍정적 정서, 몰입, 관계, 의미, 성취의 5가지 요소에 대해 각 3문항씩으로 이루어져 있으며, 전반적 행복(overall well-being)에 관한 1문항을 추가하여 총 16개 문항으로 구성되어 있다. 각 문항은 '전혀 그렇지 않다/매우 나쁘다(0점)'부터 '완전히 그렇다/항상 그렇다/매우 좋다(10점)'까지의 11점 척도로 구성되어 있다.

활동 당신은 얼마나 행복한가요?

다차원적 행복척도

1. 당신은 전반적으로 어느 정도로 목적의식이 있고 의미 있는 삶을 주도합니까?

0	1	2	3	4	5	6	7	8	9	10

전혀 그렇지 않다 … 완전히 그렇다

2. 당신은 얼마나 자주 목적 성취를 향해 진보해가고 있다고 느낍니까?

0	1	2	3	4	5	6	7	8	9	10

전혀 그렇지 않다 … 항상 그렇다

3. 당신은 얼마나 자주 하고 있는 일에 몰입합니까?

0	1	2	3	4	5	6	7	8	9	10

전혀 그렇지 않다 … 항상 그렇다

4. 전반적으로 당신은 얼마나 자주 기쁨을 느낍니까?

0	1	2	3	4	5	6	7	8	9	10

전혀 그렇지 않다 … 항상 그렇다

5. 당신은 도움이 필요한 때 남들로부터 어느 정도의 도움 및 지원을 받습니까?

0	1	2	3	4	5	6	7	8	9	10

전혀 그렇지 않다 … 완전히 그렇다

6. 당신은 얼마나 자주 스스로 설정한 중요한 목표를 달성합니까?

0	1	2	3	4	5	6	7	8	9	10

전혀 그렇지 않다   항상 그렇다

7. 전반적으로 당신의 삶에서 당신이 하는 일이 어느 정도로 가치와 의미가 있다고 느낍니까?

0	1	2	3	4	5	6	7	8	9	10

전혀 그렇지 않다   완전히 그렇다

8. 전반적으로 당신은 얼마나 자주 긍정적인 느낌을 갖습니까?

0	1	2	3	4	5	6	7	8	9	10

전혀 그렇지 않다   항상 그렇다

9. 전반적으로 당신은 어떠한 일에 있어서 어느 정도 흥미와 관심을 갖습니까?

0	1	2	3	4	5	6	7	8	9	10

전혀 그렇지 않다   완전히 그렇다

10. 당신은 어느 정도로 사랑받고 있다고 느낍니까?

0	1	2	3	4	5	6	7	8	9	10

전혀 그렇지 않다   완전히 그렇다

11. 당신은 얼마나 자주 당신의 책무를 완수합니까?

0	1	2	3	4	5	6	7	8	9	10

전혀 그렇지 않다   항상 그렇다

12. 당신은 어느 정도로 삶의 방향성을 갖고 살고 있다고 느낍니까?

0	1	2	3	4	5	6	7	8	9	10

전혀 그렇지 않다   완전히 그렇다

13. 당신은 개인적 인간관계에 얼마나 만족합니까?

0	1	2	3	4	5	6	7	8	9	10

전혀 그렇지 않다   항상 그렇다

14. 당신이 즐기는 무엇인가를 하는 동안 얼마나 자주 시간이 가는 줄 모르고 합니까?

0	1	2	3	4	5	6	7	8	9	10

전혀 그렇지 않다   항상 그렇다

15. 전반적으로 당신은 어느 정도로 삶의 만족감을 느낍니까?

0	1	2	3	4	5	6	7	8	9	10

전혀 그렇지 않다   완전히 그렇다

16. 모든 것을 종합해서 볼 때 당신은 자신이 얼마나 행복하다고 생각합니까?

0	1	2	3	4	5	6	7	8	9	10

전혀 그렇지 않다   완전히 그렇다

행복의 요인	문항별 점수				총점
긍정적 정서	문항	4	8	15	
	점수				
몰입	문항	3	9	14	
	점수				
의미	문항	1	7	12	
	점수				
관계	문항	5	10	13	
	점수				
성취	문항	2	6	11	
	점수				
전반적 행복	문항	16			
	점수				

행복 총점은 긍정적 정서, 몰입, 관계, 의미, 성취와 관련된 요인을 측정하는 15문항과 모든 것을 종합할 때 당신은 얼마나 행복한지를 묻는 전반적 행복 1문항의 합계를 통해 산출되는데 점수가 높을수록 행복 수준이 높다고 할 수 있다(김미진, 2015). 현재 당신의 행복 총점은 얼마인가? 행복의 요소 중 제일 점수가 높은 것은 무엇이며, 제일 점수가 낮은 것은 무엇인가?

스스로 행복에 대해 점검해 보았다면, 지금보다 조금 더 행복해지기 위해 할 수 있는 일 중 마음만 먹으면 오늘 당장 할 수 있는 일들 3가지를 작성해 보자. 행복을 위해 특별하게 할 수 있는 일이라기보다는 예전에 했던 활동인데 잠시 잊고 있었던 것이나 하려고 했었으나 잠시 미루어 둔 것도 좋다. 작성한 3가지 일들을 오늘 중으로 꼭 실천한 후 실천결과와 실천소감을 함께 기록해 보자.

활동 행복해지기 위해 오늘 당장 할 수 있는 일 3가지

	행복을 위한 오늘의 과제 ____년 ____월 ____일	실천결과 (O, X)	실천소감
1			
2			
3			

2. 보육교사의 행복 키우기

어린이집의 보육교사는 교사의 직무 중 상당 부분이 보육과 교육 외에 행정적인 업무까지 그 영역이 매우 넓고 다양할 뿐만 아니라 부모, 동료, 행정, 영유아와 상호

작용 속에서 동시다발적으로 다양한 행동 및 의사결정을 해야 하는 것과 관련된 스트레스를 겪고 있는 것으로 나타났다(황해익, 김미진, 탁정화, 2012). 이와 같은 보육교사가 경험하는 과중한 직무 스트레스는 보육의 질에 부정적인 영향을 크게 미칠 뿐만 아니라(구은미, 2004) 스트레스의 장기 누적은 교사의 퇴직이나 이직률을 높이는 원인이 되기도 한다(박선해, 김미정, 2013).

보육교사의 직무 스트레스를 줄이기 위한 방법으로 기존에는 스트레스 대처방안 및 완화 기제가 주를 이루었으나 긍정심리학 등장 이후 교사의 스트레스를 완화시키는 개입보다 행복을 증진시키는 방법이 삶의 질 향상에 더 효과적인 것으로 나타났다(김미진, 2015).

교사들의 부정적 정서를 완화시키기 위해서 스트레스를 줄이기 위한 노력보다는 긍정적 정서를 높이기 위한 노력을 선행하는 한편, 스트레스 상황을 긍정적인 측면에서 바라보고 상황을 재평가하는 것이 유용한 대처 방식이 될 수 있다(Folkman, 1997).

그럼 일상생활 속에서부터 우리도 한번 시도해 보면 어떨까? 좀 더 긍정적으로 직무 스트레스를 줄이기 위해 지금부터 행복을 증진시키는 몇 가지 활동을 직접 해 보자.

1) 긍정적으로 생각하기

동일한 상황에 속에 있어도 어떤 사람은 '괜찮을 거야'라며 희망을 가지고 긍정적으로 생각하는 반면, 어떤 사람은 '망했어'라며 좌절하면서 부정적인 생각하기도 한다. 즉, 상황을 바라보는 관점에 따라 서로 다른 결과를 가지고 오는 것이다. 행복한 삶을 살기 위해서는 긍정적인 프레임으로 세상과 자신을 이해하는 과정은 현실의 스트레스를 줄이는 방법일 뿐만 아니라 미래에 대한 낙관적인 기대를 높여줄 것이다(권석만, 2011). 이렇게 긍정적으로 사고할 때 주의해야 할 점은 현실에 입각한 낙관적 사고를 해야 한다는 것이다(Selligman, 1998, 2008). 즉, 현실의 상황을 무시하거나 왜곡된 태도로 접근할 경우 미래를 낙관하는 과정에 문제가 발생할 수 있음을 유의해야 한다.

활동 긍정적으로 생각하기

최근에 자신에게 생긴 좋은 일과 나쁜 일 한 가지씩 기록한 후 그런 결과가 발생한 그 원인에 대해서 아래 표를 이용하여 판단해 보자.

• 최근 자신에게 생긴 좋은 일은 무엇인가요?

자신에게 좋은 일이 발생한 원인은 무엇 때문인가요?						
전적으로 내 탓	1	2	3	4	5	전적으로 타인이나 상황 탓
항상 그럴 것	1	2	3	4	5	이번 한 번으로 끝날 것
이 상황에만 적용됨	1	2	3	4	5	전반적으로 다른 상황에 적용됨

• 최근 자신에게 생긴 나쁜 일은 무엇인가요?

자신에게 나쁜 일이 발생한 원인은 무엇 때문인가요?						
전적으로 내 탓	1	2	3	4	5	전적으로 타인이나 상황 탓
항상 그럴 것	1	2	3	4	5	이번 한 번으로 끝날 것
이 상황에만 적용됨	1	2	3	4	5	전반적으로 다른 상황에 적용됨

출처: 대동대학교 교수학습센터 (2014). p.81.

나에게 일어난 좋은 일 또는 나쁜 일에 대한 원인을 무엇이라고 판단하였는가? 좋은 일이 일어났을 때 '다른 사람 덕분에' 또는 '그냥 운이 좋아서'라고 생각한 적이 있거나 나쁜 일이 일어났을 때 '나 때문에' 또는 '내가 늘 그렇지'라고 생각한 적이 있다면, 당신은 부정적으로 생각하는 사람이다.

긍정적인 삶을 살기 위해서는 어떠한 결과이든 그 원인에 대해서 긍정적으로 판단하는 능력이 필요하다(권석만, 2011). 자신에게 일어난 성공과 실패상황에서 〈표 9-2〉와 같이 생각하는 것은 낙관성을 키우는 데 도움이 된다(김주환, 2011).

〈표 9-2〉 성공과 실패에 대한 귀인방식

나쁜 일이 생겼을 때			어제 길모퉁이에 주차한 차를 누가 긁었을 때
비관적인 사람	→	전적으로 내 탓 항상 그럴 것 전반적으로 다른 상황에 적용됨	• 왜 나에게만 이런 재수 없는 일이 생길까? 여기 세워둔 내가 잘못이지. • 왜 내게는 늘 이런 재수 없는 일이 일어날까? • 왜 나는 매사에 이렇게 운이 없을까?
낙관적인 사람	→	전적으로 타인이나 상황 탓 이번 한번으로 끝날 것 이 상황에만 적용됨	• 차를 긁고 그냥 가다니 양심도 없는 나쁜 사람이구만. 하지만 이런 일은 누구나 당하는 법 • 오늘은 어쩌다 운이 나쁜 날이구나. • 주차와 관련해서는 내가 운이 나쁘구나.

좋은 일이 생겼을 때			시험에서 예상보다 훨씬 더 좋은 성적을 받았을 때
낙관적인 사람	→	전적으로 타인이나 상황 탓 이번 한 번으로 끝날 것 이 상황에만 적용됨	• 내게 이렇게 좋은 성적을 주다니 채점을 후하게 했군. 누구나 다 성적을 잘 받았겠군. • 어쩌다 이번 시험 운은 좋았구나. • 이 시험 하나는 어쩌다 잘 봤지만 다른 시험은 아마 망칠거야.
비관적인 사람	→	전적으로 내 탓 항상 그럴 것 전반적으로 다른 상황에 적용됨	• 역시 나는 노력하면 되는구나. • 역시 나는 시험 운은 늘 좋은 편이야. • 역시 나는 다른 시험도 다 잘 보게 될 꺼야.

출처: 김주환(2011). p. 148-150. 재구성.

낙관주의자의 특성

나는 어려움에 닥쳐도 미래에 대해서 항상 희망적이다.
나는 항상 밝은 면을 보려고 노력한다.
내 삶의 방식은 최상의 결과를 가져올 것으로 자신한다.
내가 세운 목표는 이루어질 것이다.
희망은 항상 좌절을 이긴다.
게임이나 시합을 할 때 질 것이라고 생각은 하지 않는다.
시험성적이 좋지 않더라도 다음에 더 잘할 수 있도록 계획을 세운다.

출처: 권석만(2011). p.465.

2) 감사하기

보육현장에서 교사로서 행복을 증진시키는 또 다른 방법으로는 '감사'가 있다. 감사란 '자신에게 베풀어진 다른 사람의 수고와 배려를 인식하고 고마움을 느낄 뿐만 아니라, 그에 보답하려는 개인적 성향'을 의미한다(권석만, 2011). 일상생활 주변에서 사소한 것에 대해서도 감사함을 잘 찾아내는 사람들이 훨씬 더욱 행복하다는 실험결과가 있다. 즉, 감사를 통해 다양한 긍정적 정서를 경험하게 됨으로써 심리적 행복감이 증진 될 뿐만 아니라 자신이 가진 모든 것이 축복이라고 생각하기 때문에 자아존중감 또한 상승한다(양진희, 2013; 황해익, 탁정화, 강현미, 2015). '조금도 쉴틈 없이 겨우 하루가 흘렀네'라기 보다는 '바쁜 일과 속에서도 아이들의 웃음을 속에서 교사로서 함께 웃고, 오늘도 다친 아이 아무도 없이 하루를 마무리 할 수 있어서 좋다'라고 생각한다면 그 다음날 출근했을 때 교사의 마음가짐은 다를 것이다.

활동 감사하는 삶의 의미 되돌아보기

- 'MBC스페셜 심리과학다큐 행복 2부: 행복에 이르는 10개의 계단(2006년 8월 6일 방송)' 중 '지구촌은 지금 행복 사냥 중'을 감상한 후 감사하는 삶의 의미에 대해 토론하고, 예비 보육교사로서 자신에게 감사하는 점은 무엇이 있는지 이야기를 나누어 보자.

활동 감사일기 쓰기

오늘부터 1주일 동안 하루에 감사한 일을 3가지 이상 구체적으로 기록해 보고, 일주일 동안 감사일기를 쓰면서 변화된 나의 모습에 대해 생각해 보자.

날짜	감사한 일
	• • •
	• • •
	• • •
	• • •
	• • •
	• • •
	• • •

감사일기 소감문

3. 보육교사의 행복한 의사소통

어린이집이라는 조직 속에서 교사는 영유아, 학부모, 동료 교사, 지역사회 등 다양한 대상과 관계를 맺게 된다. 즉, 보육교사는 보육의 대상인 영유아와의 따뜻하고 신뢰로운 관계 맺기가 필요할 뿐만 아니라 학부모와의 상호신뢰를 구축하고, 동료교사와의 긍정적인 관계를 맺고 지역사회와 협력적인 관계를 형성해야 한다(이순형 외, 2013). 행복한 관계 형성을 위해서는 존중과 이해를 기반으로 한 효과적인 의사소통은 필수적인 요소이다.

1) 나의 의사소통 스타일 진단하기

인간관계를 잘 형성해나가기 위해서 본인 자신에 대한 이해는 매우 중요하다. 즉, 자신을 다른 사람에게 내보이는 일은 매우 비중 있는 부분으로 다른 사람에게 자신을 드러내고, 이에 대한 피드백을 얻음으로써 자기이해가 깊어지고 자신의 행동에 대한 조절능력이 커진다(김종운, 2013). 그럼, 행복한 의사소통을 위해 우선 자신의 의사소통 스타일은 어떠한지 살펴보자.

활동 조해리의 창: 내 마음의 창은 어떤 모습일까?

조해리의 창을 이용해서 자신의 의사소통 스타일을 진단해 보자. 조해리의 마음의 창(Johari's Window of mind)은 심리학자인 Joseph Luft와 Harry Ingham에 의해서 1955년에 개발되었으며 두 사람의 이름을 합성하여 조하리(Joe + Harry =Johari)의 창이라고 명명되었다(김종운, 2013).

다음의 각 문항을 읽고 자신과 가장 일치되는 칸에 체크(V)해 보자.

문항	내용	전혀 아니다	아니다	보통 이다	그렇다	매우 그렇다
1	나는 잘 몰랐을 경우에는 그 사실을 바로 인정한다.	①	②	③	④	⑤
2	나는 다른 사람의 잘못을 보면 직접 말해주는 편이다.	①	②	③	④	⑤
3	나는 받아들이기 어려운 지시를 받을 경우 이유를 물어본다.	①	②	③	④	⑤
4	나의 의견에 대해 남들이 어떻게 생각하는지 물어본다.	①	②	③	④	⑤
5	나는 나의 느낌을 솔직하게 표현한다.	①	②	③	④	⑤
6	나는 다른 사람의 감정을 존중한다.	①	②	③	④	⑤
7	나는 걱정거리가 생길 경우 다른 사람에게 터놓고 의논한다.	①	②	③	④	⑤
8	나 혼자 이야기를 계속하여 남을 짜증나게 하지 않는다.	①	②	③	④	⑤
9	나는 진심으로 남의 이야기를 들어준다.	①	②	③	④	⑤
10	나는 새로운 의견을 잘 받아들이고 내 주장만 하지 않는다.	①	②	③	④	⑤
11	내 잘못을 숨기거나 남의 탓으로 돌리지 않는다.	①	②	③	④	⑤
12	나는 다른 사람의 충고를 잘 받아들인다.	①	②	③	④	⑤
13	나는 안 좋은 일이라도 남들이 알아야 한다고 생각되면 알려준다.	①	②	③	④	⑤
14	남의 의견이 나와 다를 경우 나의 생각을 말하고 함께 검토한다.	①	②	③	④	⑤
15	나는 남들이 말하기 어려운 것도 잘 말한다.	①	②	③	④	⑤
16	나는 변명을 하지 않고 비판에 귀를 기울인다.	①	②	③	④	⑤
17	나는 있는 그대로를 나타내며 꾸밈이 없는 편이다.	①	②	③	④	⑤
18	나에게 찬성하지 않는다고 남의 마음을 상하게 하지 않는다.	①	②	③	④	⑤
19	나는 다른 사람에게 그들의 생각을 발표하게 한다.	①	②	③	④	⑤
20	나는 확신하는 것을 굽히지 않고 말한다.	①	②	③	④	⑤

출처: 전민경(2012). pp.180-183.

자신의 점수를 번호에 맞게 적어보고, 한 줄씩 점수를 더해 총점을 적어보자.

번호	1	2	5	7	11	13	14	15	17	20	총점(L)
점수											
번호	3	4	6	8	9	10	12	16	18	19	총점(S)
점수											

앞에서 더한 합계를 다음 표에 각각 표시해 보자. S(말하기)점수를 가로선에 긋고 L(듣기)점수를 세로선으로 그으면, 4분면의 영역이 생긴다. 가장 넓은 영역에 해당하는 것은 무엇인가?

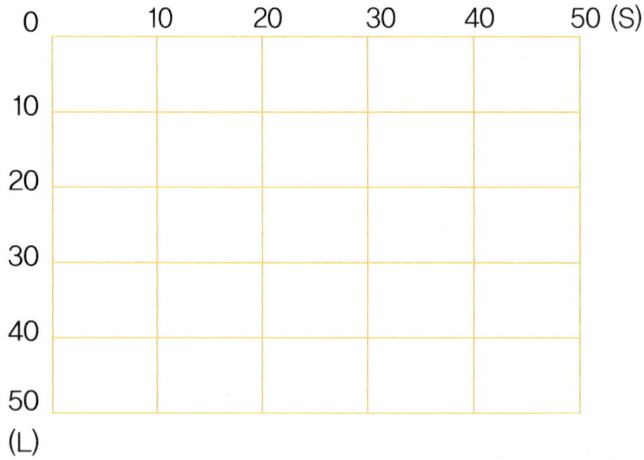

조해리의 창은 '나도 알고 남도 아는 나의 영역'인 공개적 영역, '나는 모르고 남들은 알고 있는 나의 영역'인 맹목적 영역, '나만 알고 남에게 알려지지 않아 남이 모르는 나의 영역'인 숨겨진 영역, '나도 모르고 남도 모르는 나의 영역'인 미지의 영역으로 구분된다. 공개적 영역이 넓을수록 개방형, 맹목의 영역이 넓을수록 자기주장형, 숨겨진 영역이 넓을수록 신중형, 미지의 영역이 넓을수록 고립형에 해당한다. 〈표 9-3〉을 참고하여 자신의 의사소통 유형은 무엇이며, 그 유형의 특성은 어떠한지 점검해 보자.

나의 의사소통 유형은 ______________________________ 입니다.

다양한 연령과 분야의 사람들을 만나게 되는 보육교사는 효과적인 의사소통을 위해서 고정된 자신의 조해리의 창에서 벗어나 창의 크기와 형태를 변화시키는 노력을 할 필요가 있다. 자신이 느끼는 생각이나 감정을 솔직하게 상대방에게 먼저 알리는 한편, 상대방이 자발적으로 자신의 이야기를 적극적으로 할 수 있는 개방적인 태도를 가져야 할 것이다.

〈표 9-3〉 의사소통의 유형

문항	유형	특징
개방형	**공개적 영역** / 맹목의 영역 / 숨겨진 영역 / 미지의 영역	공개적 영역이 가장 넓은 사람. 대체로 인간관계가 원만하다. 적절하게 자기표현을 잘할 뿐만 아니라 다른 사람의 말도 잘 경청한다. 다른 사람에게 호감과 친밀감을 주어 인기가 많다. 그러나 지나치게 공개적 영역이 넓은 사람은 말이 많고 주책없는 경박한 사람으로 비쳐질 수 있다.
자기 주장형	공개적 영역 / **맹목의 영역** / 숨겨진 영역 / 미지의 영역	맹목적 영역이 가장 넓은 사람. 자신의 기분이나 의견을 잘 표현한다. 나름대로 자신감을 지닌 솔직하고 시원시원한 사람이다. 그러나 다른 사람의 반응에 무관심하거나 둔감하여 때로는 독단적이며 독선적인 모습으로 비쳐질 수 있다. 다른 사람의 말에 좀 더 진지하게 귀를 기울이는 노력이 필요하다.
신중형	공개적 영역 / 맹목의 영역 / **숨겨진 영역** / 미지의 영역	숨겨진 영역이 가장 넓은 사람. 다른 사람에 대해서 수용적이다. 속이 깊고 신중하다. 다른 사람의 이야기는 잘 경청하지만 자신의 이야기는 잘하지 않는다. 자신의 속마음을 잘 드러내지 않고 계산적이고 실리적인 경향이 있다. 사회에 잘 적응하지만 내면적으로는 고독감을 느낀다. 자기개방을 통해 다른 사람과 좀 더 넓고 깊이 있는 교류가 필요하다.
고립형	공개적 영역 / 맹목의 영역 / 숨겨진 영역 / **미지의 영역**	미지의 영역이 가장 넓은 사람. 인간관계에 소극적이며 혼자 있는 것을 좋아한다. 다른 사람과 접촉하는 것을 불편해하거나 무관심하다. 고집이 세고 주관이 지나치게 강한 사람도 있으나 대체로 심리적인 고민이 많다. 인간관계에서 좀 더 적극적이고 긍정적인 태도를 가질 필요가 있다.

출처: 대동대학교 교수학습센터(2014). p. 114.

2) 서로 존중하는 의사소통하기

앞에서 자신의 의사소통 스타일을 점검했다면, 서로 존중하는 의사소통이란 어떻게 하는 것이 좋을까? 여기서는 영유아, 학부모, 동료 교사 등 다양한 사람에게 공통적으로 적용될 수 있는 의사소통의 기본부터 살펴보자.

(1) 적극적으로 경청하기

보육교사에게 필요한 의사소통의 첫 번째 방법은 적극적으로 경청하기이다. 경청이란 상대방이 이해해주길 바라는 것을 이해하려고 하는 것이며, 상대방의 독자적인 관점이나 생각, 기분이나 감정에 대해 적극적으로 귀를 기울이는 것으로, 이러한 태도는 상대방에 대한 적극적인 관심과 공감을 전달하는 효과가 있다(현정환, 2013).

적극적 경청에서 중요한 점은 상대방의 이야기를 잘 듣고 있다는 사실을 상대방에게 다양한 형태로 보여주어야 한다는 점이다(고영남, 박선영, 2013). 즉, 음성언어를 통해 상대방이 말한 내용을 반복해주거나 다른 말로 요약해주는 것뿐만 아니라 단순한 음성반응, 예를 들면 "아, 예", "네, 그렇군요", "음~", "아 저런!"이나 장단 맞추기 등을 통해서 상대방의 이야기에 귀 기울이고 있다는 것을 전달할 수 있다.

또한, 적극적 경청은 상대방의 비언어적인 태도에서도 나타날 수 있다. 혹시 일상생활에서 대화를 나눌 때, 상대방이 나를 바로 쳐다보지 않거나 창밖을 응시하거나 팔짱을 끼고는 시선을 돌리는 것을 경험한 적이 있는가? 상대방이 자신의 이야기에 경청하지 않았을 때 당황, 허전함, 분노 등을 느꼈을 것이다. 이와 같이 상대방의 표정, 시선, 자세 등 비언어적인 표현을 통해서도 상대방이 나의 이야기에 적극적으로 경청하는 것을 알 수 있다(현정환, 2013).

다음의 경청 연습하기 활동을 통해 평소 자신도 일상적 대화 가운데서 상대방의 이야기를 경청하지 않는 행동을 하지는 않았는지 반성하는 기회를 가져보자.

활동 경청 연습하기

한 팀을 3명으로 구성하여 적극적 경청하기 연습을 해 보자. 팀원 중 한 사람은 듣는 사람(상담자), 한 사람은 말하는 사람(내담자)이 되어 자신의 가벼운 고민을 주제로 이야기를 나누어 보자. 나머지 한 사람은 관찰자가 되어 다음의 표를 참고하여 말하는 사람의 비언어적인 행동이 나타났을 때 체크(V)해 보자.

대화가 끝난 뒤 관찰자는 자신이 평가한 점수를 바탕으로 상담자의 역할을 한 사람에게 피드백을 해주자. 평정척도의 총점은 10점에서 50점까지이며, 총점이 높을수록 적극적 경청의 태도를 가진 것으로 해석한다. 또한, 내담자의 역할을 한 사람도 이야기를 나누는 동안 받은 느낌이나 생각 등을 바탕으로 상담자의 역할을 한 사람에게 피드백을 해주자.

유형	내용	반응				
		전혀 아니다	아니다	보통이다	그렇다	매우 그렇다
시선	일관성 있는 시선 접촉을 함	1	2	3	4	5
	상대방을 자연스럽게 쳐다 봄	1	2	3	4	5
표정	이야기에 따라서 표정 변화를 함	1	2	3	4	5
	안정된 편안한 표정을 함	1	2	3	4	5
자세	상대방 쪽으로 향하는 자세임	1	2	3	4	5
	몸 전체가 편안함	1	2	3	4	5
	이야기에 적절한 몸짓을 함	1	2	3	4	5
	고개를 적절히 끄덕임	1	2	3	4	5
음성	따뜻하고 자연스러운 목소리를 함	1	2	3	4	5
	적당한 속도로 함	1	2	3	4	5
상담자: 내담자: 관찰자:		총점 : ________점				

출처: 김종운(2013). p.74 .

적극적인 경청을 할 때 주의할 점

- 내 뜻대로 지도하려 하거나 통제하지 말자.
- 대화의 문을 열어주고는 다시 닫지 말자.
- 앵무새처럼 말을 되받기만 하지 말자.
- 공감적 이해를 하면서 듣도록 하자.
- 당신의 머릿속에 이미 자리잡고 있는 상대방에 대한 부정적 편견을 없애자.
- 자신을 상대방으로부터 지나치게 방어하려는 태도를 버려라. 열등감을 버리자.
- 상대방에게 대화에 필요한 시간을 주자.

출처: 이상복(2012). p.340.

(2) 칭찬하기

인간관계 속에서 긍정의 에너지를 끌어올릴 수 있는 또 다른 방법은 칭찬하기이다. 어린아이이든 성인이든 인간관계 속에서 긍정적 관심이나 격려, 그리고 칭찬받는 것을 싫어하는 사람은 없다. 그러나 실제로 보육현장에서 어린 영유아에게 무엇인가를 가르쳐야 한다는 잘못된 압박감에 칭찬에 인색하기도 하고, 때로는 의무감에 영유아의 말이나 행동에 무의식적으로 진심이 담기지 않은 칭찬을 하기도 한다. 또한, 바쁜 일과 속에서 놓치지 않아야 하는 많은 업무로 인해 교사들이 직장생활에서 서로에게 긍정적 관심을 가지고 지속적으로 칭찬하고 격려하는 일은 드물다. 오히려 대부분의 사람들은 가정이나 직장에서 다른 사람들이 일을 잘하고 있을 때는 무관심하다가 잘못된 일이 생겼을 때만 질책하는 경우가 많은지도 모른다(Ken, Thad, Chuck, & Jim, 2010).

활동 칭찬 경험 이야기하기

- 'EBS 지식프라임: 심리/인성교육(2009년 9월 DVD 출시)' 중 '칭찬의 기술'을 감상한 후 칭찬과 관련된 자신의 경험을 이야기해 보자.

칭찬이란 상대방을 잘 알기 전에 그에 대한 호감을 표현할 수 있는 방법이며, 상대방을 자발적으로 변화시킬 수 있는 비밀의 열쇠이며, 상대를 내 편으로 만드는 최고의 협상기술이다(Beck, 2012). 또한, 모든 사람은 인정받고 싶은 욕구가 있으며 누군가가 나를 인정해줬을 때 자신감과 성취감뿐만 아니라 더 열심히 하고 일을 하고 싶은 욕구도 높아지게 된다. 이때 중요한 것은 어떤 내용의 칭찬이든 칭찬하는 사람의 진정성을 상대방이 느낄 때 비로소 성공한 칭찬이 된다.

그렇다면 긍정적인 의사소통을 위해 어떻게 진정성 있는 칭찬을 해야 할까? 칭찬 기술의 기분유형을 참고하여 상대방의 마음을 움직일 수 있는 칭찬하기를 연습해 보자.

상대방의 마음을 움직이는 칭찬의 기술

- **공정하고 객관적으로 칭찬하라.**
  상대는 공정한 칭찬이라고 느낄수록 더 신뢰감을 갖는다.
  (예 객관적으로 당신은 그림을 잘 그리는 것 같아.)
- **상대와의 관계가 멀수록 객관적으로 칭찬하라.**
  낯선 사람의 칭찬일수록 공정함에 더 예민한 법이다.
  (예 내 생각에 당신은 일을 참 잘하는 것 같아.)
- **가끔은 불확실한 듯 머뭇거리는 말투로 칭찬하라.**
  머뭇거리는 제스처는 상대에게 진심 어린 고백이라는 느낌을 준다.
  (예 당신에 대해 어떻게 표현해야 할지는 잘 모르겠지만, 당신은 정말 괜찮은 사람인 것 같아요.)
- **상대가 예상하지 못한 순간에 칭찬하라.**
  갑작스런 칭찬은 신뢰도를 높이는 동시에 강한 여운을 남긴다.
  (예 [어떤 TV 프로그램에서 방송이 끝나기 2초 전에] 이 프로그램을 100번이나 했는데 오늘이 최고였어요. 고맙습니다!)
- **즉흥적으로 내뱉는 감탄사를 이용해 칭찬하라.**
  상대는 '저 사람은 내 매력에 완전히 사로잡혔구나'라고 느낀다.
  (예 우와, 멋지네요! 정말 대단한 실력이에요!)
- **재치있게 말하라.**
  일반적인 내용이 비해 칭찬 문장을 돋보이게 하는 효과가 있다
  (예 당신이 말씀해주셨던 내용은 정말 유익했어요. 아, 그런데 이런 걸 말씀드려도 되나요? 저는 정말 당신의 창의력에 감동했답니다!)
- **자신이 한 말을 고쳐서 다시하라.**
  때론 자신이 한 말을 고쳐서 다시 말하는 것 역시 듣는 사람에게 신뢰감을 주는 방법이다.
  (예 당신은 정말 대단해요. 아, 아니다. 대단하다는 단어로는 부족해요. 당신은 정말 특별해요.)

출처: Beck(2009, 2012). pp.164-173.

(3) 나-전달법

나-전달법(I-message)이란 '나'를 주어로 상대방의 행동에 대한 자신의 생각이나 감정을 나타내는 대화방식이다. 즉, 상대방의 행동 자체가 아닌 그에 대한 나의 반응을 판단이나 평가 없이 알려주는 대화방식으로 상대방의 감정을 상하지 않게 하

면서 자신의 생각이나 감정을 표현하여 상대방 스스로 행동을 수정할 수 있도록 하는 방법이다(이상복, 2012).

예를 들면, 어린이집 행사를 진행하다가 아직 준비되지 않은 부분을 발견했을 때 "김 선생님, 왜 그러세요?", "제가 미리미리 준비하라고 했었죠?", "김 선생님은 왜 이렇게 조심성이 없나요?" 등과 같이 말한다면 이것은 너-전달법(You-message)이 된다. 이 경우 나-전달법으로 다시 표현해 보면, "김 선생님이 그 부분을 미리 점검해주지 않아서 행사 진행하다가 중간에 저 많이 당황했었답니다."와 같다. 이처럼, 너-전달법과 나-전달법의 가장 큰 차이점은 의미상의 주어가 누구냐하는 것이다. 즉, 너-전달법에서는 주어가 상대방인 반면, 나-전달법에서의 주어는 자신이 된다. 따라서 너-전달법에서는 부정적인 '~해라' 등의 지시어의 사용이 많지만 나-전달법에서는 '너의 행동으로 인한 나의 느낌을 네가 잘 들어 주길 바란다'는 부탁의 의미가 포함되어 있다.

나-전달법은 〈표 9-4〉와 같이 한 가지 상황에 대해 행동서술, 느낌서술, 이유서술의 3가지 단계로 구조화될 수 있다(이경우, 이인용, 2010). 첫째, 문제가 되는 상대의 행동에 대해 구체적으로 말하는데 이때 주의해야 할 점은 단순히 서술만 해야지 비난해서는 안된다. 둘째, 행동의 결과 때문에 생긴 자신의 느낌을 말한다. 셋째, 이유에 대해서 구체적으로 서술한다. 이러한 나-전달법에서는 상대방의 행동 자체가 아니라 그 행동으로 인한 결과와 관계있는 나의 느낌을 상대방이 잘 들어 주었으면 하는 의미가 포함되어 있다.

〈표 9-4〉 나-전달법의 단계

단계	내용
행동서술 (네가 ~하면)	문제가 되는 상대의 행동의 결과에 대해 구체적으로 말한다. (예 네가 학교가 끝나도 전화도 없이 안돌아오면)
느낌서술 (나는 ~라고 느낀다)	행동의 결과 때문에 생긴 자신의 느낌을 말한다. (예 내가 무슨 일이 생겼는지 걱정된단다.)
이유서술 (왜냐하면 ~하기 때문이다)	이유를 말한다. (예 왜냐하면 나는 네가 어디 있는지 모르기 때문이야.)

출처: 이경우, 이인용(2010).

활동 나-전달법을 연습해 보자.

나-전달법의 3단계인 행동, 느낌, 이유를 다음의 각 상황에 따라 작성해 보자.

1. 네가 약속시간에 늦어서(행동), 나는 너무 힘들고 피곤해 (느낌)
   왜냐하면, 오늘은 날씨도 너무 춥고 오래 서 있어서 다리도 많이 아팠어. (이유)
2. 네가 물감을 사용한 후 제자리에 정리해놓지 않아서(행동), ______ (느낌)
   왜냐하면, ______ (이유)
3. 네가 말도 없이 내 물건을 사용해서(행동), ______ (느낌)
   왜냐하면, ______ (이유)
4. 수업시간에 시끄럽게 떠들어서(행동), ______ (느낌)
   왜냐하면, ______ (이유)
5. 내 물건을 빌려간 후 돌려주지 않아서(행동), ______ (느낌)
   왜냐하면, ______ (이유)
6. 네가 해야 할 일을 나에게 미루어서(행동), ______ (느낌)
   왜냐하면, ______ (이유)
7. 네가 방을 깨끗하게 정리하지 않아서(행동), ______ (느낌)
   왜냐하면, ______ (이유)
8. 네가 나에게 욕설을 해서(행동), ______ (느낌)
   왜냐하면, ______ (이유)
9. 네가 나의 일을 방해해서(행동), ______ (느낌)
   왜냐하면, ______ (이유)
10. 네가 나의 비밀을 다른 사람에게 말해서(행동), ______ (느낌)
    왜냐하면, ______ (이유)

출처: 대동대학교 교수학습센터(2014). p.165.

chapter 10

보육교사와 직무만족

보육현장에서 개개인의 보육교사가 경험하게 되는 직무만족의 정도는 보육교사의 직무를 수행하는 데 있어 매우 중요한 요소이다. 또한, 개별 보육교사의 높은 직무만족은 행복하고 바람직한 조직문화를 형성하는 원동력이 된다. 따라서 이 장에서는 보육현장에 근무하는 보육교사가 어떤 상황에서 어떤 직무를 수행할 때 가장 만족감을 느끼는지 반면, 어떤 상황에서 어떤 직무를 수행할 때 가장 좌절하고 갈등하게 되는지 이야기를 들어보는 것을 시작으로 보육교사의 직무만족과 행복한 삶에 대해 생각해 보는 시간을 가지고자 한다. 그리고 보육교사 스스로 자신의 직무만족 정도를 올바르게 이해하고 보육교사 개개인이 직무만족을 높이고 갈등을 해소하고자 하는 방안을 모색할 수 있는 능력을 키워줌으로써 이를 토대로 행복한 조직문화를 형성하는 것을 가능하게 하고자 한다.

1. 보육교사의 직무만족

직업이란 무엇일까? 직업이란 휴식이나 놀이 또는 여가활동을 제외한 모든 생산적인 활동으로 경제적인 보상이 있어야 하며 경제적 보상 이외에도 개인이 지닌 잠재능력을 충분히 발휘하는 자기실현 활동의 장으로써 그 역할을 수행해야 한다.

본 장에서 보육교사라는 직무와 관련하여 가장 먼저 살펴보고자 하는 직무만족이란 무엇일까? 직무만족이란 한 개인이 자신이 종사하고 있는 직업과 관련하여 가지고 있는 감정적 · 정서적인 태도를 말한다. 개개인은 자신이 수행하고 있는 직무에 대해 만족감을 느낄 때 자신이 하는 일에 보람을 느끼게 되고 자신이 속한 조직에 최선을 다하게 된다. 따라서 직무만족은 행복한 조직문화를 형성하는 데 중요한 기초가 된다.

보육교사는 보육의 목표를 달성하고 보육환경을 제공함으로써 바람직한 보육서비스를 영유아 및 학부모에게 제공하기 위해서 직무를 수행하게 되며 이를 수행하는 과정에서 높은 만족감을 보일 때 자신이 하는 일에 보람을 느끼게 되며 자부심을 갖게 된다. 그리고 이러한 보육교사의 보람과 자부심은 건전하고 행복한 조직문화를 형성하는 데 중요한 기초가 된다.

보육교사의 직무만족은 바람직한 보육서비스를 제공하기 위해 반드시 고려되어야 할 중요한 인적 자원 중의 하나로 양질의 보육 서비스를 제공하는 데 있어 직접적인 요인이다. 보육교사는 다양한 차원에서 다양한 형태의 관계를 형성하게 되고 각각의 관계 속에서 저마다 다른 역할을 요구받게 된다. 따라서 보육교사가 직무만족을 느끼는 영역 또한 관계의 내용과 영유아의 연령에 따라 달라질 수 있다.

현재 보육교사들의 근무환경은 시설의 형태와 유형 그리고 보육교직원의 인원 및 보육 대상 영유아의 연령에 따라 매우 다양하다. 따라서 보육교사 개개인의 직무만족에 영향을 미치는 결정적 요인도 개인이나 교사 집단의 기본적인 욕구 또는 환경적 심리적 상황에 따라 다양하고 복합하게 형성되어진다. 따라서 보육교사 개개인이 이 요인들을 정확하게 인지하고 높은 만족도를 높일 수 있는 방안을 모색해 볼 수 있도록 일반적으로 우리가 알고 있는 직무만족의 하위 구성요인을 먼저 살펴보는 것이 필요하다.

〈표 10-1〉 직무만족도 하위 구성요소

학자	직무만족도 하위 구성요소
Locke(1976)	직무, 임금, 승진, 인정, 복지후생, 근속 여건, 감독, 동료, 회사정책
김미량(2007)	직무 자체, 인정 지위, 인과관계, 보수, 전문성 신장, 행정체계, 근무환경, 업무량
채신석(2007)	근무평가 및 승진 기회 만족, 상사와 동료의 관계, 임금, 업무에 대한 흥미, 복리후생
이욱환, 원철식, 박헌진(2007)	업무에 대한 흥미도, 성취감과 후생복지제도와 관련된 근무환경, 휴가제도, 직원 간의 공동체의식 및 임금
양인자(2010)	직업에 대한 전망, 직무 자체, 사회적 인정, 직업에 대한 소신
조은주(2012)	근무환경, 직무 자체, 인간관계, 사회적 인정, 근무조건, 보수, 승진, 교사의 사회적 배경

직무만족을 구성하는 하위 요소는 매우 다양하며 〈표 10-1〉은 직무만족을 구성하는 하위 요소에 대한 다양한 학자의 의견을 정리하여 제시한 것이다. 이와 같은 의견들을 종합해 보면 보육교사의 직무만족을 구성하는 하위 요소는 직무특성, 인간관계, 사회적 인정, 근무조건, 보수, 승진 기회, 직업에 대한 전망 등이다.

활동 보육현장에 근무하고 있는 보육교사들은 어떤 상황에서 가장 만족감을 느끼게 되며 반대로 어떤 상황에서 가장 갈등을 느끼게 될까? 현직교사와의 인터뷰를 통해 구체적으로 살펴보자.

팀명			
팀원			
인터뷰 진행계획	• 인터뷰 대상 선정 • 인터뷰 날짜 및 시간 • 인터뷰 장소 • 인터뷰 진행자		
질문	내용	원인	증진 및 해결방안
보육교사로서 자신의 직무에 대해 가장 만족감을 느끼는 순간은 언제입니까?			
보육교사로서 자신의 직무에 대해 가장 어려움이나 갈등을 느끼는 순간은 언제입니까?			
우리가 제안할 수 있는 증진 및 해결방안은 무엇입니까?			

활동을 통해 살펴본 바와 같이 개개인의 교사들이 자신의 직무와 관련하여 느끼게 되는 만족의 내용은 각각 다르다. 또한, 갈등을 겪고 있는 직도 다르다.

권석만(2013)은 개인이 자신의 직업에 영향을 미치는 요인들을 개인적 요인과 직업적 요인으로 나누어 제시한다. 개인적 요인으로는 흥미와 적성, 가치, 성격 등이 있으며 직업적 요인으로는 직업의 업무특성, 필요한 능력과 자질, 보상체계 및 미래의 전망 등이 포함된다고 하였다. 더불어 이 두 가지 요인이 잘 부합되는 직업을 선택할 때 스스로의 직무에 만족할 수 있으며 행복한 삶을 누릴 수 있음을 제안한다.

보육교사의 직무만족에 영향을 미칠 수 있는 개인적 요인을 살펴보면 다음과 같다.

첫째, 가장 먼저, '흥미'는 개인으로 하여금 어떤 일에 즐거움을 느끼고 호기심을 갖게 하는 동기적 성향으로 어떤 일에 몰두하거나 어떤 일을 하고 싶어서 소망하는 것은 흥미로부터 비롯된다는 것을 강조한다. 보육교사는 스스로 보육교사의 직무에 대해 흥미를 가지고 있지 않을 경우 몰두하기 어렵다. 이는 보육교사로서의 직무수행은 타 직업에 비해 매우 다양한 역할을 수행하게 될 뿐 아니라 전문성을 요구하는 것에 비해 사회적 인식이 여전히 낮기 때문이다.

둘째, '적성'은 인간이 가지고 있는 나름대로의 특정한 직업에 대한 남다른 능력으로 누구나 직업을 선택할 때 가장 중요하게 고려해야 하는 부분이다. 보육교사도 적성에 맞지 않으면 그 직무를 지속적으로 수행하는 데 많은 어려움을 겪게 된다.

셋째, '가치'란 어떠한 목표가 더 바람직한지에 대해서 개인이 지니는 지속적인 신념으로 가치는 자신의 행위와 인생을 평가하고 의미를 부여하는 내면적 기준으로 작용하게 된다. 따라서 보육교사로서 스스로의 행위와 의미를 긍정적으로 평가하고 자신이 수행하는 직무에 대해 긍정적 의미를 부여할 때 직무만족은 높아질 수 있다.

다음으로 보육교사의 직무만족에 직접적인 영향을 미칠 수 있는 직업적 요인을 요소별로 살펴보면 다음과 같다.

첫째, 직업적 업무특성이다. 보육교사는 타 직업과 구별되는 직업적 특성을 지닌다. 보육교사직 고유의 직업적 특성을 올바르게 이해하고 직업을 선택할 때 보육교사는 스스로의 직업을 수행하는 과정에서의 갈등을 최소화할 수 있다.

둘째, 필요한 능력과 자질이다. 1장에서 살펴본 바와 같이 보육교사직을 수행하기 위해서는 기본적으로 갖추어야 하는 능력, 즉 자질이 요구된다. 이와 같은 개인의 능력과 자질이 잘 갖추어져 있을 뿐 아니라 이를 지속적으로 개발할 수 있는 방법을 스스로 찾기 위해 끊임없이 노력할 때 보육교사는 더 높은 만족을 경험할 수 있다.

셋째, 보상체계 및 미래의 전망이다. 여전히 보육현장에서 해결되고 있지 않은 부분은 보육교사의 임금 수준이다. 모든 사람이 경제적 이익을 위해서만 직업을 수행하는 것은 아니다. 그러나 적절한 임금 수준은 직업생활을 수행하는 데 있어 동기부여를 할 수 있는 중요한 원동력이 될 뿐 아니라 사회적 인식과 직결되어 직무수행 중에 경험하게 되는 갈등을 극복하는 데 도움을 준다. 따라서 보상체계와 앞으로 지속적으로 직업을 수행하는 데 있어 보육교사 스스로 찾을 수 있는 미래 자신의 삶에 대한 긍정적인 비전은 보육교사직을 수행하는 데 만족도를 높여 줄 수 있는 중요한 요인이 된다.

보육현장에서 보육교사로서의 직무를 수행하는 과정에서 무엇보다 중요한 것은 자신이 느끼게 되는 다양한 영역에서의 만족 정도를 확대하는 것이며 갈등을 경험하고 있는 영역에서의 해결방안을 찾기 위해 능동적으로 노력하는 자세를 갖추는 것이다. 이는 행복한 보육교사로서의 삶을 영위하고 이를 지켜나갈 수 있는 중요한 원동력이 될 수 있기 때문이다.

2. 보육교사의 직무수행과 행복

보육교사의 직무만족은 보육교사가 보육현장에서 느끼게 되는 행복감과 직결된다. 즉, 높은 직무만족을 느끼게 되면 보육교사는 자신의 직업과 관련하여 삶의 행복을 느끼게 된다. 권석만(2013)은 직업은 행복을 발견할 수 있는 행복의 중요한 원천이라고 하였으며 행복에 중요한 영향을 미치는 몰입 경험은 주로 직업적 활동을 할 때 일어나게 된다고 한다.

몰입이란 무언가에 흠뻑 빠져 있는 심리적 상태를 의미한다. 다시 말하면 현재 하고 있는 일에 심취한 무아지경의 상태라고 할 수 있으며 사람들은 누구나 몰입의 상태에 이르게 되면 현재 과업에 대한 강렬한 주의집중이 일어나게 된다. 그리고 이를 통해 행위와 인식의 융합이 일어나게 되어 '무아지경' 또는 '몰아지경' 이라 불리는 상태에 이르게 되며 사람들은 몰입하는 순간 자기와 환경의 구분이 거의 사라질 뿐 아니라 시간의 흐름을 망각하게 되어 시간이 보통 때보다 빨리 지나가고 많은 일이 짧은 시간 안에 펼쳐지는 것처럼 느낀다.

더불어 몰입 상태에서는 현재 자신이 하고 있을 활동을 장악하고 있는 듯한 강력한 통제감을 느끼게 되며 활동의 진행이나 성과에 대한 걱정이 사라지고 주의집중이 일어나게 되어 완전한 통제력을 지니고 있는 것처럼 느끼게 된다.
마지막으로 몰입은 그 경험 자체가 즐거운 것으로 자기충족적인 속성을 기지며 몰입은 다른 목적이 아니라 그 자체를 위한 내재적 동기에 의해 일어난다.
(Csikszentmihalyi, 1975, 1997)

자신에게 주어진 일에 몰입을 경험하는 사람은 자신의 일을 스스로 즐기게 되며, 대부분의 많은 사람은 높은 수준의 기술을 필요로 하는 도전적인 과제를 하게 될 때 몰입한다. 이와 같은 몰입은 직업적인 일을 할 때 일어나고(Haworth & Hill, 1992) 직무를 수행하면서의 몰입 경험과 직무만족도는 매우 밀접한 관련이 있을뿐 아니라 서로 상승적인 영향을 미친다(권석만, 2013).

활동 몰입 경험 회상하기

몰입은 많은 사람이 보고하는 상당히 보편적인 경험입니다. 지금까지 살아오면서 여러분들이 무언가에 깊이 빠져서 다른 모든 것을 잊은 채 시간이 흘러가는 줄도 몰랐던 경험이 있습니까? 그러한 경험이 있다면 구체적으로 기록해 보세요.

1. 여러분들은 어떤 순간에 몰입을 경험하였나요?

2. 여러분들이 앞서 이야기한 것과 같은 상황에서 몰입하게 된 이유나 원인은 무엇이었을까요?

3. 앞으로 자신이 인생을 통해서 한 번 더 몰입하고 싶은 순간이 있다면 언제일까요?

보육교사뿐 아니라 대부분의 직업을 가진 사람들은 직업을 수행하면서 가장 많은 시간을 보내게 된다. 따라서 직업, 즉 직업에서 주어지는 직무를 수행하는 과정에서 행복을 느끼지 못하면 결코 행복한 삶을 누릴 수 없기 때문에 직무만족은 매우 중요하다.

또한, 직업에서 느끼는 행복은 생산성을 양적으로 증가시킬 수 있을 뿐 아니라 자신의 일에 대한 자부심, 신념, 헌신의 미덕으로 생산성의 질적 향상에도 기여한다(Streimikiene & Grundey, 2009). 따라서 보육교사가 개개인의 직무를 수행하는 데 있어 느끼게 되는 행복감이 증가할수록 보육교사로서의 자부심이나 신념을 강화시켜 줄 수 있을 뿐 아니라 이를 통해 최근 보육현장에서 추구하고자 하는 '보육의 질 향상'도 도모할 수 있다.

이와 관련하여 황해익(2013)은 교사의 내적 · 외적 행복 및 자기조절 행복이 높은 교사는 직무만족도가 높고 이를 통해 교사의 효능감도 높아질 수 있음을 강조한다. 이는 보육교사의 직무만족이 교사의 행복과 밀접한 관련이 있음을 나타내준다.

보육교사는 양육이나 교육 이외에서 학급 운영, 각종 행사, 환경 구성 등의 과중한 업무 이외에도 발달이 미성숙한 영유아들을 장시간 돌봄과 동시에 학부모, 동료교사, 지역사회와도 지속적으로 교류해야 한다. 이와 같은 보육교사의 직무 특징은 보육교사가 직무를 수행하게 되는 과정에서 맺게 되는 다양한 관계에서 갈등을 유발하는 원인으로 작용하기도 한다. 따라서 행복한 보육교사로서의 삶을 만들어가기 위해서 무엇보다 스스로 어떠한 부분에서 어려움을 겪고 있는지 이해하는 과정이 필요하다.

이와 같은 필요에 의해 임승렬(2014)은 영유아교사의 행복을 측정할 수 있는 측정도구를 개발하였으며 이를 통해 보육교사의 행복감을 측정할 수 있도록 하였다. 영유아의 보육을 담당하는 교사의 행복감을 측정하기 위해 영유아교사로서의 유능감, 원장과의 관계, 영유아교사직에 대한 만족, 자율적 의사결정의 정도, 동료와의 관계, 복지, 근무환경, 학부모와의 관계, 전문적 성장에 대한 노력과 기회의 정도가 중요한 요소가 될 수 있음을 제안하였으며, 각각의 구성요소에 대한 만족도가 높을 때 행복감이 높은 보육교사임을 제안하고 있다.

〈표 10-2〉에 제시한 보육교사 행복측정척도를 통해 현재 예비 보육교사로서 행

복지수를 살펴보고, 자신의 강점과 약점을 살펴보자.

〈표 10-2〉 영유아교사의 행복측정척도(HMS)

번호	문항	전혀 그렇지 않다	그렇지 않다	그렇다	매우 그렇다
1	나는 교수활동을 통해 영유아들의 성장과 발달을 긍정적으로 변화시킬 수 있다.				
2	나는 영유아들의 개인차와 특성에 대해 학부모와 상담하였을 때 학부모로부터 깊은 신뢰를 받는다.				
3	나는 영유아들의 갈등상황에 적절히 개입하여 영유아 쌍방이 만족할 수 있게 해결한다.				
4	나는 내가 계획한 수업에 영유아들이 적극적으로 참여하도록 이끈다.				
5	나는 영유아들에게 정성을 기울인 만큼의 만족할 만한 성과를 얻는다.				
6	나는 교사의 역할을 잘하고 있다.				
7	내가 영유아들과 수업하는 교수학습방법에 대해 동료 교사들로부터 인정을 받는다.				
8	나는 영유아들의 문제행동을 객관적으로 관찰 · 평가하여 그에 적합한 해결방안을 찾을 수 있다.				
9	나는 영유아들의 발달에 적합한 교수매체를 선정하고 적용할 수 있다.				
10	내가 제작해서 활용한 교재 · 교구에 대해 영유아들의 반응이 좋다.				
11	나는 학부모에게 감사하다는 인사를 받는다.				
12	내가 담당하고 있는 영유아들은 기관의 하루 일과에 잘 적응한다.				
13	나는 영유아들의 개인차를 고려하여 개인별 맞춤 교수전략을 수립하고 적용할 수 있다.				
14	내가 일한 결과에 대해서 동료 교사, 원장, 학부모로부터 인정을 받는다.				
15	원장은 개방성, 정보 공유, 토론을 촉진시킬 수 있는 리더십이 있다.				
16	나는 원장에게 인간적으로 신뢰감을 느낀다.				
17	원장은 업무와 관련해 말과 행동이 일치한다.				
18	원장은 직무수행능력이 있다.				
19	원장은 나에게 도움이 되는 교육적 조언을 많이 해준다.				
20	원장은 나의 의견을 존중해준다.				
21	원장은 업무 처리 시 교사들과 협의하여 민주적으로 처리한다.				

번호	문항	전혀 그렇지 않다	그렇지 않다	그렇다	매우 그렇다
22	나와 학부모의 관계에서 갈등이 있을 때 원장은 나의 입장을 고려해준다.				
23	원장은 모든 교사를 공평하게 대한다.				
24	원장은 내가 유능한 사람이라고 느끼게 한다.				
25	원장의 기관 운영방침과 행정 절차는 합리적이다.				
26	원장은 나의 수업과 업무를 존중해준다.				
27	원장은 대외적인 일이 많아서 내가 어떻게 일을 하고 있는지 모른다.				
28	원장은 공과 사를 구분하지 못하고 사적인 일을 업무시간에 시킨다.				
29	원장은 나를 전문가로 대우한다.				
30	나는 다른 사람들로부터 훌륭한 직업을 가졌다는 말을 듣는다.				
31	나는 내 직업을 다른 사람 앞에서 떳떳하게 내세울 수 있다.				
32	나는 교사생활에 보람을 느낀다.				
33	영유아교사는 전문직의 한 분야로 인식된다.				
34	나는 교육자로서 자긍심이 있다.				
35	나의 직무는 나에게 성취감을 준다.				
36	나의 직무는 진취적이고 희망적인 일이다.				
37	영유아들을 보면 우울한 기분도 좋아진다.				
38	영유아교사는 내 적성에 잘 맞는다.				
39	나는 영유아들로부터 존경과 사랑을 받고 있다.				
40	나는 학급 내에서 발생하는 교육문제에 대해 자율적으로 대처한다.				
41	나는 일상적인 일과 운영에 대한 통제권을 가지고 있다.				
42	나는 영유아들을 위한 행사를 계획하고 실행할 수 있는 권한을 가지고 있다.				
43	나는 교육활동 이외의 업무를 나의 판단에 따라 처리한다.				
44	나는 영유아들의 발달이나 흥미를 고려해서 교육과정을 자율적으로 선정한다.				
45	나의 업무계획에는 융통성이 있다.				
46	나와 동료 교사들은 서로를 지지하고 격려한다.				
47	나와 동료 교사들은 직무에 대한 생각과 자료를 서로 주고받는다.				
48	나는 동료 교사들을 잘 이해하는 편이다.				

번호	문항	전혀 그렇지 않다	그렇지 않다	그렇다	매우 그렇다
49	나와 동료 교사들은 개인적인 문제를 서로 이야기한다.				
50	내 업무가 너무 많을 경우 동료 교사들은 나를 돕는다.				
51	동료 교사들은 나에게 관심을 갖는다.				
52	동료 교사들은 내가 하는 일을 못마땅하게 생각한다.				
53	나의 보수는 경력과 직무수행능력을 고려해 볼 때 공정하다.				
54	나의 보수는 다른 유치원(어린이집)과 비교해 볼 때 만족할 만한 수준이다.				
55	나는 매년 인상되는 급여의 인상 수준에 만족한다.				
56	나는 현재의 후생복지제도(4대 보험, 휴직 및 휴가, 퇴직금 등)가 적절하다고 생각한다.				
57	나는 각종 휴가 및 휴직(결혼, 경조사, 연월차, 육아휴직 등)을 사용할 수 있다.				
58	나는 자기계발에 필요한 시간과 비용을 기관에서 지원받는다.				
59	내가 근무하는 기관에는 사적인 대화를 나눌 수 있는 장소(상담실, 교사실)가 있다.				
60	내가 근무하는 기관은 자료실 공간이 넉넉해서 정리가 잘되어 있다.				
61	내가 근무하는 기관은 교수활동에 필요한 자료(인터넷, 컴퓨터 포함)가 충분히 제공되어 활동을 진행하는 데 지장이 없다.				
62	내가 근무하는 기관의 물리적 환경은 유아를 위한 교수활동을 수행하기에 적합하다.				
63	내가 근무하는 기관은 교실 이외의 장소(계단, 유희실, 도서실 등)를 청소해주는 보조인력이 있다.				
64	나는 학부모들과 오해가 생겼을 때 대화로 해결하는 편이다.				
65	학부모들은 영유아에 대한 나의 의견을 존중해준다.				
66	나는 영유아뿐만 아니라 학부모들에게도 관심을 가지고 있다.				
67	학부모들은 나를 믿고 영유아를 맡긴다.				
68	나는 학부모들이 기관에 올 때마다 진심으로 반긴다.				
69	나는 영유아를 교육하는 데 있어서 학부모들과 상호교류하면서 긴밀하게 협력한다.				
70	학부모들이 영유아의 문제로 도움을 구할 때, 나는 기꺼이 돕는다.				
71	나는 최신 교육정보를 자주 접한다.				
72	나는 전문적 지식을 함양하기 위해 상급학교에 진학할 수 있다.				

번호	문항	전혀 그렇지 않다	그렇지 않다	그렇다	매우 그렇다
73	나는 외부기관에서 주최하는 학술활동에 참여한다.				
74	나는 자율연수의 기회를 갖고 있다.				
75	나는 교재연구를 충실하게 한다.				

출처: 임승렬, 김정림, 전방실(2014).

요인	문항 수	문항 번호
영유아교사로서의 유능감	14	1-14
원장과의 관계	15	15-29
영유아교사직에 대한 만족	10	30-39
자율적 의사결정	6	40-45
동료와의 관계	7	46-52
복지	6	53-58
근무환경	5	59-63
학부모와의 관계	7	64-70
전문적 성장	5	71-75
계	75	

활동 보육교사로서 행복감의 정도는 어떠한가? 앞서 제시한 검사도구를 통하여 행복감을 측정하여 각 영역에 대한 행복감 정도를 산출해 보자. 그리고 앞으로 자신이 행복한 직장생활을 위해 필요한 자원이 무엇인지 파악하고 구체적인 방안을 찾아보자.

보육교사로서 행복감 지수와 해결방안 찾기

보육교사 행복감 하위 내용	점수	해결방안
영유아교사로서의 유능감		
원장과의 관계		
영유아교사직에 대한 만족		

자율적 의사결정		
동료와의 관계		
복지		
근무환경		
학무모와의 관계		
전문적 성장		
나의 강점은?	1. 2. 3.	
강점 강화 방안은?	1. 2. 3.	
나의 약점은?	1. 2. 3.	
약점 보완방안은?	1. 2. 3.	

보육교사의 직무만족도는 보육교사의 직무를 유지하고 헌신하기 위한 예측요인이 될 수 있으며 질 높은 보육을 실현하는 기초가 된다. 즉, 보육교사의 직무만족도는 보육교사의 사기를 결정하며 보육교사의 사기는 보육대상인 영유아들에게 전달되고 결국 양질의 보육을 실현하는 데 긍정적인 영향을 미친다(김현미, 2005).

보육교사의 직무만족도는 무엇보다 교사 자신의 삶의 질과 밀접한 관련이 있으며 이는 교사 개인의 행복의 정도와 직결된다. 따라서 행복한 교사로서의 삶을 영위하기 위해 직무만족을 구성하고 있는 하위 요소들을 올바르게 인식하고 각각의 요소들에 대한 자신의 수준을 올바르게 이해하여 높은 직무만족을 가지고 보육현장에서 보육교사로서의 삶을 영위해나가기 위해 노력해야 한다.

3. 어린이집의 긍정적 조직문화

'문화'란 사회를 구성하고 있는 모든 사람들이 공통적으로 지니고 있는 가치관, 신념, 관습 그리고 지식과 기술 등을 포함하는 개념으로 그 문화권에 속한 인간의 행동에 영향을 미치는 법칙 또는 관례들을 포함한 가장 거시적인 개념이다. 그렇다면 조직문화란 무엇인가?

조직문화는 한 조직과 그 구성원들이 공유하고 있는 가치 이념, 신념, 관습, 규범, 전통, 지식, 기술체계 등을 총칭하는 개념으로 조직문화는 조직구성원의 행동에 영향을 미치는 기본 요소이다(강홍구, 2001). 조직문화와 관련하여 Deal와 Kennedy(1982)는 조직 환경과 가치관, 중심적 인물, 의식과 관례 등이 다양한 조직체의 상황 속에서 구성원들이 어떻게 행동해야 하는지 명시해주는 비공식적인 지침이자 조직을 통합시켜주는 응집 요소로 주장한다. Schein(1985)는 조직문화를 조직구성원 모두가 조직에서의 상황 판단과 문제해결을 요할 때 유효한 사고방식, 지각방식, 문제접근방식 그리고 분석방법으로 이용되고 조직에 적응하도록 하는 사회화 과정에서 사용되어지는 조직 또는 집단의 기본가정으로 조직구성원의 가치관과 사고방식 그리고 행동을 지배하는 기본 요소로 정의한다.

우리가 현재 많은 시간을 함께 보내고 있는 보육교사 양성과정에 있는 예비 보육교사들도 양성과정에 재학하는 동안 많은 의사결정의 순간을 경험하게 되며 이때 동료 예비 보육교사들과 함께 의사결정을 하고 상황에 대한 판단을 하는 데 있어 공통적으로 적용하고 있는 가치관, 사고방식 등이 있을 것이다. 현재 우리가 생활하고 있는 보육교사 양성과정은 어떠한 조직문화를 가지고 있는가? 특정한 사례를 중심으로 우리가 의사결정을 할 때 공통적으로 적용되어지는 조직문화에는 어떤 것들이 있는지 동료 보육교사들과 함께 토론해 보자.

활동 다음의 상황에 대해 우리가 적용하게 되는 공통된 가치 기준에는 어떠한 것들이 있는지 이야기해 보자.

1. 우리는 교재 · 교구 제작을 위해 함께 사용하는 '자료실'에 보관되어 있는 다양한 재료(종이, 풀 등의 다양한 문구류)들을 유용하게 사용하기 위해 평소 어떤 방식으로 자료실을 사용하고 있는가?

2. 다양한 재료들을 효과적으로 사용하지 않는 동료를 발견했을 때 우리는 어떤 생각을 하게 되는가?

3. 효과적인 자료실 이용을 위해 좀 더 추가되어야 할 기준이 있다면 어떤 것들이 있을까?

어린이집에서 보육교사들이 함께 문화를 공유할 수 있고 문화를 공유해야만 조직의 구성원들은 단일화를 이룰 수 있으며 단일화를 이루었을 때 바람직한 형태의 조직을 운영해나갈 수 있다.

신운화(2005)는 '조직문화'는 몇 가지 공통된 특성을 가지고 있음을 제안하면서 이와 같은 특성을 가지고 있을 때 조직문화로 인정될 수 있다고 하였다. 우리는 일반적으로 자신이 근무하고 있는 어린이집에 대해 타 기관에 근무하는 보육교사와 이야기 할 때 '내가 근무하고 있는 어린이집은 ○○○ 특성이 있어. 우리 어린이집에서는 ○○○ 방법으로 해결해. 우리 어린이집은 ○○○은 하지 않는데? 우리 어린이집은 ○○○을 중요하게 생각해.' 등의 표현을 자주 사용하게 된다. 이때 ○○○에 해당되는 내용들을 모두 자신이 근무하고 있는 어린이집만이 가지고 있는 보육교사 직무를 수행하기 위한 의사결정과정의 특성이므로 모두 조직문화라 할 수 있을까? 앞서 제시한 조직문화의 특성을 토대로 보육교사 조직문화의 특성을 알아보자.

첫째, 일반적 문화와 유사하게 조직문화도 학습된다. 문화는 사람들의 상호작용에 의해 만들어지는 것이며 경험으로부터 얻는 학습의 산물이다. 조직문화의 본질 속에 있는 모든 요소는 조직 내 구성원들의 과거경험에 의해 학습된 것으로 조직에 참여하기 이전에 이미 학습된 것도 있으며 조직 내 다른 사람들을 통해 학습될 수도 있다. 따라서 보육교사가 몸담고 있는 조직문화 또한 함께 근무하는 보육교사들과의 상호작용을 통해 만들어진 것이며 그 속에서 다양한 문제를 해결하고 의사를 결정하는 경험들을 통해 학습되어진 산물이다. 서로 다른 어린이집이 저마다의 고유한 특성을 가지는 것은 어린이집에 근무하고 있는 보육교사 개인의 경험의 차이에서 기인하는 것이며 이들의 경험들이 상호작용함으로써 새롭게 형성되는 문화가 반영된다. 따라서 보육교사의 조직문화도 조직 구성원에 의해 학습된 것일 때 조직문화라 할 수 있다.

둘째, 조직문화는 공유된 가치의 체계라는 점에서 가치관과 깊은 관련이 있다. 조직문화는 비가시적이고 핵심적인 가치관을 기반으로 하여 의식, 영웅 및 상징물 등과 같은 가시적인 방법으로 표현된다. 조직문화는 한 기관에 근무하는 보육교사가 공통적으로 지니는 가치관이다. 이는 기관의 보육목표 또는 기관장의 교육철학 등의 가시적인 방법으로 표현되어진다. 그러므로 기관 고유의 보육목표가 반영되어 있으면서 기관장의 교육철학이 반영되어 있는 내용일 때 이를 조직문화라 할 수 있다.

셋째, 조직문화는 공유된다. 즉, 조직문화는 구성원 개인의 것이 아니라 구성원들 간에 공유되는 것이다. 어린이집의 조직문화 또한 함께 근무하는 보육교사들 간에 공유되어지며 이때 조직문화로서 가치를 인정받게 된다.

넷째, 조직문화는 전승된다. 즉, 조직 내 구성원들이 지니고 있는 조직문화를 새로운 구성원들에게 전달 · 계승되는 것이다. 어린이집이 운영되는 동안 어린이집은 보육교사들의 상호작용에 의해 조직문화를 형성하게 되며 이는 새롭게 채용되어 직무를 수행하게 되는 보육교사들에게 전달 · 계승되어질 때 조직문화라 할 수 있다.

다섯째, 조직문화는 지각(perception)과 깊은 관련이 있다. 여기에서 지각이란 현실에 대해 지각하는 방식, 문제에 대해 공통적으로 적용하는 통찰력 등을 말한다. 보육교사는 보육현장에서 당면하게 되는 많은 의사결정의 순간과 문제해결과정에서 공통적으로 적용하게 되는 지각방식과 통찰력을 발휘하게 되며 이때 발휘되는 기준이나 통찰력을 어린이집 고유의 조직문화라 할 수 있다.

여섯째, 한 조직의 문화는 공통성과 상이성을 동시에 갖는다. 이는 특정조직의 문화는 다른 조직의 문화와 공유하는 면도 있으나 서로 구별되기도 함을 의미한다. 각각의 어린이집들은 공통적으로 적용되는 조직문화도 있으나 어린이집 고유의 상황과 특성을 반영하여 형성된 상이한 조직문화도 존재하게 된다. 따라서 어린이집이 지니는 조직문화가 공통성과 상이성을 동시에 지니고 있을 때 조직문화로 인정할 수 있다.

일곱째, 어느 한 시점에서 특정 조직문화는 그 조직이 변화해온 과거의 역사, 현재의 문제를 해결하면서 겪고 있는 고민, 구성원들의 미래에 대한 희망이나 기대가 혼합적으로 존재하게 된다. 따라서 현재 드러나고 있는 어린이집의 조직문화가 어린이집의 역사나 현재의 당면한 문제를 해결하면서 겪고 있는 고민, 근무하고 있는 보육교사들의 미래에 대한 희망이나 기대가 혼합적으로 존재하고 있을 때 조직문화라 할 수 있다.

여덟째, 문화가 없는 조직은 없다. 보육교사가 근무하는 어린이집은 그 시설 특유의 문화가 존재하며 이와 같은 문화를 조직을 유지하고 운영하는 데 중요한 출발이 되므로 어린이집 고유의 문화를 형성하고 있을 때 우리는 조직문화를 형성하고 있다고 할 수 있다.

어린이집의 긍정적인 조직문화는 조직의 긍정적 성장과 더불어 구성원 개인의 행복을 추구하게 한다. 권석만(2013)은 긍정적인 조직문화를 형성하기 위해서는 조직

구성원 개개인의 긍정적 정서, 조직 구성원의 강점 및 덕성의 효과적인 발휘, 조직 구성원 간의 연결감 형성, 구성원의 조직활동에 대한 의미 발견, 조직의 지속적인 긍정적 변화, 조직 최고 결정자의 긍정 리더십이 갖추어질 때 긍정적인 조직문화를 형성할 수 있음을 제안한다. 따라서 긍정적 조직문화 형성에 필요한 요소를 살펴보면 다음과 같다.

첫째, 조직 구성원 개개인의 긍정적 정서이다. 긍정적 정서는 조직의 인간관계와 생산성을 증진하고 이 결과 긍정 정서가 증대되는 선순환적 역동이 일어난다. 긍정 정서는 조직 구성원의 행복과 성장뿐 아니라 조직의 번영을 촉진하는 기폭제역할을 하기 때문에 매우 중요하다. 따라서 긍정적인 조직문화를 형성하기 위해서는 조직 구성원의 긍정적 정서를 함양하기 위해 노력해야 하며 이를 위해 매일의 조직활동에서 긍정적 의미, 즉 성취감, 유능감, 역할 중요성, 소속감, 사회적 연결감을 느낄 수 있는 경험을 충분히 제공하는 것이 필요하다. 또한 보상체계, 조직의 인적 구성, 의사소통 구조, 재충전과 성찰의 기회 등을 제공하기 위한 노력도 요구된다.

둘째, 조직 구성원들의 강점 및 적성이 충분히 발휘될 수 있도록 하는 것이 무엇보다 필요하다. 조직 구성원 개인이 지닌 긍정적 강점과 덕성은 매우 다양하다. 따라서 조직이 효과적으로 운영되고 긍정적 조직문화를 형성하기 위해서는 구성원 개인이 지닌 강점들을 계발하여 충분히 발휘될 수 있도록 기회를 제공해야 한다.

셋째, 긍정적 조직을 운영하기 위해 조직 구성원의 연결감이 있어야 한다. 조직에서의 생활은 구성원들 간의 만남으로 이루어진다. 조직은 구성원의 연결과 상호작용에 의해서 성과물을 만들어낸다. 구성원 간의 연결과 관계의 질은 조직에서 시간을 보내는 구성원뿐만 아니라 조직의 기능에도 중대한 영향을 미친다. 관계의 질은 연결감의 강도, 애정의 정서적 비중, 의사소통의 빈도, 상호성, 관계 만족도에 의해 영향을 받는다. 따라서 조직 구성원들은 유연하고 위기에도 와해되지 않는 건강한 관계를 형성함으로써 긍정적 조직문화를 만들어 나갈 수 있다.

넷째, 조직 구성원의 조직활동에 대한 의미 발견이 필요하다. 이는 조직에 소속되어 활동하는 것에 대한 의미를 발견하는 것을 말하며 이는 개인의 행복을 위해서 매우 중요하다. 조직에서의 의미 발견은 개인의 정체감과도 밀접한 관련이 있으며 직업에서의 의미발견은 다음에 제시된 그림과 같은 과정을 통해 이루어진다. 직업의 의미를 강화하기 위해서는 직장에 대한 소속감과 더불어 개인이 담당하고 있는 직무와 역할의 소중함을 발견하는 것이 필요하며 이를 위해 조직은 구성원의 선발·배치·훈련을 통해 개인과 업무의 적합도를 높여야 한다.

다섯째, 조직의 긍정적 변화를 위해 끊임없이 노력해야 한다. 긍정적 조직은 조직의 문제점과 결함을 극복하기 위해 노력할 뿐 아니라 조직의 탁월성과 강점을 발견하여 이를 증진하고 확산하기 위해 노력을 기울여야 한다. 이를 위해서는 무엇이 문제인지에 초점을 맞추는 결함 조사가 아니라 무엇이 그처럼 좋은 성과를 유발했는지에 초점을 맞추는 탁월성 조사를 통해서 성취, 강점, 잠재력, 혁신, 모범사례, 소중한 가치를 촉진하는 것이 중요하다.

여섯째, 리더의 긍정 리더십이 요구된다. 조직에서 최고 결정권자인 리더의 역할은 매우 중요하며 리더는 조직의 구조와 운영방식에 강력한 영향을 미칠 수 있기 때문이다. 긍정적 조직을 창출하기 위해서는 긍정 리더십이 필요하며 이를 위해 리더는 구성원들 개인이 조직에 기여할 수 있는 긍정적 측면을 지닌다고 믿어야 한다. 그리고 구성원으로 하여금 그들의 소중한 능력과 강점을 잘 인식하고 발휘하도록 도와주어야 하며 자신의 결점을 인식하고 공개함으로써 구성원과 상호보완적인 관계를 형성해야 한다. 마지막으로 일선 현장에서 솔선수범하는 자세를 보여야 하며 갈등과 분쟁의 상황을 지혜롭게 판단할 수 있는 도덕적 역량을 개발해야 한다.

보육교사가 근무하는 어린이집의 긍정적 조직문화를 형성하기 위해서도 일반적인 조직과 마찬가지로 보육교사 개개인의 긍정적 정서를 함양하기 위해 노력해야 하며, 보육교사 개개인이 지니고 있는 강점 및 덕성이 효과적으로 발휘될 수 있도록 충분한 기회를 제공해야 한다. 그리고 조직 구성원 간의 연결감 형성이 원활하게 이루어질 수 있도록 함께 근무하는 보육 교직원들 간 관계의 질을 향상시키기 위한 노력이 충분히 이루어져야 하며, 보육교사가 보육활동을 수행함에 있어 스스로의 직무수행에 대해 긍정적인 의미를 발견할 수 있도록 도와야 한다.

일곱째, 어린이집의 지속적인 긍정적 변화를 도모하기 위하여 보육교사가 근무하고 있는 어린이집의 장점, 탁월성을 발견하기 위해 노력해야 하며 조직의 최고 결정자인 원장의 긍정 리더십이 갖추어질 때 긍정적인 조직문화를 갖춘 어린이집에 근무할 수 있으며 이를 통해 보육교사는 행복한 삶을 지속적으로 누릴 수 있다.

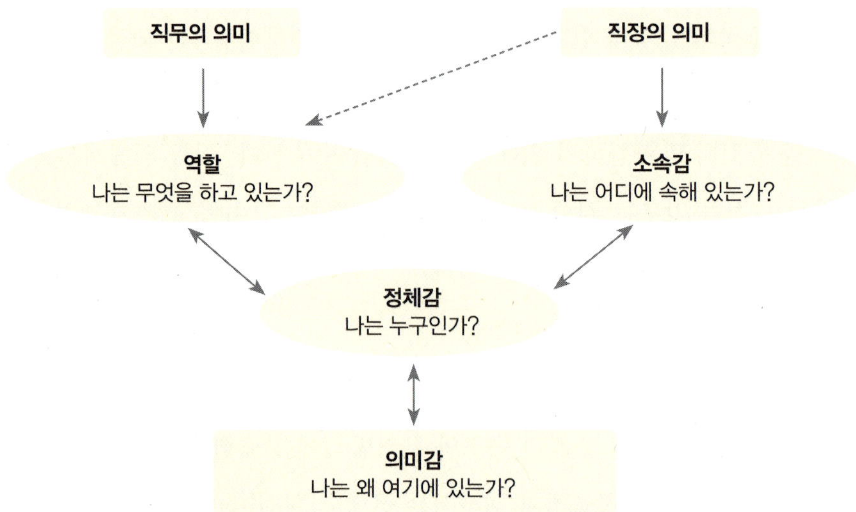

[그림 10-1] 직무만족에 영향을 주는 요인

PART 04

보육교사의 긍정적 성장

chapter 11

보육교사의 발달과 성장

모든 생명체가 성숙을 향해 나름대로 발달적 단계를 거치는 것처럼, 보육교사는 현장에서의 입문과정을 거쳐 성장 · 발달해간다.

본 장에서는 먼저 보육교사의 발달의 개념을 살펴보고, 그 다음으로 교사의 경력이 쌓여감에 따라 교사의 발달단계 및 교사가 갖게 되는 주된 관심사는 어떻게 변화되어 가는지에 대해 알아보고자 한다.

1. 보육교사의 발달단계

모든 생명체가 성숙을 향해 나름대로 발달단계를 거치는 것처럼, 보육교사도 교사양성과정에 입문하고 교사로서의 직무를 수행하는 가운데 끊임없이 성장하고 발달해나간다. 이러한 관점에서 보육교사의 발달이란 전체 교직생활과정에서 교직과 관련된 지식, 기능, 신념, 교수행동, 태도 및 전망에 있어서 지속적으로 변화 및 성장해나간다는 것을 의미한다(임부연, 김성숙, 송진영, 2014).

발달적 관점을 가짐으로써 현직교사들은 스스로 교직생활을 위한 평생에 걸친 학습자로 인식할 수 있을 뿐만 아니라 열정과 좌절 또는 안정과 침체라는 반복적인 과정 속에서 자신의 전문적인 성장을 촉진시켜 주고자 하는 동기를 얻을 수 있다(박은혜, 2013). 또한, 이러한 교사의 발달단계 및 그에 따른 관심사 변화를 이해하는 것은 예비 보육교사들이 교사로서 자신의 장 · 단기 목표를 설정하고 좀 더 구체적인 미래를 설계를 하는 데 도움이 될 것이다.

1) 교사 관심사 발달

Katz(1972)는 교사의 관심사를 중심으로 교사의 발달단계를 생존단계, 강화단계, 갱신단계, 성숙단계로 구분하고 각 단계에서 나타나는 특징과 훈련에 대한 요구 등을 제시하였다. 각 관심사 발달에 따른 구체적인 특성을 살펴보면 다음과 같다(염지숙 외, 2014; 이은화, 배소연, 조부경, 1995).

(1) 생존단계

생존단계(survival stage)는 최초 교직생활 약 1년간의 시기로서, 이 시기의 교사들은 교육현장에서 부딪치는 여러 가지 문제를 원활히 대처할 수 있을지에 대한 관심이 있다. 즉, 초임교사로서 '내가 이 기간을 잘 보낼 수 있을까?', '나에게 맡겨진 이 아이들의 교육과 안전을 무사히 수행할 수 있을까?', '학부모들은 나를 어떻게 생각할까?', '동료 교사들은 나를 교사로 받아들일까?' 등과 같은 직접적인 생존과 관련된 문제들에 대해 우려한다. 그러므로 이 시기의 교사에게는 교수상황을 잘 파악하고 있는 원장, 선배 교사 및 동료 교사 등의 지원, 이해, 격려, 확신, 위로, 도움 등을 즉각적이고 지속적으로 제공하는 것이 중요하다.

(2) 강화단계

강화단계(consolidation stage)는 교직경력 1년 말부터 3년 정도의 시기로서, 이 단계에 이르면 교사들은 어느 정도 안정감을 느끼고 자신감도 얻게 되며 교사로서 생존할 수 있다는 확신을 갖게 된다. 생존단계에서 얻은 경험을 강화하고, 자신의 업무나 교수기술능력을 숙달시키고, 개별적인 문제를 가진 영유아의 상황에 대해 관심을 갖기 시작한다. 따라서 이 시기 교사에게도 풍부한 현장경험으로 즉각적인 지원을 해줄 수 있는 경력 교사 및 전문가의 신속한 도움이 필요하다. 또한, 같은 발달단계에 있는 동료 교사와 정서적 교류와 정보교환의 기회를 갖는 것이 좋다.

(3) 갱신단계

갱신단계(renewal stage)는 교직경력 3~5년의 교사들에게 나타나는 시기로, 이 단계의 교사들은 지금까지 하던 같은 일을 반복하기보다는 새로운 아이디어로 교수법을 시도하고자 한다. 따라서 교사들은 자신의 수업을 촬영하여 분석해 보는 기회를 가지거나 다른 기관 방문 및 수업참관의 기회를 갖거나 보육 관련 전문협회나 워크숍에 참가하거나 전문서적을 통한 정보를 수집하는 것이 많은 도움이 된다.

(4) 성숙단계

성숙단계(maturity stage)는 빠르면 교직경력 3년 내에 도달하기도 하지만 보통 5년에서 그 이상이 되었을 때 도달하는 시기이다. 이 단계의 교사들은 교사로서 자신의 강점과 약점을 인정하고 자신을 성숙한 교사로 인식하며 높은 자신감을 갖게 될 뿐만 아니라 교직 전반에 걸친 문제 및 현상들에 대하여 나름대로의 안목과 관점을 갖게 된다. 따라서 이 시기의 교사들에게는 전문가 협의회나 세미나 참석, 학위 취득의 기회, 교육 및 전문지식을 위한 폭넓은 독서, 다양한 분야의 전문가들과의 상호 교류 등을 통하여 좀 더 전문적으로 성장하게 된다.

이와 같이 Katz는 각 단계를 교사경력에 따라 구분하였으나 실질적으로는 교사 개인의 특성, 상황 변인 등에 따라 발달단계는 다르게 나타날 수 있다고 보았다(염지숙 외, 2014). 또한, 대부분의 많은 보육교사가 경험하게 되는 발달단계에는 생존, 강화, 갱신, 성숙의 요소가 모두 포함되어 있으나 한 단계 다음에 반드시 다음 단계를 지나가야 한다거나 모든 단계를 거쳐야 하는 일직선적인 변화를 의미하지는 않으며 여러 가지 요인에 의해 모든 교사는 각기 다른 모습으로 교직생활을 하게 된다(박은혜, 2013).

활동 보육교사의 관심사 알기

다음 문항들에 대해 지금 현재 보육교사로서 자신의 관심 정도를 5점 척도(1=관심없다, 2=약간 관심없다, 3=보통이다, 4=조금 관심있다, 5=관심 많다)로 나타내보자. 생존단계, 강화단계, 갱신단계, 성숙단계에 관련된 문항을 확인하고 합산한 후 자신의 현재 관심사 수준을 확인해 보자.

보육교사의 관심사 척도

번호	내용	①	②	③	④	⑤
1	학급의 영유아 수(교사와의 비율)에 관한 것					
2	자유놀이시간에 영유아가 스스로 계획안활동을 끝까지 할 수 있도록 격려하는 것					
3	새로 개정된 보육과정을 적용하는 것					
4	세미나에 참여하는 것 (세미나: 주제 발표와 토론이 있는 전문가 연구 모임)					
5	영유아들에게 약속된 규칙을 지키도록 하여 질서를 유지하는 것					
6	부모와 떨어지기 싫어하는 영유아를 다루는 것					
7	현재 운영하고 있는 프로그램의 목적을 성취하기 위해 새로운 방법을 모색하는 것					
8	일반 교양에 대한 광범위한 기초지식을 얻을 수 있도록 폭넓게 독서하는 것					
9	현재 맡고 있는 영유아들의 연령에 맞는 발달단계를 아는 것					

번호	내용	①	②	③	④	⑤
10	학습에 지체를 보이는 영유아에게 환경적인 자극을 주는 것					
11	보육에 관련된 교직 전문단체에 가입하는 것					
12	보육 이외의 다른 분야의 전문가들과 접촉하는 것 (예 의사, 심리학자, 사회학자, 영양사 등)					
13	교재 · 교구를 만드는 것					
14	특별한 요구를 가지고 있는 영유아들을 돕는 것 (예 부모의 이혼이나 별거로 인한 가정문제를 가지고 있는 영유아, 발달에 장애가 있는 영유아 등)					
15	새로운 연구결과나 정보를 수업에 적용하는 것					
16	어린이집에서 종일 영유아를 보육하는 것					
17	가르칠 내용을 충분히 이해하고, 효과적으로 전달할 수 있도록 영유아를 다루는 것					
18	교사에게 지나치게 의존하여 떨어져 있지 않으려고 하는 영유아를 다루는 것					
19	시범으로 운영되고 있는 어린이집이나 새로운 프로그램을 운영하고 있는 어린이집을 방문하여 정보를 얻는 것					
20	원아모집 및 선발기준에 나름대로의 철학을 갖는 것					
21	영유아들 개개인의 특성 및 기본적 능력을 파악하는 것					
22	어린이집에 오기 싫어하는 영유아나 집에 가고 싶다고 떼를 쓰는 영유아를 다루는 것					
23	영유아에게 적합한 새로운 과학실험이나 활동에 대한 정보를 입수하는 것					
24	영유아가 성장하는 것과 학습하는 것의 본질(특성)에 대해 깊이 탐구하는 것					
25	일과를 계획하고, 보육계획안을 작성하는 것					
26	그치지 않고 계속 우는 영유아를 지도하는 것					
27	영유아발달이론을 보육과정에 통합시키는 것					
28	보육에 영향을 미치는 관련 법규나 정책에 관한 것					
29	자신이 보육교사로서 적합한가에 관한 것					
30	영유아의 공격적인 행동에 대처하는 것					
31	교사들을 위한 연수나 워크숍에 참여하는 것					
32	급격하게 변화하고 있는 현대사회에서 어린이집에서 담당해야 할 역할과 기능을 생각하는 것					
33	수업에 대한 영유아들의 반응에 관한 것					
34	영유아들 간에 싸움이 벌어졌을 때 문제를 해결해나가는 것					

번호	내용	①	②	③	④	⑤
35	현장에서 연구를 할 수 있도록 연구방법을 습득하는 것					
36	어린이집 전체의 운영관리에 참여하는 것					
37	교사로서, 직장동료로서 동료 교사들에게 인정받는 것					
38	건강에 문제를 가지고 있는 영유아를 돕는 것 (예 팔에 깁스를 한 영유아, 감기에 걸린 영유아 등)					
39	새로운 보육 프로그램을 도입하고 적용하는 것					
40	학위를 얻기 위해 학위과정에 등록하는 것 (예 방송통신대학교, 대학원 석 · 박사과정 등)					
41	보육교사라는 직업을 계속할 수 있을 것이라는 확신을 갖는 것					
42	영유아들이 가지고 있는 언어적 문제를 도와주는 것 (예 말을 더듬는 것, 표현력 · 어휘력 부족 등)					
43	보육에 관련된 전문잡지나 학회지 등을 보는 것					
44	교사의 권익과 처우에 관한 것 (예 행정적인 지원, 후생복지, 근무조건)					
45	교사로서 부모들에게 인정받는 것					
46	영유아들의 자아개념을 증진시키는 것					
47	새로운 교수방법을 배울 수 있는 비디오나 교육용 영화를 보는 것					
48	보육의 역사와 철학을 탐구하는 것					
49	수업 준비를 위해 충분한 시간을 할애하는 것					
50	문제가 있는 영유아의 부모와 상담하는 것					
51	현직교육(각족 연수, 강습회, 워크숍)으로부터 학습한 새로운 지식과 교수법을 실제에 적용하는 것					
52	보육의 공보육화에 관한 것					

교사의 관심사 범주	문항별 점수														총점
생존 관심사 (13문항)	문항	1	5	9	13	17	21	25	29	33	37	41	45	49	
	점수														
강화 관심사 (13문항)	문항	2	6	10	14	18	22	26	30	34	38	42	46	50	
	점수														
갱신 관심사 (13문항)	문항	3	7	11	15	19	23	27	31	35	39	43	47	51	
	점수														

교사의 관심사 범주	문항별 점수														총점
성숙 관심사 (13문항)	문항	4	8	12	16	20	24	28	32	36	40	44	48	52	
	점수														

출처: 이승연(1994), 이순형 외(2013). pp.315-353.

2) 교사의 직무능력에 따른 성장

보육교사는 경력이 증가함에 따라 이에 따른 실제적인 직무를 통해 역할을 부여받고, 이에 따른 책무를 수행하면서 성장 · 발달하게 된다(박선해, 김미정, 2013). 이와 관련하여 최근 산업현장의 변화와 요구에 부응할 수 있는 인력을 체계적으로 양성하기 위하여 국가직무능력표준이 개발되어 여러 직종에 적용되고 있다(고용노동부, 한국산업인력공단, 2014). 이는 산업현장에서 직무를 수행하기 위해 요구되는 지식 · 기술 · 소양 등의 내용을 국가가 산업 부문별 · 수준별로 체계화한 것으로, 국가적 차원에서 표준화한 것을 의미한다. 국가직무능력표준의 수준체계는 직무의 수준을 8단계로 체계화한 것으로, '구체적인 지시 및 철저한 감독하에 과업을 수행하는 1수준'부터 '최고도의 숙련으로 광범위한 기술적 작업을 수행할 수 있는 8수준'까지 제시하였다.

국가직무능력표준은 보육인력의 직무능력 수준을 3수준부터 8수준까지 설정하였다(고용노동부, 한국산업인력공단, 2013). 현재 영유아보육법에는 보육교사와 원장만으로 구성되어 있는 자격체계지만 반면, 국가직무능력표준은 보육기관의 규모에 따라 원장의 업무를 보조할 수 있는 중간 관리자가 필요하다는 관점에서 보육인력의 자격증과 직급에 따라 3급 교사, 2급 교사, 1급 교사, 주임, 원감, 원장으로 구성하여 제시하였다.

또한, 국가직무능력표준은 보육이라는 직무를 효과적으로 수행하기 위해 요구되어지는 자질을 12개 '능력단위'로 체계화하였다. 이러한 각 능력단위는 3~5개 능력단위요소로 구성하였고, 국가적인 차원에서 능력단위에 대한 점검 및 관련 교육이 좀 더 철저하게 이루질 수 있도록 하기 위해 능력단위요소에 따른 '수행준거'를 구체적으로 제시하였다.

국가직무능력표준에 따른 보육 분야 직무 수준과 구체적인 능력단위를 구체적으로 살펴보면 〈표 11-1〉과 같다.

〈표 11-1〉 국가직무능력표준의 보육 분야 직무

수준		직무 수준 정의	보육 직종	직무 능력단위
8수준	정의	• 해당 분야에 대한 최고도의 이론 및 지식을 활용하여 새로운 이론을 창조할 수 있고, 최고도의 숙련으로 광범위한 기술적 작업을 수행할 수 있으며 조직 및 업무 전반에 대한 권한과 책임이 부여된 수준	어린이집 원장	보육연구
	지식 기술	• 해당 분야에 대한 최고도의 이론 및 지식을 활용하여 새로운 이론을 창조할 수 있는 수준 • 최고도의 숙련으로 광범위한 기술적 작업을 수행할 수 있는 수준		
	역량	• 조직 및 업무 전반에 대한 권한과 책임이 부여된 수준		
	경력	• 7수준에서 2~4년 정도의 계속 업무 후 도달 가능한 수준		
7수준	정의	• 해당 분야의 전문화된 이론 및 지식을 활용하여, 고도의 숙련으로 광범위한 작업을 수행할 수 있으며 타인의 결과에 대하여 의무와 책임이 필요한 수준	어린이집 원감	영유아 발달 지원
	지식 기술	• 해당 분야의 전문화된 이론 및 지식을 활용할 수 있으며, 근접 분야의 이론 및 지식을 사용할 수 있는 수준 • 고도의 숙련으로 광범위한 작업을 수행하는 수준		
	역량	• 타인의 결과에 대하여 의무와 책임이 필요한 수준		
	경력	• 6수준에서 2~4년 정도의 계속 업무 후 도달 가능한 수준		
6수준	정의	• 독립적인 권한 내에서 해당 분야의 이론 및 지식을 자유롭게 활용하고, 일반적인 숙련으로 다양한 과업을 수행하고, 타인에게 해당 분야의 지식 및 노하우를 전달할 수 있는 수준	주임교사	보육운영 관리 어린이집 운영 방침 수립
	지식 기술	• 해당 분야의 이론 및 지식을 자유롭게 활용할 수 있는 수준 • 일반적인 숙련으로 다양한 과업을 수행할 수 있는 수준		
	역량	• 타인에게 해당 분야의 지식 및 노하우를 전달할 수 있는 수준 • 독립적인 권한 내에서 과업을 수행할 수 있는 수준		
	경력	• 5수준에서 1~3년 정도의 계속 업무 후 도달 가능한 수준		

수준		직무 수준 정의	보육 직종	직무 능력단위
5수준	정의	• 포괄적인 권한 내에서 해당 분야의 이론 및 지식을 사용하여 매우 복잡하고 비일상적인 과업을 수행하고, 타인에게 해당 분야의 지식을 전달할 수 있는 수준	보육교사 1급	보육 평가 가정 · 지역사회와의 협력
	지식 기술	• 해당 분야의 이론 및 지식을 사용할 수 있는 수준 • 매우 복잡하고 비일상적인 과업을 수행할 수 있는 수준		
	역량	• 타인에게 해당 분야의 지식을 전달할 수 있는 수준 • 포괄적인 권한 내에서 과업을 수행할 수 있는 수준		
	경력	• 4수준에서 1~3년 정도의 계속 업무 후 도달 가능한 수준		
4수준	정의	• 일반적인 권한 내에서 해당 분야의 이론 및 지식을 제한적으로 사용하여 복잡하고 다양한 과업을 수행하는 수준	보육교사 2급	어린이집 환경 구성 보육활동 운영 영유아의 놀이 지도
	지식 기술	• 해당 분야의 이론 및 지식을 제한적으로 사용할 수 있는 수준 • 복잡하고 다양한 과업을 수행할 수 있는 수준		
	역량	• 일반적인 권한 내에서 과업을 수행할 수 있는 수준		
	경력	• 3수준에서 1~4년 정도의 계속 업무 후 도달 가능한 수준		
3수준	정의	• 제한된 권한 내에서 해당 분야의 기초 이론 및 일반 지식을 사용하여 다소 복잡한 과업을 수행하는 수준	보육교사 3급	신체 · 예술활동 지도 언어 · 수과학 활동 지도 영유아의 건강 · 안전 · 영양 지도
	지식 기술	• 해당 분야의 기초 이론 및 일반 지식을 사용할 수 있는 수준 • 다소 복잡한 과업을 수행하는 수준		
	역량	• 제한된 권한 내에서 과업을 수행하는 수준		
	경력	• 2수준에서 1~3년 정도의 계속 업무 후 도달 가능한 수준		
2수준	정의	• 일반적인 지시 및 감독하에 해당 분야의 일반 지식을 사용하여 절차화되고 일상적인 과업을 수행하는 수준	–	–
	지식 기술	• 해당 분야의 일반 지식을 사용할 수 있는 수준 • 절차화되고 일상적인 과업을 수행하는 수준		
	역량	• 일반적인 지시 및 감독하에 과업을 수행하는 수준		
	경력	• 1수준에서 6~12개월 정도의 계속 업무 후 도달 가능한 수준		
1수준	정의	• 구체적인 지시 및 철저한 감독하에 문자이해, 계산능력 등 기초적인 일반 지식을 사용하여 단순하고 반복적인 과업을 수행하는 수준	–	–
	지식 기술	• 문자이해, 계산능력 등 기초적인 일반 지식을 사용할 수 있는 수준 • 단순하고 반복적인 과업을 수행하는 수준		
	역량	• 구체적인 지시 및 철저한 감독하에 과업을 수행하는 수준		

출처: 고용노동부, 한국산업인력공단(2014).

교사가 보육현장에서 업무를 성공적으로 수행하기 위해서 요구되는 실제적인 직무능력과 성장에 대해 구체적으로 살펴보자(고용노동부, 한국산업인력공단, 2013; 김은주, 권미량, 2008; 박선해, 김미정, 2013).

(1) 초임 교사(보육교사 2급, 3급)의 직무능력과 성장

보육업무를 수행할 초임 교사는 적어도 3수준 이상의 직무능력을 갖추어야 한다. 3수준은 제한된 권한 내에서 해당 분야의 기초 이론 및 일반 지식을 사용하여 다소 복잡한 과업을 수행하는 수준에 해당한다. 보육교사교육원(또는 교육훈련시설) 수료를 통해 3급 보육교사 자격증을 취득한 보육교사의 경우가 이에 해당한다.

3수준에 필요한 직무능력단위는 '영유아 건강 · 안전 · 영양지도', '언어 · 수과학활동지도', 및 '신체 · 예술활동지도'이다. 즉, 교사는 영유아가 신체적 · 정신적으로 건강하고 안전하게 지내기 위하여 영유아 발달단계의 특성을 토대로 건강하고 안전하게 생활할 수 있도록 지원할 수 있어야 한다. 또한, 3수준의 교사에게는 영유아의 의사소통능력과 수학적 · 과학적 탐구능력을 증진시키기 위하여 언어활동, 문학활동, 수학활동, 조작활동, 과학활동, 감각탐색활동에 필요한 활동자료를 준비하여 영유아의 흥미와 발달 수준에 적합한 보육활동을 지도하는 능력이 요구된다. 더불어 교사는 영유아의 신체능력, 예술감각 및 심미감을 증진시키기 위하여 신체활동, 음률활동, 미술활동에 필요한 활동자료를 준비하여 영유아의 흥미와 발달 수준에 적합한 다양한 보육활동을 지도하는 능력이 필요하다.

4수준의 보육교사는 3수준에서 1년 이상의 보육경력을 가진 교사 또는 보육교사 2급 자격증을 가진 초임 교사가 해당된다. 4수준은 일반적인 권한 내에서 해당분야의 이론 및 지식을 제한적으로 사용하여 복잡하고 다양한 과업을 수행하는 수준을 뜻한다.

4수준의 보육교사에게 요구되는 직무능력은 '어린이집 환경 구성', '보육활동 운영' 및 '영유아의 놀이지도'이다. 교사는 영유아의 성장과 발달을 도모하기 위해 영유아의 흥미와 발달특성에 적합하도록 물리적 환경을 구성하고 이를 체계적이며 지속적으로 관리해야 한다. 또한, 교사는 영유아들이 자신들의 흥미와 관심에 기초하여 보육활동에 참여할 수 있도록 흥미영역활동, 대소집단활동 및 실외활동을 준비하여 운영하고 기본생활을 지도할 수 있어야 한다. 4수준의 교사는 영유아의 놀이 발달수준을 높이고 활성화하기 위하여 기능놀이, 상상놀이, 구성놀이, 실외놀이를 준비하고, 놀이 참여를 촉진하며 놀이를 다른 활동과 연계 · 통합할 수 있어야 한다.

초임 교사는 보육에 대한 열정과 이상이 커서 영유아들과의 관계를 적극적으로 하려고 하지만 때로는 실수를 하기도 하고 의욕만큼 이루어지지 않는 교수행위에 실망을 느끼기도 한다. 그러나 원장, 원감 및 선임 교사들의 기대 및 지도 속에서 변화의 열정을 품게 되기도 하며, 보육기관의 조직체제과 인간관계에 적응하려고 하는 시기이다.

(2) 경력교사(보육교사 1급)의 직무능력과 성장

보육교사 1급의 자격증을 취득한 경력 교사에게 해당하는 5수준이다. 이는 포괄적인 권한 내에서 해당 분야의 이론 및 지식을 사용하여 매우 복잡하고 비일상적인 과업을 수행하고, 타인에게 해당 분야의 지식을 전달할 수 있는 수준으로, 4수준에서 1~3년 정도의 경력을 쌓으며 승급교육을 받으면 도달 가능하다.

5수준의 경력보육교사에 필요한 직무로 국가직무능력표준에서는 '보육평가'와 '가정 · 지역사회와의 협력'을 강조하고 있다. 즉, 경력교사는 영유아평가, 보육과정평가, 보육운영평가를 통해 어린이집 운영 전반에 걸쳐 운영방침에 따라 적절하게 운영되었는지를 파악할 수 있어야 한다. 나아가 교사는 부모와의 상담, 교육, 참여지원을 통해 가정과 협력하고 어린이집이 지역사회의 일원으로 기여할 수 있도록 지역사회와의 협력을 확대하는 능력도 요구된다.

이러한 직무능력을 갖추어야 하는 경력교사는 점점 경력이 쌓이면서 동등한 협력체제로서의 요구 및 기대 수준도 높아져간다는 것을 알게 된다. 또한, 교수행위와 학급운영의 다양한 측면에서 교사 자신의 활동적이고 새로운 시도들이 빛을 발하기도 하지만, 때로는 적절한 선택 갈등으로 딜레마를 경험하기도 한다. 이러한 과정에서 연수 및 재교육의 요구가 생겨나므로 동료 교사와의 협력 구축 및 지원방안을 마련하는 것은 보육교사로서의 성장 및 발달을 지원할 수 있는 좋은 방법이 될 수 있다.

(3) 주임 교사의 직무능력과 성장

5수준에서 1~3년 정도의 계속 업무 후 도달 가능한 6수준의 보육인력은 주임교사에 해당된다. 6수준의 직무능력은 독립적인 권한 내에서 해당 분야의 이론 및 지식을 자유롭게 활용하고, 일반적인 숙련으로 다양한 과업을 수행하고, 타인에게 해당 분야의 지식 및 노하우를 전달할 수 있는 수준이다.

이에 해당하는 직무능력으로 '보육운영 관리' 및 '어린이집 운영방침 수립'이 있다. 주임 교사는 어린이집에 의한 직접적 서비스 제공에 있어 부수적인 활동을 지원하거나 촉진하는 과정으로 보육통합정보시스템 이용, 인사, 회계, 보육실습을 관리할 수 있어야 할 뿐만 아니라 어린이집 운영철학에 입각하여 당해 연도 운영방안과 보육계획을 수립하는 능력도 필요하다.

주임 교사 정도의 위치가 되면 교사 간 인간관계 및 조직체계 속에서 역할수행에 대한 적절한 자기관리를 통해 안정된 교사생활의 방법을 찾아가게 된다. 주임 교사는 교수법, 상호작용방법, 학급 운영 등의 교육행위에 대한 전문적 관점을 수립하는 한편, 초임 교사를 포함하여 자신보다 경력이 낮은 교사들의 전문적 발달을 촉진시키기 위해 지원하고, 그들의 어려움을 이해하고 조언을 하는 역할이 요구된다.

(4) 원감의 직무능력과 성장

원감은 7수준의 직무능력이 요구된다. 7수준은 해당 분야의 전문화된 이론 및 지식을 활용하여 고도의 숙련으로 광범위한 작업을 수행할 수 있으며 타인의 결과에 대하여 의무와 책임이 필요한 수준이다. 어린이집의 중간 관리자의 역할을 수행해야 하는 원감은 주임교사로 2~4년 정도의 업무를 수행한 후 도달 가능한 수준이다.

어린이집 원감에게 요구되는 직무능력으로는 '영유아발달 지원'을 강조하고 있다. 즉, 영유아발달 지원에 해당하는 직무능력이란 발달적으로 어려움이 있는 영유아와 장애 영유아를 위해 지도 및 상담의 내용과 방법을 계획 · 결정하여 지원하는 교사의 능력이다. 이 능력단위에는 영유아발달 및 지원을 이해하고 사례별 장애 영유아를 지도하는 업무에 적용하는 것뿐만 아니라 영유아 상담 및 치료방법, 전문기관의 연계 및 평가, 장애 영유아의 통합보육 등에 대한 업무내용도 포함한다.

어린이집의 조직에 있어서 교사와 유아, 교사와 부모, 원장과 교사의 다리역할로서 서로 간의 중재와 연결을 지원해주는 자리가 원감의 자리이다. 즉, 원감은 원장과 교사와의 협력을 적극 지원할 뿐 아니라 교사가 성공적으로 교육과정을 운영 및 실행할 수 있도록 안내하는 역할을 해야 한다. 이러한 원감은 교육과정에 대한 통합적 이해, 다양한 교사특성 및 교직생활에 대한 이해, 어린이집의 운영특성 및 비전 등을 종합적으로 살피는 한편, 특히 지도자로서의 덕성과 자질을 키우기 위한 자기성장의 기회로 교육전문가와의 모임 및 관계, 교육기회 등을 필요로 한다.

(5) 원장의 직무능력과 성장

원장에게 요구되는 직무능력은 8수준이다. 8수준은 해당 분야에 대한 최고도의 이론 및 지식을 활용하여 새로운 이론을 창조할 수 있고, 최고도의 숙련으로 광범위한 기술적 작업을 수행할 수 있으며, 조직 및 업무 전반에 대한 권한과 책임이 부여된 수준을 수행할 수 있다. 어린이집 원장은 자신이 지닌 이론 및 지식 그리고 경험을 활용하여 새로운 이론을 창조할 수 있을 뿐 아니라 어린이집 업무 전반에 대한 권한과 책임을 부여받게 된다.

보육현장에서 원장으로서의 역할을 효과적으로 수행하기 위해서 요구되는 직무능력으로는 '보육연구'가 있다. 보육연구란 교사의 전문성을 신장하기 위하여 보육현장 관련 연구, 보육활동 및 프로그램 개발, 교사교육 참여, 동료교사와의 멘토링 등을 통해 교사의 전문적 능력과 자질을 계발 · 관리하는 능력이다.

따라서 원장은 보육에 대한 확고한 철학과 신념을 갖고 있어야 할 뿐만 아니라 더불어 사람과 사람의 관계를 다룰 수 있는 리더십을 형성할 필요가 있다. 이러한 측면에서 원장은 지도자로서의 소양과 자질, 교육철학 및 신념, 교육 실제에 대한 이해 및 지원능력, 조직에 대한 종합적 파악능력, 인간관계 및 관리능력 등을 발달시키기 위한 다양한 재교육의 노력을 해야 한다.

이처럼 보육인력에게 요구되어지는 자질은 보육현장에서 담당하고 있는 직급에 따라, 취득하고자 하는 자격증의 종류에 따라 달라진다. 보육현장에서 전문성을 갖춘 보육교사로 그 역할을 수행하고 성장해 나가기 위해서는 끊임없는 자기계발을 통한 자질 함양이 무엇보다 필요하다. 그리고 이러한 보육교사 개개인의 노력은 보육현장에서 요구하는 자질을 갖춘 유능한 보육교사로 나아가는 데 있어 중요한 원동력이 된다.

2. 보육교사의 현직교육

영유아보육을 담당하는 교직원은 현장 적용의 중요성이 높다는 직업의 특성상 자격증만으로 충분히 전문성이 담보될 수 없으므로, 지속적인 현직교육의 참여를 통해 교직원의 전문성을 향상시켜야 한다(한국보육진흥원, 2013).

현직교육이 보육교사에게 요구되는 필요성을 살펴보면 다음과 같다(강기수, 2000; 임부연, 김성숙, 송진영, 2014).

첫째, 직전교육만으로는 전문인으로서의 교사가 될 수 없기 때문에 교사는 현직교육을 통해 교육학적 이론과 교수기술을 자신의 교수 경험에 비추어 이해하고 교수 실제에 적용하며, 그 결과에 대한 반성적 사고를 통해 자신의 교육신념과 실천적 지식을 발달시켜야 한다.

둘째, 현직교육은 교사로서의 전문적인 자질과 능력을 계발하고 유지할 수 있도록 지원함으로써 교사가 자긍심과 소명감, 책임감을 가지고 자신감 있게 직무를 수행할 수 있도록 돕는다.

셋째, 국가 차원의 교육개혁 및 교육혁신을 시도할 때 현직교육은 그 선행조건이며 전제가 된다.

넷째, 교육과정의 질 관리를 위해서 현직교육은 필요하다.

현직교육은 분류기준을 어디에 두는가에 따라 여러 가지로 분류될 수 있으나 크게 〈표 11-2〉와 같이 보육교사 개인 주도형, 보육기관 주도형, 정부 주도형으로 나눌 수 있다(박선해, 김미정, 2013). 여기서는 정부 주도형의 현직교육인 보수교육에 대해서 좀 더 상세히 살펴보자.

〈표 11-2〉 보육교사 현직교육의 유형

유형	내용
교사 개인 주도형	• 교사 스스로 영유아보육에 관한 정보 수집 및 지식 습득 • 교사들 간의 자율적인 교류 및 정기적인 토론 모임 • 관련 전문단체, 학회, 기관에 가입 • 상급학교에 진학
보육기관 주도형	• 교사가 자신의 연구수업 공개 • 다른 교사의 수업참관 • 강사초빙 강의 • 외부 연구기관에서의 교육
정부 주도형	• 보건복지부가 인증하는 보육교사교육원, 대학연구소, 중앙 및 각 시도의 어린이집연합회 등이 주도 • 보수교육(직무교육, 승급교육) • 사설 연구소에서의 교육

출처: 박선해, 김미정(2013).

1) 정부 주도형: 보육교직원 보수교육

보육교사는 교사직을 수행하는 중에도 끊임없이 전문적인 성장과 발달을 위해 노력해야 하는데 이러한 현직교육은 「영유아보육법」에 근거한 '보수교육'의 형태로 이루어진다(한국보육진흥원, 2013a, 2013c).

보수교육이란 보육교직원의 자질 향상을 위해 실시하는 정부 관련 기관 주도형의 교육으로 보육에 필요한 지식과 능력을 유지 · 개발하기 위하여 어린이집 보육교직원이 정기적으로 받는 '직무교육'과 보육교사가 상위 등급의 자격(3급 →2급, 2급 →1급)을 취득하기 위해 받아야 하는 '승급교육'을 말한다(영유아보육법 제23조, 시행규칙 제20조, 제39조의 3 참고). 현행 보육교직원의 보수교육은 직무교육(일반 직무교육, 특별 직무교육) 40시간과 승급교육 80시간으로 구분되어 대학(교) 또는 보육교사교육원 등의 전문교육기관에 위탁되어 실시되고 있다.

[그림 11-1] 보육교직원 보수교육의 구성체계

출처: 한국보육진흥원(2013a). p. 7.

[그림 11-1]에서 보는 바와 같이, 표준보수교육과정은 총 9개 교육과정으로 구성되어 있다. 보육교사 대상의 보수교육은 보육교사 2급 승급교육과정, 보육교사 1급 승급교육과정, 보육교사 일반 직무교육과정으로 3개 과정이 있고, 어린이집 원장 대상의 보수교육은 어린이집 원장 신규 직무교육과정, 어린이집 원장 일반 직무교육과정 2개 과정이 있다. 그리고 최근 어린이집 원장 자격 취득 대상자를 위한 사전 직무교육과정 1개 과정이 추가 마련되었다. 그 외 보육교사와 어린이집 원장 모두가 대상이 되는 특별 직무교육과정으로는 영아보육 특별 직무교육과정, 장애아 보육 특별 직무교육과정, 방과 후 보육 특별 직무교육과정의 3개 교육과정으로 구성되어 있다.

2) 보수교육 대상자

보수교육은 현직 보육교직원을 대상으로 실시하므로 어린이집 원장, 보육교사 등의 자격을 소지한 자라도 교육 개시 당시 어린이집에 근무하지 않는 자는 보수교육을 받을 수 없다. 단, 현직 교직원 외에 교육비 전액 자비 부담을 전제로 보수교육을 받을 수 있다. 여기서 보수교육 대상자 선정 기준인 '보육업무 경력'이란 어린이집 및 보육정보센터에 근무한 경력과 「유아교육법」에 의한 종일제 유치원에서 원장, 원감, 교사로 근무한 경력을 말한다.

교육 구분별 보수교육 대상자에 대한 구체적인 선정기준은 〈표 11-3〉과 같다. 승급을 위한 보육교사의 경력은 자격증상의 자격인정 시점을 기준으로 산정하며, 직무교육과 승급교육을 같은 해에 받아야 하는 경우에는 승급교육을 받은 자는 직무교육을 생략할 수 있다.

〈표 11-3〉 교육구분별 보수교육 대상자

구분			교육 대상	교육 시간	비고
직무 교육	일반 직무교육	보육교사	현직에 종사하고 있는 보육교사로서 보육업무 경력이 만 2년을 경과한 자와 보육교사 직무교육(승급교육 포함)받은 해부터 만 2년이 경과한 자	40시간	매 3년마다
		원장신규	현직에 종사하고 있는 원장으로서 어린이집 원장의 직무를 담당하는 첫해에 해당하는 자	40시간	원장 첫해
		원장	현직에 종사하고 있는 원장으로서 어린이집 원장 직무교육을 받은 해부터 만 2년을 경과한 자	40시간	매 3년마다
	특별 직무교육	영아보육	영아보육을 담당하고 있는 일반 직무교육 대상자와 영아보육을 담당하고자 하는 보육교사 및 어린이집 원장	40시간	이수하고자 하는 자
		장애아 보육	장애아보육을 담당하고 있는 일반 직무교육 대상자와 장애아보육을 담당하고자 하는 보육교사 및 어린이집 원장	40시간	이수하고자 하는 자
		방과 후 보육	방과 후 보육을 담당하고 있는 일반 직무교육 대상자와 방과후 보육을 담당하고자 하는 보육교사 및 어린이집 원장	40시간	이수하고자 하는 자

<table>
<tr><th colspan="2">구분</th><th>교육 대상</th><th>교육 시간</th><th>비고</th></tr>
<tr><td rowspan="2">승급 교육</td><td>2급 승급교육</td><td>보육교사 3급의 자격을 취득한 후 보육업무 경력이 만 6개월이 경과한 자</td><td>80시간</td><td>이수하고자 하는 자</td></tr>
<tr><td>1급 승급교육</td><td>보육교사 2급의 자격을 취득한 후 보육업무 경력이 만 2년이 경과한 자 및 보육교사 2급의 자격을 취득한 후 보육 관련 대학원에서 석사 이상의 학위를 취득한 경우 보육업무 경력이 만 6개월이 경과한 자</td><td>80시간</td><td>이수하고자 하는 자</td></tr>
</table>

※ 어린이집에서 특수교사나 치료사로 근무하는 자도 일반 · 특별 직무 교육 대상으로서 보수교육을 이수하여야 한다.(일반 직무교육이나 특별 직무교육 중 선택적으로 이수할 수 있음.)

※ 보수교육을 연속하여 3회 이상 받지 아니하는 경우 어린이집 원장 또는 보육교사 자격이 정지될 수 있으므로 보육교사 대상자는 필히 보수교육을 이수하여야 한다.

출처: 한국보육진흥원(https://www.kcpi.or.kr).

교육 대상별 보수교육 이수시기를 살펴보면, 현행 보수교육 이수체계에서는 보육교사교육원(교육훈련시설) 수료를 통해 3급 보육교사 자격증을 취득한 보육교사의 경우 경력 2년차에 보육교사 2급 승급교육과정을 이수하게 되고, 그 이후에는 자격 취득 경로에 관계없이 보육업무 경력 5년차에 보육교사 1급 승급교육을, 보육업무 경력 8년차에 보육교사 일반 직무교육을 이수하게 된다. 어린이집 원장의 경우, 보육교사 경력은 상이하지만 원장 첫해에 어린이집 원장 신규 직무교육과정을 이수하고, 보육업무 경력 4년차, 7년차의 순서로 어린이집 원장 일반 직무교육과정을 이수하게 된다. 보육교사 및 원장의 자격 취득 경로에 따른 구체적인 보수교육 이수시기는 〈표 11-4〉와 같다. 〈표 11-4〉에는 제시되어 있지 않으나 별도로 맡게 되는 업무와 어린이집의 상황에 따라 특별 직무교육을 받을 수 있다.

〈표 11-4〉 교육 대상별 보수교육 이수시기

<table>
<tr><th>구분</th><th>1년차</th><th>2년차</th><th>3년차</th><th>4년차</th><th>5년차</th><th>6년차</th><th>7년차</th><th>8년차</th><th>9년차</th></tr>
<tr><td rowspan="2">3급 보육 교사</td><td rowspan="2">—
—</td><td rowspan="2">보육교사 2급 승급 교육 (80시간)</td><td rowspan="2">—
—</td><td rowspan="2">—
—</td><td rowspan="2">보육교사 1급 승급교육 (80시간)</td><td>—</td><td>—</td><td>보육교사 일반 직무 교육 (40시간)</td><td>—</td></tr>
<tr><td colspan="4">이 중 한 해에 어린이집 원장 사전 직무교육(80시간) 이수 가능</td></tr>
<tr><td rowspan="2">2급 보육 교사</td><td rowspan="2">—
—</td><td rowspan="2">—
—</td><td rowspan="2">보육교사 1급 승급 교육 (80시간)</td><td>—</td><td>—</td><td>보육교사 일반 직무 교육 (40시간)</td><td>—</td><td>—</td><td>보육교사 일반 직무 교육 (40시간)</td></tr>
<tr><td colspan="6">이 중 한 해에 어린이집 원장 사전 직무교육(80시간) 이수 가능</td></tr>
<tr><td rowspan="2">1급 보육 교사</td><td>—</td><td>—</td><td>보육교사 일반 직무 교육 (40시간)</td><td>—</td><td>—</td><td>보육교사 일반 직무 교육 (40시간)</td><td>—</td><td>—</td><td>보육교사 일반 직무 교육 (40시간)</td></tr>
<tr><td colspan="9">이 중 한 해에 어린이집 원장 사전 직무교육(80시간) 이수 가능</td></tr>
<tr><td>어린 이집 원장</td><td>어린이집 원장 신규 직무교육 (40시간)</td><td>—</td><td>—</td><td>어린이집 원장 일반 직무교육 (40시간)</td><td>—</td><td>—</td><td>어린이집 원장 일반 직무교육 (40시간)</td><td>—</td><td>—</td></tr>
</table>

출처: 한국보육진흥원(2013a). p.9.

3) 보수교육의 내용

보수교육의 내용을 승급교육과정, 일반 직무교육과정, 특별 직무교육과정으로 나누어 살펴보면 〈표 11-5〉와 같다.

〈표 11-5〉 승급교육과정

영역	보육교사 2급 승급교육과정		보육교사 1급 승급교육과정	
	교과목	시간	교과목	시간
보육기초	• 사회변화와 보육 아동학대와 아동권리 이해 • 보육교사의 역할과 윤리	12	• 영유아보육법과 보육 관련법의 이해 • 아동학대와 아동권리 이해 • 보육교사의 역할과 윤리	12
발달 및 지도	• 영유아 관찰에 대한 이해 • 영유아 인지 · 언어발달의 이해 • 영유아 정서 · 사회성발달의 이해 • 영유아 선별과 장애 진단	16	• 영유아 관찰방법과 기록 • 영유아 인지 · 언어발달과 놀이지도 • 영유아 정서 · 사회성발달과 생활 지도 • 특수 영유아 특성별 지도	12
영유아 교육	• 어린이집 표준보육과정의 이해 • 연령별 보육프로그램(0~1세) • 연령별 보육프로그램(2세) • 연령별 보육프로그램(3~5세) • 보육계획과 보육일지 작성의 이해	20	• 영유아 보육프로그램의 기초 • 영유아 보육프로그램의 계획과 운영 • 영유아를 위한 교수학습방법의 이해 • 보육계획과 보육일지 작성의 실제 • 실내 · 외 환경 구성의 원리와 실제	20
영유아의 건강 · 영양 및 안전	• 영유아 건강 관리 • 영유아 영양과 식생활지도 • 영유아 안전지도	12	• 영유아 건강문제와 대응 • 영유아 급식과 식품안전 • 영유아 안전교육과 안전관리	12
가족 및 지역사회 협력	• 부모-자녀관계의 이해 • 다양한 가정의 이해 • 지역사회 연계의 이해	12	• 부모교육 및 부모참여의 실제 · 다양한 가정의 영유아 지원 • 지역사회 연계 활동계획 및 운영	12
보육사업의 운영	• 보육정보탐색의 방법 • 보육실 운영관리의 원리와 적용	8	• 보육정보탐색의 실제 • 보육실습지도의 적용과 사례 · 자체점검과 사후관리	12
기 타	• 평가시험		• 평가시험	
계	20과목	80	21과목	80

※ 비고: 각 과목은 4시간으로 배치하도록 함(단, 영유아 인지 · 언어발달과 놀이지도와 특수 영유아 특성별 지도방법은 각 2시간으로 배치함).

출처: 한국보육진흥원(2013a). p.227.

〈표 11-6〉 일반 직무교육과정

영역	보육교사 일반 직무교육과정		어린이집 원장 신규 직무교육과정		어린이집 원장 일반 직무교육과정	
	교과목	시간	교과목	시간	교과목	시간
보육 기초	• 보육정책 동향 이해 • 아동학대와 아동권리 이해 • 보육교사의 역할과 윤리	6	• 영유아보육법과 보육 관련법의 이해 • 아동학대와 아동권리 모니터링의 이해 • 원장의 역할과 윤리	6	• 보육정책의 전망과 과제 • 아동학대와 아동권리 모니터링의 이해 • 원장의 역할과 윤리	6
발달 및 지도	• 영유아발달과 관찰 실제 • 영유아발달특성의 이해 • 영유아 부적응 행동 지도 • 개별화 교육 프로그램과 활동 수정	8	• 영유아발달특성의 이해 • 영유아 부적응 행동 지도 • 특수 영유아와 통합 보육의 이해	6	• 영유아 뇌 발달과 적기교육 • 영유아 생활지도의 실제	4
영유아 교육	• 어린이집 표준보육과정의 이해 • 연령별 보육 프로그램의 운영 • 다양한 보육 프로그램의 이해 • 영유아를 위한 교수학습방법의 실제 • 교수매체의 개발과 활용	10	• 어린이집 표준보육과정의 이해 • 보육프로그램의 개발 • 교수매체 선정의 원리	6	• 보육 프로그램 개발과 평가 • 보육계획과 보육일지 작성의 관리 • 교수매체 선정과 평가	6
영유아의 건강·영양 및 안전	• 영유아 건강교육과 감염성 질환에 대한 대응 • 영유아 영양과 급식 관리 실제 • 영유아 안전 관리와 대응	6	• 어린이집 건강 관리와 감염성 질환에 대한 대응 • 어린이집 급식과 위생 관리 • 어린이집 안전 관리와 사고 대응	6	• 어린이집 건강 관리 실제 • 어린이집 급식 관리 실제 세미나 • 어린이집 안전사고 사례 관리 및 대응	6
가족 및 지역사회 협력	• 부모-교사 의사소통의 이해와 실제 • 다양한 가정의 이해 및 지원	6	• 부모 오리엔테이션의 실제 • 다양한 가정의 이해	6	• 부모참여 프로그램 운영 • 다양한 가족에 대한 지원 • 지역사회 연계의 실제	8
보육사업의 운영	• 보육정보탐색의 적용과 사례 • 리더십과 멘토링	4	• 인사 관리의 실제 • 재무 관리의 실제 • 어린이집 운영평가	10	• 인사 관리의 적용과 사례 • 재무 및 사무 관리의 적용과 사례 • 원내 교사교육의 계획과 실행 • 어린이집 운영 세미나	10
계	19과목	40	17과목	40	18과목	40

출처: 한국보육진흥원(2013a). p.228.

〈표 11-7〉 특별 직무교육과정

영역	영아보육 특별 직무교육과정	장애아보육 특별 직무교육과정	방과 후 보육 특별 직무교육과정	시간
보육 기초	• 현대 사회 변화와 영아 보육 • 영아보육의 이해 • 영아학대예방과 아동권리	• 장애인복지와 보육정책 • 장애아보육의 이해 • 장애아학대 예방과 아동 권리	• 현대 사회 변화와 방과 후 보육 • 방과 후 보육의 이해 • 아동학대예방과 아동권리	6
발달 및 지도	• 영아발달의 특성 • 영아 일상생활지도 • 영아행동 관찰과 평가 • 영아감각 및 대소근육발달지도	• 장애이해교육과 협력 • 장애 진단과 발달지체 영유아 선별 • 교육진단과 개별화 교육 프로그램 • 활동 참여를 위한 보육과정 수정	• 아동발달의 특성 • 초등학교 교육과정의 이해 • 아동 일상생활지도 • 문제행동 수정과 지도	8
영유아 교육	• 놀이를 통한 사회성 발달 • 놀이를 통한 정서 발달 • 놀이를 통한 언어 발달 • 놀이를 통한 인지 발달 • 교수매체 개발 및 활용방안 • 어린이집 표준보육과정 운영의 실제 • 놀이를 통한 감각탐색 및 신체 발달	• 장애아 사회성지도 • 장애아 의사소통지도 • 장애아 음악치료 • 장애아 미술치료 • 교수매체 개발 및 활용방안 • 어린이집 표준보육과정 운영과 개별화 교육의 실제	• 학습 및 과제지도 • 친구관계와 생활지도 • 아동언어교육 • 아동독서교육 • 아동예체능교육 • 초등학생을 위한 교수법 실제 • 어린이집 표준보육과정과 초등교육과정의 이해	12
영유아의 건강·영양 및 안전	• 영아 건강·안전 관리(필수) • 영아 영양 관리 및 식생활지도	• 장애아 건강 · 안전 관리(필수) • 장애아 영양 관리 및 식생활지도	• 초등학생 건강·안전 관리(필수) • 초등학생 영양 관리 및 식생활지도	4
가족 및 지역사회 협력	• 영아 부모와의 의사소통 실제 • 다양한 가정의 영아지원	• 장애아 가정에 대한 이해 • 장애아를 위한 지역사회 연계의 이해와 실제	• 학령기 부모상담 실제 • 방과 후 아동을 위한 지역사회 연계	4
보육사업의 운영	• 영아보육교사의 역할과 자세(필수) • 어린이집 운영과 관리 • 보육정보탐색	• 장애아보육교사의 역할과 자세(필수) • 어린이집 운영과 관리 • 보육정보탐색	• 방과 후 보육교사의 역할과 자세(필수) • 어린이집 운영과 관리 • 보육정보탐색	6
계	21과목	20과목	21과목	40

출처: 한국보육진흥원(2013a). p.228.

4) 보수교육 대상자 선정 및 실시

시 · 도지사는 관내 시 · 군 · 구로 하여금 보수교육 실시 전문기관의 교육과정별

교육 개시 전까지 보수교육 대상자를 선정할 수 있다. 이에 시장·군수·구청장은 자체 계획에 따라 현직 종사자 중에서 보수교육 대상자를 선정하되, 다음 기준에 따라 선정하고 일반 직무교육은 의무 이수 대상자를 우선으로 선정한다.

첫째, 1급 보육교사 승급교육의 경우 보육교사 2급 자격증 취득 후 교육 개시일 전까지 보육업무 경력이 만 2년이 경과한 자 중에서 선정한다. 단, 보육교사 2급 자격을 취득한 후 보육 관련 대학원에서 석사학위를 취득한 경우에는 보육업무 경력 만 6개월이 경과한 자 중에서 선정한다.

둘째, 2급 보육교사 승급교육의 경우 보육교사 3급 자격을 취득한 후 교육 개시일 전까지 보육업무 경력이 만 6개월이 경과한 자 중에서 선정한다.

현직 보육교직원이 직무교육 및 승급교육을 이수한 경우 예산의 범위 내에서 국가 및 지방자치단체에서 보수교육비용을 지원한다. 한편, 「영유아보육법」에 의하면 보수교육을 연속 3회 이상 받지 않았을 경우 1년 동안 자격이 정지되는 것으로 규정하고 있어 보수교직원은 해당 시기에 반드시 보수교육을 이수해야 한다.

5) 보수교육의 실시 및 평가

시·도지사는 교육과정별 보수교육 대상자를 최종 확정하고 보수교육 실시기관에 통보하여 대상자가 적절히 교육받을 수 있도록 한다. 보수교육 실시 전문기관은 시·도지사로부터 통보받은 과정별 보수교육 대상자에게 보수교육 실시한다. 또한, 어린이집 원장 또는 어린이집을 설치·운영하는 자는 특별한 사정이 없는 한, 보육교사 등의 보육교직원이 보수교육을 이수할 수 있도록 지원 및 허락해야 한다.

보수교육 실시 전문기관은 교육생을 대상으로 보수교육 이수 여부를 평가하는데 기본적으로 보수교육은 해당 교육시간을 모두 출석한 경우에만 이수한 것으로 인정한다. 그러나 승급교육은 출석시간을 충족하고 평가시험에서 80점 이상을 획득한 경우에 교육을 이수한 것으로 인정한다.

활동 보육전문가로 성장하기: 교직 생애주기 로드맵 계획하기

20대는 가능성의 시기이다. 어떤 일이건 도전해 볼 수 있고 실패해도 큰 좌절감 없이 툭툭 털고 일어설 수 있다. 그러나 도전에는 언제나 용기가 필요한데 모든 도전에는 실패와 좌절이라는 위험이 잠재되어 있기 때문이다. 그럼에도 불구하고 우리가 도전을 멈출 수 없는 이유는 그 잠재적인 위험 너머에 이보다 훨씬 더 큰 소망인 가능성과 성취감이 있기 때문이다. 아무 것도 안하고 가만히 있기보다는 무엇이라도 해서 실패하는 편이 훨씬 젊은이답다. 망설임을 딛고 도전해 보면 알게 된다. 도망가지만 않으면 최악이라 여겨졌던 상황도 점차 나아진다는 사실을.

자! 이제 우리 인생의 로드맵을 그려보도록 하자. 인생의 지도 위에서 현재 자신의 위치와 상황을 점검하고 자신의 총체적인 생애를 설계하자! 튼튼한 건물을 올리기 위해서는 정밀한 설계도가 필수적인 것처럼 자신이 바라는 삶의 설계도를 잘 짜는 것은 매우 중요하다.

특히 예비 교사들이 자신의 교직생활 주기를 미리 예측해 보고 설정해 보는 작업은 미래에 바람직한 교사로 나아갈 수 있는 안내도가 될 수 있다. 이런 측면에서 교직생애 로드맵을 작성하고 모둠별로 서로 소통하여 토론해 보도록 하자.

미래의 로드맵 그리기 *Tip*

계획을 세우자! 미래의 나의 모습을 떠올리면서 매년마다 목표로 하는 교사상을 정립하고 실천해 보면서 또 계획을 수정하며 수행하다보면 계획성 있게 10년을 보낸 교사와 단순히 10년을 보낸 교사는 걸어간 방향과 거리가 무척이나 차이가 날 것이다. 초임교사에서 경력교사, 주임교사, 원감, 원장으로...
미래의 당신 모습은 어떻게 변화되어 있을까?

구체적인 교직생애 로드맵까지 작성해 보았다면 이제 남은 일은 주저 없이 밀고 나가는 것뿐이다. 물론 목표에 이르기까지 난관이 있을 것이고 어쩌면 실패를 경험하게 될지도 모른다. 그러나 실패는 절망이 아니다. 실패는 목표에 이르는 또 하나

의 경험이므로 자기 자신에 대한 긍정적인 믿음을 갖고 실패에 대한 두려움을 떨친다면 우리를 성공과 훨씬 더 가깝게 해줄 것이다.

	목표	구체적인 실천계획
올해 (22세)	• 학점 올리기 • 내가 원하는 곳에 취업 확정 • 여름에 운전면허 따기 • 겨울방학에 해외여행 떠나기	• 학점 4.3 이상 받기 • 실습을 통해 나의 적성에 맞는 곳 찾기 • 여름방학에 운전면허 학원에 등록하고 운전면허 따기 • 겨울방학이 시작되면 가족이나 친구와 해외여행을 떠나 에너지를 충전하고 오기
1년차 (23세)	• 원에 적응 잘하기 • 그 반의 담임으로서 아이들을 잘 이끌어 가기 • 부모님들께 혼나는 일 없게 하기 • 심화과정 듣기 • 적금 만들기	• 중간에 그만두는 일이 없도록 나의 일 받아들이기 • 영유아들이 나를 따를 수 있도록 3월부터 노력하기 • 모르거나 고민이 되는 부분은 교수님이나 동료 교사, 원장님과 상의하고 결정하기 • 심화과정을 들을 수 있는 일이 있어야 함 • 나의 미래를 위해 돈을 어머니께 맡기고 적금 시작하기
2년차 (24세)	• 짧은 방학이라도 여행 다녀오기 • 취미생활 갖기 • 실수 줄이기	• 새 학기가 시작되기 전 여행을 떠나 에너지 충전하기 • 어느 정도 적응이 된 상태에서 나만의 취미생활을 가지고 주말에 의미 있는 시간 보내기 • 1년차 때 겪었던 실수를 다시 되새기고 실수 줄이기
3년차 (25세)	• 2년차 생활 돌아보기 • 결혼자금 만들기 • 건강 챙기기	• 작년 생활을 되돌아보며 개선점을 찾고 고치기 • 결혼을 위한 자금 만들기 • 건강에 좋은 음식 많이 먹기
4년차 (26세)	• 국 · 공립 어린이집으로 이직하기 • 나의 미래 생각하기 • 여행 떠나기	• 어린이집 경력 쌓기 • 어린이집 운영에 대해 깊이 생각하기 • 어린이집 방학 동안 국내 · 해외로 여행 떠나기
5년차 (27세)	• 결혼하기 • 부모님께 효도하기 • 결혼 후에도 어린이집 계속 다니기 • 아이 가지기	• 나의 꿈을 이루어 줄 수 있는 사람과 결혼하기 • 부모님 여행 보내드리기, 부모님께 용돈 드리기 • 결혼 후에도 일을 그만두지 않고 어린이집 계속 다니기
6년차 (28세)	• 어린이집 계속 다니기 • 남편, 부모님, 교수님께 나의 꿈을 상의하기	• 어린이집을 계속 다니면서 어린이집 설립 준비하기 • 가족들과 상의 후 기관 설립에 대해 구체적으로 계획 세우기
7년차 (29세)	• 어린이집 설립 및 개원하기 • 다른 공부 시작하기	• 어린이집을 개원해 원아를 받고 원장자리에 앉음 • 관심 있던 분야에 대해 새로운 공부 시작하기
9년차 (31세)	• 가족과 함께 여행가기 • 내 아이 직접 교육시키기	• 내 아이와 내 부모님, 남편 부모님과 함께 편안하고 조용한 곳으로 여행가기 • 내 아이를 나의 원으로 데려와 직접 교육시키기
10년차 (32세)	• 둘째 아이 갖기 • 첫째 아이에게 많은 경험시켜주기 • 주말마다 여행 다니기	• 둘째 아이를 갖고 편안한 마음으로 태교하기 • 첫째 아이에게 많은 경험을 시켜 경험의 장을 넓히기 • 주말마다 가족이나 친구들과 여행 다니기

_______________의 로드맵

	목표	구체적인 실천 계획
올해(　　세)		
1년차(　　세)		
2년차(　　세)		
3년차(　　세)		
4년차(　　세)		
5년차(　　세)		
6년차(　　세)		
7년차(　　세)		
9년차(　　세)		
10년차(　　세)		
15년차(　　세)		
25년차(　　세)		
이 후(　　세)		

chapter 12

보육교사의 전문성과 자기계발

최근 급속한 사회의 변화와 더불어 증가하고 있는 여성의 사회 참여와 이로 인한 영유아교육 대상 연령의 하향화 등은 영유아교육이 교육적 측면뿐만 아니라 교육과 보호의 양면을 모두 중요시하는 통합적 서비스 실시를 요구하는 원인이 되었다. 그리고 이러한 사회의 변화는 보육교사로 하여금 질 높은 보육을 실천하기 위한 전문성을 갖출 것을 요구하게 되었다.

따라서 본 장에서는 보육교사의 전문성의 개념을 살펴보고 보육교사의 전문성을 함양할 수 있는 다양한 방법을 살펴보고자 한다.

1. 보육교사의 전문성

보육의 질적 향상을 위해 강조되고 있는 보육교사의 전문성이란 무엇일까? 이를 살펴보기 위해 본 장에서는 전문성의 개념과 보육교사의 전문성 개념 살펴보고자 한다. 더불어 전문성의 하위 구성요소를 알아봄으로써 최근 보육의 질 향상과 더불어 많은 관심을 받고 있는 보육교사 전문성 제고를 위한 효율적 방안을 살펴볼 것이다.

1) 전문성의 개념

전문이란 '어떤 한 가지 일을 오로지 연구하거나 한 가지 일에 마음을 쏟는 것'이란 사전적 의미를 갖는다. 또한, '어떤 한 가지 일을 연구하거나 한 가지 일에 마음을 쏟음으로써 특정 분야에 상당한 지식과 경험을 가지고 그 일을 잘하는 이'를 전문적이라 일컫는다.

일반적으로 '전문적'과 '전문성'은 혼용하여 사용되고 있으며 전문성의 개념을 좀 더 명확하게 하기 위해 각각의 개념을 비교해서 살펴보면, '전문성'이란 '전문적'보다 좀 더 개인적인 차원에서 파악하는 개념으로 개인이 그들의 직업에서 보여주는 일련의 태도와 행동을 의미하는 것으로 정의할 수 있다(Morrison, 2007).

전문성(professionalism)이란 개인적인 차원에 해당하는 개념으로 직업에 종사하는 자들이 보여주는 태도와 행동으로 자신의 일에 대한 신념, 오랜 시간 자신의 직업에 헌신하는 태도, 그리고 전문가로서 자신이 지니고 있는 지식에 의해 결정할 자유가 있다고 믿는 태도 등을 포함한다(이은화, 배소연, 조부경, 2003).

전문성은 개인의 직업과 관련된 개념으로 학자들(백혜리, 1989; Spodek, 1997)에 따라 다양하게 정의되고 있기에 이들의 전문성에 대한 견해들을 종합하여 전문직이 지니고 있는 고유의 속성을 정리하면 다음과 같다.

첫째, 장기간에 걸친 교육과 훈련을 통해 전문적인 지식과 기술이 축적되어 있을 때 전문성을 지니는 것으로 정의할 수 있다.

둘째, 지식과 기술을 실천을 통해 구체적인 현장상황에 효과적으로 적용하는 능력을 지니고 있을 때 전문성을 지니는 것으로 정의할 수 있다.

셋째, 활동영역 안에서의 자율성을 충분히 보장받을 뿐 아니라 이와 더불어 자신의 수행에 대해서 막중한 책임감이 요구되어질 때 전문성을 지니는 것으로 정의할 수 있다.

넷째, 자신의 직업세계에서 자기발전을 위해 끊임없이 노력하는 자세를 지니고 있을 때 전문성을 지니고 있는 것으로 정의할 수 있다.

우리가 일반적으로 알고 있는 전문성을 지닌 '전문직'에는 어떤 것들이 있는가? 전문직은 Richard N. Hall이 지적한 바와 같이 전문조직을 활용하고 공중에 대한 신념, 자기규제(self regulation) 신념, 소명의식(sense of calling), 전문적 자율성(professional autonomy)을 지녀야 하고 Walter A. Friedlander와 R. Z. Apte가 지적한 특수한 능력(special competence)과 기술(techniques), 실천가(practitioners), 서비스 개발에 대한 관심, 개인적인 책임을 지녀야 한다. 이러한 전문직의 장점은 신분(status)이 보장되고 전문적 자기규제와 전문적 보상이 이뤄지는 것이며 단점은 공식관료조직과의 마찰이 일어난다는 점이다(이철수, 2013).

활동 '전문직'이라는 개념과 함께 떠오르는 직업을 나열해 보자.

전문직에는 어떤 직업들이 포함될까?

▶ 앞서 제시한 전문직들이 가지고 있는 공통적인 특성은 어떤 것들이 있는가?

1. ______________________________

2. ______________________________

3. ______________________________

4. ______________________________

5. ______________________________

앞서 활동을 통해 살펴본 바와 같이 전문직은 공통된 특성을 가지고 있음을 알 수 있다. 그렇다면 보육교사는 전문성을 지닌 전문직으로 분류될 수 있는가? 보육교사의 전문성에 대해 구체적으로 살펴보자.

2) 보육교사의 전문성의 개념

최근 급속한 사회의 변화, 증가하고 있는 여성의 사회 참여, 이로 인한 영유아교육 대상 연령의 하향화 등으로 인하여 영유아교육에 있어 교육적 측면과 보호의 양면을 모두 중요시하는 통합적 서비스 실시가 요구된다. 따라서 영유아교육을 담당하는 보육교사는 영유아는 물론 영유아의 발달과 교육에 영향을 미치는 부모와 형제, 나아가 지역사회 인사에 이르기까지 사회의 모든 구성원의 발달을 지원하는 포괄적 서비스를 제공하기 위해 노력해야 한다. 그리고 이러한 사회적 변화와 요구는 영유아교사로 하여금 그들의 직업에 대해 상당한 지식과 경험을 지닐 것과 이를 바탕으로 영유아교사로서의 다양한 역할을 훌륭하게 수행해낼 것을 요구받게 하였으며, 이러한 요구에 부흥하는 역할을 효율적으로 수행하기 위한 원동력으로 영유아교사의 '전문성'은 더 강조되고 있다.

김은설 등(2011)은 보육교사는 어린 영유아를 돌보고 가르치는 역할을 수행해야 하므로 희생과 봉사, 엄격한 직업윤리가 요구되고, 특별한 자질과 사명감, 다른 일반 전문직과 구분되는 창의성, 무엇보다 영유아에 대한 보편적 지식과 개별 아동과 가정이 갖는 특수성에 대한 개별화된 지식과 현장 경험의 경력이 매우 중요하게 작용하는 전문직이라 할 수 있다고 하였다.

이외에도 많은 학자가 보육교사 또한 반드시 전문성을 갖추어야 하는 직업이라고 주장하고 있으며 다음과 같은 이유로 보육교사가 전문직임을 강조하고 있다.

첫째, 보육교사는 교수기술이나 교실 운영 등의 업무뿐 아니라 의사결정 및 판단 등과 같은 다양한 역할을 효과적으로 수행해낼 수 있는 광범위한 지식이 요구된다.

둘째, 보육교사는 영유아들에게 광범위한 지식을 전달하고 영유아들이 자신에 대해 긍정적으로 느끼도록 교육한다.

셋째, 보육교사는 역할수행에 있어 다른 영역의 교육들과는 구별되는 전통적이며 특별한 지식의 조직체를 강하게 요구받는다.

넷째, 보육교사는 영유아의 발달과 학습에 대한 확고한 이론들을 매일매일 현장에서 사용할 것을 요구받는다.

다섯째, 보육교사는 영유아들을 위해 빠르고 다양하게 보급되는 다양한 프로그램을 선택하고 수행하기 위하여 끊임없이 필요한 지식과 기술을 보충하고 선택한다.

여섯째, 보육교사는 자신의 신념과 직업윤리뿐만 아니라 학습자의 기대와 사회적 질서의 일반적인 선까지 고려해야 하는 이중의 임무를 지닌다.

반면, 보육교사는 앞서 제시된 이러한 특성들을 지니고 있음에도 불구하고 여전히 많은 연구자는 보육교사가 전문직인가에 대하여 논쟁을 하고 있다. Ade(1982), Howsam 등(1976)은 대표적으로 보육교사가 전문직이 아니라고 주장하는 학자이다. 이들은 보육교사가 일반화된 체계적 지식의 기초가 부족할 뿐 아니라 전문직의 권위와 특권에 대한 사회적 인정도가 낮으며, 봉사의 기능이 적고, 훈련시간이 짧다는 등의 특징이 있으므로 전문직으로 보기 어렵다고 주장하고 있다.

그러나 이러한 부정적 측면이 있음에도 불구하고, 최근에 이루어진 보육 분야의 많은 연구는 보육교사가 지니고 있는 고유한 직업적 특성으로 인해 고도의 전문성을 지니고 있는 전문직으로 인식하는 것이 타당하다고 주장한다.

3) 보육교사 전문성 구성요소

교육방법을 선정하고 이를 효과적으로 수행하기 위해서는 교육내용이 어떻게 구성되어 있는지 파악하는 것이 필요하다. 따라서 전문성 신장을 위한 방법을 모색하기에 앞서 전문성을 구성하고 있는 하위 내용요소들을 살펴보는 것이 선행되어야 한다. 그리고 이러한 내용의 토대 위에서 내용요소 각각을 효율적으로 지원해줄 수 있는 구체적인 방안들을 모색하기 위해 노력해야 한다.

한명희(1997)는 현재 교사교육 현상을 지배하고 있는 교사 전문성의 개념을 설명하면서 지금까지 이루어진 교사 전문성의 개념과 하위 내용들이 학문적 접근(the academic orientation)과 교육공학적 접근(the technological orientation)에 치중되어 있다고 하였다(Fenstermacher, 1991).

학문적 접근은 학생들에게 가르쳐야 하는 교과의 학문내용을 강조하는 입장으로 이러한 현상은 전문성의 하위 요소에 대한 분석뿐 아니라 현재 각 대학의 보육교사 양성과정에서 운영되고 있는 교육과정 편성내용에서도 쉽게 찾아 볼 수 있다. 보육교사 양성과정에서의 교육과정 운영의 편의성과 효율성을 도모하기 위해 일반적으로 영유아 수학교육, 언어교육, 영유아 과학교육, 영유아 동작교육, 아동미술 등의 교과의 형태로 운영되고 있는 것이 사실이며, 보건복지부(2014)에서 제시하고 있는 보육교사 자격증을 취득하기 위한 필수과목에 대한 명시 또한 교과의 형태로 제시하고 있어 우리나라 보육교사 양성과정에서 이루어지는 교육내용은 대부분 학문적 접근의 방향으로 흐를 수밖에 없었다.

또한, 교육공학적 접근은 교사효율성(teacher effectiveness)과 관련된 요소들로 수업계획능력, 교수조직능력, 학생처치능력, 의사소통능력, 검사능력과 같은 교사의 업무영역에서의 행동 범주를 강조하는 것이다.

물론 교실상황에서의 교사가 자신의 역할을 성공적으로 수행하기 위해서는 지식 · 기술의 측면에서의 전문성이 절대적으로 필요하다. 그러나 교직생활의 성패는 교사의 지식 또는 기술의 측면 이외에 비지적 요인에 의해 지배되는 경향이 크다는 것 또한 잊지 말아야 한다(한명희, 1997). 또한, 권건일과 신재흡(2007), 양옥승(2003), 한명희(1997) 등은 교사 전문성의 구성요소에 인간적인 만남, 도덕적 판단, 심성, 지속적인 자기갱신을 위한 의지, 적성과 인성, 소명의식, 교직관 등이 포함되어야 함을 강조한다.

최근 교사교육 분야에서 강조되고 있는 교사의 실천적 지식과(박은혜, 2002; Connelly & Clandinin, 1985; Lampert, 1985), 반성적 사고 등은 교사의 지식 · 기술 못지않게 교사의 비지적 요인이 교육현장에서 발휘되는 것이 무엇보다 중요함을 단적으로 나타내주는 예이다.

그리고 이러한 흐름들을 고려할 때 이제 보육교사의 전문성을 신장하기 위해서는 보육교사 양성과정에서 다양한 전문성의 요소, 즉 지식 · 기술과 더불어 비지적인 요소들을 포함하는 것을 간과해서는 안 되며 오히려 이들을 적극 지원해줄 수 있는 방안을 모색하기 위한 노력을 기울여야 한다.

[그림 12-1]은 황해익 등(2012)에서 제시하고 있는 유아교사 전문성 구성요소를 나타낸 것이다.

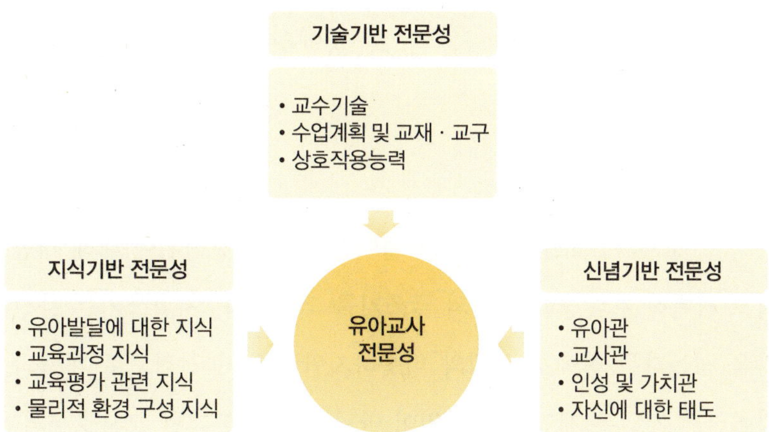

[그림 12-1] 유아교사의 전문성 구성요소

첫째, 지식기반 전문성이다. 지식기반 전문성은 유아발달에 대한 지식, 교육과정에 대한 지식, 물리적 환경 구성, 교육평가에 대한 지식을 포함한다.

둘째, 기술기반 전문성이다. 기술기반 전문성은 교육현장에서의 교수기술, 수업계획 및 교재 · 교구계획 및 제작능력, 유아와의 상호작용능력, 학부모 및 동료 교사와의 상호작용능력 등과 같은 교사의 업무영역과 관련되는 기술 및 능력을 포함한다.

셋째, 신념기반 전문성이다. 신념기반 전문성은 교사의 비지적인 요소들을 포함하는 전문성의 하위 개념으로 교사의 유아관, 교사관, 인성, 가치관, 자신에 대한 태도 등을 포함하는 개념이다.

2. 보육교사의 전문성 함양

보육교사의 전문성 신장을 위한 방안 모색은 최근 보육교사 양성과 관련하여 가장 중요한 부분을 차지하고 있다. 그리고 이러한 노력들은 보육교사 양성교육, 보육실습, 현직 보육교사교육 등 교사교육의 전반적인 영역에서 활발하게 이루어지고 있는 실정이며 각각의 교사교육영역에서 교사의 전문성, 즉 지식기반 전문성, 기술기반 전문성, 신념기반 전문성을 고루 갖추어 나갈 수 있도록 적극 지원하고자 노력하고 있으며 보육현장에서 이를 위해 적용되는 다양한 방안을 살펴보면 다음과 같다.

1) 저널쓰기

저널쓰기(journal writing)는 보육교사들이 자신의 실천행위에 대해 개인적인 관점을 가지고 기록하는 다양한 형태의 글쓰기를 의미한다. 저널쓰기는 자신의 개인적인 생각을 적는다는 점에서 일기와 비슷하지만 일기가 전적으로 개인의 사생활에 관한 것이라면 저널은 개인적인 차원이 아닌 전문성을 지닌 교사로서의 의견을 기록하는 것이다(박은혜, 조운주, 2007). 그리고 보육교사들이 기록하는 저널은 보육교사가 자신의 교수 · 학습활동을 분석하고 미래에 발생할 문제들에 대한 해결책을 고안해줄 뿐 아니라 자신과 대화를 나누는 효과적인 수단이다.

박은혜(2002)는 교사교육에서 널리 활용되고 있는 저널쓰기의 목적들을 다음과 같은 내용으로 정리하고 있다.

첫째, 저널쓰기는 예비 교사 또는 교사들이 학습의 기록을 남기는 장소로 활용될 수 있다.

둘째, 저널쓰기는 자신의 경험에 대해 기록하고 그에 대한 의미를 고찰하는 과정을 경험하게 함으로써 개인의 경험을 재구성하는 기회를 제공한다. 경험을 재구성하는 수단으로써의 저널은 교사로서의 경험을 이론적인 틀에 맞추어 분석할 수 있는 기회를 글쓰기를 통해 자연스럽게 경험하게 함으로 이론과 실제를 연결하는 중요한 도구가 된다(Walker, 1985).

셋째, 저널쓰기는 다른 활동의 기초자료를 제공하는 역할을 한다. 저널이 다른 활동을 위한 준비단계로 사용되는 가장 일반적인 경우 교사는 저널 속에 자신의 생각과 감정을 넣어 현장을 기록하고 이러한 실제들을 다양한 개념적 틀 속에서 분석하려는 지속적인 노력이 필요하다. 그리고 이러한 과정 속에서 기록된 저널은 개인이 경험하게 되는 상황을 객관적으로 기록하여 기본적인 자료를 제공함으로써 구체적인 경험으로부터 추상적인 의미나 이론을 추출해낼 수 있는 기초를 제공하게 된다.

넷째, 저널쓰기는 다른 사람과의 대화의 수단으로 사용될 수 있다. 교사들은 자신의 경험과 사고를 객관화하기 위한 수단으로 저널쓰기를 활용할 수 있지만 다른 사람과의 대화를 목적으로도 활용될 수 있다. 이때의 저널쓰기는 상대가 동료, 지도교수, 선배 교사, 실습지도교사가 될 수 있다. 대화를 목적으로 하는 저널은 각 교사의 교육현장 경험을 통해 갖게 되는 개인적인 의미를 타인과 공유함으로써 지식의 범위를 넓히고 상호주관성을 발달시키는 수단이 될 수 있다.

이와 같은 목적을 지닌 교사교육에서의 저널쓰기는 보육교사의 반성적 사고를 촉진할 뿐 아니라 실제와 이론을 연결하여 생각해 보는 경험을 끊임없이 제공받음으로써 교사의 개인화된 이론 구축을 가능하게 하고, 비판적 사고능력을 향상시키는 기능을 하며, 마지막으로 대화의 수단으로 사용되어지는 과정을 통해 공유된 의사소통을 가능하게 하며 이를 통해 사회적 지식을 구성하게 된다. 이러한 저널쓰기의 효과들은 이미 저널쓰기와 관련된 많은 연구에서 입증되어진 바 있으며 특히 모든 교사교육의 형태에서 교사의 전문성 강화와 관련하여 매우 활발하게 수행되어 지고 있다.

2) 멘토링

멘토링(mentoring)은 경험과 기술이 좀 더 많은 사람(mentor)이 경험과 기술이 부족한 사람(mentee)의 전문적 · 개인적 발달을 목적으로 일련의 지원을 하는 과정이다(Anderson & Shannon, 1995). 따라서 멘토링은 궁극적으로 초보자가 성장하고 성숙하여 조직사회의 유능한 구성원이 되는 것을 돕는 것을 목적으로 이루어진다. 조직 구성원의 한 사람이 조직 내 다른 사람과 친밀한 관계를 맺고, 그 관계 속에서 장 · 단기적으로 또는 정규적 · 비정규적으로 주어진 시간을 통해 조직 내 업무와 관련한 모든 내용을 지원하고, 지도할 뿐 아니라 정서적으로 지지하는 것도 매우 중요한 과제로 다루고 있다. 그리고 이러한 멘토링의 특성으로 인해 멘토링은 지금까지 경영 · 종교 · 교육 분야에서 널리 적용되어져 왔으며, 교사교육 분야에 활발하게 도입되기 시작한 것은 1980년대 이후로 현재까지 멘토링은 미국 · 영국 · 호주 등 세계 여러 나라에서 교사를 지원해줄 수 있는 유용한 방식으로 널리 사용되고 있다.

멘토링은 유아교육 및 교사교육, 교사의 전문성 강화와 관련하여서도 그 고유한 특성으로 인해 교사연수나 장학처럼 일방적인 주도에 의해 이루어지거나 설명적인 방식으로 이루어지지 않고 멘토와 멘티의 끊임없는 상호작용 속에서 멘티의 상황에 맞게 적절한 지도와 조언을 함께 제공하는 형태를 취한다. 따라서 멘토링은 멘토와 멘티와의 관계 속에서 지식과 기술뿐 아니라 교사의 신념과 관련된 유아관, 교사관, 인성, 가치관, 자신에 대한 태도도 긍정적인 측면으로 변화 · 개발할 수 있는 기회를 풍부하게 제공하게 된다.

따라서 멘토링은 최근 우리나라 교사교육 분야에서도 활발하게 적용되고 있으며 특히, 보육교사의 전문성을 신장시켜 줄 수 있는 효과적인 방법으로 보육교사 양성교육, 보육실습, 현직 보육교사교육에서 각기 다른 다양한 형태의 협력관계 속에서 적극적으로 실천되고 있다.

3) 교사 포트폴리오

포트폴리오는 개인의 지식, 기술, 전문성의 발달과 성장에 대한 기록물들을 자신의 감각을 반영하여 수집 · 구성한 모음이다. 주로 예술가나 건축가들이 그들의 재능을 증명하기 위해서 포트폴리오를 사용해왔으나 최근에는 다양한 영역에서 활용되고 있으며 교직 분야에서도 활발하게 활용되고 있다.

교사 포트폴리오(teacher portfolio)는 교사 개개인들이 교육현장에서의 역할수행과 관련된 내용들을 담은 것으로 뚜렷한 목표에 맞추어 교수활동에 관련된 다양한 정보, 즉 교수계획, 교수자료, 교수의 수행결과, 수업에 대한 자기평가와 동료평가 등과 같은 교사의 지식과 기술의 증거들을 체계적 · 계획적으로 수집하고 조직해놓은 것으로 교사 개인의 이론적 체계 및 실제 수행능력을 효과적으로 드러낼 뿐 아니라 교사의 전문성 향상에 도움을 주는 자료집으로 정의할 수 있다(유수경, 2006). 그리고 교사 포트폴리오는 포트폴리오를 제작하는 주체와 목적에 따라 교사실습 포트폴리오, 교사경력 포트폴리오, 교사연구 포트폴리오, 전문성 개발을 위한 포트폴리오로 나눌 수 있다(Burke, 1997).

교사들은 교사교육의 과정에서 전문서적이나 동료 교사 또는 선후배 교사들과 상호작용을 통해서 유익하고 다양한 경험을 하게 되며 새로운 아이디어를 수용할 뿐 아니라 적용하고 반성한다. 포트폴리오를 통해 이러한 교사들의 노력과 성취 · 발전에 대한 다양한 증거를 기록하고 이를 체계적으로 제시하게 된다. 교사들은 이러한 과정들을 통하여 자신의 경험과 지식을 더 체계화할 수 있을 뿐 아니라 스스로를 끊임없이 반성하고 되돌아보게 되는 경험을 제공받게 되며, 이를 통해 끊임없이 발전하고 변화하고자 지속적으로 노력하는 자세를 갖추게 된다. 따라서 교사 포트폴리오도 교사의 전문성을 강화하기 위해 다양한 영역의 교사교육과 관련하여 활발하게 활용되고 있다.

3. 보육교사와 커리어 포트폴리오

1) 커리어 포트폴리오의 개념과 목적

커리어 포트폴리오는 예비 보육교사나 현직에 있는 보육교사들이 성공적인 취업을 목적으로 교사 양성과정 중의 다양한 교과목 및 학교생활 경험과 관련된 자료 또는 보육교사로서 현장에서 근무하면서 수집된 자료들을 일목요연하게 재조직하여 개개인의 교사로서의 전문적 역량을 효과적으로 드러내기 위해 제작하는 것이다.

커리어 포트폴리오는 자신에 대한 일목요연한 정리, 특히 경력 및 능력에 대한 정리를 가능하게 함으로 진로 성취뿐 아니라 대학생활 전반을 나타내주는 중요한 자료가 될 수 있다(송원영, 김지영, 2009). 커리어 포트폴리오 제작과정에 대해 연구한 Frank 와 D'orsi (2003)는 커리어 포트폴리오가 승진 또는 취업을 앞두고 자신의 커리어에 관심을 가지고 있는 학생들이나 전문가들에게 자신이 지닌 능력을 객관적이고 신뢰롭게 나타내고자 하는 데 효과적인 'Self-marketing Tool'이 될 수 있다고 정의하였으며 다음의 내용을 구체적인 이유로 제시하였다.

첫째, 개인 배경이나 영역에 상관없이 뚜렷한 목적을 가지고 제작된 포트폴리오는 타인에게 전달하고자 하는 자신의 주요 정보를 효과적으로 전달할 수 있다.

둘째, 자신의 능력을 일목요연하게 나타냄으로써 성공적인 취업을 할 수 있는 수단이 될 수 있다.

셋째, 커리어 포트폴리오에 담긴 지원자의 삶에 대한 내용은 고용주의 판단을 위한 무형 · 유형의 중요한 근거가 될 수 있다.

넷째, 커리어 포트폴리오는 자신의 주장에 대한 근거를 제시함으로 신뢰감을 더해주며 고용주의 질문에 효과적으로 응답할 수 있는 도구가 된다.

다섯째, 커리어 포트폴리오를 제작한 경험은 자신의 직업에 대한 확신을 갖는 것을 도와주며 이를 통해 채용 관련 인터뷰에서 자신감을 갖고 자신에 대해 대답하는 것을 가능하게 한다.

보육교사가 커리어 포트폴리오를 제작하는 경험은 보육교사 개개인이 지니고 있는 지식 · 기술 · 신념기반 전문성 관련 요소의 현재 수준에 대한 인식 및 반성과정을 통해 이를 좀 더 개발하고 강화하기 위한 계획을 수립하게 한다. 이는 이후 지속적으로 전문성 강화를 위해 스스로 노력할 수 있는 원동력을 제공한다. 보육교사의 커리어 포트폴리오 제작 목적을 정리하면 다음과 같다.

첫째, 보육교사로서의 교육신념을 확립하고 바람직한 교사역할에 대한 이해를 도모한다.

둘째, 보육교사로서의 자질과 능력, 경력에 대한 객관적 통찰을 가능하게 한다.

셋째, 지속적인 자기반성과 자기계발을 통해 보육교사의 전문성을 강화한다.

넷째, 효과적인 나 –전달을 통해 이상적인 보육교사로서의 삶을 찾도록 돕는다.

다섯째, 성공적인 취업을 통한 자아실현을 가능하게 한다.

이처럼 보육교사의 커리어 포트폴리오 제작은 예비 보육교사나 현직에 있는 보육교사 모두에게 긍정적인 효과를 가지고 올 수 있으며 자신의 직업생활을 성공적으로 시작하고 바람직하게 유지하는 데 중요한 기초자료가 되므로 활발하게 이루어져야 한다.

2) 예비 보육교사의 커리어 포트폴리오 제작

예비보육교사에서 커리어 포트폴리오는 성공적인 취업을 돕는 길잡이가 될 수 있다. 커리어 포트폴리오의 효과적인 제작을 위하여 유수경(2013)은 커리어 포트폴리오 제작 7단계를 제시한 바 있으며 단계별 진행내용은 [그림 12-2]와 같다.

[그림 12-2] 커리어 포트폴리오 제작 7단계

〈표 12-1〉은 커리어 포트폴리오 제작과정의 이해를 돕기 위하여 세부내용을 제시한 것이다.

〈표 12-1〉 k 대학의 '커리어 포트폴리오 제작' 운영 예시

단계	내용	활동	비고
1단계 준비하기	• 오리엔테이션 – 커리어 포트폴리오 개념 및 목적 설명 – 커리어 포트폴리오 제작단계 안내 • 동료 소그룹 형성 – 소그룹 형성 및 그룹 이름 결정 – 소그룹 구성원	• 그룹 이름 정하기	강의 · 소그룹 활동
2단계 수집하기	• 개인자료 정리 및 수집 – 교사 양성과정 중의 자료 수집하기 – 자료 정리하기 • 1차 자료목록 작성 – 자료목록 및 교육과정표 활용하기	• 이력서 제출 • 자기소개서 제출	개별 활동
3단계 점검하기	• 1차 소그룹활동을 통한 자료 소개 – 동료 예비 유아교사들에게 수집한 자료 소개하기 – 자료의 특성 및 장단점 소개하기 • 동료 예비 유아교사와 교차 점검 – 교차점검표 활용하기 • coaching professor 1차 목록 점검 – 일대일 개별 점검지도 – 1차 자료목록을 중심으로 점검	• 이력서 자기소개서 피드백하기	소그룹 활동 · 개별 활동
4단계 보강하기	• 2차 자료 수집 – 추가 필요한 자료수집 – 학기/학년별, 자료 유형에 따라 편중되지 않게 자료 수집 – 추가 자료목록 작성 • coaching professor 2차 목록 점검 – 2차 소그룹별 점검지도 – 동료 예비 유아교사 의견 함께 수렴 • 3차 소그룹활동을 통한 유아교사로서의 각오 다지기 – 교사 10계명 정하기 – 교사로서의 다짐 발표하기 • 자기계발계획 발표하기(대집단활동)	• 교사다짐 쓰기 • 자기계발계획서 작성하기	개별 활동 · 소그룹 활동 · 대집단 활동

단계	내용	활동	비고
5단계 선택하기	• 최종 자료 선별 • 최종 목록작성 • 목록 대조를 통한 자료 점검 • 4차 소그룹활동으로 진행 – 동료 예비 유아교사 의견 수렴	• 최종 목록 제출	개별 활동 · 소그룹 활동
6단계 구성하기	• 자료 재편집 및 재구성 • 자료 배치순서 및 방법 결정 • 표지/속표지 및 목차/소목차 만들기 • 표지 및 속표지 이미지화하기 • coaching professor 점검 – 목차 및 표지 이미지 점검 – 자료 배열순서 및 내용 점검 – 5차 소그룹활동으로 진행 – 동료 예비 유아교사 의견 수렴	• 표지/목차 시안 개별 제출	개별 활동
7단계 나아가기	• 최종 개별 커리어 포트폴리오 발표 • 커리어 포트폴리오 분석하기 – 6차 소그룹으로 개별 장단점 분석하기 – 동료 교사 및 coaching professor – 개별 인터뷰 예상 질문목록 만들기 – 질문목록에 대한 예상 답변 만들기	• 포트폴리오 평가 • 인터뷰 질문 구성	소그룹 활동

첫째, 준비하기 단계이다. 준비하기 단계는 예비 보육교사들에게 본격적인 제작이 이루어지기 이전에 제작과정 전반에 대한 오리엔테이션 과정이 포함된 단계이다. 즉, 커리어 포트폴리오의 본격적인 제작에 앞서 커리어 포트폴리의 개념과 목적에 대한 올바른 이해를 돕고 제작과정에 성실하게 임할 수 있도록 동기를 부여하기 위한 단계이다. 〈표 12-2〉는 1단계를 수행한 후 커리어 포트폴리오 제작을 지도한 교수자 지도보고서의 예이다. 커리어 포트폴리오 제작을 돕는 교수자는 각 단계별로 다음과 같은 지도보고서를 작성함으로써 좀 더 적극적으로 예비 보육교사의 커리어 포트폴리오 제작을 지원할 수 있다.

〈표 12-2〉 k 대학의 '커리어 포트폴리오 제작' 교수자 지도보고서

지도일시	20○○년 ○월 ○일(금)	지도교수	○○○
지도 그룹	전체 그룹		
지도내용	1. 오리엔테이션 – 커리어 포트폴리오 개념 및 목적 설명 – 커리어 포트폴리오 제작단계 안내 2. 동료 소그룹 형성 – 소그룹 형성 및 그룹 이름 결정 – 잎새 모둠: 김○○, 조○○, 조○○원, 최○○ 라온제나 모둠: 박○○, 변○○, 서○○, 신○○비 예그리나 모둠: 변○○, 옥○○, 윤○○, 이○○ 무지개 모둠: 곽○○, 김○○, 박○○, 이○○ 새콤달콤 모둠: 지○○, 정○○, 문○○, 배○○ 늑대와 친구들 모둠: 조○○, 장○○, 서○○ 3. 과제 안내 – 교육과정표를 활용하여 개인 과제 점검 – ○/○까지 개인 과제 점검 후 1차 목록 작성 및 저널 작성		
비고			

둘째, 수집하기 단계이다. 수집하기 단계는 보육교사 양성과정 중에 예비 보육교사들에 의해 산출된 다양한 형태의 자료들 수집하고 이를 정리하는 과정이다. 이때 커리어 포트폴리오 제작을 지원하는 교수자는 예비 보육교사에게 보육교사 양성을 위한 교육과정표와 1차 자료목록과 워크시트를 제공한다. 교육과정표를 제공하는 것은 학기별 고른 자료수집과 전공교과 관련 자료 누락을 방지하기 위해서 반드시 필요하다.

효과적인 자료를 수집하여 나만의 커리어 포트폴리오를 만들기 위해 〈표 12-3〉을 이용하여 자료목록을 만들어 보자.

〈표 12-3〉 커리어 포트폴리오 자료목록표

번호	학년	교과목	지도교수	자료내용	유형	1차 점검	2차 점검	3차 점검
1	1	보육과정	김○○	누리과정 개념도	ppt, hwp	○		
2	2	아동관찰 및 행동연구	이○○	관찰실습자료	사진, hwp	○		
3								
4								
5								
6								
7								
8								
9								
10								

〈표 12-4〉는 예비 보육교사들이 작성한 자료목록 예시이다.

〈표 12-4〉 커리어 포트폴리오 자료목록

번호	학년	교과목	지도 교수	내용	유형
1	1	서양미술의 이해		발표: 미래주의와 인상주의	PPT
2		아동발달	김현덕	리포트: 한 아이	HWP
3		유아언어교육	김승신	리포트: 3분 고전	HWP
4				리포트: 리딩으로 리드하라	HWP
5				발표: 만 5세 아동의 어휘조사	PPT
6				활동: NIE	사진
7		아동미술	유수경	자서전	HWP
8				브레인스토밍: 미	사진
9				발표: 화가 '에두아르마네'	PPT
10				만들기: 초대장 만들기	사진
11				감상문: EBS 세계의 교육현장	HWP
12				포트폴리오	사진
13		유아교육론	마지순	발표: 그리스 · 로마 중세 사상	PPT
14				리포트: Who is Piaget	HWP
15				브레인스토밍: 유아	사진
16				현장견학 및 보고서	HWP
17		유아 멀티미디어 교육	김나리	포트폴리오	사진
18		교육학개론	김현덕	발표: 지금 당신의 자녀가 흔들리고 있다	PPT
19				리포트: 나는 누구인가?	HWP

셋째, 점검하기 단계이다. 점검하기 단계는 1차 자료목록표를 중심으로 동료 예비보육교사와 함께 소그룹활동을 통해 1차 자료목록에 대한 교차 점검이 이루어지게 된다. 교차 점검표를 활용하기 이전 소그룹 구성원들은 각자 다른 예비 보육교사들에게 자신이 수집한 자료의 장단점과 특성을 소개하는 시간을 가지게 함으로써 개별 자료에 대한 충분한 이해가 이루어지도록 한다. 그리고 이런 과정을 통해 만들어진 자료목록표를 중심으로 교수자와 자료목록에 대한 점검이 이루어진다.

넷째, 보강하기 단계이다. 보강하기 단계는 점검하기 단계를 통해 자료 형성시기 및 전공교과의 내용, 자료유형 등의 측면에서 보강이 필요하다고 판단되는 자료들을 추가적으로 수집하는 단계이다. 보강하기 단계에서 가장 중요한 활동은 세 번째로 이루어지게 되는 소그룹활동이다. 3차 소그룹활동에서는 그룹 구성원과 함께 교사로서 지켜야 할 10계명을 만들어 보는 활동을 포함한다. 이 활동은 유아교사의 신념기반 전문성을 확고히 하는 데 도움을 줄 수 있는 활동으로 활동을 통해 만들어진 그룹별 10계명은 포트폴리오의 개인 관련 자료에 포함하도록 안내한다. 그리고 이후 연속적으로 이루어지는 대집단활동을 통해 3단계에서 배부된 교사로서의 다짐과 자기계발 워크시트를 발표하고 개별 발표하고 동료 예비 보육교사와 교수자의 코멘트를 받아 수정 · 보완한다.

다섯째, 선택하기 단계이다. 선택하기 단계는 1, 2차 자료 점검을 통해 선택된 자료들에 대한 최종 자료목록을 작성하고 작성된 자료목록을 토대로 자료를 최종 점검하는 단계이다.

여섯째, 구성하기 단계이다. 구성하기 단계는 선별된 최종 자료들을 재편집하고 구성하는 단계이다. 또한, 개별 커리어 포트폴리오에서 개별 창의성과 독창성이 돋보일 수 있도록 목차 및 표지를 이미지화하는 작업이 이루어지는 단계이다. 이 단계의 활동들은 보육교사로서의 개별 장점을 부각하고 차별화된 포트폴리오를 제작하게 함으로써 개별 경쟁력을 갖추게 하는 데 목적을 둔다. [그림 12-3]은 보육교사의 개성이 드러난 커리어 포트폴리오 제작 예시이다.

[그림 12-3] 커리어 포트폴리오 제작 예시

일곱 째, 나아가기 단계이다. 나아가기 단계에서는 최종 작성되어진 커리어 포트폴리오를 발표한다. 발표를 통해 교수자와 동료 예비 보육교사는 워크시트를 활용하여 개별 커리어 포트폴리오를 평가하게 되며 포트폴리오를 중심으로 인터뷰 예상 질문목록을 제안한다. 개별 예비 보육교사들은 제안받은 질문목록과 평가서를 중심으로 예상 답변을 작성하고 포트폴리오를 수정 · 보완하여 최종 포트폴리오를 완성한다.

3) 커리어 포트폴리오 제작의 효과

커리어 포트폴리오를 제작하는 동안 예비 보육교사들은 보육교사 양성과정에서 보낸 자신의 지난 시간들을 회상하는 경험을 한다. 다음은 어느 예비 보육교사가 커리어 포트폴리오 제작과정에서 기록한 저널의 내용이다.

어느 예비보육교사의 커리어 포트폴리오 저널

2차 점검 때는 다행히 1차 점검 때보다 수정할 것이 많이 없었다. 교과목별 자료에 대한 선별과 내용 수정은 거의 다 끝난 상태이다. 그러나 아직까지 실습활동 관련 자료들과 동아리활동에 관한 자료들 그리고 내가 3년이란 시간 동안 짬짬이 시간을 내어 취득한 자격증 관련 자료들을 정리하여 보완해야 한다.
처음에 내가 너무 많이 욕심을 부린 탓일까?
지금은 너무 많은 양의 내용을 넣어서 내용을 줄여야 하는 상황이다. 어떤 내용을 줄이면 좋을지 깊이 생각해 보아야 할 것 같다. 언제 내가 이렇게 많은 것을 한 걸까? 자료 수집을 하는 동안 구석구석에서 내가 했던 활동의 결과물들을 찾을 수 있었고 그것들을 하나하나 정리하는 동안 지난 학교생활을 다시 한 번 생각해 보게 되었다.
이제 나의 커리어 포트폴리오가 거의 완성되어 간다. 뿌듯하다. 처음에는 어떻게 할지 생각이 많았는 데 내 나름대로 하나하나 목록에 따라 정리를 해나가다 보니 내용들이 잘 이어질 수 있었던 것 같다. 아직 최종 목차를 구성하고 나의 이미지를 만들어 내야 하는 작업이 남아 있다. 난 뭘까? 나하면 가장 먼저 떠오르는 것이 무엇일까?
나의 개성을 마음껏 드러낼 수 있는 나만의 이미지를 찾고 싶다. 친구들과 가족들에게 물어봐야겠다. 이제 마지막 작업을 하면 끝난다. 파이팅이다.

이처럼 커리어 포트폴리오 제작과정을 통해 보육교사로서 첫발을 내딛을 준비하고 있는 예비 보육교사들이 얻을 수 있는 커리어 포트폴리오 제작효과를 구체적으로 살펴보면 다음과 같다.

첫째, 프로그램에 참여하는 동안 예비보육교사들은 교사 양성과정 중에 형성된 교육신념을 재확인하고 바람직한 교사역할에 대한 이해를 재정립할 수 있는 기회를 부여받게 된다. 따라서 교사의 전문성 중 유아관, 보육관, 인성, 가치관, 자신에 대한 태도 등과 같은 신념기반 전문성을 확고히 하는 데 긍정적인 영향을 줄 수 있다.

둘째, 교사로서의 자질과 능력 그리고 경력에 대한 객관적 통찰의 기회를 제공받음으로써 이를 보완하고 발전시키기 위한 추가적인 노력을 계획하고 수행하는 것을 돕는다. 이는 곧 영유아발달, 보육과정, 환경 구성평가와 같은 지식기반 전문성과 교수기술, 수업계획, 교재 · 교구 제작, 상호작용기술 등과 같은 기술기반 전문성의 강화라는 긍정적인 효과를 기대할 수 있다.

셋째, 예비 보육교사가 개개인의 신념 · 지식 · 기술기반 전문성에 대한 구체적인 내용을 가시화하여 체계적으로 드러내는 과정을 경험하게 함으로써 전문적 자질에 대한 지속적인 반성을 가능하게 하고 이러한 반성적 사고능력은 이후 이를 위한 스스로의 노력을 지속적으로 유지하게 하는 중요한 원동력이 될 수 있다.

넷째, 예비 보육교사 스스로 자신의 능력과 적성에 대한 올바른 이해를 가능하게 한다. 따라서 자신의 능력과 적성에 적합한 바람직한 진로 및 취업 결정을 하는데 도움을 줄 수 있다.

다섯째, 예비 보육교사뿐 아니라 취업을 결정하는 보육현장에도 지원교사에 대한 충분한 정보를 제공함으로 기관에 적합한 교사를 채용하는 것을 가능하게 한다.

여섯째, 보육교사의 잦은 이직, 교육신념의 혼란, 교사 자아정체감의 혼란, 교수효능감 저하 등과 같은 보육현장의 교직문화에서 보육교사가 당면하고 있는 문제점들을 해결하기 위한 효과적인 방안이 될 수 있다.

부록

부록 1. MBTI 16가지 성격유형 도표

ISTJ 세상의 소금형	ISFJ 임금 뒤편의 권력형	INFJ 예언자형	INTJ 과학자형
한 번 시작한 일은 끝까지 해내는 사람들	성실하고 온화하며 협조를 잘하는 사람들	사람과 관련된 것에 통찰력이 뛰어난 사람들	전체적으로 조합하여 비전을 제시하는 사람들
ISTP 백과사전형	ISFP 성인 군자형	INFP 잔다르크형	INTP 아이디어 뱅크형
논리적이고 뛰어난 상황 적응력을 가지고 있는 사람들	따뜻한 감성을 가지고 있는 겸손한 사람들	이상적인 세상을 만들어가는 사람들	비평적인 관점을 가지고 있는 뛰어난 전략가들
ESTP 수완 좋은 활동가형	ESFP 사교적인 유형	ENFP 스파크형	ENTP 발명가형
친구, 운동, 음식 등 다양한 활동을 선호하는 사람들	분위기를 고조시키는 우호적인 사람들	열정적으로 새로운 관계를 만드는 사람들	풍부한 상상력을 가지고 새로운 것에 도전하는 사람들
ESTJ 사업가형	ESFJ 친선 도모형	ENFJ 언변 능숙형	ENTJ 지도자형
사무적, 실용적, 현실적으로 일을 많이 하는 사람들	친절과 현실감을 바탕으로 타인에게 봉사하는 사람들	타인의 성장을 도모하고 협동하는 사람들	비전을 가지고 사람들을 활력적으로 이끌어가는 사람들

출처: 김정택, 심혜숙(1994a). 16가지 성격유형의 특성.

서식 II-2 생활기록부(영아)

생 활 기 록 부(영아)

(앞쪽)

1. 인적사항

<table>
<tr><td colspan="5">어린이집명</td></tr>
<tr><td rowspan="4">아동</td><td>이 름</td><td>(한글)
(한자)</td><td>성 별</td><td>남 · 여</td><td rowspan="4">사진
(3×4㎝)</td></tr>
<tr><td>생년월일</td><td></td><td>입 · 퇴소일</td><td>입 소
퇴 소</td></tr>
<tr><td>주 소</td><td colspan="3"></td></tr>
<tr><td>전화번호</td><td></td><td>혈액형</td><td></td></tr>
</table>

<table>
<tr><td rowspan="8">보호자</td><td colspan="2">아동과의 관계</td><td>부</td><td>모</td><td>형제(자매)</td><td>기 타</td></tr>
<tr><td colspan="2">이 름</td><td></td><td></td><td></td><td></td></tr>
<tr><td colspan="2">직 업</td><td></td><td></td><td></td><td></td></tr>
<tr><td colspan="2">근 무 지
(전화번호)</td><td></td><td></td><td></td><td></td></tr>
<tr><td rowspan="3">근무
시간</td><td>평 일</td><td></td><td></td><td></td><td></td></tr>
<tr><td>토요일</td><td></td><td></td><td></td><td></td></tr>
<tr><td>일요일</td><td></td><td></td><td></td><td></td></tr>
</table>

데려오고, 데려가는 사람	(성명 : 관계 :) (성명 : 관계 :)

2. 기본생활습관 및 발달상황

<table>
<tr><td colspan="2">연령
영역</td><td>0세</td><td>1세</td><td>2세</td></tr>
<tr><td rowspan="3">기본
생활
습관</td><td>수 면</td><td></td><td></td><td></td></tr>
<tr><td>배 변</td><td></td><td></td><td></td></tr>
<tr><td>식 사</td><td></td><td></td><td></td></tr>
<tr><td rowspan="5">활동
발달</td><td>신체운동</td><td></td><td></td><td></td></tr>
<tr><td>사회관계</td><td></td><td></td><td></td></tr>
<tr><td>의사소통</td><td></td><td></td><td></td></tr>
<tr><td>자연탐구</td><td></td><td></td><td></td></tr>
<tr><td>예술경험</td><td></td><td></td><td></td></tr>
</table>

3. 출결상황

연령 구분	0세	1세	2세
보육일수			
결석일수			
의 견			

4. 국가필수 예방접종

대상 전염병	백신 종류 및 방법	접종차수	접종일자	접종기관
결핵	BCG(피내용)	1회		
B형간염	HepB	1차		
		2차		
		3차		
디프테리아 파상풍 백일해	DTaP	1차		
		2차		
		3차		
		4차(추가)		
폴리오	IPV	1차		
		2차		
		3차		
b형헤모필루스 인플루엔자	PRP-T/HbOC	1차		
		2차		
		3차		
		4차(추가)		
	PRP-OMP	1차		
		2차		
		3차(추가)		
홍역 유행성이하선염풍진	MMR	1차		
수두	Var	1회		
일본뇌염	JEV(사백신)	1차		
		2차		
		3차		
	JEV(생백신)	1차		
		2차		
인플루엔자[1]	Flu(사백신) Flu(생백신)	매년 접종		
장티푸스 (24개월 이상부터)	주사용	고위험군에 한함		
기타 임시 예방접종 등		명칭 기재		
		명칭 기재		

[1]인플루엔자 사백신은 6개월 이상부터 생백신은 24개월 이상부터 접종 가능

5. 병력기록

병 명	질병 발생 연월일 및 질병의 정도	
	입 소 전	입 소 후

6. 신체발달상황

측정시기 / 구분								
신 장(㎝)								
몸 무 게(㎏)								

비고 : 18개월미만의 영아는 2개월마다 그 이상의 영아는 6개월마다 측정 · 기록한다.

기록관리자 (인)

부록 2. 생활기록부(영아/유아)

서식 II-2-1 생활기록부(유아)

(앞쪽)

1. 인적사항

어린이집명				졸업대장	
아동	이 름	(한글) (한자)	성 별	남 · 여	사진 (2.5×3㎝)
	생년월일		입·퇴 소일	입소 퇴소	
	주 소				
	전화번호		혈액형		

구분		아동과의 관계	부	모	형제(자매)	기 타
보호자		이 름				
		직 업				
		근무지(전화번호)				
	근무 시간	평 일				
		토요일				
		일요일				
데려오고, 데려가는 사람		(성명 : 관계 :) (성명 : 관계 :)				
※ 비고: 보호자란 중 부 · 모가 있을 경우 양자 모두 기재						

2. 출결상황

구분 \ 연령	3세	4세	5세
보육일수			
결석일수			
의 견			

3. 국가필수 예방접종

대상전염병	백신종류 및 방법	접종차수	접종일자
디프테리아 파상풍 백일해	DTaP	5차(추가)	
	폴리오	IPV	4차(추가)
홍역유행성이하선염 풍진	MMR	2차	
일본뇌염	JEV(사백신)	3차	
4차(추가)			
인플루엔자	Flu(사백신)	매년 접종	
	Flu(생백신)		
장티푸스	주사용	고위험군에 한함	
기타 임시 예방접종 등	명칭 기재		
	명칭 기재		

4. 신체발달상황

구분 \ 연령	3세	4세	5세
신 장(㎝)			
몸 무 게(㎏)			
의 견			
특이사항			

5. 활동발달상황

성 명			
연 령 / 영 역 별	3세	4세	5세
기본생활습관			
신체운동 · 건강			
의사소통			
사회관계			
예술경험			
자연탐구			
종합의견			

출처: 2014년도 보육사업안내(부록 및 서식)(보건복지부(2014c). p.188–189.

부록 3. 실습지도교사 1인당 3명 이내의 보육실습생지도 확인 공문

○○○유치원

수 신 ○○대학(교) ○○과 학과장

경 유

제 목 실습지도교사 1인당 3명 이내의 보육실습생지도 확인 서류

본 유치원에서는 아래의 보육실습기간 동안 1인의 실습지도교사가 3명 이내의 실습생을 지도하였음을 확인합니다.

1. 보육실습기간 : 20○○.○○.○○ ~ ○○○○.○○.○○
2. 실습 지도교사 및 실습생

실습 지도교사	실습생	학교 및 학과
○○○	○○○	○○○대학(교) ○○○학과
	△△△	○○○대학(교) ○○○학과
	□□□	○○○대학(교) ○○○학과

붙임1. 증빙서류가 있는 경우 제출

○○○ 유치원장 직인

기안자 ○○○ 부장교사 ○○○ 원장 ○○○

협조자

시행 ○○○ 유치원-(년도별 일련번호 (시행일) 접수 처리과명-년도별 일련번호 (시행일)

우 도로명 주소 / 홈페이지 주소

전화번호( ) 팩스번호( ) /

출처 : 한국보육진흥원 보육인력 국가 자격증 자료실(http://img.childcare.go.kr/ctis/content/chrdN.pd/) 자료를 수정한 것임.

부록 4. 보육실습 의뢰 공문 양식

○○대학교 ○○학과

수신자 ○○○어린이집 원장(보육실습지도 담당자)
(경유)
제 목 보육실습생 의뢰의 건

---

1. 귀 기관의 무궁한 발전을 기원합니다.
2. 우리 대학 ○○학과 학생들이 귀기관에서 보육실습을 희망하고 있습니다. 이에 아래와 같이 보육실습을 의뢰하오니 보육실습에 대한 협조를 부탁드립니다.

－아 래－

가. 보육실습기간 : 20 년 ○○월 ○○일 ~ 20 년 ○○월 ○○일까지
(4주 160시간 이상)

나. 보육실습생 명단

연번	성명	학번	주소	연락처	비고
1					
2					
…					

3. 어린이집 지원시스템을 통한 보육실습생 등록 · 관리 안내 및 보육실습동의서를 회신해주시기 바랍니다.
   가. 보육정보종합시스템 내 어린이집 지원시스템 보육실습생관리 메뉴에 보육실습내용을 입력 후 출력해주시기 부탁드립니다.
   나. 보육실습동의서(직인 또는 서명 요망)는 20 . ○. ○. (요일)까지 회신 부탁드립니다.

별첨 : 보육실습동의서 1부. 끝.

○○대학교 ○○학과장 직인

기안자 ○○ 학과장 ○ ○ ○
협조자
시 행 사복 – (20 . ○○. ○○) 접수 – (. .)
우 ○○○–○○○ ○○시 ○○구 ○○동 ○○번지 ○○대학교 / www.○○.ac.kr
전화 (○○)○○○–○○○ 전송 (○○)○○○–○○○ / ○○○○○○@○○.○○/ 공개

출처 : 한국보육진흥원(2013b). p.96. 재구성.

부록 5. 보육실습비 영수증 예시

영 수 증

보육실습비 : 일금 만 원 정(₩)

성명 : ______________________

소속 : ______________________

위 금액을 위 실습생의 보육실습비로 정히 영수함.

20 년 월 일

○○ 어 린 이 집 원 장 직인

출처 : 한국보육진흥원(2013b). p.100.

부록 6. 성범죄 경력조회동의서 양식

<table>
<tr><td colspan="5">성범죄 경력조회동의서</td></tr>
<tr><td rowspan="5">대상자</td><td rowspan="2">성 명</td><td colspan="2">(한글)</td><td>(자국어)</td></tr>
<tr><td colspan="2">(한자)</td><td>(영문)</td></tr>
<tr><td>주민등록
번호</td><td>–</td><td>외국인인 경우 : 국적과 여
권번호 또는 외국인등록번호</td><td></td></tr>
<tr><td>주 소</td><td colspan="3"></td></tr>
<tr><td>전화번호</td><td colspan="2">자택</td><td>휴대전화</td></tr>
<tr><td colspan="5">상기 본인은 ○○기관(시설)(예: 유치원, 어린이집, 아동복지시설, 청소년쉼터, 청소년활동시설, 의료기관 등) 취업자(취업예정자)로서, 「아동 · 청소년의 성보호에 관한 법률」 제56조 및 같은 법 시행령 제25조에 따른 성범죄 경력조회에 동의합니다.

년 월 일

동의자 (서명 또는 인)

________________경찰서장 귀하</td></tr>
<tr><td colspan="5">※ 대상자가 외국인인 경우 한글과 자국어 · 영문의 성명, 국적과 함께 여권번호 또는 외국인등록번호를 적습니다.</td></tr>
</table>

출처: 아동 · 청소년의 성보호에 관한 법률 시행규칙 별지 제10호 서식.

부록 7. 보육실습생 출근부 양식

보육실습생 출근부					
소속		학번		이름	
보육실습 기관	○○어린이집 ○세 ○○반			보육실습지도교사	
보육실습 기간	20 . . ~ 20 . . (총 주간)				
구분	월	화	수	목	금
보육 실습생	㊞	㊞	㊞	㊞	㊞
보육실습 지도교사	㊞	㊞	㊞	㊞	㊞
날짜	월 일 시 분부터 시 분까지	월 일 시 분부터 시 분까지	월 일 시 분부터 시 분까지	월 일 시 분부터 시 분까지	월 일 시 분부터 시 분까지
보육 실습생	㊞	㊞	㊞	㊞	㊞
보육실습 지도교사	㊞	㊞	㊞	㊞	㊞
날짜	월 일 시 분부터 시 분까지	월 일 시 분부터 시 분까지	월 일 시 분부터 시 분까지	월 일 시 분부터 시 분까지	월 일 시 분부터 시 분까지
보육 실습생	㊞	㊞	㊞	㊞	㊞
보육실습 지도교사	㊞	㊞	㊞	㊞	㊞
날짜	월 일 시 분부터 시 분까지	월 일 시 분부터 시 분까지	월 일 시 분부터 시 분까지	월 일 시 분부터 시 분까지	월 일 시 분부터 시 분까지
보육 실습생	㊞	㊞	㊞	㊞	㊞
보육실습 지도교사	㊞	㊞	㊞	㊞	㊞
날짜	월 일 시 분부터 시 분까지	월 일 시 분부터 시 분까지	월 일 시 분부터 시 분까지	월 일 시 분부터 시 분까지	월 일 시 분부터 시 분까지
* 결석 · 지각 · 조퇴는 불가하며, 불가피할 경우 위의 기재된 보육실습기간 중 법적 이수시간(160시간)을 채운다.					

출처: 한국보육진흥원(2013b). p.102.

부록 8. 보육실습기관 현황 예시

보육실습기관 현황

<table>
<tr><td>기관명</td><td colspan="4">○○어린이집</td><td colspan="4"></td><td colspan="4">운영체</td></tr>
<tr><td>주 소</td><td colspan="12"></td></tr>
<tr><td>전화번호</td><td colspan="6"></td><td colspan="2"></td><td colspan="4"></td></tr>
<tr><td>설립이념</td><td colspan="12"></td></tr>
<tr><td>연혁</td><td colspan="12"></td></tr>
<tr><td>기관특성</td><td colspan="12">특수보육 서비스(장애통합, 초등방과후, 야간, 연장, 휴일 보육 등)
기타 사항: 평가 인증 통과 년도(   )</td></tr>
<tr><td>연령별 반</td><td>0세</td><td>1세</td><td>2세</td><td>3세</td><td>4세</td><td>5세</td><td rowspan="3">기타
종사자 수</td><td>사무원</td><td>취사부</td><td>영양사</td><td>간호사</td><td>기타</td></tr>
<tr><td>원아 수</td><td></td><td></td><td></td><td></td><td></td><td></td><td rowspan="2"></td><td rowspan="2"></td><td rowspan="2"></td><td rowspan="2"></td><td rowspan="2"></td></tr>
<tr><td>교사 수</td><td></td><td></td><td></td><td></td><td></td><td></td></tr>
</table>

보육실습 반 현황

반명	반(만 세)	보육실습지도교사 명	
영유아 수	총 명(남아 명 / 여아 명)	보육교사 수	명

출처: 한국보육진흥원(2013b). p.101.

참고문헌

강기수 (2000). **교사교육론**. 세종.

강홍구 (2001). 조직문화가 의료사회사업서비스의 질에 미치는 영향에 관한 연구. 연세대학교 대학원 박사학위 청구논문.

고영남, 박선영 (2013). **상담이론의 이론과 적용**. 양서원.

고용노동부, 한국산업인력공단 (2013). **NCS 학습모듈**. https://www.ncs.go.kr에서 2015년 1월 5일 인출.

고용노동부, 한국산업인력공단 (2014). **국가직무능력표준이란**. https://www.ncs.go.kr에서 2015년 1월 5일 인출.

교육과학기술부 (2008). **교원자격검정실무편람**. 교육과학기술부.

교육과학기술부, 보건복지부 (2012). **5세 누리과정**. 교육과학기술부

교육부 (2000). **유치원 교육활동 지도 자료 1. 총론**. 교육부.

교육인적자원부 (2006). **교원정책 개선방안 실행계획**. 교육인적자원부.

구은미 (2004). 보육 프로그램의 질에 영향을 미치는 교사 관련 변인 분석. 숙명여자대학교 대학원 박사학위논문.

구정화, 김두환, 김영수, 김현주, 문혜원 (2009). **유엔아동권리협약과 함께하는 아동인권**. 보건가족 복지부.

국립국어원 (2012). **표준국어대사전**. 휴먼컬처아리랑.

권건일, 신재흡 (2007). **유아교사론**. 양서원.

권미량 (2005). 생태유아교사교육 프로그램 모형 개발연구. 부산대학교 대학원 박사학위논문.

권석만 (2009). **긍정심리학**. 학지사.

권석만 (2011). **인간의 긍정적 성품: 긍정심리학의 관점**. 학지사.

권석만 (2013). **긍정심리학**. 학지사.

권혁진 (1995). 보육시설 보육교사의 전문성에 관한 연구. **한국영유아보육학, 2**. 245-269.

김경미, 김현주, 송연숙 (2013). **개정증보 현장중심 유아과학교육**. 창지사.

김미량 (2007). 상업 스포츠 센터 조직구성원의 직무만족과 조직 동일시 및 인적 서비스품질의 인과모형. **한국여성체육학회지 21**(1), 105-116.

김미진 (2015). 성격 강점에 기반한 유아교사의 행복 증진 프로그램 개발 및 적용. 부산대학교 대학원 박사학위논문.

김은설, 박수연 (2010). **보육시설장 · 교사윤리강령 개발 연구**. 한국보육시설연합회 · 육아정책연구소. 수탁보고 2010-10.

김은설, 최윤경, 김문정 (2011). 보육인력 전문성 제고를 위한 보육교사 자격제도 개선 방안. **한국교원교육연구, 28**(3), 265-286.

김은주, 권미량 (2008). **유아교사 교육-생태적 접근**. 공동체.

김정원, 강숙현, 전선옥 (2000). **유아교육평가의 이해**. 양서원.

김정원, 김유정, 이효정 (2008). **영유아를 위한 교수-학습방법**. 공동체.

김종운 (2013). **상담심리학의 이론과 실제**. 동문사.

김종해, 백선희, 이미정, 이원영, 임재택 (2005). 한국 유아교육 보육 관련법과 제도의 역사와 미래: 한국유아교육과 보육의 자리매김. **한국유아교육학회 정기학술대회 자료집**, 39-85.

김주환 (2011). **회복탄력성**. 위즈덤하우스.

김현미 (2005). 보육교사 직무환경과 직무만족에 관한 연구. 숙명여자대학교 정책대학원 석사학위 청구논문.

김현주 (2010). 유아교육기관 일과운영에서 전이의 내용과 의미. 전남대학교 대학원 박사학위논문.

대동대학교 교수학습센터 (2014). **인성과 직업기초능력**. 대진출판사.

대동대학교 교수학습센터 (2014). **직업기초능력 향상을 위한 인성 및 직업 소양교육 프로그램 개발연구**.

박광덕, 박연호 (1993). 우리나라 영유아 보육 정책의 발전방향. **행정문제연구, 1**(1).

박선해, 김미정 (2013). **보육교사론**. 공동체.

박수연 (2000). 유아 교사 자질과 양성 체제에 대한 유아 교사의 인식 분석. 순천향대학교 교육대학원 석사학위논문.

박은혜 (1996). 반성적 사고와 유아교사교육. **유아교육연구, 16**(1), 175-195.

박은혜 (2002). **지식 기반 사회에서의 유아 교사의 지식**. 창지사.

박은혜 (2013). **유아교사론**. 창지사.

박은혜, 김은심, 김난실, 곽아정, 최혜진, 이혜경 (2010). **유치원교사를 위한 교직실무**. 창지사.

박재진 (2014). 영유아권리 존중 보육. **아동권리 레토릭과 현실, 그리고 성취**. 한국아동권리학회 추계학술대회 발표자료집, pp.107-124, 12월 5일, 숙명여자대학교 백주년기념관.

박혜림, 홍후조 (2005). 3년제 유아교사 양성 교육과정의 전공과정 분석 연구. **유아교육연구, 25**(1), 147-169.

백은주, 조부경 (2004). 유치원 교사의 전문성 발달 수준 자기 평가 도구 개발. **유아교육연구, 24**(4), 95-117.

백혜리 (1989). 유아교육 교사의 전문성에 관한 연구. 이화여자대학교 대학원 석사학위논문.

보건복지가족부 (2008). **2세 보육프로그램**. 육아정책개발센터.

보건복지부 (1999). **유아보육프로그램**. 보건복지부.

보건복지부 (2012). **5세 누리과정에 기초한 어린이집 프로그램**. 보건복지부.

보건복지부 (2013) **어린이집 표준보육과정에 기초한 영아보육프로그램 운영의 이해(총론)**. 보건복지부.

보건복지부 (2014a). **2014 어린이집 평가인증 안내(40인 이상 어린이집)**. 보건복지부.
보건복지부 (2014b). **보육사업안내**. 보건복지부.
보건복지부 (2014c). **보육사업안내-부록 및 서식**. 보건복지부.
보건복지부 (2015). 어린이집 아동학대 근절대책안. http://central.childcare.go.kr/ 에서 2015년 1월 28일 인출.
보건복지부, 어린이집안전공제회, 중앙육아종합지원센터 (2014). **어린이집 보육교직원 안전교육: 어린이집 내 사고와 안전관리, 아동학대 예방**. 어린이집안전공제회.
보건복지부, 중앙보육정보센터 (2010). 보육시설에서 아동학대 예방하기. http://central.childcare.go.kr/ 에서 2015년 1월 28일 인출.
보건복지부, 육아정책연구소 (2013). **0-2세 제3차 어린이집 표준보육과정 해설서.**
서영숙, 김경혜 (2006). **보육학개론**. 양서원.
서영숙, 천혜정, 윤매자 (2006). **보육실습**. 양서원.
서울특별시유아교육진흥원 (2013). **유치원 교육과정 내실화를 위한 연령별 누리과정 평가도구**.
서재경 (2008). **나에게 꼭 맞는 직업선택의 기술.** 매일경제 신문사.
송연숙 (2004). 예비유아교사의 과학교수태도 증진을 위한 포트폴리오 수업 효과 및 인식 연구. **열린유아교육연구, 9**(4), 155-174.
송연숙, 남미경, 최애경 (2013). **보육과정**. 파란마음.
신운화 (2005). 조직문화 유형과 사회복지사의 직무만족에 관한 연구, 가톨릭대학교 사회복지대학원 석사학위 청구논문.
심성경, 백영애, 이희자, 이영희, 변길희, 김은아, 박유미, 박주희 (2013). **보육학개론**. 양서원.
아이코리아 (2006). **주제별 부모교육 자료**. 아이코리아.
양인자 (2010). 보육교사 근무환경과 직무만족에 관한 연구. 상지대학교 사회복지정책대학원 석사학위 청구논문.
어린이집 · 유치원 통합 정보공시 사이트(http://www.childinfo.go.kr)에서 2015년 1월 30일 인출.
여성가족부 (2007). **보육프로그램 총론**. 육아정책개발센터.
염지숙, 이명순, 조형숙, 김현주 (2008). **유아교사론.** 정민사.
염지숙, 이명숙, 조형숙, 김현주 (2014). **유아교사론.** 정민사.
영유아보육법 시행규칙. 보건복지부령 제228호(일부개정 2015. 1. 5).
영유아보육법 시행령. 대통령령 제25929호(일부개정 2014. 12. 30).
영유아보육법. 법률 제12251호(일부개정 2014. 5. 28).
오수진 (2011). 공립유치원교사의 교직 선택 동기가 직무능력 및 직무만족도에 미치는 영향. 경인교육대학교 교육대학원 석사학위논문.
유안진 (1998). **아동양육**. 문음사.
유해미, 김은설, 황옥경, 김채원 (2011). **육아지원기관에서의 아동권리 실태와 증진방안 연구**. 육아정책연구소 연구보고 2011-10.

이경우, 이인용 (2010). **당신도 유능한 부모가 될 수 있다**. 창지사.

이기숙 (2000). **유아교육과정**. 교문사.

이뉴스투데이(2014. 1. 22). **자신을 드러낼 수 있는 자기소개서의 작성요령.**

이미화, 정주영, 엄지원, 김희정, 김명순, 이경옥, 이완정, 이정욱, 최일선, 최혜영 (2013). **3, 4세 누리과정 유아관찰척도 개발**. 육아정책연구소.

이상복 (2012). **행복을 부르는 긍정심리학**. 공동체.

이순형, 권기남, 김진욱, 민미희, 김정민, 김은영, 이성옥, 정현심, 심도현, 안혜령 (2013). **보육교사론**. 양서원.

이승연 (1994). 유아교사 발달단계에 기초한 유치원 교사의 관심사 분석. 이화여자대학교 대학원 석사학위논문.

이연주 (2003) 예비유아교사의 교직관에 관한 연구. 대구카톨릭대학교 교육대학원 석사학위논문.

이욱환, 원철식, 박현진 (2007). 특급호텔 내부마케팅이 종사원 서비스 품질과 직무만족에 미치는 영향. **한국외식산업학회지, 3**(1), 51-67.

이은화, 배소연, 조부경 (1995). **유아교사론**. 양서원.

이철수 (2013). **사회복지학 사전**. 혜민북스.

이춘자 (2010). 예비유아교사의 유치원교사에 대한 이미지 변화, **교원교육, 26**(1), 1-19.

이현옥, 박정선 (2009). **영유아교수방법론**. 공동체.

이화여자대학교 교육과학연구소 아동교육연구 편 (2005). **영아를 위한 프로그램의 이론과 실제**. 창지사.

임부연, 김성숙, 송진영 (2014). **유아교사론**. 양서원.

임승렬, 김정림, 전방실 (2014). 영유아교사의 행복 측정척도 개발 및 타당화 연구. **유악교육학논집 18**(1), 405-431.

전민경 (2012). 특성화 고등학교 학생의 학교행복감 향상을 위한 긍정심리 적용 집단상담 프로그램 개발. 한국교원대학교 교육대학원 석사학위논문.

정계영, 김미애, 심지민 (2000). 예비유아교사들의 교사양성과정의 유효성 인식과 교직 전문성 인식에 관한 연구. **경북전문대학논문집, 19**, 151-170.

정범모 (1982). **교육과 교육학**. 배영사.

정성배, 박분희 (2001). 보육교사의 전문성 향상을 위한 양성교육 개선방안. **교육연구, 14**(1), 125-137.

조규현 (1997). 병설유치원 교사의 교직 전문성 인식과 역할수행에 관한 연구. 전남대학교 교육대학원 석사학위논문.

조동섭 (2005). 교사의 전문성 제고를 위한 정책방향과 과제. **학교경영, 18**(10), 26-29.

조영태 (1998). **한국의 교육과정 개발의 전통(II) : 합리주의적 개발과 적용**. 천지.

조운주 (2007), 유아교사와 유아가 인식한 유아교사의 이미지 이해. **유아교육연구, 27**(3), 315-335.

조은주 (2012). 보육교사의 전문성 인식 및 직무만족도, 삶의 만족도에 관한 연구. 중앙대학교 사회개발대학원 석사학위 청구논문,

존가트맨, 최성애, 조벽 (2011). **내 아이를 위한 감정코칭**. 한국경제신문사.

중부일보 (2014. 10. 30). 의왕보건소, 어린이집 유아 대상 '아토피 힐링캠프'.

중앙보육정보센터 (2009). **2009평가인증조력프로그램 영역1. 보육환경 40인 이상**.

중앙육아종합지원센터 (2013). 어린이집 원장 및 보육교사 윤리강령. http://central.childcare.go.kr에서 2015년 1월 28일 인출.

채식석 (2007). 심리적 임파워먼트가 직무만족과 고객지향성에 미치는 영향. **관광학연구, 31**(5), 181-202.

최선희 (2013). 대학글쓰기에서 자기소개서의 단계별 지도방안. **교양교육연구, 7**(4), 71-107.

최연주 (2011). 예비교사교육에서의 자서전적 방법 적용 연구. 건국대학교 대학원 박사학위논문.

탁진국 (2005). **직업가치관검사**. 한국고용정보원.

한겨레뉴스 (2013. 12. 3). 성공하는 아이 만들려면 '성격강점'을 키워라. http://www.hani.co.kr에서 2014년 2월 14일 인출.

한국MBTI 연구소 (2002). **MBTI 전문자격교육 보수과정 자료집**. www.mbti.co.kr에서 2015년 1월 30일 인출.

한국고용정보원 (2007). **청년층 직업지도프로그램(CAP) 개정 연구**. 한국보육진흥원.

한국보육진흥원 (2011). **보육교사 승급교육 교재**. 한국보육진흥원.

한국보육진흥원 (2013a). **보육교사를 위한 표준보수교육과정**. 한국보육진흥원.

한국보육진흥원 (2013b). **양성교육기관에서의 보육실습지도**. 한국보육진흥원.

한국보육진흥원 (2013c). **어린이집 원장을 위한 표준보수교육과정**. 한국보육진흥원.

한국보육진흥원 (2014). **어린이집 평가인증 안내(3차 지표 시범사업용)**. (재)한국보육진흥원 보육인력 국가자격증 홈페이지(http://chrd.childcare.go.kr)에서 2015년 1월 30일 인출.

한국보육진흥원 (2015). **보육실습기준 변경사항 안내**. http://img.childcare.go.kr/ctis/content/chrdN.pdf에서 2015년 1월 15일 인출

한국유아교육학회 (1996). **유아교육사전(용어편)**. 교문사.

한비야 (2005). **지도 밖으로 행군하라**. 푸른숲.

허미경 (2014). 유아교사의 윤리적 딜레마 해결력 증진 프로그램 개발 및 적용. 덕성여자대학교 대학원 박사학위논문.

현정환 (2013). **상담이론, 실제, 연습: 상담심리학**. 양서원.

황해익 (2009). **유아교육평가의 이해**. 정민사.

황해익 (2013). 유아교사의 행복감과 교사효능감의 관계에서 직무만족도의 매개효과. **생태유아교육연구, 12**(2), 157-180.

황해익, 김미진, 탁정화 (2012). 직장어린이집 보육교사의 직무스트레스 인식 수준 및 대처방안 연구. **유아교육연구, 32**(2), 211-240.

황해익, 김미진, 김병만 (2014). 유아교사의 행복교육에 대한 개념도 분석. **한국보육지원학회지, 10**(1), 59-79.

황해익, 남미경 (2011). 보육시설 종사자의 자격 및 처우. **2011년 춘계공동학술대회자료집**, pp.128–149. 한국보육지원학회.

황해익, 서정현, 송연숙, 이경화, 최혜진 (2012). **유아교육개론**. 공동체.

황해익, 송연숙, 정혜영, 유수경 (2014). **교직실무**. 정민사.

황해익, 송연숙, 최혜진, 정혜영, 손원경 (2009). **2007년 개정 유치원 교육과정에 따른 유아 포트폴리오 평가**. 창지사.

황해익, 최혜진, 남미경, 정혜영 (2014). '행복한 삶'을 위한 관계지향 유아교육평가: 유아강점기반평가를 중심으로. **열린유아교육학회 2014년 춘계학술대회 발표 자료집**.

황해익, 최혜진, 남미경, 정혜영(2015). 관계지향 유아교육을 위한 유아강점기반평가. **열린유아교육연구, 20**(1), 1–21.

황해익, 최혜진, 정혜영, 권유선 (2014). **아동관찰 및 행동연구**. 공동체.

Ade, W. (1982). Professionalization and it's implications for the field of early childhood education. *Young Children, 37*(3), 25-32.

Anderson, E. M., & Shannon, A., L. (1995). Towards a Conceptualization of Mentoring. In T. K. Kerry & S. M. Mayes(Eds.), *Issues in Mentoring* (pp25-34). London & New York: Routledge.

Beck, G. (2012). **상대의 마음을 움직이는 칭찬의 기술**. (최경인 역). 아주좋은날. (원전은 2009년 출판).

Broudy, H. S. (1984). *The University and the Preparation of Teachers*. In L. G. Katz & J. D. Raths(eds). Advances in Teacher Education, 1, N. J. : Ablex Publishing Corporation.

Burke, K. (1997). *Designing professional Portfolios for Change*. Arligton heights, Illinois: IRI/Skylight.

Butler, J., & Kern, M. L. (2014). The PERMA-Profiler: A brief measure of flourishing. Unpublished manuscript.

Chen, D. W. (2003). Preventing violence by promoting the development of competent conflict resolution skills: Exploring roles responsibilities. *Early childhood Educational Journal, 30*(4), 203-208.

Connelly, F. M., & Clandinin, D. J. (1990). Stories of experience and narrative inquiry. *Educational Researcherm, 19*(4), 2-14.

Day, C., & Leitch, R. (2001). Teachers' and teacher educators' lives: the role of emotion. *Teaching and Teacher Education, 17*(4), 403-415.

Deal T. E & Kennedy A. A. (1982). *Corporate Cultures: The Rites and Rituals of Corporate Life, Reading*. Massachusetts: Addison-Wesley.

Decker, D. A., & Decker, J. R. (2004). *Planning and administering early childhood programs*(8th ed.). NJ: Merrill-Prentice Hall.

Diener, E., Diener, M, & Diener C. (1995). Factors Predicting the Subjective Well-being of Nations. *Journal of Personality and Social Psychology, 69*, 851-864.

Feeny, S. Christensen, D., & Moravick, E. C. (1983). *Who am I in the live of children?* Columbus, Ohio: Charles E. Merrill Publishing Corporation.

Folkman S. (1997). Positive psychological states and coping with severe stress. *Social Science and Medicine, 45*, 1207–1221.

Frost, J. L. & Kissinger, J. B. (1976). The young child and the educative process. Holt, Rinehart & Winston.

Gober, S. (2004). **유아를 평가하는 6가지 간단한 방법**(*Six simple ways to assess young children*) (김희태 역). 시그마프레스. (원전은 2002년 출판).

Hilderbrand, V. (1979). *Introduction to Early Childhood Teacher Education*. New York : Free Press.

Hooper, J. (2013). **아이의 행복 플로리시**. (우문식, 이명원, 허현자 공역). 경기: 물푸레. (원전은 2012년 출판).

Howsam, R. B., Corrigan, D. C., Denemark, G. W., & Nash, R. J.(1976). *Educating a profession. Washington*, D. C. : American Association of Colleges for Teacher Education.

Katz, L. G. (1972). Development stages of preschool teachers. *Elementary School Journal, 73*, 50-54.

Katz, L. G. (1985). Research currents: Teachers as learners. *Language Arts, 62*(7), 778-782.

Ken, B., Thad, L., Chuck, T., & Jim, B. (2014). **칭찬은 고래도 춤추게 한다** (조천제 역). 21세기북스. (원전은 2002년도 출판).

Kohut, S. (1980). *Teacher effectiveness in early childhood education*. In D. G. Range & J. R. Luaton(Eds). *Aspects of early childhood education*(pp. 164-167). New York: academic Co.

Lampert, M. (1985). How do teachers manage to teach: Perspectives on problems in practice. *Harvard Educational Review, 55*, 178-194.

Locke, E. A. (1976). "The Natureand Cause of Job satisfaction in M. D. Dunnette(ed.)", *Handbook of Industrial and Organizational Psychology*. Chicago: Rand McNally.

Lyubomirsky, S. (2012). **행복도 연습이 필요하다** (오혜경 역). 지식노마드. (원전은 2008년에 출판).

Lyubomirsky, S., Sheldon, K. M., & Schkade, D. (2005). Pursuing happiness: The architecture of sustainable change. *Review of General Psychology, 9*, 111-131.

Martinez, M. A., Sauleda, N., & Huber, G. L. (2001). Metaphors as blueprints of think about teaching and learning. *Teacher & Teacher Education, 17*(8), 965-977.

Morison, G. (2007). *Foundmentals of early childhood Education*. Pearson: Merill Prentice Hall.

Peterson, C., & Seligman, M. (2004). *Character Strengths and Virtues: A handbook and Classification*. New York: Oxford University Press.

Rath, T. (2007). *SrengthsFinder 2.0*. New York: Gallup Press.

Schin, E. H. (1985). *Organizational Culture and Leadership*, San Francico, CA: Jossey-Bass, 241-281.

Seligman, M. (2011). *Flourish*. New York: ATRIA.

Seligman, M. E. P. (2011). **플로리시** (우문식, 윤상운 역). 물푸레. (원전은 2011년 출판).

Selligman, M. E. P. (2008). **학습된 낙관주의** (최호영 역). 21세기 북스. (원전은 1998년 출판).

Spodek, B. (1996). The professional development of early childhood teacher. *Early child Development and Care, 115*, 115-124.

Spodek, B., Saracho, O., & Davis, M. D. (1987). *Foundations of early childhood education*. Englwood Cliffs : Prentice Hall, Inc.

Streimikiene, D., & Grundey, D. (2009). Life satisfaction and happiness: The factors in work performance. *Economies & Sociology, 2*(1), 9-26.

Tan. (1996). Reflective Teaching and the Portfolio Approach in Early Childhood Staff Development.

United Nations. (1989). *United Nations Convention on the Rights of the Child (UNCRC)*. Geneva: United Nations.

Walker, D. (1985). Writing and reflection. In D. Boud, R. Keogh, & D. Walker(Eds.), *Reflection: Turning experience into learning*(pp.52-68). New York: Kogan & Page Publishers.

찾아보기

[인명]

[내용]

ㄱ

ㄴ

ㄷ

ㅁ

ㅂ

ㅅ

ㅇ

ㅈ

ㅊ

저자 소개

황해익

Michigan State University 대학원 문학석사(MA) 및 철학박사(Ph.D)

현, 부산대학교 유아교육과 교수

송연숙

부산대학교 대학원 교육학박사(유아교육 전공)

현, 울산과학대학교 유아교육과 교수

정혜영

부산대학교 대학원 교육학박사(교육과정 및 방법 전공)

현, 대동대학교 유아교육과 교수

남미경

부산대학교 대학원 교육학박사(유아교육 전공)

현, 대구한의대학교 아동복지학과 교수

정혜영

University of Texas at Austin 대학원 철학박사(유아교육 전공)

현, 동의대학교 보육가정상담학과 교수

유수경

부산대학교 대학원 교육학박사(유아교육 전공)

현, 울산과학대학교 유아교육과 교수

보육교사론

1판 1쇄 발행 2015년 3월 17일
1판 6쇄 발행 2020년 1월 30일

저 자 황해익 송연숙 정혜영 남미경 정혜영 유수경
발 행 인 회장 박철용 · 대표 박세원
발 행 처 정민사
출판등록 1979년 1월 22일 No. 406-2004-000130호

주 소 경기도 파주시 직지길 522 파주출판도시
전 화 031-955-8030
팩 스 031-955-8025
홈페이지 http://www.jmpub.co.kr
이 메 일 jmpub@chol.com

I S B N 978-89-5809-373-2
정 가 **19,000원**

※ 저자와 협의하여 인지는 생략합니다.